글로벌 시대
자유학예의 발전

글로벌 시대 자유학예의 발전

2024년 2월 25일 초판 인쇄
2024년 2월 29일 초판 발행

편집자 | 피터 마버, 대니얼 아라야
옮긴이 | 박일우
교정교열 | 정난진
펴낸이 | 이찬규
펴낸곳 | 북코리아
등록번호 | 제03-01240호
주소 | 13209 경기도 성남시 중원구 사기막골로45번길 14
우림2차 A동 1007호
전화 | 02-704-7840
팩스 | 02-704-7848
이메일 | ibookorea@naver.com
홈페이지 | www.북코리아.kr
ISBN | 978-89-6324-382-5 (93370)

값 23,000원

글로벌 시대 자유학예의 발전

피터 마버, 대니얼 아라야 편집

박일우 옮김

북코리아

번역에 부쳐

세상에서 가장 교육열이 높다는 우리나라에만 없는 고등교육 기관이 있다. 진정한 의미에서의 자유학예대학Liberal Arts College이 그것이다. 자유학예대학이 제공하는 자유교육Liberal Education 혹은 자유학예교육Liberal & Arts Education은 그리스에서 시작된 것으로, 자유로운 시민이라면 반드시 거쳐야 할 지적 · 정서적 도야 과정이었다. 이것이 시대의 변화에 따라 조금씩 내용과 세부 지향점이 변용되면서 고등교육의 기원이 되고 학부undergraduate 교육과정에 안착한 결과가 오늘날 미국의 교육경쟁력이다.

자유교육은 과거의 것이 아니라 미래를 위한 것이다. 그 목표는 비판적 · 창의적 사고를 함양하고, 덧붙여 시대의 변화에 부응하는 여타 역량을 함양하자는 것이다. 실은 이런 가치들이야말로 오늘날과 미래의 인간 조건을 규정하는 것이다. 국내에서는 이러한 가치를 일부라도 추구하는 교육이 이른바 '교양교육'이라는 영역에서 진행된다. 그러나 교양교육은 여전히 찬밥에 도토리 신세를 면하지 못하고 있다. 대학에서의 이른바 '전공' 분야가 졸업생의 첫 번째 일자리조차와도 제대로 일치하지 않는 현실에서는 다들 눈 감은 사이에 교양교육은 늘 '전공교육'에 밀려났다. 이것이 오늘날 우리나라 대학이 위기에 빠지게 된 근본 이유다.

이 책의 본문 첫 번째 글에서 보듯, 고등교육에서 자유교육의 정통성을 둘러싼 정초는 미국에서 200년 전에 완성되었다. 미국은 물론, 본문의 6장에서 보듯 전통적으로 연구 중심 교육을 지향하던 유럽에서도, 일본이나 중국에서도, 싱가포르와 인도를 중심으로 한 동남아시아에서도(심지어 아시아의 유수 자유학예대학들은 미국, 캐나다의 대학들과 함께 2021년 '환태평양 자유학예대학 연합Pacific Alliance Liberal Arts Colleges, PALAC이라는 협의체까지 결성했다), 중동과 아프리카에서도 자유교육과 자유학예대학의 위상은 나날이 커지는 중이며 그 졸업생들이 세상을 움직이는 중이다.

이제 우리도 생각을 바꿀 때가 되었다. 역자는 최근 존립 근거를 잃어가고 있는 대학교에서 적어도 학부과정은 자유학예대학의 편제와 내용으로 되돌려놓기를 오래전부터 제안했다. '누가', '어떻게'는 이미 여러 편의 연구가 나왔으니 다른 맥락에서 살펴보기로 하고, 먼저 자유교육, 자유학예대학이 무엇인지, 글로벌 차원에서 어떻게 만들어져 어떤 식으로 운영되는지 알 필요가 있을 것이다. 교육 당국, 대학 당국, 관련 분야 교수들은 물론, 스러져가는 대학을 구하는 일에 관심을 가진 분들이라면 반드시 이 책을 읽어보시기를 권한다.

지난 10여 년 동안 한국교양교육학회에서, 최근에는 '대학의 역사', '창파강좌'를 비롯한 다양한 국내 · 국제 세미나를 통해 같은 문제를 고민해온 도반들께 지난한 번역 과정에서 많은 격려를 해주신 데 대해 감사드린다. 특히 제3장 실증적 연구 내용의 번역을 감수해주신 연세대 최강식 교수님께 빚을 졌다. 별 상업성이 없어 보이는 이 번역물을 학문과 교육에 대한 열정만으로 출판해주신 북코리아 이찬규 대표님, 어설픈 원고를 아름다운 책으로 꾸며주신 김수진, 정난진 선생님께 감사드린다.

2024년 2월
와룡산 기슭에서
역자 박일우

일러두기

- 이 책은 16개의 글을 묶은 것으로, 원서에서 각각의 글은 각각 다른 포맷과 다른 문체를 가진다. 번역 역시 이 점을 존중했다.
- 인명, 기관명 등 고유명사, 논문이나 책 제목, 전문용어들은 독자의 이해와 확인을 돕기 위해 각 장에서 가장 먼저 나올 때 본문 가운데 병기했다. 일반적으로 잘 알려진 고유명사라 하더라도 '일반적'이라는 기준이 모호하므로 이들 역시 원칙적으로 원어를 병기했다.
- 원문의 주(note)는 미주로, 역주는 각주로 구별했다.

머리말

캐시 N. 데이비슨

트위터에서 유명한 5분 비디오 "이거 알았나요Did you know?"[1]에서 우리는 눈이 어지러울 정도로 빠른 속도로 계속 나오는 숫자들을 접한다. 이 모두는 인터넷이 얼마나 빠르게 우리의 삶을 지배하는가를 환기해주려는 의도를 가진다. 13억 페이스북 사용자에서부터 매일 59억 번의 구글 검색에 이르기까지 우리는 "기하급수적 시대"에 살고 있다고 그 비디오는 말한다. 실제 그 비디오 자체도 2008년의 원판을 2014년에 업데이트한 것으로, 내용 중 많은 부분이 6년 전보다 얼마나 많은 것이 빨리 변했는지를 강조해서 보여준다. 필자는 이 머리말을 2016년 9월에 쓰고 있지만, 말할 것도 없이 이 데이터는 현재 거의 쓸모가 없을 것이다. 2년이면 기하급수에서 한 시대를 만든다.

자, 이런 지속적인 변화의 시대에 우리는 어떻게 배울 것인가? 교육자로서 우리는 우리의 학생들을 어떻게 준비하도록 할 것인가? 비디오에서 보듯, 4년 기술 학위과정을 이수 중인 학생들은 모두 시간을 거슬러 경주하는 중이다. 그들이 배우는 내용의 절반은 과정 이수 3년째쯤에는 낡은 것이 되기 때문이다. "우리는 지금, 아직 그것이 문제인지도 모르는 문제를 해결하기 위해 아직 발견되지도 않은 기술을 사용해서 존재하지 않는 일자리를 위해 학생들을 준비시키는 중이다."[1]

이런 데이터, 정보, 그리고 기술 변화 혼돈의 시대, 그리고 이에 따른 끔찍한 사회적 · 정치적 · 경제적 격변의 시대에 직면한 학생들에게 어떤 형태의 고등교육이 도움이 될까? 데이터가 빛의 속도로 확산된다면, 우리 역시 같은 방식으로 배워야 하지 않을까? 누가 이런 기하급수적 세상에서 성찰의 시간을 가질까? "대학의 종말"을 예견하는 것은 우리 시대의 강박관념이 되었다. 컬럼비아 대학교 교수 존 버지스John W. Burgess가 좌절 끝에 말했듯 말이다. "나는 궁극적으로 대학의 위상이 어떤 것이 될지 예견할 수 없다. … 대학이 앞으로도 존재해야 할 이유를 모르겠다. 그것들을 유지한다는 것은 대부분 자본의 낭비이고, 대학을 다니는 것은 대부분 시간 낭비가 될 것이다. 지금이 그렇다." 많은 사람이 기하급수적으로 변화하는 시대에 전통적인 자유학예대학은 가치가 없을 것이라는 데 동의할 것이다. 변화가 기하급수적이었을 직전인 1884년 버지스가 말한 내용이 아니라도 말이다. 대학은 종종 시대에 뒤떨어진다는 공격을 받았지만 계속 기술혁신에 맞서 살아남았으며, 기술 그 자체도 낡은 것이 되었다.

『글로벌 시대 자유학예의 발전』에 실린 글들은 대학과 자유학예liberal arts란 시간을 초월한 것이기 때문에 지속된다는 사례를 보여준다. 브루스 킴볼Bruce Kimball은 「격하서사, 자유학예대학과 대학교」에서 전보와 말이 없는 마차의 시대에 대학은 곧 사라질 것이라 확신했던 존 버지스와 몇몇 그의 동시대인을 인용한다. 흥미로운 것은 그 반대 현상이 벌어진 점이다. 미국의 대학이 엄청난 변화와 현대화를 겪었던 그 시기에 일반교육general education의 본질적 요소들은 사라지기는커녕 조직화되었다. 새로운 형태의 고등교육 — 용지 수여 대학교, 연구 중심 대학교, 커뮤니티 칼리지 — 모두가 일반교육과 직업교육을 혼합하면서, 고대의 자유학예 전통(직업이 농업이든, K-12 교육이든, 각자의 영역에서 탁월한 연구자가 되는 것이든)을 없애기는커녕 수용했다. 킴볼이 보여주듯, 연구 중심 대학교와 커뮤니티 칼리지는 각자 전문주의professionalism는 물론 기초학문을, 아마도 그 차이점조차 지원하면서 지속되었으며, 그 결과 4년제 자유학예대학이라는 독자적 발전의 꽃을 피웠다.

이 책에 실린 글들은 자유학예대학이 낡은 것도, 편협한 지역적인 것도 아님을 보여준다. 자유학예는 그리스 · 로마 개념의 자유학예*artes liberales*, 즉 자유 시민은 역사적으로 민주주의에 참여하기 위해 심오하고 비판적 사고를 체계적으로 훈련해야 한다는 생각에 기반을 두고, 우리가 무엇을 어떻게 생각하는가를 성찰하는 교차 학문적 학습 플랜을 제공해왔다. 고대의 자유학예는 예술과 과학 모두를 포함하고, 수업계획서는 다섯 가지 감각(시각, 청각, 미각, 촉각 그리고 후각) 모두를 훈련하며, 문법, 논리학, 수사학, 대수학, 기하학, 음악, 천문학의 엄격한 이해를 제공하도록 설계되었다. 여기에는 시민사회에 협동적으로 안전하게 참여하는 데 필요한 리터러시도 포함되었다.

그 어떤 시기에도 이런 창의적 · 비판적 컴퓨터 능력은 매우 중요하다. 감히 말하지만, 지속적이고 불안한 글로벌 차원의 변화 시대에 이것들은 개인뿐 아니라 사회, 특히 무엇보다 지구가 미래에도 생존할 수 있는 기술이다. 미국은 역사적으로 산업 시대가 최고조에 달했을 때 학제적 일반교육을 고등교육에 편입하는 독자적 길을 걸었다. 그 당시 하버드 대학의 수학 · 화학 교수였던 찰스 엘리엇Charles Eliot은 그의 아버지가 1857년 대공황에서 전 재산을 잃은 후 상속 재산 없이 스스로 생계를 꾸려나가야 한다는 것을 알게 되었을 때, 낡은 고등교육이 대공황의 원인이지만 동시에 미래에도 보존될 수 있음을 확신했다. 그는 유럽으로 건너가 청교도 대학을 현대화하기 위한 방안을 찾기 위해 특히 독일, 프랑스의 새로운 유럽 연구 중심 대학교들을 연구했다. 그는 빈약한 교육이 미국의 순진함에 이바지했으며, 이 두 가지가 1857년의 대공황, 최초의 글로벌 재정 파탄의 원인이 되었다는 의견에 동의했다. 그러나 2년 동안 그곳의 시스템을 연구하고 대학 졸업자들과 일반인들을 인터뷰한 후 엘리엇은 제3의 길, 즉 유럽과 미국 시스템의 혼합이 필요하다고 확신했다.

엘리엇은 40년간 하버드 총장 재임 기간에 미국의 연구 중심 대학교의 편제를 나누어 일부는 자유학예대학, 일부는 연구 중심 대학교의 복합체로 만들었다. 하버드는 이 모든 혁신의 표준이 되었으며 엘리엇은 이러한 양상이 광범위하게 제도화되도록 다른 교육자들, 대학 학장들을 규합하고자 열심히 노력했다. 기본적으로 그들은 청교도 학교를 유럽의 연구 중심 대학과 섞어서 일반교육을 향후 준비를 위한 기초과정만이 아니라 학생들이 그들의 관심과 열정을 발견하고 심지어 방향을 바꿀 수 있는 시간이 되도록 했다. 유럽에서는 학생들이 열두세 살이 되면 대학에 의해 선택되었으며(지금도 그러하지만), 그 나이부터 대학에서의 특정 학문 분야 "읽기"에 착수했다. 미국 시스템은 두 번째 기회, 새로운 선택을 허락하며 전공주의를 지향하는 과정에서 폭넓은 일반교육을 제공한다. 20세기 들어 이 세상의 다른 지역, 꽤 여러 지역에서는 이러한 패턴을 찬양하면서도 따르지는 않았다.

이 책에 실린 글들은 기하급수적 변화의 시대인 21세기에 이 일이 어떤 식으로 진행되는가를 보여준다. 비록 그 어떤 다른 지역보다 미국의 대학이 비싸지만, 미국에서부터 다른 곳으로 학위를 취득하고자 하는 것보다 더 많은 학생이 다른 나라에서 미국의 대학으로 온다. 유명한 1828년 「예일보고서」는 미국 고등교육의 전통을 이렇게 기술한다. "지적 문화에서 획득해야 할 두 가지 위대한 점은 마음의 훈육discipline과 채비furniture다.* 마음의 힘을 늘리고 이를 지식으로 저장하라." 여기의 글들은 유럽(특히 네덜란드), 아시아, 중동, 아프리카와 남미에서 점점 더 많은 대학이 마음의 힘을 늘리고 저장하는 데 주목하고 있음을 보여준다. 이러한 이중 초점의 새로운 형태가 "디자인 사고"인데, 이는 그리스인이 "프로네시스*phronēsis*"라 불렀던 것의 새로운 변이체다. 스탠퍼드의 디.스쿨D. School, 즉 하소 플래트너 디자인 연구소Hasso Plattner Institute of Design는 실질적으로 디자인 사고를 브랜드로 만들었는데, 이 책의 글들은 미국과 해외의 점점 더 많은 대학이 "말하지 말고 보여주어라", "경험을 수용하라", "인간의 가치에 초점을 맞추라"라는 일에 종사하고 있음을 보여준다. '위대한 책Great Books'에 초점을 맞추는 것을 결코 포기하지 않는 세인트존스St. John's 대학이나 워렌 윌슨Warren Wilson 대학(경험 위주 교육에 초점을 맞추는 노스캐롤라이나 소재 대학)에 이르기까지 점점 더 많은 고등교육 기관들이 과거 자유교육의 이상과 방법을 수용하고 이를 제고하면서 미래를 향해 용감하게 돌진하는 중이다.

이 책의 마지막 권위 있는 글에서 철학자이며 대중 지식인인 마사 누스바움Martha Nussbaum은 공감과 이해의 기반으로서 글로벌 시민의식과 문화적 차이라는 개념에 대한 깊은 이해가 없으면 글로벌 차원에서 상호의존적인 세상을 살아갈 수 없음을 강조한다.

---

* 이 유명한 두 단어의 역어는 홍석민(2021), 「교양교육에 남긴 1828 예일보고서(The Yale Report of 1828)의 유산」, 『교양교육연구』 15(4), 23-40쪽을 따른다.

이 글들은 이처럼 분열되고 혼란스러우며, 가끔은 잔혹하고 기하급수적 변화의 시대에 정신과 마음, 그리고 영혼에 자양분을 제공한다. 우리는 횡포한 시대에 정보를 갖춘 시민정신의 중요성을 필사적으로 재확인한다. 우리는 또한 다음 세대가, 미친 듯 날뛰는 디지털 시대에 도덕적 · 사회적 · 지적 · 윤리적 차원을 이해하도록 더 잘 교육받도록 할 필요가 있다. STEM*을 강조하는 것 — 우리 시대의 너무나 많은 지도자가 대학을 그만두거나 학부 혹은 대학원 과정 중에 학교를 일찍 떠나 이 세상에 없었던 거대한 기업을 창업한 젊은 개발자들인 것은 대학 교육의 문제나 과잉이 아니다 — 은 마이크로소프트, 애플, 구글, 페이스북을 위한 것이 아니다. 아마도 역사가 주는 교훈, 윤리에 주목하기, 인간이 된다는 것은 어떤 의미인가에 대한 공감이 기하급수적인 변화가 인간의 조건을 발전시키는 포스트 인터넷 시대에도 우리 모두 살아갈 수 있게 할 것이다.

컴퓨터는 인간을 돕는 것이지 방해하거나 데이터를 착취하는 것이 아니다. 이 시대에 복구해야 할 것은 이러한 인간적 차원이다. 우리는 기하급수적으로 증가하는 데이터 흐름의 총체 이상의 존재다. 오늘날 알파고 컴퓨터는 가장 인간적인(혹은 그렇게 생각해온) 전략게임에서 세계 최강의 바둑 고수들을 이긴다. 바로 그 컴퓨터는 이 고수들이 지적 기계와의 대항에서 당한 현실적이며 충격적인 상실에 공감하지 못한다.

컴퓨터 세상이 필요로 하는 것은 기하급수적으로 증가하는 데이터 대신 공감과 인간다움이다. 우리가 이러한 위안, 통찰, 지속적인 인간의 능력으로 돌아서는 것은 자유교육에 의해서다. 이 글을 통해 독자들이 이 방향으로 돌아서서 영감을 얻도록 초대하는 바다.

---

* 과학(Science), 기술(Technology), 공학(Engineering), 수학(Mathematics)의 줄임말.

1 "이거 알았나요, 2014 리믹스: 디지털 화폐를 늘려라." 2016년 8월 29일 열람, http://digitaldollar.edublogs.org/2104/07/06/shifthappens/.

CONTENTS

들어가며

"자유학예"라는 어구는 전형적으로 교외의 담쟁이덩굴로 덮인 건물의 이미지를 떠올리게 하거나 미국의 학부 교육에 공통적으로 결부된 역사, 언어, 문학 같은 인문학 교육과정을 환기해준다. 그러나 자유학예는 설비나 교육과정 그 이상의 것이다. 그것은 비판적 사고와 합리적 판단력을 함양하고, 특히 모든 학문을 가로지르는 광범위한 추론을 강조하는 교육철학을 아우른다. 자유학예의 전통에서는 기술 혹은 직업 훈련보다 토론과 논쟁이 협력과 사회적 문제 해결의 기초를 제공한다.

물론 "아르테스 리베랄레스*artes liberales*", 즉 "자유학예"는 자유시민이라면 시민사회에 적극적으로 참여하고 협조하기 위해 모종의 능력이 필요하다는 그리스 · 로마의 관념에서 자라났다. 이러한 기본적 도구를 획득하는 것은 3학*Trivium*으로 알려진 세 교과목, 즉 문법, 논리, 수사학을 통해 다섯 가지 감각(시각, 청각, 미각, 촉각과 후각)에서 얻어진 체계적 사고 방법에서 시작한다. 이 세 교과목을 뒤따르는 것이 4과*Quadrivium*, 즉 대수, 기하, 음악,

천문학이다. 이 일곱 개의 교과목 — 기술과 과학을 포함한 — 은 기본적 리터러시로 간주되었고, 자유시민으로 하여금 공공 토론에 참여하고 법정이나 군대에 종사할 자격을 주었다.

유럽에서 중세 초기에 잠자던 자유학예는 8세기 말 소규모의 기독교 사제 그룹에 의해 조용히 복구되었다. 자유학예는 철학, 신학을 중심으로 정치적 · 문화적 · 언어적으로 분절된 세상을 통합하기 위해 공통 언어 — 엘리트 공용 언어*lingua franca* — 와 공통 문화 참조 대상을 제공했다. 이러한 지적 활동의 싹에서 볼로냐(1088), 옥스퍼드(1109), 살라망카(1134), 파리(1150) 등의 위대한 대학교들이 만들어졌다.

이상하게도 이런 교육적 전통은 유럽 대학교들이 대부분 단일 주제(예를 들어 수학, 역사 혹은 예술)에 전문화된 "읽기" 모델을 선택하면서 스러졌다. 그 후 19세기 들어 독일의 연구 중심 모델이 만들어지면서 이러한 접근방식은 단일 학문에 초점을 맞추고 집중하기를 강조했다. 아시아, 중동, 아프리카, 남미의 고등교육이 대부분 이러한 단일 학문 트랙을 따른 것은 분명하며, 이는 오늘날까지도 마찬가지다.

고등교육에서 광범위한 학제적 자유교육의 전통이 주요 양상으로 대두된 것은 미국에서뿐이다. '아르테스 리베랄레스' 철학의 상당 부분이 식민지 이전pre-colonial 미국에서 채택되어 많은 민주적 수칙들을 제공함으로써 독립 공화국이 "더 완전한 연합"을 만들도록 촉구했다. 하버드 대학(1636)과 1776년 이전에 개교한 다른 대학들은 자유로운 사상과 토론의 이념에 근거한 모델을 의도적으로 따랐다. 미국 자유교육 전통의 대법전Magna Carta이라 할 만한 1828년의 유명한 「예일보고서」는 수천 개는 아니더라도 수백 개의 미국 고등교육 기관을 만들어낸 선언으로 시작된다. "지적 문화에서 얻어야 할 두 가지 요점은 정신의 훈육discipline과 채비furniture

다. 그 위력을 확장하고 이를 지식으로 강하게 하면서 말이다." 보고서는 폭과 깊이에서 처방된 교육과정을 배서하면서, 자유교육은 학생들이 개인별 특정 업무보다는 전 인생을 생각하도록 하자는 제안으로 이어진다. "우리의 목적은 개인의 직업에 특유한 것을 가르치는 것이 아니라 모두에게 공통적인 기초를 깔아주는 것이다."

그 핵심인 자유학예교육은 비판적으로 생각하고 서로 맞물린 학문 사이의 연결을 이해하는 능력을 끌어올리는 인지적 "가로지르기 훈련"으로 나타나야 한다. 그것은 '생각을 생각하는 능력'이다. 그리고 "비판적"은 중요한 단어다. 비판적 사고는 약한 사고를 더 강한 사고 — 무한히*ad inifitum* — 로 대체하기 위해 비판을 사용한다. 그러나 비판만으로는 충분하지 않다. 비판을 통한 개선의 의미에 내재된 것은 복수의 새로운 가능성을 용인하는 것이며, 이 가능성도 지속적으로 수용 · 분석되고 새로이 비판되어야 한다. 비판이 없으면 개선이나 더 이상의 진보를 위한 동력도 없어진다.

이와 같은 그리스 · 로마 자유학예교육은 원래 19세기 초반까지는 엘리트 남성에게 국한된 것이었으나 그 후부터는 실용주의와 포괄성으로 초점을 확장하고 여기에 침윤되었다. 특히 산업혁명 동안 자유교육을 받은 에이브러햄 링컨Abraham Lincoln은 '모릴법Morrill Act(공식적으로는 1862년의 대학 용지 부여 법Land-Grant College Act)', 즉 "자유교육과 인생에서 다양한 직업을 추구하고자 하는 산업 계급을 위해 자유교육과 전문교육을 촉진하기 위해 각 주州마다 하나의 대학에" 토지를 부여하는 법으로 미국의 자유교육을 바꾸었다. 이러한 미국 교육의 지형은 농업, 기계 기술, 심지어 국방 과학을 포함했다. 흥미롭게도 이 법안은 링컨이 대륙횡단철도를 만든 '태평양 철도법Pacific Railroad Act'에 서명한 날 통과되었는데, 이는 '홈스테드 법Homestead

Act'*이 통과되기 정확히 한 달 후이기도 했다. 이 두 가지 주요 법과 함께 모릴법은 미국 자유학예의 팽창과 방향성을 재규정하고 미국 교육을 더 넓은 사회적 · 경제적 요구에 연결해주었다.

19세기부터 20세기 초반에 걸쳐 대학과 대학교들이 급증하면서 경제 성장에 필요한 기술 관련 학문이 자유학예와 과학 교육과정과 혼합되었다. 이 모델은 버니바 부시Vannevar Bush가 대통령에게 제출한 보고서 『과학, 끊임없는 전선*Science, The Endless Frontier*』(1945)과 함께 제2차 세계대전 이후까지 확장되었다. 이 보고서는 "기초연구"에 대한 연방정부의 재정지원을 촉구하면서 미래의 경쟁력을 확보하기 위한 연구의 중요성을 강조했다.

> 기초연구는 새로운 지식에 이른다. 그것은 과학적 자산을 제공한다. 그것은 재원을 만들어내며, 거기서부터 지식의 실천적 적용을 이끌어내야 한다. … 오늘날 기초연구가 기술 발전의 페이스메이커라는 것은 그 어느 때보다 진실이다. … 공학 기술과 무관하게 새로운 기초 과학지식을 위해 다른 나라들에 의존하는 나라는 산업의 진보가 늦으며, 국제 통상에서 경쟁력이 약한 입장에 처하게 된다.

우리가 처한 글로벌 시대에는 고등교육이 편재되면서 많은 개발도상국도 자유학예를 수용한다. 여기에 맞추어 더 많은 선진국도 피터 드러커Peter Drucker가 "지식사회"(1969)라 묘사한 것을 배양하기 위해 그 철학적 배경을 재고한다. 이는 새로운 아이디어를 학습하고 통합하는 능력을 가진 지속적인 노동력 구축을 포함한다. 예를 들어 유럽이나 일본처럼 이전의

* 자영 농지법. 미국 서부의 미개발 토지를 한 구역당 160에이커씩 무상으로 제공한다는 내용이다.

고등교육 체계가 단일 학문 학위로 이루어진 곳에서도 새로운 자유학예 과정이 도입되어 혁신과 비판적 사고를 북돋우는 중이다. 아시아, 아프리카, 남미, 그리고 중동에 이르기까지 지속적인 생산성 향상과 삶의 수준 제고를 위해 자유학예 훈련에 대한 관심이 그 폭을 넓혀나간다.

이상하게도, 현재 자유학예교육이 어려움을 겪는 곳은 미국이다. 자유학예 모델의 배경, 목적과 비용에 대한 비판이 점차 늘어난다. 대공황 초기와 미국 제조업의 오랜 침체기에도 많은 정책 입안가들은 더 많은 STEM(과학science, 기술technology, 공학engineering, 수학mathematics) 졸업생 양성에 초점을 맞춘 대단위 직업 훈련을 요구한 적이 있었다. 기술에 대한 우려가 증가하면서 로봇, 자동화, 그리고 '플랫폼' 경제에 결부된 구조적 실업에 대한 두려움을 야기했다. 그러나 파리드 자카리아Fareed Zakaria(2016)를 비롯한 자유학예 지지자들은 자유교육이야말로 21세기에 필요한 기업의 인지적 기술을 생성하는 데 필수라고 주장한다.

자유교육 철학에 대한 관심이 미국 밖에서 확산되는 동안 그 지속성에 도전하는 의문도 확산되었다. 치솟는 학비와 수조 달러의 학생 대출을 보아하니, 이 전통은 다수가 아니라 소수에게만 가능한 것은 아니었던가? 개발도상 국가, 특히 통제적 정부를 가진 국가들이 토론과 비판적 논쟁을 전제하는 학교들을 지원할 것인가? 유럽, 아시아, 그리고 다른 곳에서 견고한 전문 고등교육이 자유학예교육 모델을 채택할 것인가? 이러한 질문들이 이 책 가운데서 고등교육계의 주도적 학자들과 중진 참여자들에게 던져진다.

I. 미국의 전통

이 책의 I부는 미국에서 변화의 요구 가운데 있는 자유학예로의 접근을 조사한다. 미국 자유학예교육의 전통은 유럽에 뿌리를 둔 지적 유산으로 만들어져 국가의 리더십과 미래 비전을 생성하는 지속적인 힘이 되어왔다. 특유의 역사와 문화에 내포된 미국의 자유학예교육 전통은 시민의식 철학과 문화적 정체성을 점진적으로 제고하는 기둥으로 남아있다. 말하자면 이것이 미국 고등교육 체계를 세계적 황금 기준으로, 모든 국가 모델들 가운데서 벤치마킹할 것으로 만들었다.

1장에서는 유명한 1828년의 「예일보고서」를 통해 미국식 버전의 차별화된 "자유교육"이 소개되는데, 교수진이 생성한 이 보고서는 오늘날 우리의 세계에도 놀라울 정도의 유관성과 공통점을 제공한다. 산업혁명의 여명에서 이미 파괴적 변혁이 진행되고 있었던 것이다. 학생들은 자신들의 부모와는 기술적 · 경제적 · 지리적 · 인구학적으로 다른 세상에 들어서고 있었다. 미국의 노동은 농업에서 멀리 벗어나 공장과 산업 현장으로 바뀌고 있었다. 거의 200년 후 미국의 고등교육 체계 — 그리고 나라 자체도 — 는 여전히 글로벌 경쟁력을 유지하고, 심지어 부러움의 대상으로 남아있다. 창조성, 비판적 사고, 그리고 평생교육 — 「예일보고서」의 철학적 유산이며 미국 대학과 대학교들이 자유교육 철학을 널리 채택한 결과인 — 은 글로벌 전체에서 그 어느 때보다 더 필요한 것이 되었다. 불행히도 자유학예에 관한 대부분의 논쟁은 의미론적이다. 왜냐하면 다양한 정의들이 나왔기 때문이다. 많은 비평가가 (카네기 분류표에 근거한) 미국 자유학예대학들은 수적으로나 위상 모두에서 계속 하락했다고 확언하는 데 비해 2장에서 브루스 킴볼Bruce Kimball은 미국의 대학교와 다른 고등교육기관에서 자유학예 프로그램은 1970년 이후 400개의 새로운 프로그램을 포함해서 사실상 증가했다고 지적한다. 이것은 "비전통적" 학생, 즉 다양한 이유로 전일 교육, 정주residential 교육을 표방하는 전통적 미국 자유학예대학에 다닐 수 없었던 고령자, 직업인, 기혼자, 비상근, 노동자 계층의 대학 입학이 급증한 실용주의적 결과다. 실제로 미국 자유학예교육(전공 분야의 집중 학습에 앞서는 광범위한 배분이수 교과목들)의 철학은 커뮤니티 칼리지나 세계대전 이후 자라난 대규모 연구 중심 대학교 등 거의 모든 미국 대학들이 따르는 것이다.

3장에서 아이오와 대학교 연구팀은 전통적 자유학예대학의 개념이 시대에 뒤떨어졌으며 21세기에는 경쟁력이 없다고 도발한다. 최근 몇십 년 동안 부분적으로는 자유학예대학의 비용이 증가하고, 공공 재원 커뮤니티 칼리지와 연구 중심 대학교들이 부상함에 따라 자유학예대학의 등록률이 떨어지면서, 많은 대학은 전통적 자유학예 교과와 함께 취업용 학문들을 혼합했다. 저자들은 직업 전공(예를 들어 공학, 간호학, 교육학)에 등록한 학생들과 전통적 자유학예 전공에 등록한 학생들의 성과를 비교해보았다. 조사 결과는 학생의 전공 범주 — 자유학예 대 취업/전문 — 가 대부분의 자유학예 학생들의 학습 성과에 유의미한 플러스 요인이 아님을 보여주었다. 아이오와 연구팀은 고등교육에서 나오는 시장성 있는 기술에 대한 요구가 점차 증가하는 만큼 자유학예대학도 교육과정에 이러한 직업 전공(혹은 부전공)을 도입하여 그러한 요구를 충족하는 것을 고려해보라고 권고한다.

4장에서 피터 마버Peter Marber는 외국인 학생들은 자유학예 전통에 깃든 다중학문 교육과정 — 전공 인정을 신청하기 전에 그러한 과정을 이수하는 관습적 자유와 함께 — 을 미국 학부 프로그램의 매력으로 생각한다고 주장한다. 지난 세대를 거치면서 그 어느 때보다 많은 아시아, 아프리카 그리고 중동 출신의 학생들이 미국에서 학부 학위를 얻으려 했고, 이러한 경향은 2000년 이후 더욱 가속화되었다. 마버의 조사는 159개 미국 대학과 대학교에서 공부하는 70개국 이상의 국가 출신 1,200명 이상의 학생들을 대상으로 한다. 그의 조사에 의하면 미국 학위의 명성은 핵심 동력이며, 유연한 교육과정을 통한 광범위한 사고 — 자유학예교육의 품질 보증 마크 — 를 함양하는 것이 미국에서 학부 학위를 추구하고자 결심하는 최상위의 요인으로 나타난다. 여기에 덧붙여 신흥국가 학생들을 끌어들이는 동기를 조사한 결과, 더 넓은 의견, 관점, 다양성을 보장하는 학교의 교육과정과 문화 — 다시 말하지만, 자유학예 전통의 중심 특징 — 가 33명의 고등교육 전문가들이 발견한 질적 요인들에서 높은 위치를 차지함을 보인다.

5장에서 대니얼 웨이스Daniel Weiss와 제시 라이틀Jesse Lytle은 소규모 미국 자유학예대학이 봉착한 실천적 이슈들에 도전한다. 그들은 경제성, 가치 연관성, 지역 연관성 등 세 가지 영역에서 현재의 교육기관이 봉착한 이질적인 압력을 조사한다. 그들이 제안하듯, '경제적' 도전은 자유학예교육의 자원집약형 본성, 그리고 이것이 학생들이 부담할 만한 선택이 될 것인지 여부에서 나온다. '가치'에 관련된 의문은 자유학예교육이 학생들과 사회에 주는 실질적이고도 예상되는 혜택에 연관된다. 마지막으로, 대규모로 진행 중인 사회적 변화는 자유학예 모델의 기초인 탁월한 '공동체'를 강조한다. 웨이스와 라이틀은 21세기에도 지속가능한 새로운 모델을 제안하면서, 이 전통이 지식을 설계하고 탁월한 공동체를 배양하며 극심한 경제적 · 사회적 지구화 와중에도 더욱 폭넓은 탈경계적 지식을 촉진할 수 있을 것이라 역설한다.

II. 세계의 자유학예

2부는 서유럽, 아시아, 아프리카와 중동에서 자유학예 기관에 대한 관심이 증가하는 현상을 다룬다. 미국 밖에서 대부분의 3차 교육체계는 국가 차원의 정책과 기획을 반영하여 공공이 재정을 담당한다. 서유럽과 일본의 정부들은 국제적 경기 침체와 인구 노령화가 촉발하는 도전 가운데 국가적 혁신 체계를 다시 구축하기 위해 자유학예교육을 도입하는 노력을 기울여 왔다. 떠오르는 시장의 다른 곳, 창조성과 혁신으로는 그리 알려지지 않은 곳에서도 자유학예교육의 일부 과감한 경험을 축적하고 있다.

카라 고드윈Kara A. Godwin은 미국 밖의 자유교육 대학들의 확장을 조사하는 것으로 6장을 연다. 전 세계 어디에서 자유교육이 존재하며, 그 도래는 지역마다 어떻게 다를 수 있는가? 자유학예는 어떤 형태의 진화를 주도하는가? 프로그램과 기관의 성격에서 공통점과 차이점은 어떤 것인가? 새로운 프로그램을 개발하는 근거는 무엇인가? 자유교육에 국제적 관심이 증가하는 이유는 무엇이며 왜 지금인가? 고드윈은 세 가지 질문을 던지고 정책 입안자, 기관장, 학자들이 개별 자유학예교육의 주도권을 점할 수 있도록 국제적 프로필과 기반을 제공한다.

7장에서 마리크 반데르 벤데Marijk van der Wende는 고드윈의 논의 일부를 이어 최근 유럽에서의 자유학예교육의 재도래를 다룬다. 유럽은 수세기의 고등교육 역사를 가지지만, 이 분야는 국가 기관과 단일 학문 과정에 국한되어 미국의 모델과는 극명하게 대조를 이루었다. 이러한 공공 재정, 대규모, 평등주의 고등교육 체계는 20세기에는 효과적이었으나 21세기의 지식 경제에 부합하는 기술을 갖춘 졸업생들을 양성하는 데는 불이익이 있을 수 있다는 결과를 낳았다. 이에 대한 반응으로, 지난 20년 동안 많은 유럽 국가들이 시스템을 확대하여 미국식 자유학예대학을, 몇 군데는 영어로 강의하는 대학을 만들었다. 반데르 벤데는 이러한 경향을 추동하는 두 가지 힘을 밝힌다. (1) 조기에 시작하고 지나치게 전문화하는 한계를 극복하고 학습효율을 제고하고자 하는 열망, (2) 국제적 경쟁이 치열해지는 와중에 전적으로 수월성을 추구하는, 더욱 엄선된 고등교육 분야에서 엘리트 교육의 모색이 그것이다. 그녀는 네덜란드(유럽 자유학예 기관의 1/4 이상을 차지하는)로 눈을 돌려 자신의 학교인 암스테르담 학부대학Amsterdam University College을 사례로 들어 국제적 고등교육 맥락에서 유럽형 자유교육의 미래 모델을 제시한다.

샬렌 탄Charlene Tan은 8장에서 자신만의 자유학예교육 모델을 만들어 가는 싱가포르의 접근방식에 관심을 돌린다. 유럽에서 시작한 자유학예 전통을 받아들여 이를 아시아의 학교에 적용하는 것은 종종 특유의 이슈와 도전을 만들어낸다. 탄은 예일대학교(자유학예 전통의 근원이라 간주되는)와 싱가포르 국립대학교가 같이 운영하는 자유학예대학을 둘러싼 두 가지 논란에 초점을 맞추면서 "표현의 자유"와 "비판적 사고"에 관한 다양한 개념과 이해를 확인하고 논의한다. Yale-NUS 대학에 비판적인 사람들은 일반적으로 표현의 자유는 제한받지 않으며 비판적 사고는 대립적 속성을 가진다고 보는 데 비해, 이 대학을 지지하는 사람들은 표현의 자유는 아시아의 역사적 실체와 한계 가운데 있으며, 비판적 사고도 문화적으로 매립되어 있고 여기에 협조적이라 본다. 이 장은 더 나아가 싱가포르의 상황에 적합한 비판적 사고의 형태를 제안하는데, 여기에서 참여자들은 개인 차이를 인정하면서 열린 자세를 가지고 문화 사이의 대화를 통해 다른 관점들을 공감하고 이해하는 노력이 필요하다고 주장한다.

비평가들은 종종 학문의 자유와 비판적 사고는 미국 외부, 특히 덜 민주적이며 전제적 사회에서는 복제될 수 없다고 주장하는데, 9장에서 니마 누리Neema Noori는 중동에서 그 증거들을 탐색한다. 그가 말하듯, 18세기를 전후하여 형성된 이 지역의 국가들은 서로 다른 경제 · 정치 체계, 역사 · 사회적 균형을 가지지만 공통적 주제가 제기되었다. 젊은 인구와 중류 계층의 성장세가 미국이나 다른 곳의 많은 고등교육 기관들의 관심을 불러일으켰다는 것이다. 누리는 이 지역에서 확장하는 서구 대학교들이 학문의 자유, 즉 자유학예 전통의 필수요건을 성실하게 수호하는지를 논의한다. 이 지역에서 몇 년 동안 가르친 경험으로 그는 제한된 교육과정, 정년 교수의 희소성, 교수진 변호 기능 부재 등이 암암리에 학문의 자유를 저해한다고 주장한다. 누리가 관찰한 바로 중동에서 자유학예 경험은 이 지역의 엘리트 학생들에게 국한되었으며, 이들이 사는 집단거주지 외부에는 거의 영향을 주지 않는다.

아프리카로 옮겨가보자. 10장에서 그랜트 리퍼드Grant Liford는 아프리카의 자유학예 발전과정을 조사한다. 그는 최근에 이르기까지 혼용된 유럽 식민지 유산들이 아프리카 사회와 교육기관에 걸쳐 자유학예와 연관된 총체적 고등교육 모델을 촉진했다고 본다. 리퍼드는 과도하게 전문화된 후기 식민지 고등교육 체계를 탐구하고 졸업생들의 실업률이 증가하는 문제를 해결하기 위한 더 넓은 패러다임을 제안한다. 중요한 점으로, 그는 이 지역을 위해 자유로이 교육을 받은 지도자와 기술자를 양성하자는 오늘날 아프리카의 주도적 기관들과 사상가들을 사례로 든다.

III. 글로벌 시대의 진보와 혁명

3부는 확장되는 글로벌 시대에 자유학예의 미래를 다룬다. 각 장은 자유학예 전통을 향한, 이미 만들어졌거나 새로운 접근을 조사하면서 글로벌 경제와 창조성, 혁신의 경제적 중요성이 날로 커지는 맥락(Shumpeter, 1976[1942]) 가운데 자유학예교육의 역할을 조명한다. 분명한 것은 오늘날 세계화란 모순이라는 사실이다. 세계화는 한편으로는 놀라운 수준의 번영을 계속 만들어내지만 다른 한편으로는 종種 소멸, 기후 위기 등을 포함하는 국제적 위기를 추동하며, 가진 자와 가지지 못한 자 사이의 경제적 간극을 가속하여 넓혀간다. 자유학예교육은 이러한 긴장을 완화하는 역할을 할 수 있을까? 자유학예교육은 기업이 주도하는 지식 경제의 전면에서 이에 맞설 만한 합당한 것인가? "서구"에서 영감을 받은 자유학예 전통을 지역에 뿌리내린 사회적 · 경제적 난제들을 해소하기 위해 어떻게 각색할 수 있을까?

3부는 피터 밀러Peter Miller의 21세기 "디자인 사고design thinking"와 자유학예 철학의 연계에 대한 시사점 많은 에세이로 시작한다. 그는 스탠퍼드 대학교의 "디.스쿨d.school", 즉 하소 플래트너 디자인 연구소Hasso Plattner Institute of Design를 조사한다. 다른 디자인 학교에서는 상품 디자인을 강조하는 데 비해 스탠퍼드의 철학은 훨씬 더 통합적이어서 학생들이 다양한 분야를 가로질러 혁신적 결과를 만들어내는 방법을 갖추도록 한다. 실리콘밸리의 상업 문화에서 태어난 디자인 사고는 소수의 파악 가능한 원칙에 기반을 둔 문제 해결 접근방식으로, MBA 교과서 슬로건에서나 볼 만한 진부한 구절처럼 들리기도 한다. "말하지 말고 보여주어라", "인간 가치에 초점을", "장인다운 명료성", "실험을 수용하라", "과정에 유념하라", "행동 지향 성향", "완전한 협업" 등이 그것이다. 밀러는 디자인 사고가 단순하지만, 빈곤이나 결핍, 불평등을 둘러싼 광범위한 글로벌 이슈들에 도전할 수 있는 열쇠가 될 수 있다고 주장한다. 더 나아가, 밀러는 이러한 디자인 사고가 디자인이나 공학 전공 학생뿐 아니라 모든 학부생에게 가치가 있음을 강조한다. 그가 말하듯, "팔로 알토Palo Alto*에서 지금 벌어지는 일이야말로 자유학예의 미래다."

그레이 코차르-린드그렌Gray Kochhar-Lindgren은 12장에서 앞의 글과 유사한 의문을 아시아에서 탐색한다. 그는 다음과 같은 질문을 제기한다. 실천적 지식, 즉 프로네시스와 현대의 "디자인 사고"는 다양한 아시아 지역에서 어떻게 자유학예에 이바지하는가? 코차르-린드그렌은 홍콩의 단일 학문 위주 고등교육 모델과 미국의 학제적 접근 모델을 조율하면서 자유학예의 미래를 새로운 토양에 뿌리 내리는 것으로 간주한다. 코차르-린드그렌은 미국의 대학교와 대학이 계속 자금 위기를 겪고 자유학예 전통에서 멀어지더라도 다양한 아시아 교육기관들은 다양한 방향을 향하고 있음에 주목한다. 아시아, 그리고 다른 지역의 많은 나라들이 현대의 지식사회가 발명, 협업, 원형 만들기, 실패, 반복과 혁신을 요구함을 깨닫게 된 것은 분명하다. 이러한 경제적 변화 가운데에서 아시아의 고등교육은 급격하게 변하는 글로벌 경제에서 학생들이 유연성과 적응력을 갖추도록 스스로 재구성하기를 강요받는다.

대니얼 아라야Daniel Araya는 13장에서 "기계지능"이 부상하는 상황에서 자유학예교육이 인간의 창의성과 혁신을 증강하는 수단임을 강조한다. 그는 기술 혁신의 증가세가 이제는 일과 학습의 미래에 관한 간단한 결론을

* 샌프란시스코 인근의 스탠퍼드 대학교가 위치한 도시. 환유로는 스탠퍼드 대학교를 가리킨다.

약화한다고 주장한다. 산업혁명이 공장 생산에서 기계를 지렛대로 삼았듯, 오늘날 컴퓨터 혁명은 컴퓨터가 인간의 지성을 능가하게 하는 중이다. 그는 후기산업사회에서 컴퓨터 기술의 영향을 조사하면서 디자인, 기술, 기업의 파괴로 점차 규정되는 시대에 자유학예교육의 가치가 기본이 되어야 함을 역설한다.

14장에서 워렌 윌슨 대학Waren Wilson College 총장 스티븐 솔닉Steven Solnick은 대부분의 교육기관에서 가능하지만 단지 몇몇 곳에서만 충분히 활용하는 자유학예의 실험적 제고를 위한 두 가지 자원을 옹호한다. 지역사회의 참여와 캠퍼스 직무 프로그램이 그것이다. 아닌 게 아니라 미국 자유학예교육은 전통적으로 학부 교육의 목적에 관한 한 복잡한 — 그리고 가끔은 일관성 없는 — 입장을 보여왔다. 자유학예의 근본적 논의는 — 고대 그리스의 사고에서부터 만들어진 — 생산적 학습과 참여적 시민의식을 배양하는 주춧돌cornerstone로서 비판적 사고에 초점을 두어왔다. 솔닉은 미국과 미국 외부 모두에서 자유학예 모델은 교육과정의 폭과 자기주도적 탐구, 글쓰기와 토론에 대한 의존 등으로 규정되어왔음에 주목한다. 이들은 좀 더 "직업적인" 접근, 즉 신중하게 규정된 학습 계획과 역량 기반 단계milestone와 자주 대립했다. 솔닉의 말을 빌리자면, "자유학예는 생각하기를 배우고 직업 혹은 전문교육은 행동하기를 배우는 것으로 나타난다." 그런데 이러한 축소 지향적 접근은 유감스럽다. 이 견해가 전문적 · 직업적 성공에서 입증된 비판적 사고의 가치를 깎아내린다는 단순한 이유에서만이 아니라 전통적 강의실을 넘어서는 경험 학습, 세미나, 혹은 실험실이 지적 경험을 제고하고 자유학예의 중심에 있는 비판적 렌즈를 요구하는 무수한 사례를 간과하기 때문이다.

15장에서, 덕망 있는 세인트존스 대학St. John's College에서 오래 총장을 지낸 크리스토퍼 넬슨Christopher Nelson은 글로벌 시대 자유학예교육의 장래를 논의한다. 세인트존스 대학은 1937년 이래, '서구 문명의 위대한 책Great Books of Western Civilization'을 읽고 토론하는 데 기반을 둔 하나의 목적, 하나의 교육과정, 하나의 자유학예 이념을 고수해왔다. 이 대학은 전교생 모두 전체를 따라야 하는 하나의 교육 프로그램을 가지며, 학생들에게 결단력 있으면서 효과적인 소통자, 사려 깊고 책임감 있는 시민, 관대하며 협조적인 학습자가 되도록 도전해왔다. 21세기에 이러한 제한적이고 엄격한 교육과정에 정합성이 있을까? 넬슨은 자유학예 전통의 완벽한 본보기이며 세인트존스 대학이 미국에서 가장 많은 박사학위 인적 자원의 근원이 되도록 한, 이 단순한 교육적 처방의 효과를 극찬한다.

마지막으로, 16장에서는 명성 높은 마사 누스바움Matha Nussbaum이 점차 상호의존적이 되어가는 세상에서 자유학예교육을 관조하면서 이 책을 마무리한다. 누스바움은 폭넓은 글로벌 시민에 기반을 둔 교육은 거리, 문화적 차이와 불신에서 만들어진 분열을 초월하는 잠재력을 가진다는 점을 설득력 있게 말한다. 그녀는 고대 자유학예 철학의 정서를 찬양하면서, 배려하는 — 다른 사람들의 입장이 되는 — 상상력을 제고하는 것이 고등교육의 시급한 임무라고 주장한다.

결론

이 선집을 발간한 목적은 미국 내부는 물론 이 세상의 다른 국가에서 고등교육이 발전하는 방법에 관해 더 많은 논쟁을 촉발하는 데 도움을 주려 하는 것이다. 주된 논지는 무엇보다 자유학예 철학의 본질이다.

우리 종種이 역사상 그 어느 때보다 더 많이 교육받고 더 많이 깨어난 이 시점에서 지구촌 70억 사람들은 그 어느 때보다 더 밀접하게 연결되어 있다. 분명히 우리는 늘어나는 교역, 이민, 커뮤니케이션, 자본 흐름을 통해 지도상의 경계선이 없어지는 복잡한 글로벌 커뮤니티의 동료 시민으로 연결되는 도전에 직면해 있다. 그런데 이 세상의 거대한 사회적 · 역사적 분열을 넘어서는 커뮤니티를 만드는 데 주요 장애가 남아있다. 지금 같은 글로벌 시대에 아마도 '아르테스 리베랄레스'의 부활이 격차를 줄이고 그리스인이 원래 꿈꾸었던 생산적이며 협조적인 시민의식을 고양해주지 않을까.

참고문헌

Bush, V. (1945). "Science The Endless Frontier." *Transaction of the Kansas Academy of Science (1903-)*, 48(3): 231–64.

Drucker, P. (1969). *The Age of Discontinuity: Guidelines to Our Changing Society*. New York: Harper & Row.

Schumpeter, J. (1976[1942]). *Capitalism, Socialism and Democracy*. New York: Harper & Row.

Zakaria, F. (2016). *In defense of a Liberal Education*. New York: W. W. Norton & Company.

I

미국의 전통

1. 1828년 「예일보고서」, 1부: 자유교육과 대학 생활
2. 격하서사, 자유학예대학과 대학교
3. 자유학예 개정하기: 전문 전공 학습 결과 분석
4. 자유학예의 유혹: 미국에 온 신흥시장 국가 출신 학부생
5. 자유교육에 대한 차세대의 도전

1

1828년 「예일보고서」[1]

1부: 자유교육과 대학 생활

자치운영위원회

대학의 올바른 목적*은 무엇인가? 이 대학의 후원자, 보호자들의 의도를 우리가 크게 오해하지 않았다면 그것은 높은 수준의 교육의 기초를 까는 것이며, 또 그것은 인생의 한 과정 동안 '부모의 감독'**에 필적하는 대치물이 있어야 할 기간에 이루어져야 한다. 완전한through 교육의 바탕은 넓고 깊으며 단단해야 한다. 부분적이거나 피상적인 교육의 경우 기초는 더 헐거운 재료로 더 조급하게 깔리게 될 것이다.

지적 문화에서 획득해야 할 두 가지 위대한 사항은 마음의 '훈육'과 '채비'다. 마음의 힘을 키우고 이를 지식으로 강하게 하면서 말이다. 아마도 앞의 것이 둘 가운데서 더 중요할 것이다. 그러므로 대학 수업의 주된 목적은

* 이 글에서 object라는 단어가 자주 나온다. 번역에서는 이를 문맥에 따라 관념적인 개념일 때는 '목적'으로, 현대적 관점에서 평가가 가능한 의미로 쓰였을 때는 '목표'로 번역한다.

** 「예일보고서」에는 이탤릭체로 표기한 용어들이 종종 나타난다. 이 부분은 ' '에 넣어 이를 강조하고자 한 원 저자들의 의도를 살린다.

학생들의 능력을 매일 불러내어 엄격하게 단련하는 것이다. 다음과 같은 학습 영역들이 처방되어야 하며, 주의 집중 기술을 가르치도록 고안된 교수법이 적용되어야 한다. 사고의 흐름 방향 설정하기, 탐구를 위해 제안된 주제 분석하기, 정확한 분별을 통해 논지의 흐름 따라가기, 제시된 증거의 균형을 잘 맞추어 판단하기, 상상력을 일깨우고 고양하며 통제하기, 기억이 모아둔 보고들을 기술적으로 배열하기, 천재적 능력을 고양하고 인도하기가 그것들이다.

이 모든 것은 책 몇 권 읽고 강연 몇 차례 듣고 문과학literary* 교육기관에서 몇 개월을 보내는, 가볍고 졸속으로 만들어진 수업으로는 이루어지지 않는다. 사고하는 습관은 오래 지속되며 밀접하게 적용함으로써 형성된다. 학문의 광산은 이 보고寶庫를 닫기 전에 표층 훨씬 아래까지 뚫고 들어가야 한다. 많은 기계 기술 분야에서 솜씨 좋은 수동조작 수행이 수년 동안의 성실한 주의 집중을 동반하는 수습 기간을 필요로 한다면, 마음의 힘을 단련하는 것은 훨씬 더 엄격하고 지속적이며 체계적인 노력을 요구한다.

완전한 교육의 기초를 깔려면 중요한 '모든' 정신 능력들이 실천에 옮겨지는 것이 필요하다. 이 가운데 한두 가지만 배양되고 다른 것들이 무시되는 것만으로는 불충분하다. 비싼 건물을 단 하나의 기둥으로만 받칠 수는 없다. 하나의 정신적 재능이 다른 것보다 더 높은 수준의 문화를 받아들일 때 지적 성격에는 변형이 발생한다. 마음의 힘이 자연이 설계한 정당한 분배를 받아들이도록 훈련되지 않는다면 마음은 최고의 완벽함에 결코 도

---

* 「예일보고서」에는 'literary'와 'literature'라는 단어가 자주 나타난다. 후자는 학문의 영역으로 "문학"이라 번역하는 데 큰 문제는 없다. 그러나 전자의 경우는 문맥상 '과학'으로 번역할 수 있는 'science'라는 단어와 자주 같이 나타난다. 이러한 문맥과 「예일보고서」가 나타난 시기의 학문 발전 상황을 고려하여 이를 "문과학"이라 번역한다.

달하지 못한다. 학생이 그의 추론 능력만 발휘한다면 열렬하고 인상적인 웅변에서 상상력과 취향은 결여하게 된다. 만약 그가 겉으로 드러난 증거에만 관심을 집중한다면 확률 사례에서는 올바른 결정을 내리지 못하는 사람이 될 것이다. 그가 주로 자신의 기억에 의존한다면 창조적 힘은 오용으로 인해 형평이 맞지 않을 것이다.

이 대학의 수업 목적은 문학과 과학의 다양한 분야 사이에 적절한 배분을 유지하여 학생들이 적절한 '균형'을 갖춘 성격을 형성하도록 하는 것이었다. 학생은 순수 수학에서 실증적 추론 기술을 배운다. 학생은 물리과학에 참여함으로써 귀납 과정, 가능한 증거들의 다양성에 익숙해진다. 고대 문학에서는 가장 완성된 취향의 일부를 발견한다. 영어를 읽으면서는 말하고 쓰는 언어의 힘을 배운다. 논리학과 마음 철학에서 사고의 기술을 배우며, 수사학과 웅변술을 통해 말하기 기술을 배운다. 빈번한 글쓰기 훈련을 통해 풍부하고 정확한 표현을 배운다. 즉흥 토론을 통해서는 신속하고 유창하며 활발해진다. 웅변과 탄탄한 학습은 병행되어야 한다. 가장 풍부한 사고의 보고를 갖춘 학생은 웅변에서도 가장 강한 힘을 가져야 한다. 지식을 전달하는 능력이 없다면 무엇 때문에 깊은 학식을 갖추어야 하는가? 그러므로 우리의 수업은 과학과 문학, 탄탄한 성과와 설득 기술의 조합을 목적으로 한다.

지적 교육 체계에서 임무와 동기를 배합하여 학생을 그 자신의 '마음의 자원'에 효과적으로 던져 넣는 것보다 더 위대한 순간을 찾을 수는 없다. 이것이 없다면 도서관, 기구, 표본, 강연, 그리고 교사 등의 모든 장치도 수월성을 확보하는 데 불충분하다. 학자는 자신의 노력으로 자산을 형성해야 한다. 정주 학교가 제공하는 이점도 그의 개인적 노력을 자극하고 돕는 정도에 머문다. 창의적 힘은 특히 엄격한 연습이 필요하다. 학생이 아무리 풍부한 지식을 획득하더라도 사고를 새로이 구성하는 재능이 없다면 그는 둔해지고 비효율적이 된다. 천재의 가장 숭고한 노력은 상상하고 지성을 발견하며 학문의 영토를 확장하는 정복이다. 그러나 '창조적' 재능의 문화만이 자유학예교육의 목적은 아니다. 가장 탁월한 이해 능력이라 할지라도 시대의 지혜가 공헌해온 학문의 양을 위대하게 확장할 수는 없다. 한 젊은이가 재능을 최고의 수준으로 배양했더라도 다른 사람들에게서 얻어낸 지식이 없다면 살아가는 길에 제대로 적응할 수 없을 것이다. 그러므로 마음의 훈육에 교육이 추가되어야 한다. 분석적 방법은 통합적 방법과 조합되어야 한다. 분석은 창조력의 방향을 설정하는 데 가장 효과적이지만, 한정된 시간에 과학을 가르치는 과정에서는 속도가 떨어진다.

지식의 소통과 지적 훈련을 배열할 때 이러한 분야들은 적절한 성격 대칭과 균형을 만들어낼 수 있도록 가르쳐야 한다. 우리는 마음의 힘이 언어만, 수학만, 자연과학이나 정치과학만 공부함으로써 얻어진다는 데 의심을 품는다. 단 하나의 단순하고 획일적인 동기가 아니라 다양한 훈련을 통해 몸이 최고의 완성도에 도달하듯, 마음의 능력도 다양한 학문 분야에 가까이함으로써 확장되고 활성화되며 서로 적응된다.

대학생들은 일반적으로 '부모의 감독'에 대체될 만한 것을 필요로 하는 나이다. 이 점을 고려하는 것이 우리 대학에서 유지되어야 할 관리 체제의 '종류'를 결정한다. 부모-자식 관계와 마찬가지로 그것은 상호 애정과 신뢰에 기반을 두어야 한다. 그것은 무엇보다 전적으로 혹은 주로 제약과 두려움에 의해서가 아니라, 친절하고 설득력 있는 영향에 의해 목적을 달성해야 한다. 물론 어떨 때는 벌도 필요할 것이다. 대학 관리가 가지는 부모 같은 성격은 학생들이 모여서 다 같이 하나의 가족을 만들기를, 학생들 사이에서는 물론 교사들과의 사이에서 상호작용이 빈번하고 친숙해지기를 요구한다.

이를 위해서는 학생들의 숙소로 적절한 건물이 제공되어야 한다.

대학에서의 적절한 교육 '목적'에 관해 이해한 바를 밝혔으므로 이제 이 목적을 달성하는 데 동원되는 '수단'에 대해 관찰한 점 몇 가지를 보태고자 한다.

수업에서는 '강의'와 '암송', 즉 교재 내의 시험이 적절한 비중을 지키도록 유의해야 한다. 강의의 가장 큰 이점은 강사에게 최고의 노력을 요구하고, 그가 전문적 탁월성으로 수업을 가속하여 진행하는 동안 학생의 흥미와 열정을 일깨우는 주제에 빛과 영혼을 주는 것이다. 도구를 설명하고 경험을 쌓거나 표본이 제시되면 강의와 암송은 가장 적절한 의사소통 양상을 가진다. 그러나 우리는 '모든' 수업 목표가 강의만으로 달성된다고 믿지는 않는다. 강의가 항상 학생에게 명료하고 절실한 책임감을 불러일으키지는 않기 때문이다. 학생은 자리에 늘어져 앉아 강사들의 말을 건성으로 들으며 자기 마음의 능동적인 힘을 단련하지 않을 수 있기 때문이다. 우리는 강의 주제에 관해 자주 시험을 치름으로써 부분적으로는 이 결함을 치유할 수 있다. 그러나 여전히 중요한 것은 학생이 스스로 물러나 구두로 진행되는 강의를 들을 때보다 더 자신의 사고 방향을 정립할 기회를 가질 수 있게 하는 것이다. 학생의 지속적이며 성실한 노력을 확보하는 것이 매일 치르는 시험이나 암송의 궁극적 목적이다. 이러한 훈련에서 교재는 통상 지침이 된다.

강의실에서 특정 주제에 관한 깊이 있는 조사 활동은 글뿐 아니라 즉석 '논쟁'으로 진행될 수 있는데, 이는 훈련 수업에서 중요한 부분이 된다.

그러나 학생들의 논쟁이 불필요한 노력을 수반하여 극단으로 치닫게 되면 강사는 설명이나 코멘트를 할 필요가 있다. 실수하지 않으려면, 학생의 정신적 노력을 요구하는 선을 벗어나지 않을 정도에서 학생이 만족을 느낄 수 있도록 구두 강의의 풍부한 대중성을 적절한 비중으로 설계해야 한다. 이것이 끊임없고 격렬한 지적 훈련을 확보하여 학생의 책임 의식이 불변하며 특별한 것이 되도록 한다.

이러한 의도에서 연 2회 '시험'이 만들어졌다. 이 시험은 4학년 대상 7월 시험을 포함하여 1년 중 12~14일을 차지한다. 각 학급은 두 분반으로 나누어져 분리된 교실에서 하루에 7시간 혹은 8시간 시험을 치른다. 여기에 주州의 다양한 지역에서 온 교육계 인사와 명망가로 구성된 위원회가 임석한다. 학생들은 몇몇 학문 분야에서 질문에 대답하고, 대답은 올바른 정도에 따라 등급이 매겨져 기록되며, 학부에 영구히 보존된다. 그러나 강사들로서는 암송실에서 매일 치르는 시험이 이러한 공공 시험보다 더 정확한 학력 테스트다. 공공 시험은 외부인의 심리審理에 부응하는 목적을 가지기 때문이다.

우리는 우리 대학 시스템에 적절하게 부합하기 위해서는 교수와 튜터tutor 양쪽이 다 있어야 한다고 생각한다. 한편으로는 교육기관에서 오래 머문 사람들의 경험을 요구하며, 다른 한편으로는 최근까지 학생들과 함께 지내면서 그들 특유의 감정, 편견, 그리고 사고 습관을 면밀하게 수집해 온 사람들의 신선하고 정교한 정보가 필요하기 때문이다. 교수는 학문의 큰 하위 영역의 꼭대기에서 학과를 지휘하고, 강의 계획을 짜고, 이를 수행할 방법을 통제하며, 교과목에서 더 중요하고 어려운 부분을 가르쳐야 한다. 그러나 학문의 첫 번째 단계에 막 진입한 학부 학생들은 사실상 더 난해하고 논쟁거리가 되는 사항들에 몰두하지 못한다. 그들의 관심사가 전적으로, 혹은 주로 가장 최근의 발견에 기울어질 수는 없다. 그들은 계속되는 탐구의 과정 가운데 있었으며, 단순화되어 정착된 원칙들을 먼저 배워야 한다.

대학의 학습 과정은 그동안 너무도 자주 혼동되었던 '다른' 몇 가지 목적이나 계획과는 조심스럽게 구별되어야 한다. 교육의 목적은 학생 교육을 '끝내는' 것이 아니라 학생이 여기에서 머무는 짧은 기간이 허락하는 동안이라도 최대한 기초를 깔아주고 나아가 상위구조에 도달하도록 하는 것이다. 만약 학생이 여기에서 학문적 원칙의 지식을 두루 획득한다면 그는 크게 보아 스스로를 교육할 수 있을 것이다. 적어도 그는 '어떻게' 배울 것인가는 익히게 된다. 그가 어디를 가든, 어떤 회사에 들어가든 모든 관심 분야에서 자신이 참여한 논의나 토론을 소화하며 거기에 대한 자신의 의견을 만드는 일반적 관점을 가지게 된다. 대학에서 배우지 못했으나 해야 할 중요한 것들이 많이 있다. 학생들은 어디에서도 배울 수 있기 때문이다.

대학에서 학부 과정에 적용되는 수업은 '직업' 준비 학습을 포함하지 않도록 설계된다. 우리의 목적은 그 어떤 직종에 특유한 것이 아니라 모든 직종에 공통적인 기초를 까는 것이다. 의학, 법학, 신학을 위한 '학교school'* 가 따로 있으며, 이 학교들은 다양한 직종에 부합되는 과정에 진학할 준비

* 미국에서 대학원 과정은 오늘날까지도 종종 'school'이라 불린다. 예를 들어 오늘날 하버드 대학교의 편제는 '하버드 칼리지'와 12개의 전문대학원(Graduate School 혹은 School), '하버드 레드클리프 연구소'로 구성된다: Harvard Graduate School of Education, Harvard Kennedy School, Harvard Law School, etc.

가 된 모든 학생이 들어올 수 있도록 열려있다.

그런데 왜 학생은 미래 직업과 직접적인 연계도 없는 공부를 하느라 시간을 낭비해야 하는가? 화학이 법정에서 변론하도록 해주며, 원추곡선이 설교할 자격을 주며, 천문학이 물리학을 익히는 데 도움을 주는가? 평생의 노동에 필요한 교과목에 국한하여 관심을 집중하는 것이 왜 안 되는가? 대학 교육의 위대한 목적은 직업교육에 앞서 마음의 힘을 확장하고, 균형을 맞추게 하고, 자유롭고 포괄적인 관점을 가지게 하고, 생각이 항상 단 하나의 특정 채널에만 국한된 사람에게서는 볼 수 없는 훌륭한 성격 비율을 갖추도록 하는 것이다.

한 사람이 직업훈련 단계로 진학하면 그의 마음 에너지는 원칙적으로 그에 부합하는 임무들에 사용되어야 한다. 그러나 그의 생각이 다른 주제들을 포괄하지 않거나, 문학이나 과학 같은 풍부한 영역을 폭넓게 돌아보지 않으면 그의 사고 습관은 좁아진다. 이는 제한된 시각과 성과를 가지는 사람의 전형적 성격이다. 반대로 직업 생활에서 명성을 가질 뿐 아니라 일반 지식을 풍부하게 갖춘 사람은 높은 수준에 도달한 존엄한 성격을 가지는데, 이것이 그가 사회에서 지도자의 영향력을 가지며 넓은 영역에서 두루 쓸모 있는 사람이 되도록 한다. 그의 위치는 지역사회의 모든 계층에 학문의 빛을 비추게 할 수 있다. 직업을 찾는 목적이 그저 '생계'를 유지하는 사람이 되려는 것인가? 그에게 가족, 동료 시민, 국가를 위해 수행할 다양하고 폭넓은 지적 채비를 요구하는 다른 임무는 없는 것인가?

직업 준비 학습은 여기에서가 아니라면 대부분의 경우 결코 이루어지지 않을 문과학과 과학의 지식습득을 위한 여지를 남겨두기 위해 대학의 교육과정에서 의도적으로 배제된다. 이 지식은 번잡한 직업 생활에서 저절로 성장하지 않는다. 여기에서 우리는 선천적 에너지로 결함투성이 교육의 장애를 무너뜨리고 스스로 차별화되는 길을 만들어가는 거대한 마음을 말하는 것이 아니다. 그런 것들은 일반 법칙에 대한 명예스러운 예외이지, 공통적인 모방 대상은 아니다. 프랭클린Franklin이나 마셜Marshall*이 잔뜩 나타나 대학을 채우지는 않는 것이다. 심지어 프랭클린조차 이 나라에 대학이 없었다면 그런 존재가 되지 않았을 것이다. 높은 기준의 교육이 고등 문과학 교육기관에서 유지될 때, 이러한 교육기관을 거치지 못한 높은 권력자들도 자신의 노력과 주위에서 비추어주는 빛의 도움으로 유사한 수준에 도달하도록 자극받게 된다.

우리의 교육과정은 신학, 의학이나 법학 교육을 완성하자는 것도, '상업', '기계' 혹은 '농업'의 모든 세부 분야를 포함하자는 것도 아니다. 뒤의 것들은 실무라는 환경을 도외시하고는 결코 효과적으로 학습될 수 없다. 젊은 상인은 회계실에서, 기계공은 공장에서, 농부는 농장에서 훈련받아야 한다.

그렇다면 무슨 의도로 이런 일자리에 종사할 젊은이들이 대학에 올까? 그들은 대학에서 교육을 '마치겠다'라는 기대가 아니라 특정 기술을 공부하기 전 예비과정으로 총체적 학문의 기초를 얻겠다는 생각으로 대학에 온다. 4년 동안 모든 것을 배울 수는 없으므로 이론이나 실천은 최소한 얼마간 미래의 기회로 연기되어야 한다. 기술의 학문적 이론이 습득된다면 의심할 바 없이 그것이 시간상으로는 첫 번째가 된다. 상부구조가 세워지기 전에 주춧돌이 깔려야 한다.

학위를 받는 젊은이에게는 어떤 일이 적합할까? 대학을 졸업하면 자

---

* 미국 건국의 아버지 벤저민 프랭클린(1706~1790), 정치가이자 연방 대법원장이었던 존 마셜(1755~1835)을 의미한다.

격을 갖춘 채로 바로 업계로 진출할까? 그렇지 않다. 만약 그가 여기서 중단하면 말이다. 교육은 완성된 것이 아니라 시작인 것이다. 대학은 결코 수행하려 들지 않았던 일을 마무리하지 못했다고 비난받아야 할까? 우리는 다 지어지지 않은 건물의 기초를 깐, 그의 노동 산물이 아직 거주할 수 없는 결과에 불과한, 그러므로 그가 한 일이 실제로는 아무것도 없다는 이유로 석공에게 불평하는가?

윤리에서도 그러하지만, 교육계에서 우리는 실천이 올바르지 않다면 원칙은 아무 결과도 가져오지 않는다는 말을 자주 듣는다. 실천적 기술을 얻을 시간을 왜 이론 습득으로 낭비하는가? 선원은 에너지 분해 규칙을 이해하지 않아도 바람에 맞추어 돛을 올릴 수 있고, 목수는 유클리드Euclid의 『원론*Elements*』을 몰라도 틀을 짤 수 있으며, 염색업자는 화학 원칙을 주입하지 않았어도 색채를 사용할 수 있다. 그러나 이러한 노동들은 다른 사람들이 그에게 제시한 좁은 길에 국한될 뿐이다. 그는 더 큰 사람, 과학 정보를 가진 사람의 감독을 계속하여 필요로 한다. 만약 그가 자신에게 처방된 규칙을 넘어서는 모험을 하겠다면 그는 자신을 이끄는 확립된 원칙 없이 마음대로 일할 수 있다. 그는 오랫동안 지속된 실천을 통해 상당한 수준의 수공 재주에 도달할 수 있을 것이다. 그러나 사업 기획, 새로운 기계적 과정의 조합, 새로운 기술의 발견과 진보는 일반적으로 더 높고 체계적으로 양성된 마음에서 나온다.

대학에서 이론만 배우라는 것은 결코 아니다. 그것은 실천적 사례와 연계되지 않으면 효과적으로 가르칠 수 없다. 실천적 사례는 이론 교육에서 흥미를 일으키는 데 필요하며, 특히 원칙의 적용을 보이는 데 중요하다. 그러므로 과학 탐구에 집중하되 이를 최대한 실천적 사례나 실험과 혼합하고자 하는 것이 우리의 의도다.

그런데 왜 대학의 '모든' 학생이 '같은 단계'를 밟아야 하는가? 왜 학생 각자는 '취향'이나 '적성'에 맞고, 자신의 재능에 부합하고, 자신의 희망 직종에 가장 근접하게 연계된 공부를 하도록 허락되지 않는다는 말인가? 이 질문에 대한 우리의 대답은 교육과정에 관한 우리의 처방에는 완전한 교육을 받고자 하는 모두가 이해할 수 있는 모든 교과목이 들어있다는 것이다.

종종 학생은 자신의 '취향'이 아니거나 '적성'에 맞지 않는 공부를 하도록 강요되어서는 안 된다고 생각한 적도 있다. 그러나 초보적 진리 탐구 단계에도 들어서지 않은 학생이 어떻게 특정 학문에 대한 취향이나 적성을 알 수 있는가? 만약 그가 정말 이러한 교육의 공통 학과들에도 취향이나 적성이 없다면 그는 매우 좁은 행동반경을 가질 운명이다. 그러나 우리는 우리의 학생들이 지적 능력이 떨어지지는 않음을 잘 알고 있다. 그들이 거의 전적으로 쓸모없는 분야에는 적성이 없다고 스스로 쉽게 믿어버린다고 가끔 토로하기도 하지만 말이다.

한 학급이 몇몇 학문의 공통적 요소에 친숙해지면 이제 학생들은 각자가 좋아하는 공부로 '갈래를 쳐' 나갈 때가 된 것이다. 그들은 실질적 시도를 통해 스스로 선택할 수 있다. 이것은 3년 동안에 어느 정도 진행된다. 대학 입학 자격이 더 높은 기준에 도달했다면, 분리는 더 이른 시점에서 시작하여 더욱 확장될 수도 있다.

대학에서 교육체계의 목적은 '부분적' 교육도, 그러면서 한편으로는 '피상적' 교육도 아니며, 직업교육이나 실무교육을 '완성'하는 것이 아니라 '완전한' 교육을 '시작'하고, 여기에서의 정주 기간이 허락하는 한 이를 진행하자는 것이다. 그것은 직업 공부, 즉 고위직의 상업, 공업, 혹은 농업 관련 기관에 특유한 기능을 배울 시기에 바로 연결되는 4년의 기간을 최대한 활용하자는 것이다.

이 교육은 단지 직업을 준비하는 단계이므로 교육 수행 계획을 직업교육의 그것을 복사해서는 안 된다. 두 과정이 다른 성격을 가지며, 그 과정에 들어가는 학생들의 나이 차이도 있으므로 여기에는 중요한 차이가 있다. 직업교육 기관에서는 '교과서'보다 '주제'로 공부하는 것이 합당하다. 이 시기 동안 학생들은 다양한 학문의 요소들을 배우는 것이 아니라 지식 중 하나의 큰 영역을 철저히 적응하고 몇 년 동안 여기에 집중하게 된다. 이 단계에서 '강의'가 훨씬 더 큰 영역을 차지하는 것도 용인된다. 같은 탐구 영역을 오래 지속해서 추구하면서 만들어지는 깊은 차원의 관심이 기초 학습에서 요구되는 섬세한 책임감의 필요성을 대체한다. 학생의 나이와 곧 진입하게 될 직업 실천에 대한 전망은 법률과 징계의 강압적 영향을 받지 않고 성실하게 해당 분야의 일자리에 지원하도록 충분히 보장해준다.

우리 학교는 '유럽' 대학교의 패턴을 그대로 따르지는 않았다. 다른 환경이 다른 배열을 만들어냈다. 몇몇 특권을 누린 지역에서 우월한 교육의 이점에 집중하는 것은 매우 군주제적인 정부의 정책이었다. 그러나 이 나라에서는 공화제도의 습관과 정서가 그 어떤 곳에서도 학문의 독점을 용인하지 않을 것이다. 우리 누구도 이러한 배치가 부당하다고 불평하지 않는다. 기아飢餓가 그렇게도 섬세하게 베풀어진 후원의 결과가 아니라는 것을 제외하고는 말이다. 우리는 적절하게 기부를 받는 한, 많은 대학이 만들어지는 것을 재앙으로 생각하지 않는다.

학생이 응원도 받지 못하고 기복이 심한 기초 학습에서 벗어나 마침내 학문의 위대한 스승이 열정적인 경쟁으로 이끌어주는 열려있고 매력적인 장으로 들어가면 그리스어나 라틴어 문법, 사전, 자료를 넘기는 대신 쉽게 이해되는 언어들을 즐겁게 읽게 된다. 광범위하고 다양한 문학 영역을 개괄한 후, 그는 자신의 재능과 취향에 최적화된 양성 분야를 선택하고 권위로부터의 명령이나 법령이나 징계의 통제가 가하는 충격 없이 안전하게 수업을 이수할 수 있게 된다. 그러나 우리는 이 나라에서 학부 과정의 대학이 부모의 통제에 대한 대체는 아닐지라도 오랫동안 보호자의 역할을 하는지 의문을 제기한다.

우리가 달성되기를 바라는 첫 번째 위대한 발전은 입학 가능 기준을 상향하는 것이다. 이것이 수용되기 전에는 불가피한 실패와 외국 대학들을 일반적으로 모방한다는 조롱에 자신을 노출하게 될 것이다.

부분적 교육을 지지하는 측에서 자주 제기하는 탄원은 확장된 수업을 위한 '필요한 시간' 문제다. 이미 살펴보았듯, 완전 교육은 4년 동안 시작해서 끝날 수는 없다. 그러나 스물한 살 직전의 3년 동안 직업 공부가 허락된다면 학부 과정에서 처방된 수업에 더하여 지금 대학 입학에 요구되는 모든 성과를 올릴 수 있는 충분한 시간을 가질 수 있다. 우리의 법으로 입학 나이 한계는 열네 살이지만, 더 이른 시기에 이미 준비를 마쳤거나 필요한 나이가 될 때까지 기다려야 하는 학생들이 "일자리를 찾다가 인생을 망치는 위험에 빠진다"는 이유에서 우리는 얼마나 오랫동안 이 규정을 철폐하라는 압력에 시달렸던가? 현재 진행 중인 초등학교와 예비학교에서의 교육 방법의 진보가 학생들의 초기 발전을 좀 더 가속해준다면 그러한 청원이 더 큰 진지함으로 울림을 가지리라 기대할 수는 없을까?

그러나 이런 경우도 있다. 늦은 시기에 공부를 시작한 여파로 일자리에서 임무를 시작하기까지 지체될 수 있다. 이것이 제한된 교육과 완전한 교육 사이의 커다란 차이에 필적할만한 가치가 있는 희생인가? 젊은이가 미래의 복지에 절대적으로 필요한 일자리를 찾기 위해 길을 헤쳐나가지만 그 일자리가 1년 정도 지속될 뿐인데, 과연 그는 더 높은 지적 훈련과 성과를 포기해야 하는가?

우리는 이 나라의 모든 사람이 다 완전한 교육과정의 혜택을 받을 수는 없음을 잘 안다. 많은 사람은 초등학교에서 매우 한정된 교육을 받는 것으로 만족해야 할 것이다. 다른 사람들은 여기에 보태 직업학교에서 몇 달을 추가하는 특권을 누릴 수 있을 것이다. 또 어떤 사람들은 더 큰 목표와 유복한 수단을 통해 학생이나 부모들이 선택한 하나 또는 여러 분야의 교육을 제공하는 기관에서 2, 3년 동안 부분적인 학습 과정을 밟을 수 있을 것이다. 오늘날 대중은 교육의 문이 모든 사람에게 열려야 하며, 교육은 국가의 긴급한 요구와 다양한 개인적 필요성에 부합하도록 수정되고 다양해져야 하며, 회계 · 기계 · 농업에 종사하는 사람들을 위한 교육은 그들 각자의 직업적 추구에 특별한 관심을 가져야 한다고 요구한다는 말이 있다.

모든 계층의 젊은이들이 접근할 수 있는 적절한 교육과정들이 있어야 한다는 요구에서 대중은 의심할 바 없이 옳다. 우리 역시 상업학교, 김나지움, 리세, 농업 세미나 등의 아카데미academy*나 시설의 발전이 이러한 의도에 부합하는 충분한 공급원이 된다는 사실을 반갑게 여긴다.

그런데 대중은 모든 대학이 고등학교, 김나지움, 리세, 학원이 되라고 우기는가? 대학은 자신에게 적합한 목적이 있으며, 그 학교들은 그들의 목적이 있다. 이들을 모두 섞어 하나로 만들어버린다면 어떤 이익이 있을까? 대학이 우월한 교육의 증빙이 아니라면 왜 대학의 학위가 다른 학교들의 자격증보다 더 높은 가치를 가질까? 한 군데의 교육과정이 쪼그라들어 다른 곳의 수준과 같아진다면 어느 곳을 졸업하든 똑같이 명예가 될 것이다.

---

* 현대 영어에서 'academy'는 "특정 직업을 준비하는 사람들을 대상으로 특정 과목을 가르치거나 훈련하는 학교 혹은 예술, 문학, 과학 교육을 지원하는 기관"(https://dictionary.cambridge.org)을 의미한다. 그러나 「예일보고서」가 나온 당시에 쓰이던 이 단어의 의미는 당시 유럽에서 직수입된 김나지움, 리세 등을 포함하여 명확한 제도적 정의가 없는 "교육기관" 정도로 이해된다. 번역에서는 이를 외래어인 '아카데미' 그대로 쓴다.

대학과 아카데미의 본질적 차이는 무언인가? 대학이 아카데미보다 더 많은 학문 영역을 다룬다는 것은 답이 아니다. 이 나라에는 적어도 서류상으로는 학습 편제가 대학보다 더 다양한 아카데미도 많다. 그러나 아카데미가 온갖 것을 대상으로 일부만 가르친다면, 대학은 자신의 노력을 하나의 일관된 교육과정에 집중함으로써 임무를 더 분명하게 시간의 경제를 기하면서 수행한다. 한 가지 품목의 상품만 취급하는 상인이나 한 가지 천만 짜는 직조공이 관심이나 기술이 여러 가지로 나누어진 사람보다 일을 더 잘하는 것처럼 말이다.

지금 대학에 적용된 모든 수단은 모색하는 목적을 달성하기에는 겨우 충족되거나 불충분하다. 우리의 자산, 힘 혹은 노동의 일부분이라도 다른 의도로 배분되면 우리가 제공하고자 하는 교육을 훼손하게 된다. 런던의 한 대학교가 수십만 달러의 자본으로 시작하여 인구 100만이 넘는 도시에서 젊은이들에게 교육을 제공하고자 한다면 그 대학교는 고등 상위 교육과정과 하위 교육과정, 학문 위주 학과와 실천 중심 학과, 전문 교육으로 상업, 기술 교육기관을 갖출 수 있다. 그러나 기금에서 나오는 1년 예산이 2천 혹은 3천 달러 정도인 대학이 한꺼번에 유럽 대학교가 되겠다고 시도해야 하는가? 우리가 그런 기관이 '될 수'는 없더라도 현재 우리의 학부 과정은 복잡한 편제 체계 가운데에서도 구별되는 영역을 차지해야 한다.

그러나 다양한 기대를 가진 모든 사람이 좀 더 대학에 쉽게 접근하도록 하려면 '수'를 늘리고 이를 통해 수익을 늘려야 하지 않을까? 이것은 대학이 현재의 대중적 평판, 즉 전적으로 우리가 제공하는 교육의 성격에 전적으로 의존하는 가치를 어느 정도나 유지하는가에 따라 매우 단기 처방이 될 수 있을 것이다. 그러나 교육기관의 성취가 낮은 수준으로 하락한다면 거기에 맞추어 대중적 평판도 내려앉는다는 점을 이해해야 한다. 어떤 단체의 강령에서도 높은 수준의 교육을 통해 자신을 존중하지 않는 문과학 기관에 높은 명성을 주는 마술 같은 일은 없다. 우리의 예상으로는 대학이 자신이 가진 가치 수준을 억누르거나 완전한 교육을 부분적 교육으로 대체하여 대중의 신뢰를 잃어버리면, 높은 기대와 목적을 가지고 지금까지 여기에 왔던 그 계층의 사람들은 자취를 감추게 될 것이다. 비록 '수'라는 측면에서 피부에 와닿는 어려움을 겪지 않아야 하지만, 우리는 낮은 목표와 성과를 보이는 학생들의 비율을 줄이고 이들을 다른 학생들로 대체해야 한다.

우리가 높은 수준의 개성을 유지하는 한 수에 관해 우려할 필요가 없다. 개성이 없다면 이를 유지할 생각 역시 헛일이다. 수를 먼저 늘리고 개성은 나중에 만들자는 계획에 매달리는 것은 위험한 실험이다.

우리는 준비에서 '결함'이 있는 학생들이라도 대학에 입학시켜달라는 요구를 자주 받는다. 부모들은 적절한 자격을 갖추지 않은 상황에 자식들을 몰아넣음으로써 그들에게 얼마나 큰 당혹감과 상처를 주는지 거의 알지 못한다. 겨우 입학이 허락된 학생 중 가끔 한두 명은 학급에서 탈락한다. 4년 동안 엄청난 당혹감과 고행을 뚫고 나가 마침내 여기에서 정주 생활을 통해 획득한 거의 모든 혜택으로 학위만을 받는 경우도 여기저기에 있다. 반대로 학생이 여기 오기 전 충분한 준비를 했다면 그는 학급에서 존경받는 순위를 얻고 상당한 교육을 획득할 수 있을 것이다.

우리가 감수해야 할 또 다른 심각한 어려움은 학생들이 본능적 즐거움을 느끼지 못하거나, 엄격하고 지속적인 노력을 요구받거나, 그들이 희망하는 직업을 준비하는 것과 직접 관련이 없는 학습이 실질적으로 효용이 없다는, 우리 학생 중 일부의 마음에 만들어진 인상이다. 물론 이 학생들은 학습할 가치가 없는 것이 무엇인지도 모른다. 우리는 학생들 뿐아니라 그들의 부모들이 종종 실질보다는 교과의 '이름'에 연연하는 것을 우려한다.

우리는 '다른' 대학들에 우리의 의도를 적용하도록 강제할 의도는 추호도 없다. 그들 중 일부가 부분적으로만 이 교육을 도입하는 데는 타당하고 충분한 이유가 있을 것이다. 우리는 이 시점에서 고차원적이며 안정된 성과에 못지않은 결과에 만족하는 학생들로 가득 찬 모든 미국 대학들이 완전한 교육의 요구를 충족해야 한다고 주장하지는 않는다. 그러나 머지않은 미래에 그들도 지형을 상향할 것이며, 2류 교육사업은 하위 교육 기관들에 떠넘기리라 기대한다.

대학들의 경쟁은 만약 그 경쟁이 수보다는 '수월성'이거나 각 대학이 전시효과를 통해서가 아니라 교육이 가지는 본질적 가치를 둘러싼 것이라면 문학에 대한 관심을 제고할 수 있다. 라이벌 대학 사이의 경쟁이 단지 수적 우위, 즉 신입생 모집에서 능수능란한 수법을 취하는 것이라면 성과 기준은 점점 더 낮아져서 대학들도 통상적 아카데미 수준으로 가라앉을 것이다. 이처럼 억압적이며 질 떨어지는 결과를 만드는 것이 건전한 학습의 보호자이며 수호자가 될 것인가? 우리나라는 완전한 교육의 수단에 제공해 줄 만한 자원이 풍부하다. 동시에 부분적 혹은 피상적 학습으로 만족하도록 젊은이들을 이끄는 특정 유혹들도 존재한다. 업계 영역은 워낙 넓고 일상적 학습의 필요성은 매우 긴급하며 만족할 만한 생활은 매우 다양하고 접근성이 있어서 매우 한정된 양의 지식만 가진 젊은이도 어느 정도의 자기확신과 추진력 있고 열성적인 영혼을 가지고 있다면 자신의 가치를 높여 나가 일자리를 얻을 수 있다. 그는 심지어 출근길에 대중의 박수를 받는 사다리에 올라탈 수도 있다. 만약 그가 자신의 지적 우월성으로 동료들을 계몽하지 못하더라도 적어도 한 조각 문과학적 장식을 통해 다른 사람들의 시선은 끌 수 있을 것이다. 이것이 급조된 피상적인 교육의 매력이다. 이러한 양버들Lombardy-poplar*의 성격, 즉 가늘고 부러지기 쉬우며 고사하기 쉬운 성격을 가진 공급 물자도 흔하다. 우리는 단단하게 뿌리를 내리고 고개가 천천히 하늘을 향하며, 고마운 그늘을 넓게 드리우며, 해가 갈수록 더욱 우러러볼 만한 느릅나무를 더 좋아해야 한다.

국가에 대한 우리의 의무는 완전한 교육의 수단을 제공하는 노력을 요구한다. 상인, 기계공, 농부들은 전문직 신사들과 함께 공공 의회에 자리를 차지하고 있다. 그러므로 완전한 교육은 이 모든 계층에까지 확대되어야 한다. 이들이 올바르게 판단하며 주요 국가 문제에 조용히 투표하는 건전한 판단을 하는 사람들이라는 것만으로는 충분하지 않다. 다른 사람들의 마음에 끼치는 영향력, 지식의 정도와 웅변의 힘으로 만들어지는 영향력이 필요하다. 우리의 심의회에서 연설이 단 하나의 직종에 국한되어야 할까? 우리에게 물리적 대리인과 도구를 주는 것이 지식이라면, 우리가 도덕과 정치적 장치들의 조합을 통제하도록 하는 것은 더욱 그러하다.

학부 교육과정의 목적은 사업을 준비하는 데서 끝나는 것이 아니라 어떤 직업이든 발전시키고, 수준을 올리며, 장식해주는 바로 그 다양하고 일반적인 지식을 전해주는 것이다. 상인, 기계공, 농부는 고도의 지적 문화에서 얻을 것이 없겠는가? 이들이야말로 학문의 원칙을 실천적 응용으로 바꾸는 최고의 기회를 가지는 계층들이다. 우리나라에서 번영의 파도가 이렇게나 급속히 축적되는 넓은 영토는 대부분 그들의 수중에 떨어질 것이다. 그들이 높은 수준의 교육을 받아 폭넓고 자유로운 관점을 가지며, 단순히 재산을 소유하는 것이 아니라 더 높은 차별화된 단계로 올라가는 굳건하고

---

* '검은 포플러'라 불리는 수종 가운데 통상 영국과 아일랜드에서 주로 서식하는 종류를 지칭한다. 우리나라에서는 '양버들'이라 알려져 있다.

우아한 성취를 이룬 사람들이라면, 이것이 어찌 바람직하지 않겠는가?

능동적이며 진취적인 우리 국민의 성격은 이 활기와 에너지가 건전한 지식, 깊은 사고의 결과, 이른 훈련으로 방향을 찾아야 한다는 것을 매우 중요한 사실로 만들었다. 자유로운 정부가 인간 지성에까지 확장되고 작동할 완전한 자유를 준 곳에서는 교육도 거기에 맞추어 자유롭고 풍부해야 한다. 게다가 우리의 산과 강, 그리고 호수의 규모조차 위대하고 강력한 국가를 만드는 운명을 우리에게 주었는데 우리의 문학이 허약하고 빈약하고 피상적이어서야 되겠는가?

1 이 유명한 문서는 1827년 9월, 예일대학교 총장 제레미아 데이Jeremia Day가 요구한 내용, 즉 교수위원회를 구성하여 대학의 교육과정을 바꾸고 "죽은 언어", 특히 고대 그리스어와 라틴어를 수강하도록 한 요구에 대한 해법으로 나온 것이다. 거의 1년 후 교수진은 2개 부로 구성된 보고서로 응답했다. 1부에서는 예일대학교 교육과정의 철학을 총체적으로 고찰했고, 2부에서는 고대 그리스어와 라틴어를 자유교육의 기초로 규정했다. 이 책은 1부의 내용을 발췌 · 편집했다.

2
격하서사, 자유학예대학과 대학교[1]

브루스 A. 킴볼

최근 몇십 년 동안 고등교육계에서 울려 퍼지는 한탄 가운데에서 가장 자주 들리는 것 중 하나는 자유학예대학의 격하서사declension narrative다. 가장 엄격한 형태의 격하서사에 의하면 대학교와 자유학예대학은 두 가지로 구별되며, 경쟁적인 교육적 · 제도적 이념을 형성한다. 게다가 대학, 특히 공립대학은 더 강력하게 성장했으며, 자유학예대학, 특히 사립 자유학예대학은 지난 125년 동안 약해져왔다. 사실상 대학교들은 사면초가에 몰린 자유학예대학을 압도해왔으며, 자유학예대학은 외부에서 기부가 잘 들어오는 소수의 (그나마도 점점 줄어드는) 대학들을 제외하고는 가차 없이 소멸의 길을 걸어왔다.

격하 담론 중 가장 중요한 문서 중 하나는 다음과 같다. 1884년 컬럼비아 대학교Columbia University의 저명 교수인 존 버지스John W. Burges는 출판 논문 하나에서 이렇게 썼다. "대학들의 위치가 무엇이 될지는 나로서는 예측할 수 없다. 대학교로 자랄 수도 없고 김나지움이 되지도 못하니 나는 이들이 존재해야 할 이유를 모르겠다. 이들을 유지하는 것은 대부분 자원의 낭비이고, 이런 학교에 다닌다는 것은 시간의 낭비가 될 것이다. 지금이 바로 그러하다."[2] 1990년 시카고 대학교University of Chicago의 개편 주역이며 창립 총장인 윌리엄 레이니 하퍼William Rainey Harper는 대학교로 발전하거나 커뮤니티 칼리지로 되돌아가지 않는다면 거의 모든 자유학예대학은 실패할 것이라 선언했다.[3] 여기에 화답하여 1902년 당시 컬럼비아 대학교 신임 총장이었던 니콜라스 머리 버틀러Nicholas Murray Butler는 4년제 학사학위 과정 대학은 더 이상 컬럼비아에서는 물론 다른 곳에서도 독자 생존은 불가능하다고 주장했다.[4] 다음 해 스탠퍼드 대학교Stanford University 총장 데이비스 스타 조던Davis Starr Jordan은 유명한 다음 문구로 시작하는 에세이를 출판했다. "대학은 경우에 따라 다르기는 하지만, 구식이고 뒤떨어졌으며 포위되었고 기근에 시달리는 작은 대학교다. … 시간이 지나면 대학은 사실상 사라질 것이다. 이름은 아니더라도."[5]

1924년 레온 리처드슨Leon Richardson은 『자유대학 연구*A Study of Liberal College*』를 통해 대학교 예언자들을 소환했으며, 이후 문서들이 쌓이기 시작했다.[6] 리처드슨의 연구는 미국 대학과 대학교 관련 논의에서 또 다른 기념비적 역사인 1962년 프레데릭 루돌프Frederick Rudolf의 저작에서 다시 언급되었다. 루돌프는 마무리 장에서 앞에서 언급한 모든 자료를 소환하면서 조던의 그 도발적 어구를 인용했다.[7] 루돌프의 책은 신속하게 미국 고등교육의 표준 역사가 되었으며, 125년 동안 대학 격하 과정의 증거에 그가 끌어모은 대학교 옹호 관련 자료들이 추가되었다. 예를 들어 1988년 미국대학협의회Association of American College 창설 75주년을 기념하는 논문집에서 역사가 마크 커티스Mark Curtis는 "1890년부터 1910년까지 … 새로운 사립 대학교들과 토지 수여 대학이나 주립대학교처럼 세금으로 지원을 받는 공립

교육기관에 의해 전통적 대학은 사라지고 있는 것으로 보인다"[8]라고 진단하면서 루돌프의 관점을 소환한다. 커티스의 의견은 우드로 윌슨 펠로십 재단Woodrow Wilson Fellowship Foundation의 이사장인 아서 레빈Arthur Levine이 편집한 미국 고등교육의 미래 논문 전집에 인용되었다.[9]

다음 해, 칼라마주Kalamazoo 대학의 전 총장 데이비드 브레네맨David Breneman은 좋은 평가를 받은 『자유학예대학: 사투, 존속 혹은 위험에 빠지기?*Liberal Arts College: Thriving, Surviving, or Endangered?*』를 출판하면서 "하퍼-버틀러-조던 종말의 예견"에서 루돌프를 인용했다. 브레네맨은 직업 분야에 비해 자유학예에 최소한 40%의 학위를 수여하는 대학은 206군데밖에 남지 않았다고 계산했다.[10] 그의 책은 자유학예대학을 멸종위기종 명단에 올렸으며, 이전 업적에서 만들어진 루돌프와 브레네맨의 권위와 탁월함은 결과적으로 격하서사의 확산에 이바지했다.

1999년 당시 스펜서 재단Spencer Foundation의 이사장인 경제학자 마이클 맥퍼슨Michael McPherson과 당시 노스웨스턴Northwestern 대학교 총장인 모튼 샤피로Morton Schapiro는 미국예술과학아카데미American Academy of Arts and Science가 출판한 자유학예대학 관련 전집에 수록된 유명한 에세이에서 브레네맨의 견해에 의존한다. 맥퍼슨과 샤피로는 대부분 학생들이 자유학예를 전공하는 대학들의 재학생은 다 모아봐야 10만 명에 불과하다고 계산한다.[11] 2005년 미국학술단체협의회American Council of Learned Societies에서, 탁월한 역사가이며 윌리엄스 대학Williams College의 명예총장인 프랜시스 오클리Francis Oakley는 브레네맨, 루돌프, 버지스, 하퍼와 조던에 근거하여 "격하서사"가 한 세기 동안 문헌에 등장했음에 주목했다. 오클리는 "격하서사는 … 오용될 수" 있다고 경고하면서도 "적어도 숫자로 보면 아닌 게 아니라 [자유학예대학의] 하향 추세는 의문의 여지가 없다"고 관찰했다.[12] 2011년 벨로이트 대학Beloit College의 명예총장 빅터 페롤Victor Ferrall은 하버드 대학교 출판사와 함께 브레네맨의 저작에 폭넓게 의존한 대규모 연구를 진행했다. 페롤은 자유학예대학이 충분한 기부를 받는 50개교 정도를 제외하고는 폐교의 "가장자리"에 있거나 직업교육으로 전환할 시점에 놓여있다고 결론을 내렸다.[13] 마지막으로, 2012년 미국대학 · 대학교협회Association of American Colleges and Universities*에서 출판한 연구는 브레네맨의 견해를 되풀이하면서 "진정한 자유학예대학"은 브레네맨이 말한 206개교가 아니라 130개교에 불과하다는 결론을 내렸다.[14]

이러한 음울한 결론들이 축적되면서 격하서사는 오늘날 자유학예대학과 연구 중심 대학교의 관계에 관한 거의 모든 논의에서 전제가 되기에 이르렀다. 이런 영향 아래에서도 격하서사에 관한 문서들, 데이터, 추론은 신중한 정밀 조사를 해볼 만한데, 조사 결과는 몇 가지 놀라운 사실을 보여준다.

대학들이 "대부분 자본의 낭비"이며 "시간의 낭비"라는 1884년 버지스의 견해는 분명히 그의 학문 배경을 반영했다. 1867년 애머스트 대학Amherst College을 졸업한 그는 몇 년 동안 독일 대학에서 연구하면서 그들의 엄격한 연구 방법과 학문 자세를 받아들였다. 미국으로 돌아온 후 그는 애

* Association of American Colleges and Universities. 1915년 설립된 비영리단체로, 1,000개교가 넘는 사립대학, 커뮤니티 칼리지, 연구 중심 대학교 등을 회원으로 하는 미국 및 국제적 대학 협의회다. 주된 관심사는 학부교육과 자유학예교육의 질과 가치를 제고하는 일이다. 원래 American Association of Colleges and Universities라는 이름이었으나 2022년 1월 Association of American Colleges and Universities으로 변경했다.

머스트가 이러한 방법을 받아들이도록 노력했으나 실패하고 1876년 뉴욕의 컬럼비아 대학으로 옮겨 독일의 방법론을 이식하고 정치학 분야 최초의 학술 잡지와 박사과정을 창설했다.[15] 버지스는 이렇게 연구 중심 대학을 개척했으며, 이는 여전히 미국에서도 새로운 분야다.

하버드 총장 찰스 엘리엇은 1869년 취임사에서 미국에 진정한 대학교는 아직 존재하지 않는다고 선언했다.[16] 1876년 존스홉킨스Johns Hopkins는 전적인 대학원 기관으로 문을 열면서 최초의 미국 대학교로 인정되었고 1884년에 이르러서는 코넬Cornell, 하버드, 미시간Michigan과 아마도 위스콘신Wisconsin이 이를 따랐다. 컬럼비아도 같은 길을 걸었지만, 예일이나 프린스턴Princeton과 마찬가지로 여전히 대학의 기풍이 지배했다. 그러므로 이 나라에서 진정한 대학교는 한 줌에 지나지 않았으며, 자유학예대학은 주정부의 대학 창설이나 토지 수여 대학교들에도 불구하고 미국 고등교육 기관의 모델로 남아있었다.[17] 이 사실을 알고 있었던 버지스는 이 나라에서 보스턴이 대학교를 유치하고 지원하는 유일한 도시라 선언하고 그의 논문 제목을 「미국의 대학교: 언제부터일까? 어디에서부터일까? 어떤 것이 될까?The American University: When Shall It Be? Where Shall It Be? What Shall It Be?」라고 미래지향적으로 붙인 것이다.[18] 그러므로 버지스의 평가는 확신이 깃든 선언이라기보다 어느 정도 모교가 자신의 제안에 답하지 않은 데 따른 실망감에서 나온 불만 섞인 예언이었다.

1990년 15개의 연구 중심 대학교들이 미국대학교협의회Association of American Universities를 만들면서 상황은 극적으로 바뀌었다. 이들 가운데 하나가 시카고 대학교이었는데, 하퍼는 이를 존 록펠러John. D. Rockefeller의 재정지원을 받아 연구 중심 대학교로 개편했다. 1990년 7월 국립교육협의회National Education Association에서 행한 "작은 대학의 상황The Situation of Small

College"이라는 연설에서 하퍼는 자유학예대학을 향한 몇 가지 위협을 열거했다. 작은 대학은 학문적 기준을 낮은 단계에서부터 끌어올린 공립고등학교가 발전하고, 전문 교육이 필요한 많은 영역이 도래하지만 이를 지속할 수 없고, 교수진 임금이나 도서관, 연구실을 제공하는 데 있어 대학교와 경쟁할 만한 재정을 감당할 수 없으며, 주립대학교의 저렴한 수업료와 기타 지원금을 따를 수 없다는 것이다. 하퍼는 이런 요인들에 의해 자유학예대학 중 단지 1/4만 살아남고 나머지는 아카데미나 2년제 대학이 될 것이라 예상했다.[19]

1903년 스탠퍼드 총장 조던은 출판 논문 하나에서 대학은 더 이상 희망이 없다고 언급했다. 이 글에서 가장 자주 언급되는 구절은 이러하다. "대학은 미국 교육사에서 임시적인 것에 불과하다. 대학은 경우에 따라 다르지만, 일반적으로 구식이고 뒤떨어졌으며 포위되었고 기근에 시달리는 작은 대학교다. … 시간이 지나면 대학은 사실상 사라질 것이다. 이름은 아니더라도 말이다. 최상의, 최고로 부유한 대학들은 하버드, 예일, 프린스턴의 사례를 따라 대학교가 될 것이다. 다른 대학들은 아카데미의 위치로 되돌아갈 것이다."[20]

조던의 말은 연구 중심 대학교들이 자유학예대학을 소멸로 내몰고 있음을 분명히 보여주었다. 하퍼나 조던은 일종의 기관 다윈주의Darwinism를 따르는 것이었다. 하퍼가 이렇게 말했듯 말이다. "기관의 일생에 관한 법칙은 개인의 일생에 관한 법칙과 매우 유사하여 기관의 발전과정에서도 '적자생존'을 확실히 신봉할 수 있다. … 초기의 시도와 고난에서 살아남은 기관은 … 자신의 존재를 정당화하고 … 살아남을 자격이 있다. … 이러한 존재를 위한 투쟁에서 … 어떤 대학들은 … 그들의 활동을 … 예비교육 영역에 국한하도록 강요받을 것이다."[21] 하퍼와 조던에 의하면 앞선 25년 동안의 시기는 자유학예대학과 맞지 않았으며, 반면에 대학교로서는 "향후 25년 동안 … 무엇인가 위대한 것이 예상된다."[22]

그럼에도 이러한 강경한 선언의 행간에는 모종의 방어 자세가 보인다. 조던은 "대학교를 위한 변호An Apology for the Universities"라는 제목을 단 연설을 다음과 같이 시작했다. "요즘 때때로 성공한 사업가들이 미국 대학교의 존재 권리에 대한 상대방의 말에 눈길을 치켜들어 질문하는 경우가 있다."[23] 게다가 조던은 1898년 스탠퍼드 개교를 맞아 "변호"를 발표했는데, 이 발언은 그가 제인 스탠퍼드Jane Stanford, 즉 철도 부호였던 남편이 1893년 죽은 후 뒤를 이어 스탠퍼드의 후원자가 된 인물과의 사이가 껄끄러웠던 것을 암시한다. 제인 스탠퍼드는 조던의 씀씀이를 엄격하게 관리했으며, 자주 그 대학교를 하위 단계 기술연구소 정도로 취급했다.[24] 따라서 조던의 "변호"는 대학교 후원을 합리화하면서 고등교육이 별 효용이 없으며 불가사의하거나 엘리트 교육이라는 비판의 방향을 돌리려고 전통적 대학을 만만한 과녁으로 삼은 것이었다. 조던은, 대학교를 비판하는 사람들은 "이전에는 … 대학 교육은 … 그것이 만들어낸 우월감으로 가치를 부여받았기" 때문에 "대학의 교육이 실생활과 무관"하고 "아무런 행동도 하지 않음에도" 과거의 "기아에 허덕이는 대학들"을 염두에 두고 비판한다고 말한다.[25]

한편, 시카고 대학교의 하퍼 역시 후원자와의 관계에서 어려움을 겪고 있었다. 후원자가 대학교에 관해 하퍼보다 더 기술적이고 실용적인 관점을 가지고 있었기 때문이다. 더 심각한 것은 록펠러가 대학교를 발전시켜 나가면서 하퍼가 신중하지 못하게 적자를 내는 데 점차 염증을 느끼게 되어 1898년 더 이상 하퍼를 만나지 않겠다고 결정한 일이었고, 하퍼는 록펠러의 직접적인 지원이라는 소중한 특권을 잃을 위기에 봉착했다.[26] 1900년에 이르러 조던과 하퍼 둘 다 미래가 대학교와 함께 열려있음을 의심하거나 관계가 소원해진 후원자들을 설득할 필요를 느끼게 되었다. 이 두 총장이 후원자들의 확신을 북돋우기 위해 다윈의 "기관 일생의 법칙"을 들먹이고, 부당하게도 자유학예대학과의 비교를 들고나온 것이다.

이와 비슷하게 컬럼비아 대학교의 니콜라스 머리 버틀러도 1902년 첫 번째 연례보고서에서 앞으로 자유학예대학은 2년 동안의 일반교육general education을 제공하는 것으로 최고의 봉사를 할 것이라고 말했다. 그 당시 버틀러는 허세를 섞어 뉴욕 시민은 컬럼비아 대학교에 "당장 필요한" 1천만 달러를 주는 계획이 수립되어야 한다고 선언했다.[27] 이 금액은 그 당시 단 두 대학교를 제외한 모든 대학교가 받은 기부금 액수보다 큰 것으로, 결국 돈도 계획도 실현되지 않았다. 그러므로 그 당시 대학교 옹호자들의 언사는 제대로 측정된 평가도 아니었으며, 그들의 확신에 찬 외침은 거의 예언적이고 방어적인 저의에서 나온 것이다.

초기의 격하서사 메시지가 가지는 애매모호함은 리처드슨의 1924년도 연구에서 밝혀졌는데, 이 연구는 다트머스 대학Dartmouth College 총장의 요청에 따라 전국적인 조사 결과를 보고했다. 리처드슨은 버틀러와 조던을 인용한 후 놀라운 평가를 했다.

> 이러한 확신에 찬 예견들이 만들어진 지 거의 한 세대가 지났지만 그들의 검증 내용이 현실로 다가온다는 지표는 거의 없다. 사실은 대학교의 한 부분이든 독립기관이든, 오늘날보다 더 대학이 활기차고 남성적이며 더 확고한 위상을 가진 때는 없었다. 대학을 미국 고등교육의 중심으로 인식하는 것이 오늘날보다 더 일반화된 적은 없었다.[28]

결과적으로 격하서사 문건 가운데 중심적인 텍스트는 실제로 1920년대 중반의 서사를 부정한다.

리처드슨의 견해는 1909년 하버드에서 엘리엇을 승계한 에벗 로렌스 로웰Abbot Lawrence Lowell의 재임 동안 입증되었다. 로웰은 1910년대와 1920년대 동안 하버드의 대학 문화를 강화하려 적극적으로 노력했는데, 이는 대학교 건립자인 엘리엇의 재임 동안 악화된 문제였다. 로웰의 관심사 중 하나의 사례는 1910년대에 시작되어 그 후 몇십 년 동안 진행된 연구 중심 대학교 움직임에 광범위하게 맞서는 것이었다.[29] 이 반응은 앞선 몇십 년 동안 연구 중심 대학교의 지도자들이 하위에 자리매김한 "자유 문화"와 자유학예대학 모두를 강화했다.

다음의 기념비적 격하서사 문서가 그러한 해석을 보증한다. 1962년 루돌프는 "반혁명"이라는 제목의 한 장章에서 버지스, 하퍼, 조던을 소환하면서 이렇게 썼다. "그러므로 대학의 이상은 결코 대학교 운동에서 전적으로 퇴색된 적이 없으며, 1920년대까지 미국 고등교육의 열기는 그야말로 반혁명적이었다."[30] 루돌프는 이렇게 대학교에 관한 예언을 논박하는 방법으로 인용했다. 그는 고등교육에서 "대학의 전도를 이끄는 힘은 너무나도 강했다"고 결론을 내렸다.[31]

어떤 격하서사 텍스트들은 차후에 대학교 옹호자들의 자질을 인정했다. 예를 들어 브레네맨은 "하퍼-버틀러-조던에 이르는 종말의 예상이 극단적임"을 날카롭게 간파했다. 그러나 그는 "이 세기 동안 사립대학들이 늘어나 공립대학교처럼 저변화되었으며, 커뮤니티 칼리지 수와 규모도 극적으로 늘어났다"[32]고 결론을 내렸다. 즉 브레네맨은 격하의 시작을 무시하면서도 한 세기 동안 진행된 격하를 확인한 것이다. 이러한 얼버무림이 격하서사 문헌의 전형이다. 종종 대학에 대한 경고의 가치를 인정하면서도 대학의 추락이 확인되지 않는다거나 "계속 미끄러진다"[33]고 확언하기도 하기 때문이다.

이런 식의 얼버무림은 부분적으로 비율 논거에 잘못 의존한 데서 나온다. 예를 들어 몇몇 탁월한 권위자도 아래의 데이터를 대학의 추락을 보이는 데 사용하기도 했다. 1955년부터 1970년까지 고등교육 기관 중 자유학예대학의 비율은 40%에서 24%로 떨어졌고, 자유학예대학 등록 학생 비율도 26%에서 8%로 떨어졌다. 그래서 브레네맨과 몇몇 사람은 자유학예대학이 "교육 지평에서 더 많이 사라져가는 부분"[34]이라 말했다.

실제로 이 백분율들은 고등교육에서 자유학예대학과 등록 학생의 '비율' 혹은 '부분'이 쇠퇴했음을 보여준다. 그러나 제2차 세계대전 후 지아이 빌G. I. Bill*과 1958년의 국방교육법National Defense Education Act, 1965년의 고등교육법Higher Education Act에 따라 학생들을 위한 연방 재정지원은 크게 늘어났다. 한편, 연구 중심 대학교들도 제2차 세계대전 후 설립된 국립과학재단National Science Foundation이 주도하는 연방 연구지원을 통해 새로이 막대한 재정지원을 받았다. 그 결과 1950년에서 1970년 사이 미국 내 학부 학생 등록은 230만 명에서 860만 명으로 거의 4배 늘어났으며, 대학과 대학교 수 역시 1,800개에서 2,800개로 늘어났다.[35]

물론 절대적 수에서 대규모 확장의 시대 동안 비율이 내려간다는 것이 1945년부터 1970년대까지 자유학예대학이나 학생들의 절대적 수가 줄어들었음을 의미하는 것은 아니다. 실제로 1956년부터 1970년대까지 많은 자유학예대학에서 자유학예 전공 등록 학생 수가 증가했음을 보여주는 근거가 있다.[36] 그것이 사실이든 아니든 1956년부터 1970년대까지 자유학예

---

* 제2차 세계대전 참전용사들에게 다양한 혜택을 제공하는 법안

대학이나 학생들의 절대적 수가 하락했다는 견해를 유지하는 격하서사 기록물은 권위가 있어 보이지 않는다. 그럼에도 자유학예대학들이 "더 많이 사라져간다"는 한탄은 그 후의 격하서사 기록에도 꾸준히 나타난다.[37]

얼버무림과 달리, 여기에서 중요한 것은 자유학예대학 수가 심각하게 줄어든 것은 단지 1970년 이후에 시작된다는 것이다. 실제 브레네맨은 1972년부터 1988년까지로 연구를 국한했다. 브레네맨이 진행한 바로는 카네기 교육진흥재단Carnegie Foundation for the Advancement of Teaching 지정 자유학예대학 540개교가 수여한 학위 분석 결과 이 대학들은 학생들을 모집하고 재정적으로 살아남기 위해 직업교육을 제공하는 쪽으로 급속히 선회했다. 브레네맨은 1972년부터 1988년까지 자유학예 학위를 40% 이상 수여한 자유학예대학 수는 540개에서 206개 학교로 줄어들었다고 결론을 내렸다.[38]

이러한 발견은 많은 관심을 끌었고 격하서사를 촉발했다. 이후 많은 학자들이 1990년대와 2000년의 첫 10년 동안 "자유학예대학은 여러 가지 국면에서 투쟁을 계속해야 할 것"이라는 의견을 유지했다.[39] 그러나 종합적인 데이터를 수반한 그 어떤 주요 연구도 그 경향을 입증하지 못하다가 2011년 격하서사에 관한 다른 주요 양적 조사가 출판되었다. 사립 자유학예대학의 열렬 지지자인 페롤Ferall은 「U.S. 뉴스 & 월드 리포트U.S. News & World Report」가 꼽은 225개의 소규모 사립 자유학예대학을 조사했다. 페롤은 1987년에서 2008년 사이의 20년 동안 직업 분야에서 학위를 수여하는 뚜렷한 경향을 발견했다.[40] 그는 다음과 같이 결론 내렸다.

> 모든 자유학예대학은 … 벼랑에서 굴러떨어지는 위험에 직면했고 … 빈곤해진 대학들은 … 문을 닫고 영리 기관에 팔리거나 전적으로 자유학예를 포기해야 했으며 … 유복한 대학들도 경제적 특권의 자투

리로 남아 단지 학점 제조기로 고립되는 운명에 직면하고 … 가장 심각한 위협은 중간 그룹으로 … 세금으로 보조받으며 저렴한 수업료를 받는 공립대학교와의 경쟁에서 고통을 받는다.[41]

그럼에도 페롤의 조사 기간은 2007~2008학년도에 그쳤는데, 만약 그의 데이터를 20년 전의 브레네맨의 기준으로 다시 계산해보면 놀라운 결과가 나타난다.

먼저 자유학예 학위 수여 40% 이상이라는 기준치를 보자. 이런 대학들을 브레네맨은 1988년에 206개교, 페롤은 2008년에 209개교를 찾았다. 다음으로 자유학예 학위 75% 이상 수여라는 최고 기준을 고려해보자. 이런 대학들을 브레네맨은 1988년에 90개교, 페롤은 2008년에 91개교를 찾았다.[42] 이런 종류의 데이터에서 보이는 가변성을 고려하더라도 이 두 가지 독자적 연구가 1988년과 2008년 거의 동일한 자유학예대학 수에 도달한 것은 주목할 만하다.

이 이슈는 2012년 미국대학 · 대학교협의회AACU가 진행한 조사에서 더욱 흥미로워졌다. 이 연구는 브레네맨의 연구를 "자유학예대학 분류 방법론"을 복제하면서 업데이트하여 격하서사를 확장했다. 연구자들은 브레네맨이 확인한 206개교 중 130개교만 남았으며, 이는 1년 전 페롤이 확인한 209개교와는 극적으로 다른 결과임을 밝혀냈다.[43] 이 차이는 자유학예를 정의하는 악명 높은 방식으로 설명되지 않는다. 1988년 브레네맨, 2011년 페롤, 2012년 미국대학협의회의 연구는 모두 전통적인 학문 영역에 바탕을 둔 유사하고 상당히 보수적인 자유학예교육 전공의 정의를 채택했다. 그러므로 그 차이의 상당 부분은 2008년 주식시장의 붕괴로 시작된 경제 대침체Great Recession*로 설명될 수 있을 것이다.

페롤의 연구는 2007~2008학년도부터 시작하는 데이터에 근거를 두었는데, 이는 경제 대침체가 시작되기 바로 직전이었다.[44] 2012년의 연구는 2008~2009학년도의 데이터에 근거를 두었는데, 이는 주식시장이 붕괴한 바로 직후였다.[45] 2007~2008년과 2008~2009년 사이 자유학예 전공의 급격한 추락에 대한 최상의 설명은 "자유학예대학이 … 직업교육과정과 전공을 지향하는" 움직임을 "가속화할 것"[46]이라는 페롤의 예상처럼 대침체의 영향일 것이다. 이 설명은 또한 1988년과 2008년 사이 20년 동안 자유학예대학 전공이 꽤 안정되었다는 발견을 설명하기도 한다. 종합하면 이 두 가지 사항은 격하를 이해하는 방법이 전적으로 수정되어야 함을 의미한다.[47]

◇

자유학예대학 수는 계속 줄어들었지만 그렇다고 그것이 기관의 생존을 둘러싼 싸움에서 연구 중심 대학교나 직업교육과의 경쟁에서 항거불능에 따라 "지난 세기" 동안 "언덕에서 굴러떨어지는"[48] 서사에서 표현된 식으로 진행된 것은 아니다. 격하는 비교적 최근에 일어났으며, 경제적 쇠퇴 혹은 격변 동안 불연속적이고 급격하게 발생한 것으로 나타난다.

19세기 말이 되자 연구 중심 대학교 지지자들은 자유학예대학의 종말을 선언했지만, 그들의 평가가 가지는 타당성은 후원을 바라는 예언자적 열정과 스스로를 방어하려는 자세로 말미암아 훼손되었다. 1910년과

* 1930년대 대공황(Great Depression, the Depression)과 구별하기 위해 '대침체'로 번역한다.

1920년대 "자유 문화"라는 강력한 반응이 연구 중심 대학교를 겨냥하여 되돌아왔다. 그 당시 많은 자유학예대학은 리처드슨의 말대로 자신들을 "미국 고등교육 체계의 심장"으로 인식했다. 1930년대와 1940년대 동안 대공황, 제2차 세계대전, 참전군인들의 귀국 등이 자유학예 학생들과 대학들을 직업계로 몰아넣었다. 그래서 격하서사 문헌에 관한 1956년의 어느 한 연구는 브레네맨이 나중에 조사한 540개 자유학예대학 중 164개교 정도가 브레네맨 자신의 정의에 의하더라도 이미 그 자격을 상실했음을 보였다.[49]

1970년대와 1980년대 자유학예대학은 다시 경제 쇠퇴와 부흥에 직면했다. 1970년대에는 두 자릿수의 인플레이션과 고도의 실업 사태가 있었으며, 회복기인 1979년과 1986년 사이 대학 졸업자들은 고등학교 졸업자들에 비해 역사적으로 높은 임금 혜택을 보았다. 그 결과, 브레네맨의 연구 기간인 1972년부터 1988년까지 많은 학생이 업무 기술을 배우기 위해 대학에 진학했다. 게다가 1970년대와 1980년대 동안 고등교육에 진입한 새로운 학생들은 "비전통적", 즉 나이가 들고, 일자리가 있으며, 결혼했고, 파트타임으로 일하는 노동 계층이었다.[50] 이 두 가지 요인이 왜 1972년에서 1988년 동안 "경제적으로 부유함"을 일차적 목표로 하는 신입생들의 비율이 40%에서 74%로 늘어났으며, "의미 있는 생활철학"을 일차적 목표로 하는 학생들의 비율이 74%에서 46%로 반대로 움직였는지를 설명한다.[51] 경제 쇠퇴와 부흥으로 비전통적 학생의 대규모 유입에 따라 고등교육에서 자유학예대학의 절대적 학생 수와 비율은 줄어들었다.

그럼에도 이 특별한 시기 동안 진행된 브레네맨의 발견은 계속하여 자유학예대학 격하서사에서 지속적이고 급격한 하락의 증거와 동일시되었다. 한편, 번영의 1990년대와 2000년대 초기에는 자유학예대학 수가 감소했다는 포괄적 데이터를 보여주는 연구는 나오지 않았다. 사실은 1980년대 후반 "완만하지만 지속적인 자유학예 학위 증가 백분율"이 나타나기 시작했다.[52] 그러다가 2008~2009년 대침체가 시작되면서 경제적 충격이 있었으며, 또 다른 격하가 뒤따랐다.

이 모든 것이 정확하다면, 소위 자유학예대학의 격하는 다원주의식의 멸종과정은 아니다. 매년 10개교 혹은 20개교의 자유학예대학들이 학생들을 빼내가는 대학교나 직업교육 기관들과 공존하지 않거나 경쟁하면서 "위기에 몰리는" 현상이 지속적이고 불변하는 격하인 적은 한 번도 없었다. 오히려 격하는 통상 생각하는 것보다 더 최근의 일이며, 경제적 쇠퇴나 격변의 시기 동안 일어나는 불연속적인 부침 에피소드에서 나온다. 이런 에피소드들 사이에서 자유학예대학도 자신의 에피소드를 가진다. 이런 에피소드 후 — 이것이 치명적인 점인데 — 에 사라진 자유학예대학은 절대 회복되지 않았다. 이렇게 절대 수치는 계속 떨어졌다.

또 다른 치명적인 점은 격하서사가 쇠퇴의 실체적 패턴과 과정을 모호하게 만든다는 것이다. 이 서사는 한편으로는 125년 동안 지속적이고 회복될 수 없는 쇠퇴를 상정함으로써 모호함을 만들었다. 다른 한편으로 이 서사는 암암리에 자유학예교육과 자유학예대학을 동일시함으로써 모호함을 만들었다. 이 뒤의 문제를 좀 더 설명할 필요가 있다.

격하 문서들은 일반적으로 자유학예교육이란 자유학예대학에서만 하거나 자유학예대학, 특히 사립 자유학예대학에서 가장 잘 진행될 수 있다고 간주한다. 이에 수반하여 서사는 자유학예 학생들은 자유학예대학에만 등록하지 다른 곳에는 하지 않는다고 추정한다. 이 두 가지 추정은 개인적 견해로 보이지 않으려는 바람에 따라 가끔 부정되거나 보강되었다.[53] 그럼에도 자유학예대학의 쇠락에 대한 대부분의 한탄은 암시적으로 자유학예 전반의 쇠퇴에 대한 의도로 이전된다.

예를 들어 페롤은 사립 자유학예대학을 연구했지만 책 제목을 『위기의 자유학예*Liberal Arts in Brink*』로 지었으며 이는 실제 그의 진심이었다.[54] 이와 비슷하게, 경제학자 출신 총장들이던 맥퍼슨과 샤피로도 자유학예대학의 "근본적 문제"는 "기꺼이, 그리고 충분히 비용을 감당할 수 있는 고객 기반의 결핍"이라 말한다. 그러나 그들은 몇 줄 뒤에서 "저변의 문제는 많은 학생들이 … 이전에 그러했던 것과 달리 … 관심을 덜 가진다"고 결론을 내린다.[55] 이런 말장난을 통해 격하의 문제는 학생들이 자유학예대학에 돈을 낼 의사가 없다는 사실에서부터 자유학예에 대한 관심을 잃었다는 것으로 교묘하게 이전된다. 학생들이 자유학예대학에 등록하지 않는다면 그들이 자유학예에 관심이 없다는 것이다. 게다가, 자유학예대학의 등록률이 떨어지는 것은 자유학예 학생 수가 떨어지는 것이며, 자유학예대학의 쇠퇴는 자유학예교육의 쇠퇴라는 것이다.

이와 같이 격하서사에서 자유학예교육과 자유학예대학을 동일시하는 것은 두 가지 역설적 방법으로 격하의 실체적 패턴을 모호하게 만든다. 한편으로 격하서사는 잠재적 자유학예대학의 등록률을 부풀리거나 다른 한편으로는 자유학예 학생들의 실체적 인구를 적게 계산한다. 이 두 사안은 모든 점에서 위기를 확대한다.

자유학예대학 등록을 부풀리는 것은 위에서 본 것처럼 고등교육에서 "더 많이 사라져가는 부분"[56]이 되었다는 데서 나타난다. 사라지는 부분이라는 한탄은 자유학예 학생들 — 그러므로 자유학예대학 등록률 — 이 고등교육 전체의 등록에서 같은 비율을 유지해야 한다는 것을 전제로 한다. 그런데 1939년부터 2009년까지 미국 고등교육 재학생 비율은 1.1%에서 6.4%로 거의 6배 늘어났다.[57] 이에 따라 비율이 떨어졌다는 한탄은 자유학예대학 등록 비율도 1939년부터 2009년까지 6배로 늘어났어야 함을 전제한 것이다. 그 어느 곳에서도 이러한 가정은 합리화되거나 심지어 확인되지 않았다. 한탄은 모든 사람이 자유로이 교육을 받아야 한다는 것을 당연시했다. 마치 1936년 시카고 대학교 총장 로버트 허친스Robert R. Hutchins가 “왜 그가 그러면 안 되지?”라고 물었던 것처럼 말이다.[58]

그러나 역사적 데이터는 달리 말한다.[59] 1800년대 상반기 동안 미국의 고등교육 재학생 수는 전체 인구의 0.1%에서 0.2%였으며, 대부분 학생들이 자유학예대학에 등록했다. 1899년이 되어 미국인의 0.3%가 고등교육에 등록했다. 이러한 백분율 증가로 가톨릭 대학, 여자 대학, 흑인 대학이 확산되면서 자유학예대학의 비율이 증가한 것처럼 보일 수 있었다. 실제로 1800년대 초반 거의 모든 고등교육 학생들이 백인 남성이었음에 비해 1910년에 이르러서는 고등교육에 등록한 사람 중 거의 40%가 여성이며, 25개교 정도의 '흑인 대학'이 문을 열었다. 그러나 이 새로운 고등교육 인구들은 백인 남성들보다 더 큰 비율로 자유학예대학에 등록한 것은 아니었다. 실제로 여자 대학에 등록한 여성의 비율은 1880년 28%로 정점을 찍었으며, 남녀 공학 기관에 등록한 여성들이 점차 늘어나 1920년에는 90%에 달했다.[60] 고등교육 등록 0.3% 증가는 총체적으로 크지 않았으며, 1860년과 1899년 사이에 추가된 학생들은 대부분 연구 중심 대학교, 주립대학교, 토지 수여 기관, 직업학교에 등록했다. 그러므로 자유학예대학 학생들의 비율 역시 크게 변하지 않았다.

1939년이 되어 전체 인구의 1.1%가 고등교육에 등록했으며, 이 수치는 40년 전보다 3배 혹은 4배 늘어난 부분이었다. 그러나 1900년부터 1939년 기간 동안 수십 개의 2년제 대학이 개교했고, 수백 개의 사범학교가 교육대학으로 승격했으며, 기술교육 기관과 학점 부여 직업학교들이 엄청난 양으로 자라나고, 대학원 교육과 주립대학교가 확장되었는데, 1.1%의 증가분 대부분은 이러한 결과다. 이에 따라, 1993년 전체 인구 가운데서 자유학예대학 비율은 여전히 1% 증가분 가운데에서도 10분의 얼마에 지나지 않았다. 거의 70년 후 2008년, 페롤의 데이터는 225개 자유학예대학에 약 34만 9천 명의 학생이 등록했음을 보이는데, 이는 여전히 미국 전체 인구의 0.1%에서 0.2%에 지나지 않는다.[61] 자유학예대학 수는 줄어들었지만 남아있는 많은 대학이 등록률을 상당히 올렸는데, 이는 단성單性 대학들이 남녀 공학으로 전환된 결과다.

이런 대략적 숫자들은 지난 두 세기 동안 자유학예대학에 등록한 인구 비율이 전체 인구의 1% 중 10분의 몇 정도로 안정되었으며, 분명히 일정한 규모의 범주에 들어있음을 보여준다. 그러므로 겉으로 보기에 자유학예대학은 미국 역사에서 전체 인구 가운데 "재능이 있는 상위 10%" 중 2%에 지속적으로 봉사해왔는데, 이 수치는 자유학예대학을 옹호하는 사람들이 기대했던 것에 비해 모든 영역에서 훨씬 적은 것이다.[62] 이런 상황에서 "지난 세기"에 걸쳐 "자유학예 분야에서 수여하는 학사학위 수가 하락해왔다"는 비율에 근거한 한탄은 더 많은 비율의 인구가 자유학예교육에 관련되고 자유학예대학에 등록해야 한다는 가정에 근거를 둔 것인데, 이는 역사적으로 실현되지 않았다.[63] 이처럼 비율에 근거한 한탄은 자유학예 학생들의 잠재적 인구를 과대평가했다.

역설적으로 격하서사는 자유학예 학생 수를 과소 계산하기도 했다. 예를 들어 페롤은 자유학예대학에 다니는 학생 34만 9천 명 가운데 1/4은 직업 관련 전공에 등록하여 자유학예 학생 수를 26만 1천 명으로 떨어뜨렸다는 의견을 유지했다.[64] 이 뒤의 숫자는 그렇게 규정된 자유학예 학생 수를 인구의 0.1% 이하, 역사적 인구 표준 이하로 떨어뜨리는 것이었다. 과거, 심지어 19세기에도 자유학예대학 학생들 대부분이 사실상 자유학예 과정에 등록한 것이 맞기나 한 것인지 도전을 받아왔다.[65] 그런데 더 문제는 확인된바 자유학예 학생 수 하락은 자유학예대학 밖의 학생들이 자유학예 과정에 등록하지 않는다는 것을 전제한 것이다.

이러한 관점을 합리화하는 논의가 다소 있기는 하다. 많은 사람이 자유학예교육이 요구하고 자유학예대학이 하는 "활기찬 학습 커뮤니티"를 연구 중심 대학교의 "문리과대학college of science and arts"은 제공하지 않는다고 주장한다.[66] 분명히 대학교 교수진은 자유학예대학 교수진이 늘 하는 식의 학습 공동체를 만들지는 않는다. 대부분의 대학교 교수진은 자유학예대학 교수진에 비해 그들의 소속 기관보다 학문 영역에서 더 강하게 정체성을 가지기 때문이다.[67] 자유학예교육이 활발한 학습 공동체에 의존하고 한 기관의 그 공동체가 학습 공동체의 성원인 교수진에 의존하는 한, 대학교에 속한 문리과대학과 자유학예교육을 구별하는 것이 합리화된다. 다른 구별 기준, 예컨대 학급 규모나 학생-교수 접촉 같은 다른 구별 근거도 있지만 말이다.

게다가, 자유학예 등록률 관련 논의는 "미국 학부 교육에서 압도적인 대상들을 교육하는 2차, 3차 교육"[68]을 사라지게 했다. 가장 강한 형태의 격하서사를 표명하려면 논지를 위해 연구 중심 대학교의 문리과대학과 마찬가지로 이러한 기관들의 학생들도 제외할 수 있다. 자유학예대학 학생들이 자유학예대학이 아니면 다른 어디에 등록할 수 있단 말인가? 필자가 보기에 그들은 지난 40년 동안 전국적으로 발흥한 대학교에서도 400개 정도의 명예 프로그램honors program이나 대학에 등록한다.

명예 프로그램은 대규모 대학교 편제에 소속된 작은 자유학예대학의 학문적 경험을 만들기 위해 고군분투한다. 이들은 특정 교과목, 면담, 기숙사, 입학 자격 요건 심사 등의 확장된 가외 자원을 받는데, 이 모든 것은 자유학예교육에 할당된 학습 공동체를 만드는 것을 목표로 한다. 이들은 통상 학생들을 모집하기 위해 매우 큰 액수의 장학금을 확보한다. 지난 40년 동안 대학교에서의 명예 프로그램이나 대학 수는 조용히 이 나라의 자유학예대학 수를 넘어섰다. 사실 그 수는 역전되었다. 이 나라 자유학예대학 수가 500에서 약 200으로 떨어지는 동안 대학교 명예 프로그램 수는 100에서 400으로 늘어났다. 이런 현상의 대부분은 2차 혹은 3차 교육기관이나 주립대학교에서 일어났다.[69]

격하서사 문헌은 거의 언급하지 않지만, 이런 일들은 자유학예대학 등록에 가장 의미 있는 대안이 되었다. 페롤은 공공의 지원을 받는 대학교들이 사립 자유학예대학에 가하는 "위협"에 상당한 주의를 기울였지만, 어디에서도 명예 프로그램은 언급하지 않았다.[70] 격하서사 문헌은 자유학예대학 등록 수의 감소를 곧 총체적 자유학예교육 학생 수의 감소로 간주했기 때문에 명예 프로그램은 자주 간과되었다. 격하서사 문헌은 이렇게 자유학예 학생의 실제 수를 과소 계상한다.

실제로는 지난 40년 동안 자유학예 등록 학생 수가 떨어진 것은 확실히 아니며, 자유학예대학에서부터 대학교의 카운터파트Counter part인 명예 프로그램과 대학으로 이전한 것이다. 이러한 이전은 자유학예대학이나 그 카운터파트에 등록한 학생 수가 인구 1%의 10분의 몇이라는 역사적 규범을 유지해왔음을 의미한다. 그러나 이 지속적인 백분율은 두 가지 범주로 나누어져 자유학예대학이 다양한 이유에서 비롯한 재정난을 겪어왔으며 대학교의 수백 개 명예 프로그램이 수백 개 자유학예대학을 대체해왔다. 그 결과, 자유학예교육은 점차 충분한 기부금을 받는 자유학예대학과 고도의 지원을 받는 대학교의 한 부분인 명예 프로그램에 배분되었다. 이러한 이전은 왜 자유학예대학이 격하의 한 삽화적 시기 이후에 회복되지 않았는지를 설명하는 데 도움을 준다. 이는 명예 프로그램이 사라진 대학 등록을 흡수하는 것이다.

이런 상황에서 격하서사와 자유학예대학에 관해 어떤 결론을 내릴 수 있을까? 역설적으로, 대학교 예언자들이 옳았던 것으로 보이지만 그 이유는 옳지 않았다. 대학교가 많은 자유학예대학을 대체한 것은 맞다. 그러나 그 이유가 버지스가 쓴 것처럼 "대부분 자유학예대학을 지속하는 것은 자본의 낭비이며, 대부분 이들 학교에 다니는 것이 시간 낭비"는 아니다. 그 이유는 하퍼가 고집하듯 대학이 "기관의 생존 규칙"에 따라 "생존할 가치"가 없어서도 아니다. 그 이유가 조던이 주장했던 "대학은 구식이고 뒤떨어졌으며 포위되었고 기근에 시달리는 작은 대학교"이기 때문도 아니다.

사실은 만약 대학교가 승리를 거두었다면 자유학예대학에 동화되어 왔기 때문이다. 대학교는 대부분 "진정한 학습 커뮤니티, 즉 성원들이 자신들의 방법으로 진지한 생각을 통해 교육과정을 만들고, 결과를 평가하는" 비전을 채택해오지 않았다.[71]

그러나 대학교는 자유학예대학을 명예 프로그램과 대학으로 복제하여 집중적으로 지원해왔다. 이런 식으로 대학교는 자유학예대학을 학부 교육의 가장 가치 있는 형태로 살찌웠으며, 루돌프가 통찰을 통해 "대학의 전도를 이끄는 힘은 너무나도 강했다"라고 말했기 때문에 그 결과 격하서사는 역설적으로 옳은 것으로 드러났다.

이러한 발전은 미국에서 자유학예 등록이 인구 가운데 "재능 있는 상위 10%" 가운데의 1~2%를 유지하는 것을 보증해준다. 그러나 대학교 명예 프로그램으로의 이전이 자유학예교육에 혜택이 될지 손상이 될지는 조심스러운 관찰이 필요하다.

대학교는 기본적으로 지식과 전문화된 연구의 발전에 종사하며, 기술적 합리성과 역사적으로 그리스어에서는 에피스테메*episteme*, 독일어에서는 비센샤프트*wissenshaft*로 알려진 데카르트식 추론에 의존한다. 그러므로 대학교는 아이디어 시장을 포괄하며, 종종 학부 교육의 목적을 비판적 사고의 함양과 연구 방법을 습득하는 것으로 생각한다. 심지어 자유학예대학 교수진들도 대학원 교육을 받으면서 차차 이러한 관점들을 받아들이게 되었지만, 대학은 대학교보다 더 그리스어에서 파이데이아*paideia*, 독일어에서 빌둥*bildung*으로 알려진 일반교육,* 즉 성격과 시민정신을 형성하고, 내재적 가치를 터득하며, 판단력과 지혜를 제고하게 하는 교육에 많은 가치를 둔다.[72]

존 헨리 뉴먼John Henry Newman이 썼듯, 이 관계에 대한 가장 유명한 해설은 다음과 같다.

> 대학교는 진보의 원칙을, 대학은 안정의 원칙을 내재화한다. 하나는 돛이고, 다른 것은 바닥짐이다. 지식을 추구하고 확장하고 터득하는 데 하나로는 불충분하다. 각자는 다른 것에 유용하다. … 대학교는

---

* 원문의 general education은 '교양교육'이라 번역할 수 있으나 이 맥락에서는 '일반교육'이 적절한 것으로 보인다. 사실상 '教養'이라는 명칭은 많은 오해를 낳았다. 이 어휘를 통해 일반인들이 얻는 인상은 '착하게 살자'라는 수준을 벗어날 수 없기 때문이다. 이 번역서는 향후에도 문맥상 필요하면 '교양교육'보다 '일반교육'이라는 용어를 사용하고자 한다.

> 신학 · 법학 · 의학을 위한 것이며 자연사, 물리학, 과학 일반을 널리 가르치기 위한 것이다.* 대학은 성격 · 지성 · 도덕을 함양하고 마음을 양성하며, 개인의 발전을 도모하고 문학을 연구하며, 고전을 공부하고 지성을 강화하고 날카롭게 하는 초보적 과학을 위한 것이다. … 그러나 그러한 연합, 그러한 유익한 균형, 서로 대립하는 장점의 상호 보완은 어렵고 드물게 성취된다.[73]

실제로 명예 프로그램이나 대학이 문화, 공동체, 그리고 자유학예대학의 목표를 복제하는 정도를 보면 "어렵고 드문 성취"가 대학교 내에서 지속될 수 있을지 열린 의문의 대상이 된다. 명예 프로그램에서 대학의 자유학예교육은 대학교 환경에서 외계인으로 존재하는데, 심지어 적대자이기도 하며 계속해서 약화될 수 있다. 게다가, 대학교 지도자의 우선 관심사가 바뀌면 명예 프로그램이나 대학은 늘 위협에 직면하게 된다. 자유학예교육이 대학교의 가장 높은 목적인 전문화된 연구에 직접적으로 봉사하지는 않기 때문이다.

이 위협은 2차 교육** 혹은 3차 교육을 담당하는 대학교에서는 덜 심각하다. 연구가 덜 강조되면서 고도화된 수준의 명예프로그램이 그 대학교의 기관 이익에 종사할 수 있기 때문이다. 그런데 종합대학교comprehensive

---

* 뉴먼의 본문은 이러하다. "The University is for theology, law, and medicine, for natural history, for physical sciences, and for sciences generally and their promulgation." 여기에서 전치사 for 뒤에 등장하는 일군의 학문 중 유독 신학, 법학, 의학이 한 범주로 묶여 있음에 주목할 필요가 있다. 뉴먼은 학문의 분화 · 발달과정에서 이 세 학문의 상대적 인접성을 암시한 것이다. 아래의 "대학은 성격 · 지성 · 도덕을 함양하고" 역시 같은 맥락이다.

** 2차 교육secondary education은 국내에서 말하는 중등교육, 3차 교육은 고등교육에 해당하는 용어로 쓰인다. 이 용어는 이 책 전반에서 계속 나온다.

university에서 종종 직업 혹은 기술교육의 관심사가 강해지면서 명예 프로그램이나 대학에 설치된 대학 차원의 자유학예교육에 또 다른 도전을 부과한다. 게다가 종합대학교는 일부 연구 중심 대학교와 마찬가지로 거대 종합대학교multiversity라는 상대적 개념을 받아들인다.[74] 종합대학교는 구성원에 봉사하는 프로그램을 추가하다가도 이에 필요한 시장이 사라지면 프로그램을 닫아버린다. 이러한 기관이나 시장 중심의 접근은 지도자의 우선 관심사나 정책이 변하면 그동안 잘 지원받던 명예 프로그램에 위협이 올 뿐 아니라 명예 프로그램이나 대학을 통한 대학 차원의 자유학예교육을 외계인, 심지어 적대적인 존재로 만드는 환경을 다시 조성한다.

이러한 고려는 미국에서 자유학예 등록률이 공화국 창설 이래 그러했던 것처럼 인구의 1% 중 10분의 몇으로 지속되더라도 자유학예대학 격하가 대학 차원에서 자유학예교육의 이해에 심각한 위협을 조성한다는 것을 시사한다.

1 노트르담 대학교와 '핵심 교재와 교과 협회Association for Core Texts and Courses'가 주관한 '연구 중심 대학과 자유학예 학술대회Conference on The Research University and the Liberal Arts'(2013년 6월)에서 발표되었다.

2 John W. Burgess, *The American University: When Shall It Be? Where Shall It Be? What Shall It Be?* (Boston: Ginn, Heath, 1884), 5.

3 William R. Harper, "The Situation of the Small College," in *The Trend in Higher Education in America* (Chicago: University of Chicago Press, 1905), 349-89.

4 Nicholas Murray Butler, *Annual Report of the President of Columbia University 1901-1902* (New York: Columbia University, 1902), 37-43.

5 David Starr Jordan, "An Apology for the American University" 53-4, in *The Voice of the Scholar with Other Addresses* (San Francisco: Paul Elder, 1903).

6 Leon B. Richardson, *A Study of the Liberal College* (Hanover, NH: Dartmouth College, 1924), 15.

7 Frederick Rudolph, *The American College and University: A History* (New York: A.A. Knopf, 1962), 443-4.

8 Michael S. McPherson and Morton O. Schapiro, "The Future Economic Challenges of the Liberal Arts Colleges", in *Distinctively American: The Residential Liberal Arts College, Daedalus* 128.1 (Winter 1999): 49-50.

9 David Breneman, "Liberal Arts Colleges. What Price Survival?" in Arthur Levine, ed., *Higher Learning in America, 1980-2000*, rev. ed. (Baltimore, MD: Johns Hopkins University Press, 1993), 87.

10 David W Breneman, *Liberal Arts Colleges: Thriving, Surviving, or Endangered?* (Washington, D.C.: Brookings Institution, 1994), 20-1. 브레네맨은 실제로 212개교의 자유학예대학을 확인했지만, 여기에 자유학예 학위를 40% 이하 수여하는 6개교를 포함했다. 그러므로 여기에서는 브레네맨 자신의 일관성을 유지하기 위해 206이라는 숫자를 쓴다. Breneman, *Liberal Arts*, 2, 11-4, 139-40. David W. Breneman, "Are We Losing Our Liberal Arts Colleges?" *AAHE Bulletin* 43.1 (1990): 3-6 참조.

11 Michael S. McPherson and Morton O. Schapiro, "The Future Economic Challenges of the Liberal Arts Colleges", in *Distinctively American: The Residential Liberal Arts College,*

Daedalus 128.1 (Winter 1999): 49–50.

12 Francis Oakley, "Prologue: The Liberal Arts College: Identity, Variety, Destiny," 5–6, *Liberal Arts Colleges in American Higher Education: Challenges and Opportunities* (New York: ACLS, 2005).

13 Victor E. Ferrall, Jr., *Liberal Arts at the Brink* (Cambridge, MA: Harvard University Press, 2011).

14 Vicki L. Baker, Roger G. Baldwin, and Sumedha Makker, "Where Are They Now? Revisiting Breneman's Study of Liberal Arts Colleges," *Liberal Education* 98.3 (Summer 2012). Retrieved from www.aacu.org/liberaleducation/le-sul2/baker_baldwin_makker.cfm (accessed May 2013).

15 Robert A. McCaughey, *Stand, Columbia: A History of Columbia University in the City of New York, 1754-2004* (Newark: Columbia University Press, 2003), 160–3, 246.

16 Charles W Eliot, *A Turning Point in Higher Education: The Inaugural Address of Charles William Eliot as President of Harvard College, October 19, 1869* (Cambridge, MA: Harvard University Press, 1969).

17 Laurence R. Veysey, *The Emergence of the American University* (Chicago: University of Chicago Press, 1965).

18 Burgess, *American University*, 9.

19 Harper, "The Situation", 378.

20 Jordan, "An Apology;" 53–4.

21 Harper, "The Situation", 375, 377. David S. Jordan, *The Blood of the Nation: A Study of the Decay of Races through the Survival of the Unfit* (Boston: American Unitarian Association, 1902) 참조.

22 Harper, "The Situation," 369. Jordan, "An Apology," 47 참조.

23 Jordan, "An Apology;" 44.

24 Orrin L. Elliott, *Stanford University: The First Twenty-Five Years* (Stanford, CA: Stanford University Press, 1937). David Starr Jordan, "An Apology for the American University" 217, 213–25. National Education Association, *Journal of the Addresses and Proceedings of the Thirty-Eighth Annual Meeting held at Los Angeles, California*, July 11–14, 1899, vol.

38 (Chicago: University of Chicago Press, 1899) 참조.

25 Jordan, "An Apology;" 46, 48-9.

26 Richard J. Storr, *Harper's University: The Beginnings; a History of the University of Chicago* (Chicago: University of Chicago Press, 1966), 260; Ron Chernow, *Titan: The Life of John D. Rockefelle,, Sr.* (New York: Random House, 1998), 318, 329.

27 Butler, *Annual Report*, 15, 37-43.

28 Richardson, *A Study*, 15.

29 Hugh Hawkins, *Between Harvard and America; the Educational Leadership of Charles W. Eliot* (New York: Oxford University Press, 1972), 263-90; Henry A. Yeomans, *Abbott Lawrence Lowell 1856-1943* (Cambridge: Harvard University Press, 1948), 253.

30 Rudolph, *The American*, 449.

31 Rudolph, *The American*, 443, 447.

32 Breneman, "Liberal Arts," 88; Breneman, *Liberal Arts*, 21. Hugh Hawkins, "The Making of the Liberal Arts College Identity," *Distinctively American: The Residential Liberal Arts College, Daedalus* 128 (1): 8-12; Curtis, "Crisis," 5 참조.

33 Oakley "Prologue," 2. See Curtis"Crisis," 5에서 인용.

34 Breneman, *Liberal Arts*, 2; Hawkins, "The Making," 15-6; Oakley "Prologue," 5.

35 Richard M. Freeland, *Academics Golden Age: Universities in Massachusetts 1945-1975* (New York: Oxford University Press, 1992), 70-120; Breneman, Liberal Arts, 21; McPherson and Schapiro, "The Future", 48.

36 Joan Gilbert, "The Liberal Arts College — Is It Really an Endangered Species?" *Change* 27.5 (Sept.-Oct. 1995): 41-2.

37 Breneman, *Liberal Arts*, 2; Hawkins, "The Making," 15-6; Oakley "Prologue," 5.

38 Breneman, *Liberal Arts*, 139-40.

39 McPherson and Schapiro, "The Future," 48. Oakley; "Prologue," 5, 1-14.

40 *Liberal Arts*에서 페롤은 1987년 이후 20년 동안 "자유학예대학의 졸업생 백분율은 … 직업 학문을 전공한 학생들이 10.6%에서 27.8%로 증가했다"고 주장한다(165). 그러나 이러한 결론은 심각한 정의(定議)의 문제를 불러일으켰다. 예를 들어 같은 기간 동안

애머스트 대학에서는 0%에서 4.8%로, 보딘에서는 0%에서 6.2%가 직업 전공으로 옮겼다는 식이다. 애머스트의 전공 목록에서 유일하게 직업 전공으로 볼 수 있는 것은 컴퓨터과학, 연극과 무용, 영화와 미디어 연구, 자유 학문으로서 법학 연구다. 보딘은 단지 컴퓨터과학, 정부와 법 연구, 교육학 연구가 후보군에 들 만하다. 애머스트와 보딘의 교수진이 법학 연구를 벗어난 직업 분야를 확인하지 않은 페롤과 의견을 같이할지 의문이다(9).

41 Ferrall, *Liberal Arts*, 157, 75-8. 이런 대학이 265개교가 있었으나 페롤은 공립이면서 순위에 들지 않는 대학들을 누락하여 225개교를 연구했다.

42 Breneman, *Liberal Arts*, 2, 139-40; Ferrall, *Liberal Arts*, 184-95.

43 Baker, Baldwin, and Makker, "Where Are They Now?"

44 Ferrall, *Liberal Arts*, 184-95.

45 Baker, Baldwin, and Makker, "Where Are They Now?"

46 Ferrall, *Liberal Arts*, 59.

47 Francis Oakley는 "Prologue," 6.에서 "수적 추락에도 불구하고 격하서사는 여전히 길을 잘못 들었을 수 있다. 확실히 … 그것은 모든 이야기를 다 포착하거나 마무리를 맺는 것과는 거리가 멀며, 이는 … 격려를 위해 모종의 실체적 배경을 날려버린다"고 말하면서 "통계 이외의 주요 형태"를 추구해왔다. 다음의 논의는 통계적 수치 하락에서 도출된 추론에 도전한다.

48 Gilbert, "The Liberal Arts," 36-7.

49 Gilbert. "The Liberal Arts," 41-2.

50 Breneman, *Liberal Arts*, 30-1; T. D. Snyder, ed., *120 Years of American Education: A Statistical Portrait* (Washington, D.C.: National Center for Educational Statistics, 1993); Susan B. Carter, Scott Sigmund Gartner, Michael R. Haines, Alan L. Olmstead, Richard Sutch, Gavin Wright, eds., *Historical Statistics of the United States, Millennial Edition On Line* (Cambridge, UK: Cambridge University Press, 2006), "Table Bc 523-536: Enrollment in Institutions of Higher Education, by Sex, Enrollment Status, and Type of Institution: 1869-1995," Retrieved from http://hsus.cambridge.org/HSUSWeb/HSUSEntryServlet (accessed May 2013); National Center for Education Statistics, *Higher Education General Information Survey* [HEGIS]: 2008). (Washington D.C.: U.S. Department of Education, 2009), "Fall Enrollment in Colleges and Universities surveys, 1966 through 1985; and 1986 through 2007 Integrated Post secondary Education Data

System, "Fall Enrollment Survey" IPEDS-EF: 86-99), and Spring 2001 through Spring 2008, Retrieved from http://nces.ed.gov/ipeds/glossary/?charindex=H (accessed May 2013).

51 Breneman, *Liberal Arts*, 141.

52 Gilbert, "The Liberal Arts," 37-8.

53 Breneman, *Liberal Arts*, lln30. 이 믿음은 가끔 "자유학예가 가르치는 것이 정말 무엇인지 이해하기"라는 입장을 유지하면서 자유학예대학이란 필수불가결한 것이라는 정도까지 나아간다. McPherson and Schapiro, "The Future," 69.

54 Ferrall, *Liberal Arts*, 20-1, 154. 자유학예대학의 쇠퇴는 자유학예 학생의 일반적 감소 추세를 보여주는 근거로 자주 인용된다. Frank Donoghue, T*he Last Professors: The Corporate University and the Fate of the Humanities* (New Vork: Fordham University Press, 2008), xvii-xviii, 1, 3, 125; Louis Menand, *The Marketplace of Ideas: Reform and Resistance in the American University* (New York: W.W. Norton, 2010), 145; Ellen Schrecker, *The Lost Soul of Higher Education: Corporatization, the Assault on Academic Freedom, and the End of the American University* (New York: Free Press, 2010), 187-91 참조.

55 McPherson and Schapiro, "The Future," 56.

56 Breneman, Liberal Arts, 21. Gilbert, "The Liberal Arts:' 36-8; Hawkins, "Making" 15-6; Oakley, "Prologue," 5 참조.

57 Snyder, ed., *120 Years*, Carter, et al., *Historical Statistics*; HEGIS, 2008; National Center for Education Statistics, *Digest of Education Statistics*, 2008 (Washington D.C.: U.S. Department of Education, 2009), ch. 3. Retrieved from http://nces. ed.gov/pubsearch/pubsinfb.asp?pubid=2009020 (accessed May 2013).

58 Robert M. Hutchins, *The Higher Learning in America* (Chicago: University of Chicago Press, 1936), 80.

59 다음을 보려면 Robert L. Church and Michael W Sedlak, *Education in the United States: An Interpretive History* (New York:The Free Press, 1976), 41-60; U.S. Secretary of the Interior, Statistics of the United States … The Final Exhibit of the Eighth [1860] Census (AX^shington, D.C.: G.RO., 1866), x, xiv; Snyder, ed. *120 Years*; Carter, et al" Historical Statistics; HEGIS, 2008; *Digest of Education Statistics*, 2008 참조.

60 W E. B. DuBois and Augustus G. Dill, T*he College-Bred Negro American* (Atlanta, GA: Atlanta University Press, 1910); Mabel L. Robinson, *The Curriculum of the Woman's Col-*

lege, Bulletin, 1918, No. 6, U.S. Bureau ofEducation (AX^shington, DC: GPO, 1918); Lynn D. Gordon, *Gender and Higher Education in the Progressive Era* (New Haven, CT: Yale University Press, 1990).

61 Ferrall, *Liberal Arts*, 2.

62 W. E. B. DuBois, "The Talented Tenth, 5, in *The Negro Problem: A Series of Articles by Representative American Negroes of To-Day* (New York: James Pott, 1903), 33-63 참조.

63 Gilbert, "The Liberal Arts," 36-7.

64 Ferrall, *Liberal Arts*, 2, 195.

65 Roger L. Geiger, "The era of multipurpose colleges in American higher education, 1850-1890," 127-52, in *The American College in the Nineteenth Century* (Nashville, TN: Vanderbilt University Press, 2000).

66 Mark Roche, *Why Choose the Liberal Arts?* (South Bend, IN: University of Notre Dame Press, 2010), 47, 1-14. Francis Oakley, *Community of Learning: The American College and the Liberal Arts Tradition* (New York: Oxford University Press, 1992)의 탁월한 분석 참조.

67 Christopher Jencks and David Riesman, The Academic Revolution, 2nd ed. (New York: Doubleday, 1969), 20-7 참조.

68 Schrecker, *The Lost Soul,* 115. 69.

69 National Collegiate Honors Council (2011) "About NCHC." (2011). Retrieved from www.nchchonors.org/aboutnchc.shtml (accessed July 2011); and "Members" (2013), retrieved from http://nchchonors.org/members-area/member-institutions-4/ (accessed May 2013).

70 Victor E. Ferralljr., *Liberal Arts at the Brink* (Cambridge, MA: Harvard University Press, 2011).

71 Eva T. H. Brann, "Do Colleges Have Something to Offer Universities concerning Liberal Education,55 4, Conference on the Liberal Arts College and the Research University, University of Notre Dame, June 9-11, 2013. Retrieved from www.coretexts.org/conferences/research-university-and-liberal-arts-college-conference_june-9-11-2013/.

72 Roosevelt Montás, "By Order of the God: The College, the Research University, and the Humanist Vocation," Wilfrid McCray "From Core to Periphery and Back Again," Bainard

Cowan, "Liberal Education in the College," Conference on the Liberal Arts College and the Research University, University of Notre Dame, June 9-11, 2013. Retrieved from www.coretexts.org/conferences/research-university-and-liberal-arts-college-conference-june-9-11-2013/.

73 John Henry Newman, "Rise and Progress of Universities," in *Historical Sketches* (London: Longman, Green, 1909), v. 3, p. 229.

74 Clark Kerr, *The Uses of the University* (Cambridge, MA: Harvard University Press, 1963).

3
자유학예 개정하기
전문 전공 학습 성과 분석*

그래함 N. S. 밀러, 신디 A. 킬고, 마크 아치볼드,
어네스트 T. 파스카렐라

자유학예대학이 경영학이나 공학 같은 전문 전공professional major 프로그램을 채택하는 것은 캠퍼스의 재정 안정을 기하기 위한 인기 있는 도구가 되었다(Kraatz & Zajac, 1996). 그러나 어떤 연구나 논평들은 인문학 등록이 쇠퇴하고(American Academy of Science, 2016) 전문 프로그램이 자유학예교육 과정에 침투해 들어오는 데 대한 경고가 증가하는 현상을 부각하면서(Ferall, 2011) 이러한 경향에 불만을 제기하기도 한다. 전통적 자유학예대학에서 전문 전공은 자유학예교육에 위협을 가하는가? 더 정확히는 자유학예대학이 전문 전공을 채택하면 교육 목적을 훼손하는가? 이 연구에서 우리는 여덟 가지 학습 성과learnig outcome에 입각하여 자유학예대학에서 전공(전통적 자유학예 전공 대 전문 전공)이 학생들의 성장에 영향을 주는지 조사했다.

---

* 이 장의 내용은 실증적 연구를 포함하고 있다. 번역자는 이 장의 번역을 실증적 연구의 대가인 최강식 교수(연세대학교, 경제학)에게서 감수받았다.

이 연구를 수행하기 위해 우리는 먼저 소규모 미국 자유학예대학을 둘러싼 최근의 역사와 이 기관들이 전문 프로그램을 채택하게 된 환경 조건들을 조사했다. 이 프로그램들은 불확실한 경제 시기 동안 학생 등록과 조직의 수입을 증대하는 효과적 전략이 되어왔다(Kraatz & Zajac, 1996). 부정적인 경제 환경이 지속되면 대학은 전문 전공을 계속해서 교육과정에 편입한다. 어떤 기관들은 심지어 그들의 교육과정 전체에서 자유학예 학문들을 배제하기도 했다(Hartocollis, 2016). 자유학예 학문을 프로그램에서 배제하는 것은 분명히 우려스러운 경향이지만, 전문 전공을 전통적 자유학예에 통합하는 것은 덜 그럴 수 있다. 우리는 전통적인 자유학예 전공(예를 들어 영어, 역사, 자연, 물리과학)에 등록한 학생들이 전문 전공(예를 들어 경영학, 공학, 간호학)에 등록한 학생들보다 더 큰 교육적 이점을 경험하지 않는다는 것을 보여주는 증거를 제시한다. 오히려, 우리의 연구는 학습 성과에서 전문 분야를 전공하는 학생들이 자유학예 전공의 동료 학생들과 비슷한 성장을 했음을 보여준다. 이 결과들은 학습 성장에는 학생이 학습하는 학문이 아닌 다른 변수들이 개입함을 시사한다.

| 배경

지난 30여 년 동안 학자, 전문가, 매체들은 많은 소규모 자유학예대학이 문을 닫을 것이라 예상했다. 예를 들어 애스틴과 리(Astin and Lee, 1972)는 많은 소규모 대학들이 어쩔 수 없이 문을 닫을 것이라 단언했다. 이 대학들은 저비용 공립 기관 같은 새로운 도전에 직면했기 때문이다. 그러나 이러한 예상은 대학들이 학생들의 요구에 부응하여 교육과정의 축을 옮기면서 한 번도 실현되지 않았다. 대학들은 문을 닫는 대신 새로운 전문 전공을 제공하는 유인책으로 결국은 등록률을 올리고 최저 한계선을 지켰다(Kraatz & Zajac, 1996).

최근, 불길한 예상이 소규모 자유학예대학뿐 아니라 자유학예대학 전반에 재개되었다. 무디스Moody's*는 2017년 15개교에 달하며, 소규모 자유학예대학의 폐교가 가까운 미래에 3배가 될 것이라 예상했다(Woodhouse, 2015). 「뉴욕타임스」는 추가로 소규모 자유학예대학이 직면한 재정문제를 조명하면서 많은 대학이 문을 닫거나 자신의 임무를 극단적으로 재설정할 수 있다고 말했다(Hartocollis, 2016). 많은 대학이 폐쇄를 피하는 동안 한 일은 학부 등록률을 올리고, 교육과정을 넓히고, 대학원 과정을 도입하는 것이었다. 증거는 수치로 남아있다. 2000년 카네기Carnegie**는 219개 기관을 자유학예대학으로 분류했다(Indiana University Center for Post-secondary Research, 최종 수정일 미상). 2010년까지 단지 181개 대학만 자유학예대학으로 확인되었고, 2015년 가장 최근의 분류기준이 만들어진 후에는 단지 171개 대학만 자유학예대학 목록에 올랐다. 한편, 종합전문대학comprehensive master's college과 종합대학교 수는 증대했다. 이와 같은 균형의 이동은 엄격한 의미에서 자유학예대학으로 남아있는 대학의 숫자가 점차 불안정해진다는 것을 보여준다. 결과적으로 대학들은 재정 압박의 굴레에서 벗어나기 위해 학부와

---

* 무디스 투자자 서비스Moody's Investors Service의 지주회사를 지칭한다.

** 카네기 고등교육기관 분류Carnegie Classification of Institutions of Higher Education, 혹은 단순히 카네기 분류Carnegie Classification를 지칭한다. 이는 미국의 대학교와 대학을 분류하는 틀로, 1970년 카네기 교육진흥재단Carnegie Foundation for the Advancement of Teaching과 미국교육협의회American Council on Education에 의해 개발되었으며, 인디애나 대학교 2차 교육 후 연구센터Indiana University Center for Post-secondary Research가 이 업무를 관장한다.

대학원 과정 모두에서 교육과정을 확장하는 쪽으로 돌아섰다.

자유학예 기관을 향한 위협과는 별도로 점차 학자들도 자유학예 학문이 직면한 불확실한 미래를 조명해왔다. 예일 교수진은 유명한 1828년의 「예일보고서」에서 최초로 자유학예가 변해간다는 우려를 제기하며 새로운 연구 분야들이 대학 교육과정에 편입되면서 교육 목표를 훼손하고 있음을 경고했다. 이 보고서에서 교수진은 새로운 학문을 전통적 자유학예에 통합하는 데 의문을 제기했다. 교수진은 고등교육 기관을 가로지르는 변화의 여지를 인정하고, 예일 스스로도 자연과학을 교육과정에 통합하는 것을 받아들이면서도 변화는 서서히 일어나야 한다는 입장을 견지했다(Pak, 2008). 최근 몇 편의 논문과 책도 유사한 우려를 표명했다. 예를 들어 페롤(Ferall 2011; 2015)은 자유학예 전공 등록이 전문 전공 등록으로 대체되고 있음을 경고했다. 최근 다른 연구도 인문 학위 수여 수치가 하락함을 뒷받침했다(American Academy of Arts and Sciences, 2016). 페롤은 이에 덧붙여 조직적 관행, 즉 대학과 대학교들이 전문 전공에 수반되는 잠재적 수입을 보고 학생들의 요구를 충족시키는 쪽으로 방향을 바꾸었다는 사실에 우려를 표명했다. 이와 유사하게 최근의 뉴스 보도도 철학 같은 자유학예의 중심 프로그램을 폐쇄한 대학과 대학교에 초점을 맞추었다(예를 들어 Flaherty, 2015; Seltzer, 2016). 델루치(Delucci, 1997)도 많은 중등교육 후 교육기관들이 자유학예를 중심 교리로 광고하지만, 실제 이를 따르는 대학은 거의 없다는 점을 찾아내면서 유사한 우려를 표했다.

위에서 인용한 연구들은 미국 고등교육에서 자유학예의 위상과 생존 능력에 관해 심각한 우려를 제기했다. 이 연구에서 우리의 목표는 자유학예대학이 전문 전공에 등록한 학생들을 위해 효과적인 학습 성과를 지원할 수 있는지에 대한 질문을 던지는 것이었다. 이어지는 논의에서 우리는 자유학예의 임무가 원래의 것에서 다른 다양한 방향으로 갈라져 변화한다는 것을 확인하고 자유학예의 임무를 다시 규정하고자 한다. 그다음으로 학생 학습 성과 데이터를 분석하여 전문 전공에서 다양한 변화가 대학 재학 동안 학생들의 발전에 어떤 영향을 주었는지 규명할 것이다.

| 자유학예의 임무

브레네맨은 자주 인용되는 책(1994)에서 자유학예대학의 영역을 규정한다. 그는 자유학예대학은 학부 학위 중 60% 이상을 자유학예 학문 전공자에 수여해야 한다고 결론 내렸다. 가장 최근인 2015년 카네기 기초 분류에서 자유학예 학위를 50% 수여하는 학위과정 대학baccarauleate college들은 "문리과대학arts and science college"으로 규정되었다(Indiana University Center for Post-secondary Research, 최종 수정일 미상). "문리"로 간주되는 전공들은 전형적으로 인문학, 예술과 함께 자연, 물리, 사회과학을 포함한다. 브레네맨과 카네기 분류가 정의한 대부분의 전문 전공은 자유학예대학의 임무를 구성하는 데 도움을 준다.

그런데 이에 덧붙여 몇 가지 다른 조직적 양상도 자유학예 기관의 성격을 규정한다. 브레네맨(Breneman, 1990)은 교수-학생 비율이 낮은 소규모 정주 캠퍼스를 지적한다. 이 소규모의 친밀한 교육 환경은 작은 클래스 규모를 가능하게 하며, 따라서 교수와의 상호작용이 더 많아진다. 거기다 자유학예대학은 연구보다는 교수teaching에 더 큰 노력을 기울여 교수진에게 교수법을 개선하는 데 더 많은 시간을 허락하고 더 큰 보상을 준다. 실제로 최근 연구 하나는 학생들이 심층학습 교수 실천을 접할 기회가 더 많아졌으며, 이 덕분에 학생들의 교육 성과가 개선되었다는 점을 발견했다(Pascarella, Wang, Trolian, & Blaich, 2013).

킹, 켄달 브라운, 린제이와 반헤크(King, Kendall Brown, Lindsay, and VanHecke, 2007)는 자유학예교육에 연관된 일련의 학습 성과들을 제시했다. 비판적 사고, 도덕의식 함양과 다른 몇 가지를 포함하는 이들 학습 성과는 학생들에게 상황 변화에 적응할 수 있는 일련의 폭넓은 역량을 갖추고 의미 있는 삶을 준비하게 한다. 학습 성과는 1828년 「예일보고서」가 "마음의 채비"라 불렀던 것과 밀접하게 결부된다(자치운영위원회). 이러한 역량들은 학생들의 마음을 채울 정보나 재료가 아니라 학생들에게 일생을 통해 배움을 준비하도록 한다. 문헌에 인용된 이러한 양상들은 자유학예교육의 중심적 교의, 즉 자유학예 학문, 학습 환경, 학습 성과 등을 포함한다.

가지치기

자켓(Jaquette, 2013)은 자유학예대학의 틀을 개념화하여 조직 템플릿으로 규정했다. 이 템플릿은 자유학예대학의 활동을 통제하며, 템플릿 내부에 규정된 자유학예 기관의 임무를 훼손하는 범위 밖의 활동 역시 통제한다. 그러므로 이 템플릿에서 벗어나는 변화는 가지치기식 변화를 보여주는 것이 된다. 따라서 전문 전공이나 확장된 대학원 프로그램을 제공하는 자유학예대학은 자유학예 템플릿 외부의 활동에 참여하는 것이 된다. 결국 자유학예대학은 지나칠 정도로 이 템플릿에서 시작되었지만, 그 정체성은 불안정해졌다. 자켓은 이 점에서 대학이 조직으로서의 활동에 맞추기 위해

"대학교"라는 우스꽝스러운 이름을 채택한다고 주장한다.

본 연구는 대학교가 된 그런 대학들을 조사하지는 않으나, 자켓의 2013년 연구 같은 조직의 변화를 다룬 연구는 대학이 왜 조직 확장 행위에 가담하는가에 대한 답변을 이해하는 데 도움이 된다. 크라츠와 자작(Kraatz and Zajac, 2001)은 다양다기한 조직 변화가 상대적으로 제한된 재정자원을 가진 자유학예대학에 효과적인 전략임을 발견했다. 쉽게 말해, 그들의 연구가 발견한 것은 대학이 재정적 지위를 안정시키기 위해 변화를 추구했다는 것이다.

자켓(Jaquette, 2013)도 유사한 주장을 하면서 조직의 위상이 동기 부여의 한 요인임을 추가했다. 대학은 학생들의 요구에 부응하고 변화에 결부되는 재정적 보상을 거두기 위해서뿐 아니라 덜 위계적인 조직 범주에 참여하기 위해 변화했다는 것이다. 엘리트 자유학예대학이 이상적인 조직 형태를 규정하는 데 비해, 종합대학교가 되려는 대학은 덜 수직적으로 계층화된 운동장을 찾는다. 그 결과 종합대학교가 된 대학은 더 큰 재정 안정뿐 아니라 엘리트 자유학예대학과의 비교 역시 더 이상 겪지 않을 수 있게 되었다. 우리는 이 연구에서 대학교가 되지 않은 대학에서는 어떤 일이 벌어지는지를 묻는다. 좀 더 분명하게는 자유학예대학에서 전문 전공에 등록한 학생들이 자유학예 학습 성과의 발전에서 내내 불이익을 받는지 이해하고자 한다.

자유학예대학이 교육 목적에 의해 성격을 부여받는다는 지속적인 주장에 따라 우리의 연구는 특히 성과에 집중되었다. 미국대학 · 대학교협의회는 "진정한 자유학예교육은 우리가 극적으로 변화하는 세상에서 책임감 있고, 생산적이며, 창의적인 삶을 준비하도록 한다"(AAC&U, 1988, 단락 1)고 선언했다. 그 기관의 '자유학습 선언Statement on Liberal Learning'은 자유교육이 "제대로 뿌리내린 지적 복원력, 평생학습 지향 배열, 우리의 사고와 행동의 윤리적 결과에 대한 책임 수용"(AAC&U, 1988, 단락 1)이라 제안했다. 이 폭넓은 선언은 모든 대학이나 대학교가 겉으로는 "자유교육"을 표방할 수 있는 충분한 유연성을 제공했다. 그러므로 우리는 자유학예 전공이든 전문 전공이든 대학에서 학생의 전공이 자유학예 학습 성과 획득에 영향을 주는지 결정하고자 한다.

| 연구

우리의 연구 주제는 학생의 전공이 여덟 가지 부류의 성과에 걸쳐 학생의 발전에 영향을 주는가다. 만약 학문 전공이 학생 성과 발전의 주요 요소라면 전문 분야를 전공하는 것은 자유학습liberal learning 성과를 획득하는 데 영향을 줄 것이다. 왜냐하면 이 학생들은 자유학예 교육과정에 똑같이 노출되지는 않았을 것이기 때문이다. 이에 따라 우리는 학문 전공이 자유학습 성과에서 학생의 발전에 영향을 줄 것이라는 가설을 세운다.

이 질문에 답하기 위해 우리는 애스틴(Astin, 1993)의 투입-환경-성과I-E-O 틀에 의존했다. 이 틀은 학생들이 인종, 학문적 성취, 가족 배경 등 사전 존재하는 성격, 즉 '투입input'을 제안한다. 학생들은 다음으로 대학의 '환경environment', 즉 틀에서 "E"를 경험하는데, 이는 특정 교수법에 노출되거나 비교과 활동에 참여하거나 이 연구의 경우 학생의 전공 학문을 포함한다. 학생들은 궁극적으로 환경과의 상호작용에 근거한 '성과outcome'를 가지고 졸업한다. 투입-환경-성과 모델은 자유학예대학의 경험이 자유학습 성과에 이바지하는지를 설명하는 데 도움이 된다. 이 틀은 여러 차례 다양한 학생들의 하위인구에 적용되었다.

| 방법

본 연구의 데이터는 '와바쉬 자유학예교육 국가연구Wabash National Study of Liberal Art Education, WNS', 즉 자유학예 학생들의 다양한 학습 성과에 끼치는 자유학예대학 경험의 효과를 조사하는 국가적 · 종단적, 사전 · 사후 테스트 설계 연구에서 얻었다. WNS의 기관 표본은 선택성, 규모, 지리적 지역, 통제 측면에서 다양한 기관의 학생들을 대상으로 진행된 세 차례(2006~2010, 2007~2011, 2008~2012)의 코호트cohort 연구를 포함한다. 자유학예대학은 WNS의 의도에 따라 의도적으로 과잉 표본화되었다. 본 연구의 기관 표본은 이 세 차례의 기관 코호트에 참여한 28개 4년제 자유학예대학이다.

각 코호트에서는 학생 대상 데이터 수집이 세 차례의 간격intervale(2006, 2007, 2008 가을)을 통해 진행되었다. 최초 데이터 수집 동안 학생들의 인구학적 정보와 대학 이전 성격과 경험이 수집되었으며, 여기에 덧붙여 자유학예 학생들의 다양한 지적 · 정서적 학습 성과의 대학 이전 수준들이 수집되었다. 학생들의 대학 1년 차 마지막(2007, 2008, 2009)에 첫 번째 추후 조사follow-up가 있었다. 이 첫 번째 추후 조사 자료를 수집하는 동안 같은 학생들의 자유학예 학습 성과의 학년말 수준과 함께 첫 번째 해의 대학 경험이 수집되었다. 최종 데이터 수집은 4학년 봄 학기 동안(2010, 0211, 2012년 봄) 이루어졌다. 최종 추후 조사는 처음 두 번의 데이터 수집 대상과 같은 학생들이 거둔 자유학예 학습 성과의 4학년 말 수준과 함께 대학 4년 동안의 대학 경험을 수집했다. 이 두 번의 추후 조사 간격 동안 학생들은 'WNS 학생 경험 조사(WNS Student Experience Survey, WSES)'와 '학생참여 국가조사National Survey of Student Engagement, NSSE'를 완료했다. 2006년 WNS에 참여한 학생들은 각 데이터를 수집하는 동안 50달러를 받았으며, 2007년이나 2008년에 참여한 학생들은 보상을 받지 않았다. WNS를 위한 데이터 수집은 '미국 대학 테스팅 프로그램American College Testing Program, ACT'이 수행했다.

종속 척도

우리는 본 연구에서 비판적 사고, 도덕적 추론, 탐구 경향과 평생학습, 간문화intercultural 효과성(두 가지 별도 척도로 분리), 심리적 복지, 리더십 같은 성과를 포함했다. 이 일곱 가지 종속 척도는 브네레맨(Breneman, 1994)과 미국대학협의회(AAC&U, 1998)가 제시한 자유학예교육의 목표를 효과적으로 포착한다. 학생들은 세 번 모두의 데이터 간격 동안 각 성과 척도 응답을 완료했으나 비판적 사고 혹은 도덕적 추론 척도는 제외했다. 이러한 결정을 내린 이유는 척도 응답을 완료하는 데 시간이 걸릴 뿐 아니라 해당 표본이 뒤의 두 가지 성과 척도에 해당하는 표본보다 작은 규모이기 때문이었다. 모든 종속 척도는 학생들이 대학 4학년 말이 되었을 때 실시한 2차 추후 조사 자료에서 나왔다.

비판적 사고. 비판적 사고의 척도로 '대학 학문숙달 평가Collegiate Assessment of Academic Proficiency, CAAP'를 사용했다. CAPP는 ACT가 개발한 것으로, 학생들의 논지 해석, 분석, 평가 능력을 측정한다. CAPP는 32가지 항목으로 이루어지며, 0.81에서 0.82의 내부 신뢰성 · 일관성internal reliability consistency을 가진다(ACT, 1991).

도덕적 추론. 도덕적 추론의 척도로 '이슈 규정 테스트-2Defining Issues Test-2, DIT-2'의 N2 점수를 사용했다. DIT-2는 사회적 딜레마에 대한 응답을 통해 학생들의 도덕적 추론 수준을 측정하기 위해 개발되었다. DIT-2는 0.74에서 0.77의 내부 신뢰성 · 일관성을 가진다(Rest, Narvaez, Thoma, & Bebeau, 1999).

탐구 경향과 평생학습. 우리는 탐구 경향과 평생학습을 포착하기 위해 두 가지 척도, 즉 '리터러시 지향 긍정적 자세Positive Attitude toward Literacy, PATL' 척도와 '인지 요구 척도Need for Cognition Scale, NCS'를 사용했다. PATL은 시 읽기와 쓰기 등의 다양한 리터러시 관련 활동에서 얻는 재미와 즐거움의 수준을 측정하기 위해 개발되었다. PATL은 여섯 가지 항목으로 이루어지며, 0.71의 내부 신뢰성 · 일관성을 가진다. NCS는 학생들의 "노력이 필요한 인지 활동에 참여하고 즐기는 경향"을 측정한다(Cacioppo, Petty, Feinstein, & Jarvis, 1996: 197). NCS는 0.83에서 0.91의 내부 신뢰성 · 일관성을 가진다(Cacioppo et al., 1996).

간문화 효과성. 우리는 간문화 효과성을 측정하기 위해 두 가지 척도, 즉 '다양성/도전 열림 척도Openness to Diversity/Challenge Scale, ODC'와 '미빌-구즈만 대학교-다양성 척도Miville-Guzman University-Diversity Scale, M-GUDS를 사용했다. ODC는 학생들이 다양한 동료와의 상호작용, 다양한 관점과 견해를 대면하는 도전에서 느끼는 즐거움의 정도를 측정하기 위해 개발되었다(Pascarella, Edison, Nora, Hagedorn, & Terenzini, 1996). ODC는 일곱 가지 항목으로 이루어지며 0.83에서 0.871의 내부 신뢰성 · 일관성을 가진다. M-GUDS는 "상호 관련 인지, 행동, 정서적 요인들로 성격 지어지는 타인들과의 유사함과 차이를 알고 이를 잠재적으로 받아들이는" 능력을 측정한다(Fuertes, Miville, Mohr, Sedlacek, & Gretchen, 2000: 158). 타인들과의 유사함과 차이의 인식이 '보편성-다양성 지향Universality-Diversity orientation, UDO'이다. M-GUDS는 15가지 항목으로 이루어지며 0.85의 내부 신뢰성 · 일관성을 가진다.

심리적 복지. 심리적 복지의 다양한 수준을 측정하기 위해 'Ryff 심리적 복지 척도Ryff Scales of Psychological Well-Being, RYFF'의 전체 평균 점수를 사용했다. RYFF는 네 가지 항목으로 이루어지며 0.88의 내부 신뢰성 · 일관성을 가진다.

리더십. 리더십을 측정하기 위해 '사회적 책임 리더십 척도Socially Responsible Leadership Scale, SRLS'의 전체 평균 점수를 사용했다. SRLS 척도는 '사회적 변화 모델Social Change Model'(Astin, H., Boastman Bonus-Hammarth, Chambers. Goldberg, 1996; Dugan, 2006 참조)의 여덟 가지 영역을 측량한다. SRLS는 68가지 항목으로 이루어지며 0.92의 내부 신뢰성 · 일관성을 가진다.

독립 척도

우리가 관심을 가지는 독립변수는 학교에서의 전공이었다. 우리는 이 전공 독립변수를 전문 전공과 자유학예 전공으로 이분화하여 다음과 같이 코딩했다(1 = 경영, 교육, 공학, 직업훈련 등의 전문 전공, 0 = 예술과 인문, 생명과학, 물리과학, 사회과학, 기타).[1] 대학 이전 교육 공변인covariate에는 인종(3개의 이분화 변수 — 흑인, 아시아계, 남미계)[백인은 세 가지 변수 모두에서 누락 집단의 역할을 함*], 성(남성 대 여

* (백인 = 0, 흑인 = 1), (백인 = 0, 아시아계 = 1), 그리고 (백인 = 0, 남미계 = 1)

성), 대입학력고사 혹은 이에 준하는 대학수능시험SAT 점수(연속량으로 코딩됨), 1차 세대 위상(1차 세대 대학 위상 대 후속 세대 대학 위상의 이분법. 1차 세대 위상은 부모 어느 쪽도 4년제 대학 학위가 없는 경우로 규정함), 고등학교 학점(연속량으로 코딩됨), 대학 이전 교육 포부(연속량으로 코딩됨)와 대학 이전 학문 동기(1 = 낮은 학문 동기에서 5 = 높은 학문 동기, α = 0.74에 걸치는 8개 항목의 연속 척도)를 포함한다.

우리의 모델은 학생의 대학 동기를 측정하기 위해 더미 변수dummy variable를 포함했다. 이 변수는 학생이 전문 전공에 등록하고자 했는지, 자유학에 전공에 등록하고자 했는지를 측정했다. 물론 학생이 특정 환경을 선택하는 성향을 통제하는 것도 중요하다(Astin & Sax, 1998). 이처럼 한 학생을 전공으로 이끌어왔을 만한 특성치들을 통제하면서 전공 선택의 효과들을 추정할 수 있다. 우리는 성향 점수 매칭을 사용하지 않기로 의결했는데, 그 이유는 공변하는 성향 점수 매칭은 가끔 경험(우리 연구에서는 학생의 전공)과 인과관계가 있다는 가정 때문이다(Reynolds & DesJardins, 2009). 게다가, 이 연구에서 수행된 회귀분석은 성향 점수 매칭 분석에서 나온 발견들과 병행한다는 증거가 있다(Foster, Wilely-Exley, & Bickman, 2009; Pascarella et al., 2013; Shah, Lupicas, Hux, & Austin, 2005; Zanutto, 2006). 이 변수들은 모두 학생의 '투입'을 나타낸다.

우리는 기관 선택성을 변수에 포함했는데, 이는 그 대학의 평균 대입학력고사 점수ACT Composite Score를 사용했다. 또한 우리는 그 기관이 어느 코호트에 참여했는지, WNS의 코호트에 한 번 이상 참여했는지를 보여주는 변수도 포함했다. 우리는 추가로 4년제 대학 수준의 공변인을 모델에 포함했다. 명예 프로그램 회원(회원 대 비회원으로 이분화), 공통교육과정 개입(연속 변수로 코딩되었으며 공통교육과정 활동에 참여한 주당 시간으로 규정), 4학년 수준에서 직업/경력 성공척도(경력이나 직업 성공을 수행하려는 학생들의 욕구를 보여주는 5개 항목의 연속 척도. α = 0.74), 그리고 다양한 동료와의 의미 있는 상호작용(대학 4년 동안 다양한 동료 학생과 나눈 긍정적 상호작용의 수준을 파악하는 3개 항목의 연속 척도. α = 0.83) 이 그것들이다. 이 항목들은 투입-환경-성과 틀에서 학생들의 '환경'을 보여준다.

우리는 추가로 1차 후속 자료 혹은 2차 데이터 수집 간격을 완결했는지를 최종 통제 변수로 포함했다. 우리는 이러한 이분적 통제를 학생들이 자유학예 학습 성과를 완성한 횟수를 설명하기 위해 포함했다. 예를 들어 모델에 포함한 변수에 입각하면 학생들은 1차 데이터 수집과 최종 데이터 수집에는 참여했으나 2차 데이터 수집에는 참여하지 않을 수 있었다. 이 변수들은 우리에게 학생들이 세 번 참여했는지 혹은 두 번 참여했는지의 여부를 통제할 수 있도록 했다. 표본 가운데 약 33%가 1차와 최종 데이터 수집에 참여했으나 2차 데이터 수집 간격 동안에는 참여하지 않았다.

분석

우리는 여덟 가지 종속변수 각각에 대해 일련의 최소제곱자승법 Ordinary Least Squares(OLS)으로 회귀분석했다. 모든 연속 척도들은 표준화되었다. 각각의 성과 척도에 대해 목록별 삭제를 완료한 후 이 연구에서 학생 차원 표본은 전체 1,202명에서 2,617명으로 다양했다. 우리의 회귀 모델에서 다중공선성multicollinearity이 발생하는 문제를 점검하기 위해 두 차례의 사후 추정post-estimation 테스트를 실시했다. 관심별 독립변수와 공변인 사이의 상관관계 매트릭스를 컴퓨터로 처리했다. 상관관계 매트릭스는 〈표 3.1〉과 같다. 〈표 3.1〉은 변수 중 그 어떤 것도 다중공선성을 발생하는 데 이르지 않았음을 보여준다. 대입학력고사 점수와 기관 선택성이 가장 높

표 3.1 전체 독립변수 상관관계 매트릭스

	1	2	3	4	5	6	7	8	9	10	11	12	13	14	15	16
1. 흑인	1.00															
2. 아시아계	-0.04	1.00														
3. 남미계	-0.04	-0.05	1.00													
4. 남성	-0.03	-0.01	-0.03	1.00												
5. 대입학력고사 점수	-0.21	0.05	-0.15	0.03	1.00											
6. 1차 세대 위상	0.08	0.04	0.15	-0.03	-0.30	1.00										
7. 고등학교 학점	-0.09	-0.01	-0.05	0.05	-0.34	-0.06	1.00									
8. 대학 이전 교육 포부	0.05	0.05	0.03	0.06	0.16	-0.05	0.18	1.00								
9. 대학 이전 학문 동기	0.06	0.03	0.05	-0.12	0.06	0.04	0.18	0.25	1.00							
10. 기관 선택성	0.00	-0.01	-0.03	0.10	-0.20	0.09	-0.02	-0.07	-0.03	1.00						
11. 학술 명예 프로그램	-0.11	0.08	-0.04	0.01	0.62	-0.26	0.27	0.16	0.06	-0.25	1.00					
12. 공통교육과정 개입	0.00	0.00	0.01	-0.11	-0.03	0.01	0.08	0.03	0.10	0.03	-0.18	1.00				
13. 직업/경력 성공척도	-0.02	-0.03	-0.06	0.15	-0.01	-0.06	0.03	0.03	-0.01	0.06	0.03	0.01	1.00			
14. 다양한 동료와 의미 있는 상호작용	0.10	0.07	0.04	0/14	-0.25	0.08	-013	0.07	0.07	0.15	-0.16	0.04	0.10	1.00		
15. 전문 전공	0.09	0.10	0.13	0.01	-0.05	0.00	-0.04	0.09	0.12	-0.08	0.07	-0.01	0.08	0.10	1.00	
16. 사전 전문학문 분야 등록 성향	-0.02	-0.04	-0.03	-0.06	-0.21	0.08	-0/05	-0.19	-0.06	0.33	-0.24	0.05	-0.02	0.04	-0.13	1.00

은 상관관계(r = 0.62)를 가졌으나 기관 선택성은 각 기관의 평균 대입학력고사 점수를 사용하여 만들어졌으므로 이점은 예상되었다. 우리는 추가로 각 모델의 분산확대지수Variance Inflation Factors(VIFs)를 컴퓨터로 처리했다. VIFs는 1.20에서 2.15에 분포했다. 그 어떤 VIFs도 앨리슨(Allison, 1999)의 보수적 한계치인 2.5에 이르지 않았으며, 덜 보수적 한계치인 10.0(Stevens, 2002 참조)에도 근접하지 않았다. 우리는 통계 소프트웨어 'STATA'에서 "svy" 명령을 사용하여 연구의 중첩적 성격을 통제할 수 있었다. 따라서 통계적 유의성 statistical significance의 기준은 알파 레벨alpha level 0.05, 0.01과 0.001로 설정했다.

데이터를 분석하는 데 성향 점수 매칭이 또 다른 적절한 방법이 될 수 있었지만, 우리의 분석은 한 개인의 학술 전공 선택에 종종 선행하는 효과 변수 선택뿐 아니라 그렇지 않은 변수(예를 들어 명예 프로그램 참여, 비교과 활동 참여, 다양한 동료와의 상호작용 등) 등도 통제했다. 독립변수(예를 들어 전문 전공)에 가끔 인과적으로 선행하지 않는 변수들은 성향 점수 매칭 분석에서 공변인으로 적절하지 않으므로 회귀분석만을 통해 통계적 조정을 실시했다.

결과

우리는 연구에서 두 가지 주 그룹(전문 전공 학생 대 전통적 자유학예 전공 학생)을 비교하기 위해 기술적 통계량 분석descriptive analyse을 계산했다. 이에 대한 기술적 분석은 〈표 3.2〉와 같다.

표 3.2 와바쉬 자유학예교육 국가연구 데이터를 사용한 학술 전공별 대학 이전 및 대학 경험 변수 기술적 통계

	전문 전공(*n* = 304)						전통적 자유학예 전공(*n* = 2,317)					
변수	평균	표준편차	빈도	%	최소	최대	평균	표준편차	빈도	%	최소	최대
비판적 사고 졸업반 수준	63.78	4.16			53	72	65.33	5.36			47	73
비판적 사고 대학 이전 수준	60.68	4.76			51	73	63.65	5.15			48	81.22
	3.10						1.88					
도덕적 추론 졸업반 수준	38.38	14.43			1.82	68.06	46.45	15.07			−2.02	81.01
도덕적 추론 대학 이전 수준	30.24	13.33			0.27	63.47	38.64	15.37			−8.84	81.22
	8.14						7.81					
리터러시 긍정 지향 졸업반 수준	3.08	0.8			1	5	3.54	0.73			1	5
리터러시 긍정 지향 대학 이전 수준	3.09	0.69			1	5	3.45	0.71			1	5
	−0.1						0.090					
인지 요구 졸업반 수준	3.59	0.59			1.5	4.72	3.78	0.59			1.17	5
인지 요구 대학 이전 수준	3.29	0.55			1.67	4.67	3.59	0.58			1.44	5
	0.30						0.19					
다양성/모험 열림 졸업반 수준	3.76	0.7			1	5	3.96	0.66			1	5

다양성/모험 열림 대학 이전 수준	3.76	0.61			1.29	5	4.01	0.6			1	5
	0.00						−0.05					
M-GUDS 졸업반 수준	4.6	0.65			2.53	5.93	4.75	0.64			1.33	6
M-GUDS 대학 이전 수준	4.44	0.63			2.6	5.8	4.67	0.63			1.33	6
	0.16											
심리적 복지 졸업반 수준	4.75	0.55			3.22	5.93	4.69	0.6			1.37	6
심리적 복지 대학 이전 수준	4.49	0.54			3.24	5.85	4.52	0.57			1.65	5.91
	0.26						0.17					
사회적 책임 리더십 졸업반 수준	4.17	0.42			1.57	4.99	4.12	0.47			1.05	5
사회적 책임 리더십 대학 이전 수준	3.97	0.4			1.88	4.93	4	0.44			1.00	5
	0.20						0.12					
공변인												
흑인			8	2.63	0	1			83	3.58	0	1
아시아계			8	2.63	0	1			121	5.22	0	1
남미계			9	2.96	0	1			115	4.96	0	1
남성			101	33.22	0	1			997	43.03	0	1

변수	전문 전공(n = 304)						전통적 자유학예 전공(n = 2,317)					
	평균	표준편차	빈도	%	최소	최대	평균	표준편차	빈도	%	최소	최대
대입학력고사 점수	24.58	3.88			15	33	27.34	4.14				
고등학교 학점	4.61	0.51			3	5	4.69	0.49			1	5
1차 세대 위상			97	31.91	0	1			509	21.97	0	1
대학 이전 교육 포부	3.91	0.88			2	6	4.59	1.14			1	5
대학 이전 학문 동기	3.56	0.52			2.38	5	3.66	0.54			1.25	5
기관 선택성	25.27	2.04			21.13	30.93	27.25	2.59			21.12	31.76
명예 프로그램			94	30.92	0	1	1.79		509	21.97	0	1
공통교육과정 개입	3.01	1.69			1	5	0.69				1	8
직업/경력 성공 척도	2.35	0.71			1	4	0.84				1	4
다양한 동료와 의미 있는 상호작용	-0.27	0.82			−1.86	1.66					−1.86	1.74
사전 전공 학문 분야 등록 성향			593	22.62	0	1			2028	77.38	0	1

〈표 3.2〉는 표준의 대부분이 전문 전공자(12%)가 아니라 자유학예 전공자(88%)임을 보여준다. 학생 학습 성과의 사전 · 사후 테스트 수준의 표본을 보면 전문 전공 학생들이 대학 재학 동안 여덟 가지 성과 중 비판적 사고, 도덕적 추론, 인지 요구, 간문화 능력 두 가지 척도, 심리적 복지, 사회적 책임을 지는 리더십 등을 포함하는 일곱 가지 성과에서 더 높은 발전을 이룬 것으로 나타난다. 전통적 자유학예 전공 학생들은 대학 재학 동안 리터러시 긍정 지향에서 평균 이상을 나타냈다. 이때의 표본은 대부분 백인, 여성, 그리고 대학 교육을 이어가는 세대 위상에 속했다.

회귀분석의 결과는 〈표 3.3〉에 요약되었다. 전문 전공이 여덟 가지 성과 척도(CAAP, DIT-2, NCS, MGUDS, ODC와 RYFF) 중 여섯 가지 척도에서 자유학예 전공에 비해 통계적으로 유의미한 증가 차이를 보여주지 않았다. 즉, 전문 전공과 전통적 자유학예 전공은 여덟 가지 학습 성과 중 여섯 가지에서 유사한 수준의 발전을 경험했다는 것이다. 이는 4년 동안 이들 성과 — 비판적 사고, 도덕적 추론, 인지 요구, 간문화 효과성과 심리적 복지 — 의 발전이 자유학예대학의 전공과 다르지 않음을 시사한다. 오히려 대입학력고사, 사전 테스트와 비판적 사고의 경우 학생의 전문 전공 등록 경향을 포함한 학생들의 투입이 각 성과에 영향을 준다. 다양한 동료와의 의미 있는 상호작용을 포함한 추가적인 교육 경험 역시 학습 성과에 영향을 준다.

〈표 3.3〉은 와바쉬 자유학예교육 국가연구 데이터를 사용한 자유학예대학 전문 전공(자유학예 학문 전공에 비해)은 리터러시 지향 긍정적 자세(PATL)와는 통계적으로 유의미하게 부정적 예측 변수로, 그리고 적극적인 사회적 책임 리더십(SRLS)에서는 통계적으로 유의미하게 긍정적 예측 변수로 나타났다. 전문 전공 학생들은 다른 모든 변수가 변하지 않은 상태에서 전통적 자유학예 전공 학생들에 비해 PATL에서 평균 0.21이 부족했다($p<0.001$). 전

표 3.3 학생 학습 성과 추정 효과

	비판적 사고	도덕적 추론	인지 요구	리터러시 지향 긍정적 자세	다양성 개방	M-GUDS	심리적 복지	사회적 책임 리더십
	n = 1,202 Coef	n = 1,261 Coef	n = 2,574 Coef	n = 2,615 Coef	n = 2,617 Coef	n = 2,497 Coef	n = 2,511 Coef	n = 2,563 Coef
흑인	−0.1304	−0.0537	−0.0934	−0.1097	−0.0347	−0.0854	−0.251	0.0123
아시아계	0.03716	0.0452	−0.1654	−0.1697	0.0299	0.0976	−0.0826	0.0081
남미계	0.0322	−0.1549	0.0552	−0.1522*	0.0722	0/1116	0.0485	0.0848
남성	0.0327	−0.2390***	0.0845*	0.0366	−0.0869*	−0/1324**	−0.0860*	−0.1001**
대입학력고사 점수	0.2009***	0.2111***	0.1165***	0.0956***	−0.0060	0.0136	−0.0111	−0.0309
1차 세대 위상	0.132**	−0.0697	0.0126	−0.0415	0.0364	−0.0139	−0.0008	0.0046
고등학교 학점	0.0362	0.0264	0.0199	−0.0075	0.0364*	0.0124	0.0175	0.0174
대학 이전 교육 포부	0.0234	−0.0109	0.0109	0.0354*	−0.0129	−0.0052	0.0081	−0.0146
대학 이전 학문 동기	−0.0104	0.0058	−0.0111	−0.0465	−0.0386**	0.0142	−0.0103	0.0545*
사전 테스트	0.5301***	0.4335***	0.5514***	0.5339***	0.3138***	0.4659***	0.4766***	0.2866***
기관 선택성	−0.0178	−0.0029	−0.0194	−0.0072	−0.0135	−0.0104	−0.1061	−0.0134

학술 명예 프로그램	-0.0701	0.0639	0.0719	0.0246	0.0619*	0.0570	0.0632	0.0769
공통교육과정 개입	-0.0209	-0.0149	-0.0040	-0.0097	0.0112	-0.0160	0.0532*	0.0763**
직업/경력 성공척도	-0.1032*	-0.0866**	0.0565**	-0.0134	0.0210	-0.0052**	0.0208	0.0240
다양한 동료와 의미 있는 상호작용	0.0198	0.0681**	0.1381***	0.1733***	0.4318***	0.3006***	0.1208***	0.1422***
사전 전공 학문 분야 등록 성향	-0.1166*	-0.0725	0.0501	-0.0522	-0.0360	-0.0325	-0.0161	-0.0276
전문 전공	0.0905	-0.0645	0.0294	-0.2073***	-0.0281	0.0621	0.0874	0.1378***
	$R^2 = 0.5380$	$R^2 = 0.4535$	$R^2 = 0.3875$	$R^2 = 0.3998$	$R^2 = 0.3478$	$R^2 = 0.4180$	$R^2 = 0.2831$	$R^2 = 0.1695$

주: *$p<0.05$, **$p<0.01$, ***$p<0.001$.

문 전공 학생들은 다른 모든 변수가 변하지 않은 상태에서 전통적 자유학예 전공 동료에 비해 SRLS에서 평균 0.14의 증가를 보였다($p<0.001$). 이러한 결과들은 전문 전공 학생들이 전통적 자유학예 전공 동료에 비해 리터러시 지향 긍정적 자세에서는 더 적은 수확을, 사회적 책임 리더십에서는 더 많은 수확을 거두었음을 시사한다.

| 한계

우리의 연구는 몇 가지 한계를 가진다. 우리의 연구는 포괄적, 지역적, 혹은 연구기관들의 비교 그룹을 허용하지 않는다. 전문 프로그램에 비해 전통적 자유학예 전공 학생들이 훨씬 다수였다. 우리의 분석은 이러한 불균형을 통제하지 않았다. 게다가, 우리는 기관에서 진행되는 일반교육 프로그램에 대한 어떤 정보도 없으며, 따라서 전공 수업 이수 관습만으로 한정했다.

| 논의

연구 결과 전문 전공 학생들이 전통적 자유학예 전공 동료보다 자유학습 성과에 유의미한 성장을 더 이루지 않는다는 결론을 내릴 수 있었다. 발견된 결과를 보면 리터러시 지향 긍정적 자세와 사회적 책임 리더십 수확에서만 유의미한 차이가 있는 것으로 나타났다. 전문 전공에 등록한 학생들은 사회적 책임 리더십에서 더 큰 성과를 거두었으며, 자유학예 전공에 등록한 학생들은 리터러시 긍정 지향에서 더 큰 성과를 거두었다. 이런 차이점들은 중요하며 논의할 가치를 가진다. 아마도 전문 전공에 등록한 학생들은 협동 학습에 더 활발하게 참여했으며, 자유학예 학문에 등록한 학생들은 더 폭넓고 다양한 독서에 몰두했을 것이다. 향후 연구는 이러한 차이를 가져온 메커니즘을 확인해야 할 것이다.

그러나 우리는 이 두 그룹 학생들 사이의 유사성이 가장 놀라운 발견이라고 믿는다. 분석 결과 대학은 학생이 선택한 전공에 무관하게 자유학습 성과를 촉진할 수 있음을 보여주었다. 이에 따라 우리는 학생이 선택한 전공이 척도상으로 자유학습 성과 성장에 영향을 줄 것이라는 우리의 가설을 뒷받침하는 발견을 하지 못했다. 우리는 결과에 입각하여 주요 학습 성과는 학생의 전공에서 나오는 것이 아니며, 추가 연구가 교육적 성장을 촉진하는 자유학예 성격의 구성성분을 확인해야 한다고 믿는다. 사실은 이미 몇몇 연구가 이 문제에 답을 시도했다. 예를 들어 파스카렐라(Pascarella et al., 2013)는 자유학예대학이 학생들에게 지역의 종합 연구 중심 대학교에 비해 더 많은 심화학습을 실천하고 좋은 강의실 수업에 노출되게 함을 발견했다. 다른 기관적 요인들도 그 무엇보다 학생들의 인지 능력 발전을 설명할 수 있을 것이다. 우리의 발견들이 이러한 결론을 보강한다. 이 경우에서 자유학예 교육과정 — 즉, 자유학예 학문을 전공한다는 것 — 은 학생들의 교육적 성과를 설명하지 못한다. 자유학예교육의 다른 특성들이 잠재적으로 더 나은 설명을 제공해줄 수 있을 것이다. 물론 브레네맨(Breneman, 1990)은 자유학예대학이 자유학예 교육과정에 초점을 맞추는 것을 넘어서 몇 가지 핵심적인 특성을 가진다는 데 주목했다. 여기에는 일반교육 프로그램,

교육에 초점 맞추기, 정주대학 경험 등이 있다. 결과는 향후 연구가 추가적인 캠퍼스 특성 관련 데이터를 모아 이 특성들이 어떻게 교육 산물에 영향을 미치는지를 분석해야 함을 보여주기도 한다.

전공이 학습 성과물에 최소한의 영향을 끼칠 뿐이라는 사실에 대한 다른 개념적 설명으로 스타크와 라투카(Stark and Latucca, 1977)가 개발한 학문과 영역 틀을 들 수 있을 것이다. 저자들은 (전공을 포함한) 학문 영역은 부모의 학문에서 이론과 방법을 도출한다고 지적했다. 자유학예대학에서의 전문 프로그램은 이런 원칙들을 배제하지 않고 다양한 학문을 더 능숙하게 통합할 수 있을 것이다. 그러므로 자유학예대학이 특혜를 주는 학습 성과를 지지하기 위해 어떻게 직업 프로그램을 진행할 수 있을지에 대한 더 많은 연구가 필요하다. 이 점에 관한 향후의 연구는 우리가 살펴본 두 그룹 사이의 차이점을 설명하는 데도 추가적인 도움을 줄 것이다. 자유학예대학에서 전공 프로그램이 어떻게 진행되고 구조화되는지를 이해하는 것은 우리의 두 가지 유의미한 발견을 추가로 설명해줄 수 있을 것이다. 특히, 그러한 연구는 전통적 자유학예대학 전공 학생들의 리터러시 지향 긍정적 자세 성과가 왜 더 높은지, 혹은 직업 경험 학생들이 사회적으로 책임감 있는 리더십에 더 큰 성장을 거두는지를 밝힐 수 있을 것이다.

마지막 시사점, 그리고 추가적 품질 보장 연구는 자유학예대학 캠퍼스에서 전문 전공이 가질 수 있는 영향이다. 전문 프로그램을 추가하는 것이 자유학예 교육과정을 외부로부터의 압력을 흡수하기 위해 새로운 학생들과 수입을 도모하는 시도인지, 혹은 이러한 변화가 더 폭넓지만 더 해로운 전이인지 알 수 없다. 우리가 확실히 아는 것은 대학이 재정적으로 빚을 지지 않을 정도가 되기 위해 환경에 적응해야 한다는 사실이다. 그러나 적응도 사명을 중심으로 해야 한다. 대학은 자유학예 학문의 등록률이 떨어지면서 더 전통적인 프로그램을 예산 절감의 어려움에서 보호하기 위해서라도 전문 프로그램에서 수익을 내야 할 것이다. 자켓(Jacquette, 2013)과 모퓨(Morphew, 2002)의 연구는 종합대학교가 되는 대학의 선택에 앞서 폭넓은 교육과정 변화와 프로그램 확장이 전형적으로 선행함을 보여주었다. 자유학예대학의 집행부는 변화란 미끄러운 경사로임을 기억해야 한다. 우리의 표본에서 대학들은 전문 전공에서 적은 인구를 가지기 때문에 전문 전공들이 더 큰 부분, 혹은 주도적 부분을 가지는 대학의 경우에도 우리의 예측이 적중할 것인지는 확신할 수 없다. 집행부는 전문 프로그램을 추가하더라도 자유학습 성과를 배양하고, 자유학예 학문들을 보호하고 유지하는 자신들의 임무를 달성하기 위해 노력해야 한다.

1 우리는 "기타"를 포함한 분석과 포함하지 않은 분석을 각각 행했다. 이 두 표본에서 유의미한 통계적 차이는 발견되지 않았다. 이에 따라 "기타" 전공이라고 보고한 161명의 학생들을 표본에서 제외하기로 결정했다.

참고문헌

Allison, P. D. (1999). *Logistic Regression Using the SAS System: Theory and Application*. Cary, NC: SAS Press.

American Academy of Arts and Sciences (2016, March). *Bachelor's Degrees in the Humanities*. Retrieved April 1, 2016, from http://humanitiesindicators.org/content/indicatordoc.aspx?i=34.

American Association of Colleges and Universities (1998). "Statement on liberal learning," AACU. Retrieved January 5, 2015, from wwwaacu.org/about/statements/liberal-learning.

American College Testing Program (1991). *CAAP Technical Handbook*. Iowa City IA:Author.

Astin, A., Astin, H., Boatsman, Bonous-Hammarth, Chambers, Goldberg, L. S., Johnson, C. S., Komives, S. R., Langdon, E. A., Leland, C., Lucas, N., Pope, R. L, Roberts, D. & Shellogg, K. M. (1996). *A Social Change Model of Leadership Development: Guidebook* (Version 3). Los Angeles, CA: University of California, Higher Education Research Institute.

Astin, A. W. (1993). *Assessment for excellence: The Philosophy and Practice of Assessment and Evaluation in Higher Education*. Phoenix, AZ: Oryx Press.

Astin, A. W. & Lee, C. B. T. (1972). *The Invisible Colleges: A Profile of Small, Private Colleges with Limited Resources*. New York, NY: McGraw-Hill.

Astin, A. W. & Sax, L. J. (1998). "How undergraduates are affected by service participation." *Journal of College Student Development*, 39(3): 251-63.

Breneman, D. W. (1990). "Are we losing our liberal arts colleges?" *American Association of Higher Education Bulletin*, 43: 3-6.

______ (1994). *Liberal Arts Colleges: Thriving, Surviving, or Endangered?* Washington DC: Brookings Institution.

Cacioppo, J., Petty R., Feinstein, J., & Jarvis, W. (1996). "Dispositional differences in cognitive motivation: The life and times of individuals varying in need for cognition." *Psychological Bulletin*, 119: 197-253.

Committee of the Corporation and the Academical Faculty (1828). *Reports on the Course of Instruction in Yale College*. New Haven, CT: Yale University.

Delucchi, M. (1997). "'Liberal arts' colleges and the myth of uniqueness." *Journal of Higher Education*, 68(4): 414-26.

Dugan, J. (2006). "Explorations using the social change model: Leadership development among college men and womens." *Journal of College Student Development*, 47: 217-25.

Ferrall, V. E. (2011). *Liberal Arts at the Brink*. Cambridge, M. A: Harvard University Press.

______ (2015, 27 January). "Valediction for liberal arts." *Inside Higher Ed*. Retrieved January 30, 2015, from www.insidehighered.com/views/2015/01/27/essay-offers-valediction-liberal-arts

Flaherty, C. (2015, 29 October). "Liberal arts minus liberal arts professors." *Inside Higher Ed*. Retrieved November 1, 2015, from www.insidehighered.com/news/2015/10/29/wartburg-college-and-other- liberal-arts-institutions-make-drastic-cuts-challenging

Foster, E., Wiley-Exley E" & Bickman, L. (2009). "01d wine in new skins: The sensitivity of established findings to new methods." *Evaluation Review*, 33: 281-306.

Fuertes, J. N., Mville, M. L., Mohr, J. J., Sedlacek, W. E., & Gretchen, D. (2000). "Factor structure and short form of the Miville-Guzman Universality-Diversity Scale." *Measurement and Evaluation in Counseling and Development*, 33: 157-69.

Hartocollis, A. (2016, 29 April). "At small colleges, harsh lessons about cash flow." *The New York Times*. Retrieved May 1, 2016, from www.nytimes.com/2016/04/30/us/small-colleges-losmg-market-share-struggle-to-keep-doors-open.html?ref=topics.

Indiana University Center for Postsecondary Research (n.d.). *The Carnegie Classification of Institutions of Higher Education, 2015 ed*. Bloomington, IN: Author.

Jaquette, O. (2013). "Why do colleges become universities? Mission drift and the enrollment economy." *Research in Higher Education*, 54(5): 512-43.

King, P. M., Kendall Brown, M., Lindsay N. K., & VanHecke, J. R. (2007). "Liberal arts student learning outcomes: An integrated approach." *About Campus*, 12(4): 2-9.

Kraatz, M. S., & Zajac, E. J. (1996). "Exploring the limits of the new institutionalism: The causes and consequences of illegitimate organizational change.5." *American Sociological Review*, 61(5): 812-36.

______ (2001). "How organizational resources afiect strategic change and performance in turbulent environments: Theory and evidence." *Organization Science*, 12(5): 632-57.

Morphew, C. C. (2002). "A rose by any other name: Which colleges became universities." *The Review of Higher Education*, 25(2): 207-23.

Pak, M. S. (2008). "The Yale Report of 1828: A new reading and new implications." *History of Education Quarterly*, 48(3): 30-57.

Pascarella, E., Edison, M., Nora, A., Hagedorn, L., & Terenzini, P. 1996). "Influences on students' openness to diversity and challenge in the first year of college." *Journal of Higher Education*, 67: 174–95.

Pascarella, E. T., Wang, J. S., Trolian, T. L., & Blaich, C. (2013). "How the instructional learning environments of liberal arts colleges enhance cognitive development." *Higher Education*, 66(5): 569–83.

Rest, J., Narvaez, D., Thoma, S., & Bebeau, M. (1999). "DIT2: Devising and testing a revised instrument of moral judgment." *Journal of Educational Psychology*, 91: 644–59.

Reynolds, C. L., & DesJardins, S. L. (2009). "The use of matching methods in higher education research: Answering whether attendance at a 2-year institution results in differences in educational attainment." In Smart, J. C. (Ed.) *Higher Education: Handbook of Theory and Research* (pp. 47–97). Netherlands: Springer.

Seltzer, R. (2016, 14 June). "The philosophy of what makes a university." *Inside Higher Ed*. Retrieved June 16, 2016, from www.insidehighered.com/news/2016/06/14/questions-raised-about-cuts-liberal-arts-programs-western-illinois.

Shah, B., Laupacis, A., Hux, J., & Austin, C. (2005). "Propensity score methods gave similar results to traditional regression modeling in observational studies: A systematic review." *Journal of Clinical Epidemiology*, 56: 550–9.

Stark, J. S. & Lattuca, L. R. (1997). *Shaping the College Curriculum*. Boston, MA: Allyn & Bacon.

Stevens, J. P. (2002). *Applied Multivariate Statistics for the Social Sciences*, 4th ed. Hillsdale, NF: Erlbaum.

Woodhouse, K. (2015, 28 September). "Closures to triple." *Inside Higher Ed*. Retrieved from October 2, 2015, www.insidehighered.com/news/2015/09/28/moodys-predicts-college-closures-triple-2017.

Zanutto, E. L. (2006). "A comparison of propensity score and linear regression analysis of complex survey data." *Journal of Data Science*, 4(1): 67–91.

4

자유학예의 유혹

미국에 온 신흥시장 국가 출신 학부생

피터 마버

세계화globalization의 경제적 · 환경적 · 정치적 · 문화적 영향이 널리 연구되고 분석될 동안(Yergin & Stanislaw, 1988; Friedman, 1999, 2005; Marber, 1999, 2003, 2009; Stigliz, 2003, 2007; Rodrik, 2012; Christoff & Eckersley, 2013; Fukuyama, 2015; Radelet, 2015) 일각에서는 고등교육의 세계화에 대한 탐구 역시 진행되었다(King, Marginson, & Maidoo, 2011; Pusser, Kempner, Marginson, & Ordorika, 2012; Widavsky, 2012; Araya & Marber, 2013; Altbach, 2016).

국제교육연구소Institute of International Education(IIE, 2015)에 의하면 현재 3차 학습 단계에 매년 약 500만 명의 학생이 국경을 넘어오며, 이 수는 2015년이 되면 800만 명으로 증가할 것으로 추정된다(UNESCO Institute for Statistics, 2015). 미국은 해외 학습의 으뜸가는 종착지다. IIE는 2014~2015학년도에 97만 4,926명의 국제 학생이 미국에서 등록했다고 보고했는데, 이 가운데 85%가 신흥시장Emerging Market, EM 국가 — 아시아, 아프리카, 남미, 중동과 구소련 — 출신이었다. 이 가운데 미국의 '학부 학위undergraduate degree'를 취득하려는 국제 학생 수는 세계적 재정 위기 후에 극적으로 증가하여 2006~2007학년도의 23만 3,789명에서 2014~2015학년도에는 39만 8,824명에 이르렀다(IIE, 2015).

왜 점점 더 많은 학생이, 특히 EM 국가에서 학부 학위를 얻기 위해 미국에 올까? 왜 미국 기관들은 이 학생들을 받아들이고, 편의를 제공하고, 심지어 모집까지 할까? 필자는 지난 3년 동안 70개 이상 국가 출신 1,200명 이상의 학생과 33명의 고등교육 전문가를 대상으로 질적 · 양적 연구를 통해 이 문제에 천착해왔다. 사회경제적 발전이 중요한 동기로 나타나면서, 학생들이 미국에서 공부하려는 이유 가운데 가장 큰 두 가지 요인은 (1) 다르게 생각하고 학습하고 싶은 욕구와 (2) 미국의 학부 학습이 가지는 유연하고 다학제multidisciplinary적 접근 — 이 두 가지는 자유학예 철학의 핵심 교의다 — 을 들 수 있다. 학생들은 또한 미국 학부 교육의 정주residential · 비교과extracurricular 구조에도 괄목할 만한 만족을 나타냈는데, 이는 "종합"적인 3차 교육 경험 — 미국 자유학예 전통의 또 다른 요소 — 이라 할 수 있다. 33명의 학자, 교수, 그리고 직원들과의 인터뷰에서도 미국 학교가 해외 학생들에게 핵심 동기가 되는 이유는 경제적 요인뿐 아니라 더 넓은 의견, 관점, 교육과정과 문화의 다양성 — 이들 역시 자유학예 전통의 중심적 양상이다 — 이라는 데 거의 모두 동의했다.

고등교육의 국제적 성장

미국 학부 과정에서 최근 외국인 수가 성장하는 것은 국제화와 결부된 메가트렌드이다. 이전의 닫히고 통제적이던 경제가 통합되면서 오늘날 공급 사슬, 즉 소비자와 자본시장이 고도로 연결된 웹에서 경쟁한다(Yergin & Stanislaw, 1998; Friedman, 1999, 2005; Marber, 1999, 2003, 2009; Stiglitz, 2003, 2007; Radelet. 2015). 오늘날은 한때 이론적인 "지식노동"(Drucker, 1966/2006)이라 불리던 것이 수공 작업과 제조업에 비해 탁월한 프리미엄을 행사한다(US Bureau of Labor Statistics, 2014).

많은 연구가 교육을 경제성장에 결부한다(Barro, 1991; Becker, 1993; Drucker, 1966/2006; Goldin & Katz, 2010; Schultz, 1971). 실제로, 교육 기반 재능과 결과로 나타나는 생산성은 일반적으로 경제 발전의 기본으로 받아들여진다(Barro, 1991; Lucas, 1988). 그러므로 정규 고등교육은 특히 20세기 후반부터 국제경제를 확대하는 데 이바지하고, 반영되고, 이제는 이를 주도하게 되었다(Araya & Marber, 2013; Odin & Manicas, 2004; Radelet, 2015; Slaughter & Rhohades, 2004). 유네스코 통계연구소(UNESCO Institute for Statistics, 2015)와 세계은행(World Bank, 2015)에 의하면, 1970년부터 2013년까지 국내 총생산액GDP은 3배 이하, 세계 인구는 2배 이하로 데 비해 고등교육 기관higher education institution, HEI에 등록한 학생 수는 거의 6배 증가하여 1억 8,300만 명에 이른다.

많은 개발도상 국가들은 국제적으로 상호 연결된 경쟁적 경제 상황에서 대규모의 1차, 2차 학교 교육에 노력을 기울여 오늘날 기록적인 수의 학생들이 대학교 학위를 추구한다(World Bank, 2015; UNESCO Institute for Statistics, 2015). 예를 들어 중국은 1970년대 말에는 단지 5만 명의 학생이 3차 교육에 등록했으나 2012년 그 수는 2,400만 명에 달해 단일 국가로서는 전 세계에서 가장 큰 수치를 기록했다. 2012년의 국제 학생 평가 프로그램 International Student Assessment에 의하면 많은 EM 국가들이 학문적으로 가장 잘 준비된 학생들임을 자랑하며, 최상위에는 중국의 몇몇 지역 출신들도 포함되었다(UNESCO, 2015). 20세기 벽두만 해도 고등 학위는 엘리트 경험으로 간주되었는데, 대학 적령기의 1%만 3차 교육에 등록했기 때문이다(Banks, 2001). 〈표 4.1〉은 최근 전 세계 다양한 지역 출신의 3차 교육 등록 비율Gross Tertiary Enrollment Ratio(GTER) 경향을 보여준다.

1970년까지 등록률은 9.9% 늘었으나 여전히 대부분 고수입 국가 에 국한되었다(UNESCO Institute for Statistics, 2015). 이 시기에 GTER은 9개 국가에서 15%를 넘어섰으며, 전 세계에서 가장 먼저 대규모 고등교육 시스템을 갖춘 미국이 47%로 선두를 달렸다(UNESCO Institute for Statistics, 2015). 1970년

표 4.1 지역별 글로벌 3차 교육 등록(1970~2013)

	1970	2000	2013
전 세계(합계)	**9.9**	**19.0**	**32.9**
북미와 서유럽	30.8	60.0	76.6
중 · 동부 유럽	29.8	42.8	71.4
남미, 카리브해	7.0	22.8	43.9
동아시아, 태평양	2.9	15.4	33.0
아랍 국가	6.0	18.8	38.1
중아시아	n. a.	22.0	26.1
서남아시아	4.2	8.7	22.8
사하라 이남 아프리카	0.9	4.4	8.2

주: n. a. = 자료 없음. 중아시아의 첫 번째 가용 자료 GTER 데이터는 1980년의 24.4%.

출처: Marginson (2016); UNESCO Institute for Statistics (2015)

이래 거의 모든 성장이 EM 국가에서 나왔다. 특히 아시아는 급격히 성장하여 오늘날 전 세계 등록 학생의 거의 절반을 차지한다.

전 세계에 걸쳐 HEI 등록 비율이 증가하면서 고등교육은 배타적 특권에서부터 더 통상적인 경험으로 변형되었다. 2, 3세대 전만 해도 꿈이었던 대학교 학위는 오늘날에는 많은 사람에게 기회가 주어진다.

| 외국 유학의 성장

외국 유학은 전 세계적인 고등교육의 성장과 어깨를 나란히 했다(IIE, 2015). 수 세기 동안 학생들은 배우기 위해 여행을 다녔지만, 20세기 후반과 21세기 전반, 아마도 수송과 커뮤니케이션 비용이 절감되면서 국경을 넘는 교육이 가속화되었다(Gersbach & Schmutzler, 2000; Rodirique, 2013). 인터넷이 준 편재성 — 비디오 채팅, 문자, 메일과 음성서비스 등 가족, 친구들과 연락할 수단의 저렴한 가격 — 역시 이러한 경향에 공헌했을 것이다(Wlley, 2013).

OECD(2015)에 의하면, 1975년 34개국 출신의 약 80만 명의 학위 희망자들이 해외에서 등록했다. 2000년이 되자 이 수는 2배가 넘는 200만 명이 되었고, 2014년에는 100개 이상의 국가 출신 500만 명의 학생이 해외에서 학위과정을 밟고 있었다. IIE(2015)에 따르면 미국의 학부 과정 유학생 중 절반이 넘는 학생들의 출신 국가는 중국(31.2%), 한국(8.7%), 사우디아라비아(7.8%), 인도(4.2%) 4개국이며, 나머지 학생들은 100개 이상의 국가 출신이다.

이러한 국제적인 고등교육 수요는 전례가 없는 일이며, 세계화되는 경제에서 더 많은 취업을 위한 경쟁을 강화하게 될 것이다(Olssen & Peters, 2005; Marber, 2009, 2015; Brown et al., 2010; Radelet, 2015; Altbach, 2016). 성공적인 경제개발과 인터넷을 통한 정보 민주화에 힘입어 이전에는 고립되었던 EM 국가 학생들이 자신의 교육을 선택하고 이전에는 불가능했던 기회를 추구할 수 있게 되었다. 이러한 신세계에서 더 많은 용감한 젊은이가 많은 지역에서 그 어느 때보다 더 자신의 재능을 배양하고 대가를 거둘 수 있다. 그들은 어디서 어떻게 배우고, 일하고, 소비할지를 개인적으로 선택할 더 큰 자유를 가진다.

| 신흥시장과 미국에서의 3차 교육 공급/소비 불균형

지난 몇 세기 동안 대학교에 진입하는 것은 전 세계적으로 특권층이나 가능했으며, 특히 EM 국가에서 대규모 3차 교육은 상대적으로 최근의 현상이다(Schofer & Meyer, 2005; Trow & Burrage, 2010; UNESCO Institute for Statistics, 2015). 많은 EM 국가에서 중산층이 부상하면서 가계 수입이 고등 학위를 지원할 정도의 여력이 생겨났다(Kharas & Gertz, 2010). 그러나 EM 국가에서는 수용 인원에 한계가 있다(South China Morning Post, 2012; Mishra, 2012; Knobel, 2014; Oxford, https://www.msn.com/ko-kr/feed2015). 사적 영역에서 공장들은 상대적으로 빠르게 지을 수 있지만, 전통적 고등교육 학교가 교원, 교육과정, 시설을 갖추는 데는 몇 년 — 수십 년은 아니더라도 — 이 걸린다. 많은 해외 정부들이 수요를 신속하게 충족하기 위해서는 해외에서 학위를 받으려는 학생들에게 장학금을 제공하는 것이 효과적임을 알게 되었다(Ortiz, 2015; Lu, 2014). 탈중앙적인 다양한 종류 — 주립대학교, 커뮤니티 칼리지, 독립 대학 등 — 의 고등교육 지형에 익숙한 미국인은 이 세상 대부분의 고등교육 체계가 공적 재정지원을 받고 관리되며, 연방 정책으로 조직되고 지배된다는 사실을 알면 놀랄 것이다. 어떤 경우는 국가가 운영하며 복수의 캠퍼스와 수백만의 학생들을 보유하는데, 이는 중앙 기획 경제의 흔적이다(McMullen, Mauch, & Donnorummo, 2002). 게다가 EM 대학교 중에서 전통적 미국식 정주 캠퍼스는 거의 없다. 학생들은 대도시에 위치한 대학교에 통학해야 할 경우가 많다.

많은 나라들이 고등교육에 진입하기 위해 경쟁적인 국가 입학시험을 요구한다. 예를 들어 중국에서는 중앙정부가 매년 악명 높은 '가오카오高考', 즉 이틀에 걸쳐 학생들의 진을 빼는 대학입학시험과 연동된 학교와 교과목 쿼터에 근거하여 입학생 수를 조절한다. 최근 몇 년 동안 가오카오를 치른 학생 중 50% 이하만이 중국 대학교 입학이 허용되었다. 게다가 입학 자격을 얻은 학생들도 선호하는 학문 분야에 필요한 높은 점수를 얻지 못하는 일이 허다하다. 인구 13억의 나라에서 대학 학위가 신분 상승의 유일한 티켓이기 때문에 어떤 학생들은 가오카오를 열 번 이상 치르기도 한다(Wong, 2015). 부정행위가 너무나도 만연하여 경찰이 시험장을 경비하고 드론과 금속탐지기까지 동원된다(Lus & Whiteman, 2015; Wong, 2015). 인도에서도 유사한 초경쟁을 유발하는 사회적 신분 상승 압력이 보고되었는데, 시험 문제 누출, 답안지 조작, 부정 채점, 조직화된 대리수험자 모집 등의 문제가 발생하면서 입학 제도를 정교하게 바꾸게 되었다(Biswas, 2015; Mackasill, Stecklow, & Migglani, 2015; Angad & Hafeeze, 2015). 이에 비교할 만한 현상들이 다른 나라에서도 보고되었는데(Associate Press, 2016; Crone, 2015; Daily Mail Report, 2012),

이러한 사례들은 몇몇 EM 국가에서 고등교육에 접근하는 위험한 환경을 적나라하게 보여준다.

EM 대학교들의 의심스러운 자질도 학생들을 미국으로 몰아내는 데 한몫한다. 많은 EM 국가들이 학문적으로 잘 준비된 학생들을 일부 배출하는데도 세계적으로 잘 알려진 등급표에서 상위를 차지하는 기관들은 거의 없다(ShanghaiRanking, 2016; THE, 2016). 미국 대학들이 등급표를 장악하며, 어떤 등급표에서는 상위 100위 가운데 절반 이상을 차지한다. 100위 안에 드는 그 어떤 미국 대학교도, 지역적 명성에도 불구하고 등급표에 들지 못하는 EM 대학들보다 더 좋은 학교로 인식될 수 있다.

EM 국가 고등교육 시스템의 양적 · 질적 이슈가 EM 국가 학생들을 미국 학교로 밀어낼 때, 다른 요인들이 해외 학생들로 하여금 미국 호스트 기관에 끌리도록 한다. 데이터에 의하면 미국 HEI들은 2034년까지 거의 15%가 줄어들 것으로 예측될 정도로 학령인구가 줄어들면서, 국내 수요 역시 줄어드는 데 따른 어려움을 겪고 있다(United States Census Bureau, 2014). 이는 고정 비용(예를 들어 교실, 기숙사, 연구소)을 늘려온 사립, 공립기관 모두에게 고통을 주는 것으로 예견되는데, 이는 수십 년 동안 수업료 인상률이 물가 인상률을 넘어선 이유를 부분적으로 설명해준다(Department of the Treasury, 2012). 예측해보면, 온라인 학위나 자격 프로그램 역시 미국 학생들을 전통적 정주 HEI에서 떼어놓으면서(Department of the Treasury, 2012), 대규모 고정 비용이 필요한 미국 학교에 재정적 압력을 가할 것이다. 대부분의 주립 3차 학교에서 해외 학생들을 포함한 주 외부 학생들은 프리미엄이 붙은 수업료를 낸다. 어떤 학교에서는 국제 학생들이 주 외부 학생들보다 더 많은 추가 요금을 낸다(Lewin, 2012). 이 모든 경향에 더해 해외 학생들의 증가하는 학문적 · 재정적 능력은 공립이든 사립이든 미국 학교로서는 해외 학생 대상 마케팅과 모집이 경제적으로 매력이 있다.

| 연구 결과[2]

2013년 4월부터 2016년 4월에 이르는 3년 동안 위에서 살펴본 경향들을 양적 · 질적 탐구로 엮어보았다. 학생 동기motivation 데이터는 (1) 159개 기관, 71개 국가 출신 1,210명의 학생을 대상으로 한 1차 조사 (2) 343명으로 구성된 학생 부분집합을 이용한 후속 조사 (3) 스스로 작성한 학생들의 에세이 (4) 43명의 EM 학생들을 대상으로 한 8개 포커스 그룹 (5) 12명의 EM 학생들과의 반半구조화된 인터뷰로 삼원화했다. 호스트 학교의 동기 발견은 33명의 고등교육 학자와의 인터뷰에서 추출되었다. 국가, 성별, 경제 · 사회적 변수로는 미국에서 학부 학위를 추구하는 학생들의 (1) 새로운 사고와 학습 (2) 더 유연한 교육과정 (3) 사회경제적 위상과 전망의 발전 혹은 유지를 조사했다. 데이터는 또한 미국에서 공부하기로 한 선택과 그들의 학교에 대한 높은 등급의 만족감 — 아마도 전통적 미국 학부 학위의 정주 생활과 비교과 활동에 연결된 — 을 보여주었다. 미국 호스트 학교의 동기는 다차원적이며 (1) 학생들의 양과 질을 확장하고 (2) 수입원을 넓히며 (3) 캠퍼스 문화와 교육과정을 국제화하고 (4) 학교 평판을 올리려는 욕구를 포함했다.

| 미국 학부 학위와 경험의 특별함

대부분의 학교에서 학부 학위는 전형적으로 1년 혹은 2년의 폭넓은 교과목(혹은 "배분distribution") 이수를 포함하며, 이를 이어 등록 후 결정하는 집중 학습focused study과 선택 교과목elective 이수가 따른다. 이러한 다학제 철학은 유명한 1828년 「예일보고서」에서 성문화되어 폭넓은 상호관계 사고를 촉진한다.

> 완전한 교육의 기초를 깔려면 중요한 모든 정신 능력들이 실천에 옮겨지는 것이 필요하다. 이 가운데 한두 가지만 배양되고 다른 것들은 무시되는 것으로는 불충분하다. 비싼 건물을 단 하나의 기둥으로만 받칠 수는 없다. 하나의 정신적 재능이 다른 것보다 더 높은 수준의 문화를 받아들일 때 지적 성격에는 왜곡이 발생한다. 마음의 힘이 자연이 설계한 정당한 분배를 받아들이도록 훈련되지 않는다면 마음은 최고의 완벽함에 결코 도달하지 못한다.

미국 학생들은 배분 이수 요건을 충족하기 위해 몇 가지 학문을 선택한 후, 더 초점을 맞춘 "전공"을 선택하여 학위 취득을 완성한다. 학생들이 궁극적으로 인문학을 전공하든 자연과학을 전공하든 — 심지어 컴퓨터과학 혹은 경영학 같은 더욱 현대적인 분야를 전공하든 — 다학제적 요구는 소규모 자유학예대학, 더 큰 연구 중심 기관, 심지어 기술학교에서도 미국 학부 프로그램의 규범이다. 실제로 광범위한 배분 이수 요구와 그 뒤를 잇는 집중 학습이라는 미국 자유학예 전통은 대학입학 자격시험만 요구하는 소규모 기관들을 넘어 확대된다.

이는 미국 밖의 대부분 학부 프로그램과 크게 대조된다. 앞에서 살펴본 것처럼 전형적인 국제 학생은 모국에서 국가시험을 치른 후 국가가 재정을 담당하는 대학교의 특정 학문 전공에 입학한다. 이런 식의 접근은 미국의 석사과정 — 한 주제에 초점을 맞추는 — 과 유사하다. 몇 가지 주제를 먼저 표본화하고 그 후 전공을 선택할 — 심지어 나중에 전공을 바꾸기도 하는 — 가능성은 미국 3차 교육에서 유일한 특성이다. 세계적으로 예외는 있겠지만, 미국 밖의 대부분 대학은 학생들이 특정 전공을 찾아 대학에 지원하도록 한다. 미국 밖에서는 단일학문 프로그램을 이수한 후 전공을 바꾼다는 것은 대부분 아무런 사전 준비 없이 새로운 과정의 시작 — 거기에 따른 시간과 돈의 손실 — 을 의미한다. 연구에서의 발견들이 보여주겠지만, 미국 자유학예 시스템이 가지는 폭넓은 공부와 이를 잇는 입학 후 전공 선택과 변경의 자유는 국제 학생들이 미국에서 학부 학위를 추구하는 핵심적인 매력이다.

미국에서 공부하려는 학생의 동기: 양적 발견

64개의 질문과 12개의 유도문항prompt을 통해 미국에서 공부하려는 학생의 동기를 조사했다. 〈표 4.2〉의 결과가 보여주듯 새로운 사고, 연구, 혹은 학습이 가장 높은 자리에 올랐으며(5가 가장 강한 1~5척도에서 4.18), 더 유연한 교육과정 욕구가 뒤를 이었다(4.11). 사회경제적 투표 흡인요인pull factor에서는 미국 학위의 권위가 중요한 동기였다(4.05). 국제적 경력 기회를 발전시키기 위해 외국 유학을 한다는 것도 높은 점수(3.94)를 보였다. 그러나

표 4.2 12가지 핵심 학생 동기(전체 평균과 소득 원천 그룹 1차 조사)

문항 (등급 1은 "중요하지 않음", 2는 "덜 중요", 3은 "중요", 4는 "더 중요", 5는 "매우 중요")	전체 평균	평균 이하 수입 평균	평균적 수입 평균	평균 이상 수입 평균
나는 사고, 연구, 혹은 학습에서 새로운 방법을 경험하고 싶었다.	4.18	4.42	4.40	4.37
나는 모국에서 제공하는 것보다 더 폭넓거나 유연한 교육과정을 원했다.	4.11	4.13	4.24	4.25
해외 유학을 결정할 때 대학교의 평판, 권위 혹은 등급이 중요했는가?	4.05	3.88	4.12	3.97
나는 국제 경력의 기회를 발전시키고 싶었다.	3.94	4.00	3.93	4.01
나는 모국이 제공하는 것보다 더 나은 시설(연구소, 도서관, 스포츠 등)에 접근하고 싶었다.	3.93	4.08	3.89	3.65
나는 좀 더 독립할 기회를 원했다.	3.86	4.08	4.18	3.99
나는 모국에서 더 나은 경력 기회를 발전하기를 원했다.	3.56	3.63	3.95	3.76
나는 해외 문화를 경험하는 데 관심이 있고 이를 원했다.	3.45	3.82	4.08	3.68
나는 더 나은 외국어 구사 학습을 원했다.	3.45	2.79	3.01	2.44
나는 국제적 우정과 네트워크 구축하기를 원했다.	3.43	3.56	3.84	3.76
고국에는 좋은 학교에서 공부할 여석이 없다.	2.63	2.42	2.74	2.51
내가 공부하고 싶은 분야가 모국에는 없다.	2.44	2.33	2.58	2.17

자유학에 동기만큼 높지는 않았다. 성별과 국가 사이에는 통계적 차이가 크지 않았다. 더 나아가 '가계 수입이 그러한 동기를 만들었는가?'라는 질문에서 데이터는 놀랍게도 거의 영향이 없었음을 보인다. 351명을 부분집합으로 한 조사에서 응답자는 가계 수입을 그들의 미국 학교 동료의 가계에 비해 "평균 이하", "평균" 혹은 "평균 이상"으로 답하도록 요구받았다. 이러한 응답에 근거하여 〈표 4.2〉에서 보듯 질문에 대한 하위그룹의 대답이 세 부류의 재정 범주에 따라 컴퓨터로 처리되고 분석되었다.

자가 응답 수입 그룹과 무관하게 응답자의 동기는 유사하게 순위가 매겨졌다. 3개의 수입 그룹에서 가장 강한 동기는 더 폭넓은 응답 풀pool에서 가장 강한 두 가지로 (1) 새로운 사고와 학습 방법 경험 (2) 더 유연한 교육과정 즐기기였다. 1차 조사 — 가정에서의 한정된 위치 혹은 원하는 분야가 제시되지 않은 — 에서 가장 낮은 점수를 받은 동기들은 2차 조사에서도 3개의 수입 그룹 모두에서 가장 낮았다. 권위, 경력 기회 발전, 국제적 네트워크 구축 역시 꽤 높은 점수를 받았으며, 이는 세 부류의 수입 그룹 모두에서 꽤 일관성이 있었다.

요약하면, 외국 학생들이 미국에서 학부 학위를 얻으려는 동기의 양적 연구는 자유학에 철학 — 새롭고 다른 방법으로 학습하고, 유연하고 다학제적 교육과정을 즐기는 것 — 이 심지어 사회경제적 진보를 앞서 가장 높은 점수를 받았다.

| 미국에서 공부하려는 학생의 동기: 질적 발견

질적 데이터는 제한을 두지 않은 질문, 에세이, 그룹 · 개인 인터뷰를 통해 확보되었다. 반복 주제가 확인되었으며, 발견물은 ATLAS-ti를 통해 코딩되어 〈표 4.3〉처럼 요약되었다.

양적 데이터에서 상위 세 가지 동기 — 새로운 사고와 학습, 유연한 교육과정, 사회경제적 상승 — 가 질적 연구에서도 마찬가지로 최상위의 동기였다. 자유학예의 두 기둥인 새로운 사고와 학습은 그룹 · 개인 인터뷰에서 덜 언급되었으나 이것이 교육적 유연성과 결합되었을 때 사회경제적 상승보다 더 자주 보고되었다.

한 파키스탄 학생은 뉴잉글랜드의 소규모 자유학예대학에 다니기로 한 결정에 대해 「예일보고서」의 정신을 반영하여 "나를 단지 엔지니어나 의사로 훈련하는 것보다는 지적으로 발전하고 생각하는 사람으로 만들어 줄 교육을 원했다"고 묘사했다. 남부의 한 공립 연구 중심 대학교의 한 홍콩 출신 학생은 "미국에서 공부하면서 나는 더 열린 마음의 사람이 되고 싶었

표 4.3 EM 학생 동기의 질적 발견 요약

	1차 조사		2차 조사		학생 에세이		그룹 · 개인 인터뷰	
동기와 고려사항	응답 수	%	응답 수	%	응답 수	%	총수	%
사회경제적 진보	7	22.6	118	44.9	23	34.80	23	32.9
교육 유연성	6	19.3	65	24.7	31	47.00	39	55.7
새로운 학습, 사고, 진행 방법	18	58.1	80	30.4	12	18.20	8	11.4
총수	**31**		**263**		**66**		**70**	

고, 일반교육을 받고 싶었다"고 적었다. 이러한 정서는 많은 동유럽, 중동, 남미, 아시아 출신 학생들이 공감했다. 답변은 자주 "자유학예", "자유로운 사고"와 "비판적 사고"를 언급했다. 「예일보고서」가 말해주듯, 미국 대학교들은 조사와 토론을 강조한다. 실제로 의견을 형성하는 것은 미국 모델에서 필수적 역할을 하며, 이 또한 EM 학생들이 놓치지 않았다. 이들 중 많은 학생이 생각을 자유로이 교환하는 것이 미국에 온 중요한 동기 부여 요소라고 인용했다.

미국 시스템의 유연성 — 전공을 신고하기 전 몇 가지 학문을 탐구하는 — 은 대답의 절반 이상에서 언급되었다. 중서부 10대 대학교 중 하나에 재학 중인 싱가포르 남학생은 이렇게 썼다.

> 이러한 요구가 아시아 방식보다는 많은 시간과 돈을 요구하지만, 나는 이것이 더 지적으로 자극을 주며 즐길 만한 것임을 알게 되었다. 모든 학생이 자신의 관심사 이외의 분야를 탐구하고 공부할 기회를 가질 수 있을 뿐 아니라 이러한 일반적 지식이 사회적 무대에서 다른 사람들과 상호작용할 때 혜택을 주리라 믿는다. 미국에 온 것은 학생으로서의 나 자신을 어떻게 파악할 것인지를 결정적으로 변화시켰으며, 무한한 가능성이 있음을 깨닫게 했다. 나는 생물학 학부 학위가 있으며 내년에는 로스쿨에 갈 것이다. 미국에 오기 전에 나는 변호사가 된다는 것은 꿈도 꾸지 않았다.

이와 유사하게, 어느 동부 해안 대학교의 탄자니아 출신 남학생도 이렇게 썼다. "유연한 학습이라는 개념, 자유학예 시스템과 탐구를 격려하는 것이 내가 미국에 온 이유다." 싱가포르 남학생은 이렇게 부연했다. "서구의 교육은 학생들이 자신의 관심사를 탐구하고 발전시키며, 자신들이 좋아하는 분야를 추구하도록 격려한다. 이는 장기적으로 더 나은 재정을 보장하는 분야를 선호하는 경향이 있는 아시아 부모와 학생들의 사고방식과 크게 다르다."

아마도 홍콩 학생의 다음 진술이 자유학예 전통의 정신과 왜 그렇게도 많은 학생이 미국에서 학부 교육을 추구하는지 가장 잘 요약한다.

> 미국은 전 세계 출신 인종들이 모이는 장소인지라, 20명 단위 수업에도 모든 대륙에서 건너온 사람들이 있다. 우리는 언어에서부터 사고방식까지 제각기 다르다. 나는 홍콩에서 이러한 다양성을 본 적이 없는데, 이러한 다양한 혼합이 결정적으로 학습 환경을 풍요롭게 한다. 우리는 서로 다른 문화적 배경을 가진다. 우리는 다르게 생각하고, 다르게 일하며, 다르게 사물을 본다. 이러한 교육적 혼합은 서로 다른 생각을 가진 개인들이 모여 혁신을 가져온다. … 내가 얻은 이러한 가치 있는 경험이 다른 사람들과 상호작용하고 어울리는 데 도움을 줄 뿐 아니라, 이 세상은 보이는 것만큼 크지는 않다고 생각하게 해준다. 전 세계 모든 곳에서 온 사람들이 실제로 더 강한 유대, 더 밀접한 관계를 발전시키고 심지어 인종적 장벽을 극복하면서 같이 나아갈 수 있기 때문이다. 미국에서 보낸 몇 학기에 걸쳐 나는 이 고도로 다양한 사회에 관한 새로운 통찰을 얻었다.

열망했던 분야를 공부하고자 하는 학생의 욕구는 모국에서는 엄격한 쿼터 시스템에 의해 종종 좌절되었다. 예를 들어, 몇몇 중국 학생은 가오카오 입학 시스템이 종종 특정 학교나 분야에 대해 더 높은 점수를 요구했다고 말한다. 한 여학생이 다음처럼 애통해한 것처럼 말이다. “지금 다시 생각해보니 그것은 나에게 너무나 비인간적이었다. … 여기[미국]에서는 사람들이 자기가 좋아하는 것을 선택하여 공부하고, 연구를 계속하는 데 더 큰 동기를 부여받는다.” 학생들이 보기에 많은 중국 교수들이 자신이 열정을 품지 않았던 것을 공부했기 때문에 그들의 열정 결핍이 대학교 문화 전반에 전달되었다는 것이다. 한 중국 학생은 중국에 “매우 진지한 학자”가 결핍된 원인은 학생들이 자신의 개인적 관심사를 따르도록 격려하는 것보다 특정 경로를 강요하는 시스템으로 귀착된다고 본다.

인터뷰에 응한 많은 학생은 모국에서의 대학 경험은 “통학생” 경험, 즉 학교는 단지 강의와 수업을 위한 것이며, 그 후 대부분 학생은 밤에 부모의 집으로 돌아가는 것이었다고 지적한다. 이에 비해 미국 정주 대학의 경험, 즉 집을 떠나온 학생들과의 생활과 사회활동은 큰 매력이며, 등교 후 충분히 즐길 수 있는 것으로 자주 보고되었다. 이러한 “전면적”인 대학 경험 역시 「예일보고서」에서 강조된 것이다. 이것은 교사에서 학생에게로 단순한 지식의 전달을 초월하는 경험이다. 이는 아이에서 성인으로 자라날 동안 영양을 공급하는 체제로, 관계, 사회적 단일성, 성숙함, 심지어 거주 장소에서의 소속감을 조성한다.

> 대학생들은 일반적으로 ‘부모의 감독’에 대체될 만한 것을 필요로 하는 나이다. 이 점을 고려하는 것이 우리 대학에서 유지되어야 할 관리 체제의 ‘종류’를 결정한다. 부모-자식 관계와 마찬가지로 그것은 상호 애정과 신뢰에 기반을 두어야 한다. 그것은 무엇보다 전적으로 혹은 주로 제약과 두려움에 의해서가 아니라 친절하고 설득력 있는 영향에 의해 목적을 달성해야 한다. 물론 어떨 때는 벌도 필요할 것이

> 다. 대학 관리의 부모로서의 성격은 학생들이 모여서 다 같이 하나의 가족을 만들기를, 학생들 사이에서는 물론 교사들과의 사이에서 상호 작용이 빈번하고 친숙해지기를 요구한다. 이를 위해서는 학생들의 숙소로 적절한 건물이 제공되어야 한다.

자유학예교육에서 정주 양상은 전체 대학 경험에서 중심을 차지한다. 학생들은 가정이라는 둥지를 떠나 더 넓은 세상을 만나는데, 여기에서 그들은 새로운 아이디어를 탐구하고, 새로운 관계를 배양하며, 새로운 사고 능력을 개발한다. 모두 대리 가족의 안전함이라는 바탕에서 말이다.

자유학예 철학의 견인력 역시 학생들의 에세이에 자주 등장한다. 오벌린Oberlin의 한 중국 여학생은 "나는 미국에서 자유학예대학에만 지원했다. 작은 대학에서 교수와 학생, 학생들 사이의 긴밀한 관계를 원했기 때문이다"라고 회고했다. 많은 학생이 미국 정주 대학에서의 경험이 제공하는 "24/7" 본성의 가치를 평가한다. 강의, 파티, 조직화된 스포츠 등이 모두 미국 대학에서 주요한 매력으로 여겨졌다. 오대호Great Lakes 지역의 한 공립대학교에 다니는 또 다른 중국 학생은 "나는 캠퍼스에서 벌어지는 엄청난 행사와 강의에 매료되었다. 학업 말고도 즐길 것이 너무 많았다"고 썼다. 어느 포커스 그룹의 흥미로운 교류회에서 한 학생이 중서부의 어느 공립 연구 중심 대학교를 선택한 것이 순위 때문이냐는 질문을 받았다. "글쎄요." 그는 이 순위가 대학 순위를 의미한다는 것을 모르고 답했다. "우리 풋볼팀은 10위 안에 들지만, 농구팀은 20위 안에 겨우 들지요." 실제로 많은 졸업생이 큰 스포츠 행사와 동창회 때는 모교로 돌아온다고 언급했다. 어떤 대학원생들은 졸업 후에도 여러 해 동안 동기들 — 종종 서로 "가족"이라 여기는 — 과 여전히 연락을 주고받으며, 모교가 큰 시합을 하면 스포츠 바에 가서 시합을 지켜본다고 말했다.

동부 해안의 사립 연구 중심 대학교에 재학 중인 한 싱가포르 남학생에 의하면, 이러한 총체적 대학 경험, 교과 및 비교과 프로그램은 학생들이 다음과 같은 일을 할 수 있도록 도와준다.

> 모든 산업에서 유용한 소프트 스킬, 즉 비판적이며 창의적 사고, 연구 및 분석능력과 결단력을 취득하는 일. 나는 미국의 교육이 똑같이 중요한 지능지수Intelligence Quotient뿐 아니라 감성지수Emotional Quotient를 개발하도록 하면서 나에게 강력한 학문 교육뿐 아니라 한 인간으로서 성장하도록 도와준다고 확신한다.

이러한 지능지수/감성지수 발전의 관찰 사례는 작은 집합을 대상으로 한 설문조사에서도 반영된다. 미국 대학에 오기로 결정한 학생의 80% 이상이 만족한다는 결과에 덧붙여, '미국에서의 학부 경험이 미래에 대한 확신을 주는가?'라는 질문에 25.7%는 "매우 확신", 51.8%는 "상당히 확신", 18.4%가 "그저 그런" 수준으로 확신한다고 응답했으며, 단지 0.3%만이 미래가 "상당히 불안정"하다고 대답했다.

요약하자면, 일반교육을 지향하는 자유학예의 접근과 전공 선택의 유연성이 학문적 관심사와 무관하게 대규모이든 소규모이든, 공립이든 사립이든 미국 학교의 EM 학생들 사이에서 가장 중요한 동기임이 발견되었다. 데이터는 미국 교실 안팎에서의 총체적 대학 경험이 학교에 다니는 만족도에 이바지함을 보여주지만, 이것이 등록 이전의 동기임을 이해하기 위해서는 더 많은 연구가 필요할 것이다.

호스트 학교의 동기

공립/사립, 대규모/소규모 학교에서 근무 연수를 다 합치면 500년 이상 되는 교무처장, 입학 전문가, 학자, 교사와 저널리스트를 포함하는 고등교육 전문가 33인을 대상으로 인터뷰를 진행했다. 반복되는 주제를 확인하고 코딩했으며, 이는 국제 학생들을 모집하는 HEI의 주된 동기가 (1) 수입 증가, (2) 지원 자원 개선, (3) 학생들의 관점을 국제화하고 캠퍼스 문화를 다양하게 하기, (4) 사회적 평판을 끌어올리기 위해서임을 보여주었다(표 4.4).

인터뷰를 한 모든 전문가는 경제적 동기를 언급했으며, 대화 주제는 종종 지원 자원 개선과 학교 평판 제고에 관한 토론으로 옮겨졌다. 응답자 대부분이 미국의 공적 재정 하락과 전통적 고등학교 학령인구 축소를 언급했다. 고비용 구조와 정체된 정주 주민 비율로 말미암아 미국 공사립 학교 모두 자신들이 제공하는 것을 마치 외국 시장을 겨냥한 "수출품"으로 보았다. 미국 고등학교 출신의 지원 자원은 줄어드는데, 학문적으로나 재정적으로 더 능력 있는 학생들이 해외의 다른 곳에서 온다. 이러니 새로운 재원

표 4.4 33명의 전문가 인터뷰 관찰 요약

호스트 학교 동기/관심사	응답 수/N	%
새로운 수입	32/33	96.97
지원 자원 개선	31/33	93.93
국제화	30/33	90.90
평판 제고	29/33	87.88
공급-수요 경향	26/33	78.78

을 추가하고, 지원 자원의 질과 양을 개선하고, 평판을 제고하려는 노력이 미국에서뿐 아니라 국제적으로 점차 경쟁적이 되어가는 고등교육 시장에서 살아남을 전략이라 말하는 것이다.

그러나 돈이 미국 학교의 전부는 아니다. 적어도 인터뷰 대상 대부분 전문가에 의하면 말이다. 인구/재정적 고려 외에도 EM 학생들을 끌어들이는 다른 동기로 자주 언급된 것은 캠퍼스 문화의 국제화와 더 다양한 교육과정으로, 이는 인터뷰 대상의 90% 이상이 강조했다.

33명의 전문가 중 31명이 대부분의 미국 학교들은 해외 출신 학생들을 포함한 캠퍼스의 학생들이 더 위대한 사회경제적 · 민족적 · 인종적 혼합을 바란다고 말했다. "더 다양한 학생 단체가 더 풍부한 대학 경험을 제공한다는 믿음이 있습니다"라고 한 전문가가 말했다. 이러한 풍부함은 다차원적인 것으로 강의실, 기숙사, 도서관, 클럽과 식당에서 서로 다른 관점들을 제공해준다. "이것이 학생들에게 그들이 물려받은, 내가 학교에 다니던 1970년대의 세상과는 너무나도 다른 세상을 그들의 것이라 주장하도록 합니다"라고 다른 전문가가 언급했다. 어떤 전문가들은 많은 주립대학교가 해당 주의 인구학적 구성만으로는 다양한 학생 풀pool을 만들 수 없다고 진술했다. 특정 민족 그룹은 규모가 너무 작기 때문이다. "외국 학생들이 대부분 백인으로 구성될 뻔한 캠퍼스를 다양하게 만든다"라고 한 공직자가 말했다. "그들은 요구를 충족해줍니다"라고 또 다른 열정적인 전문가가 그가 속한 서부 해안의 한 커뮤니티 칼리지에 대해 언급했다. "우리 [지역] 학생들이 이 세상을 다 방문할 수 없으니, 우리는 이 세상을 캠퍼스에 데려올 것입니다." 이런 식의 언급을 단순히 진부한 이야기로 보는 냉소적 관점과는 반대로, 인터뷰 대상 전문가들은 EM 학생들이 그들의 학교가 제공하는 전체적 교육 경험 — 교실 안팎에서 — 을 진짜로 발전시켜준다는 믿음을 가지는 것으로 보였다.

미국 캠퍼스 문화와 관점을 세계화하려는 노력은 외국 학생들을 캠퍼스에 끌어들이는 것을 넘어서 다양한 형태로 진행된다. 한 전문가는 그가 속한 대학이 어떻게 요르단, 중국, 인도, 브라질, 칠레, 케냐를 포함하는 EM 국가에서 "글로벌 센터"를 만들었는지를 설명했다. 이 센터들은 부분적으로 지원자들을(그리고 해외 교원을) 모집하기 위한 것이지만, 그의 말로는 "아이디어를 교배하며", "교육과정의 질을 제고하고" 국경을 넘은 여행과 이해를 진작하며, 학생과 교원이 연구 기지를 제공하며, 해외 동문과 밀접한 접촉을 유지한다. 전체적으로 이러한 — 위에서 언급한 전략들과 함께 해외에 분교 캠퍼스 만들기, 국제 학생들에게 온라인 프로그램 제공, 해외 연수와 기타 교환 프로그램 권장을 포함하는 — 노력은 대학교 공동체를 다양화하고 자유학예의 임무를 촉진하는 데 결정적 역할을 한다.

| 요약

두 세기 동안 미국 고등교육 시스템은 자유학예 철학에 굳건히 닻을 내리고 지금도 계속 발전하면서, 가장 오래 지속되는 미국의 수출품임이 증명되었다. 연구에 의하면 EM 학생들은 그 어느 때보다 많이 미국 학부 프로그램에 등록하는데, 이들은 대부분 미국 특유의 자유학예교육에 끌렸다. 덧붙여, HEI 전문가들에 의하면 EM 학생들은 반대로 다양한 통찰과 경험을 교육 담론에 부여함으로써 자유학예 기관들을 강화한다. 놀라운 것은 EM 혹은 선진국들의 재능 있는 학생들이 졸업 후 고국에 돌아가 자신들의 자유학예 기관들을 만드는 데 점차 관심을 가진다는 점이다(Godwin, 2015). 대부분의 미국 대학과 대학교가 제공하는 자유학예 패키지 — 창의성과 비판적 사고를 지향하는 폭넓고 유연하며, 풍부한 정주 비교과 경험과 혼합된 — 는 한물이 가기는커녕 그 어느 때보다 활발하며, 적절하고 많은 수요를 가진다.

1 필자는 이 연구를 감수하고 지원해준 케임브리지 대학교의 피터 그론Peter Gronn, 다이앤 리Diane Reay에게 감사드린다. 그들의 논평과 충고는 몇 년에 걸쳐 연구하는 동안 매우 귀중한 도움이 되었다. 탄 림Tan Lim, 유 핑 찬Yu Ping Chan, 단 딩Dan Ding, 카마 만토드Kamma Mantode와 아드리안 브라운Adrian Brown에게도 여러 제안과 협조에 감사드린다.

2 1차 조사에서 얻은 모든 양적 데이터에는 국제교육연구소International Education Institute에서 파악한 2014~2015학년도 해외 학생 국가별 분포를 반영하여 재가중치를 주었다.

참고문헌

Altbach, P. G. (2016). *Global Perspectives on Higher Education*. Baltimore, MD: The Johns Hopkins University Press.

Angad, A. & Hafeez, S. (2015, July 31). "Police bust admission racket in Delhi University, arrest 4, seize forged documents." India Express. Retrieved June 1, 2016, from http://indianexpress.com/article/cities/delhi/delhi-univereity-admission-racket-busted-four-held/.

Araya, D., & Marber, P. (Eds.) (2013). *Higher Education in the Global Age: Policy, Practice and Promise in Emerging Societies*. New York, NY: Routledge.

Associated Press (2016). "Kenya dissolves exam board for cheating, arrests to follow." Newsmaxworld. Retrieved June 1, 2016, from www.newsmax.com/Wbrld/Africa/AF-Kenya-Education/2016/03/24/id/720726/.

Banks, A. (2001). *Cross-National Time-Series Data Archive*. Binghampton, NY: Computer Systems Limited.

Barro, R. (1991). "Economic growth in a cross, section of countries." *Quarterly Journal of Economies*, 106: 407–43.

Becker, G. (1993). *Human Capital: A Theoretical and Empirical Analysis, with Special Reference to Education*. Chicago, IL: The University Press of Chicago.

Biswas, S. (2015, July 8). "Vyapam: India's deadly medical school exam scandal." BBC. Retrieved June 1, 2016, from www.bbc.com/news/world-asia-india-33421572.

Brown, P., Lauder, H., & Ashton, D. (2010). *The Global Auction: The Broken Promises of Education, Jobs, and Incomes*. Oxford, UK: Oxford University Press.

Christoff, P., & Eckersley, R. (2013). *Globalization and the Environment*. Rowman & Littlefield Publishers.

Crone, J. (2015). "Putting his love to the test: Boyfriend, 20, caught dressing up as his 17-year-old girlfriend so he can take her exams." *Daily Mail*. Retrieved June 1, 2016, from www.dailymail.co.uk/news/article-3117089/Putting-love-test-Boyfriend-20-dresses-17-year-old-girlfriend-exams.html#ixzz4E0ncfrno9.

Daily Mail Reporter (2012). "The ultimate cheat sheet: Examiners 'catch student with 35ft-long paper containing 25,000 answers wrapped around his body.'" *Daily Mail*. Retrieved June 1, 2016, from www.dailymail.co.uk/news/article-2158248/Kazakh-exam-student-caught-35ft-long-cheat-sheet-cotaining-25-000-answers.html.

Department of the Treasury (2012). *The Economics of Higher Education*. Washington

DC: US Department of the Treasury.

Drucker, P. (1966/2006). *The Effective Executive: The Definitive Guide to Getting the Right Things Done*. New York: Harper Collins.

Friedman, T. (1999). *The Lexus and the Olive Tree: Understanding Globalization*. New York, NY: Farrar, Straus and Giroux.

_____ (2005). *The World Is Flat: A Brief History of the Twenty-First Century*. New York, NY: Farrar, Straus and Giroux.

Fukuyama, E. (2015). *Political Order and Political Decay: From the Industrial Revolution to the Globalization of Democracy*. New York, NY: Farrar, Straus, and Giroux.

Gersbach, H., & Schmutzler, A. (2000). "Declining costs of communication and transportation: What are the effects on agglomerations?" *European Economic Review*, 44(9): 1745-61.

Godwin, K. A. (2015). "The worldwide emergence of liberal education." *International Higher Education*, 79: 2-4.

Goldin, C., & Katz, L. (2010). *The Race between Education and Technology*. Cambridge, MA: Belknap Press.

Institute of International Education (HE) (2015). Open Doors Data. International Students: Academic Level and Place of Origin. Retrieved June 1, 2016, from www.iie.org/Research-and-Publications/Open-Doors/Data/International-Students/By-Academic-Level-and-Place-of-Origin.

Kharas, H., & Gertz, G. (2010). "The new global middle class: a cross-over from west to east." *Wolfensohn Center for Development at Brookings*, 1-14.

Kimball, B. (2014)."Revising the declension narrative: liberal arts colleges, universities, and honors programs, 1870s-2010s." *Harvard Educational Review*, 84(2): 243-64.

King, R., Marginson, S., & Naidoo, R. (Eds.) (2011). *Handbook on Globalization and Higher Education*. Cheltenham, UK: Edward Elgar Publishing.

Knobel, M. (2014). "Brazil's shortage of professors." *Inside Higher Ed*. Retrieved June 1,2016, from https://www.insidehighered.com/blogs/world-view/brazils-shortage-professors.

Lewin,T. (2012). "Taking more seats on campus, foreigners also pay the freight." *The New York Times*. Retrieved June 1, 2016, from www.nytimes.com/2012/02/05/education/ international-students-pay-top-doliar-at-us-coileges.html?_r=0).

Lu, Z. (2014) "Scholarships drive growth of students from Kuwait." WES Research & Advisory Services. Retrieved June 1, 2016, from http://wenr.wes.org/2014/09/scholarships-drive-growth-in-students-from-kuwait/.

Lucas, R. (1988). "On the mechanics of economic development." *Economics*, 22: 3–42.

Lus, S. & Whiteman, H. (2015). "China's university entrance exams: Would you pass the test?" *CNN.com*. Retrieved from June 1,2016, www.cnn.com/2015/06/08/asia/china-gaokao-national-exams/.

Mackasill, A., Stecklow, S., & Migglani, S. (2015). "Special report: Why India's medical schools are plagued with fraud." Reuters. Retrieved June 1,2016, from www.reuters.com/article/us-india-medicine-education-specialrepor-idUSKBN0OWlNM20150617.

Marber, P. (1999). *From Third World to World Class: The Future of Emerging Markets in the Global Economy*. New York, NY: Basic Books.

______ (2003). *Money Changes Everything: How Global Prosperity Is Reshaping Our Needs, Values, and Lifestyles*. Upper Saddle River, NJ: FT Prentice Hall.

______ (2009). *Seeing the Elephant: Understanding Globalization from Trunk to Tail*. Hoboken, NJ: John Wiley.

______ (2015). *Brave New Math: Information, Globalization, and New Policy Thinking for the 21st Century*. New York, NY: World Policy.

McMullen, M. S., Mauch, J. E., & Donnorummo, B. (2002). *The Emerging Markets and Higher Education: Development and Sustainability*. New York, NY: Routledge Faimer.

Mishra, A. (2012). "Poor quality and too few seats push 600,000 students abroad." *University World News*, Issue No. 238. Retrieved June 1, 2016, from www.universityworldnews.com/article.php?story=20120907132825451.

Odin, J. K., & Manicas, P. T. (2004). *Globalization and Higher Education*. Honolulu, HI: University of Hawaii Press.

Olssen, M., & Peters, M. A. (2005). "Neoliberalism, higher education and the knowledge economy: From the free market to knowledge capitalism." *Journal of Education Policy*, 20(3): 313–45.

Organization for Economic Cooperation and Development (OECD), Center for Educational Research and Innovation (2015). Education Indicators at a Glance. *OECD*. Retrieved June 1, 2016, from www.oecd-ilibrary.org/education/education-at-a-glance_l9991487

Ortiz, A. (2015). "Latin America: Government scholarships as the driver of student mobility and capacity building." *WES Research & Advisory Services*. Retrieved from http://wenr .wes.org/2015/04/latin-america-government-scholarships-driver-student-mobility-capacity-building/.

Oxford University, International Strategy Office (2015). "International Trends in Higher

Education." University of Oxford. Retrieved June 1, 2016, from www.ox.ac.uk/sites/ files/oxfbrd/International%20Trends%20in%20Higher%20Education%20 2015.pdf.

Pusser, B., Kempner, K., Marginson, S., & Ordorika, I. (2012). *Universities and the Public Sphere: Knowledge Creation and State Building in the Era of Globalization*. New York: Routledge.

Radelet, S. (2015). *The Great Surge: The Ascent of the Developing World*. New York: Simon & Schuster.

Rodrigue, J. P. (2013). *The Geography of Transport Systems*. New York: Routledge.

Rodrik, D. (2012). *The Globalization Paradox: Democracy and the Future of the World Economy*. New York: WW Norton.

Schofer, E., & Meyer, J. (2005). "The worldwide expansion of higher education in the twentieth century." *American Sociological Review*, 70: 898–920.

Schultz, T. W. (1971). *Investment in Human Capital*. New York: Free Press.

ShanghaiRanking (2016). Academic Ranking of World Universities. Retrieved June 1, 2016, from www.shanghairanking.com/index.html.

Slaughter, S., & Rhoades, G. (2004). *Academic Capitalism and the New Economy: Markets, State, and Higher Education*. Baltimore, MD:The Johns Hopkins University Press.

South China Morning Post (2012). "Universities brace for overcrowding." *South China Morning Post*. Retrieved from www.scmp.com/article/990531 /universities-brace-overcrowding.

Stiglitz, J. (2003). *Globalization and Its Discontents*. New York, NY:WW Norton & Co.

______ (2007). *Making Globalization Work*. New York, NY: WW Norton & Co.

Times Higher Education Rankings (THE) (2016). World University Rankings. Retrieved June 1, 2016, from www.timeshighereducation.com/world-university-rankings.

Trow, M., & Burrage, M. (2010). *Twentieth-Century Higher Education: Elite to Mass to Universal*. Baltimore, MD: The Johns Hopkins University Press.

UNESCO Institute for Statistics (2015). The First Stop for Education Data. Retrieved June 1, 2016, from www.uis.UNESCO Institute for Statistcs.org/Education/Pages/default.aspx.

United States Census Bureau (2014). Current Population Estimates, Washington, DC. Retrieved June 1,2016, from www.census.gov/topics/population/data.html.

United States Bureau of Labor Statistics (2015). "Employment projections." Retrieved June 1, 2016, from www.bls.gov/emp/ ep_chart_001.htm.

Wildavsky, B. (2012). *The Great Brain Race: How Global Universities Are Reshaping the World*. Princeton, NJ: Princeton University Press.

Wooley S. (2013). "Constantly connected:The impact of social media and the advancement in technology on the study abroad experience." *Elo Journal of Undergraduate Research in Communications*, 4(2): 4/4.

Wong, T. (2015). "China's gaokao: High stakes for national exam." *BBC*. Retrieved June 1, 2016, from www.bbc.com/news/world-asia-china-33059635.

World Bank (2015). World DataBank. Retrieved June 1, 2016, from http://databank.worldbank.org/data/home.aspx.

Yergin, D., & Stanislaw, J. (2008). *The Commanding Heights: The Battle between Government and the Marketplace*. New York: Simon and Schuster.

5
자유교육에 대한 차세대의 도전

제시 H. 라이틀, 대니얼 H. 웨이스

서론

2014년 1월, 버락 오바마 대통령은 위스콘신주 워키쇼Waukesha의 제너럴일렉트릭General Electric 공장을 방문했다. 줄지어 선 엔진 노동자들 앞에서 그는 이렇게 말했다. "당신들은 숙련된 생산이나 거래로, 잠재적으로, 미술사 학위를 가진 사람들이 할 수 있는 것보다 더 많은 것을 만들어낼 수 있습니다." 후에 이것은 농담이었으며 실은 "미술사를 사랑"한다고 해명했지만, 그는 자유학예가 경제 발전과 사회에서 유용한 역할을 하기에는 비효과적이라는 인식을 드러낸 가장 최근의 공적 인물이 되었다.

대중매체들은 가끔 자유학예를 지적인 자기응시navel gazing*라고 묘사

* 직역하면 "자기 배꼽 쳐다보기", 즉 모든 것을 자기 입장에서 본다는 조롱이다.

한다. 공정하게 말하면, 자유학예 강의실에서 하는 일은 가끔 일상의 압력과 요구에서 벗어난, 딴 세상의 일처럼 보이는 것도 사실이다. 이런 식의 서사가 스위트 브라이어 칼리지Sweet Briar College의 임박한 폐교 소식*이나 어마어마한 채무를 짊어진 실업 졸업생의 이야기로 양념을 더하게 되면 자유학예라는 존재가 흔적도 없이 사라지거나 하지 않을까 하는 일반의 우려 역시 용서할 만하다.

그럼에도 미국에서 선두를 달리는 자유학예대학과 대학교에 밀려드는 학생들의 홍수는 누그러질 기미를 보이지 않으며, 전 세계에서 헤아릴 수 없는 많은 기관들이 서구의 자유학예 전통을 자신들의 국지적 교육과정에 도입하려 노력하는 중이다. 건강한 자유학예교육의 수요는 분명히 아직도 존재하며, 많은 기관이 열렬하게 이를 충족시킨다.

미국에서 자유학예교육을 지지하는 논의는 먼저 개인적 복지와 계몽된 민주주의 모두를 위해 교육받은 시민의 가치를 굳게 믿었던 건국의 아버지들로부터 시작되었다. 존 애덤스John Adams가 "젊은이, 특히 저소득층에게 자유학예교육을 실시하자는 법률은 너무나 현명하고 유용하여 인간적이고 관대한 사람들이라면 그 누구에게도 이러한 의도에 사용되는 비용은 낭비가 아닐 것이다"라고 말한 것처럼 말이다. 이제 세 번째 세기에 들어서고, 전 세계가 다 알게 된, 가장 폭넓으며 종합적인 고등교육을 만들어낸 국가적 움직임은 이러한 배경을 통해서다. 이 시스템은 무엇보다 자유학예교육의 혜택을 최대한 발전시켜나가는 데 전념했다.

그런데 자유학예교육이 워낙 고매한 이상에 근거하여 구축된 접근이

---

* 버지니아주 스위트 브라이어의 소규모 사립 여자대학으로, 2015년 폐교 위기를 맞았으나 동문들의 모금과 법적투쟁을 통해 살아남았다. 2017년부터 2024년까지 한국계 우정은Meredith Jung-En Woo이 13대 총장으로 재직했다.

다 보니, 실용적인 미국인의 공격에서 한 번도 자유롭지 못했다. "스스로 만들어진 사람"을 이상으로 만드는 일은 다소 역설적으로 개인의 자유를 위한 맥락에 종사하는, 탄탄한 정치적 · 경제적 시스템을 갖춘 나라를 만들기 위한 갈구까지 거슬러 올라간다. 식민지 대학으로 시작한 이후 미국의 고등교육은 보수적 힘 — 사회질서와 경제적 조직에 대한 기여자 — 과 진보적 힘 — 개인의 자기 결정과 이동을 위한 통로 — 모두에 동시에 종사함으로써 이러한 역설을 해소하기를 요구받아왔다.

자유학예교육의 지적 · 교육적 교리를 받아들인 대학과 대학교들은 이 역설에 뿌리를 둔 근본적 긴장 가운데 존재해왔다. 예를 들어 폭넓은 접근 대 선택과 수월성, 혹은 도구적 학습 대 학습 그 자체를 위한 학습이라는 상호 경쟁적인 목적들을 조화시키는 것이 그러하다. 사정을 다 알고 나면, 이러한 긴장들은 오늘날 선두를 달리는 자유학예대학과 대학교의 졸업생들이 개인적 삶을 영위하고 물질적 만족과 결과들을 계속 누리면서 세상에서 수요가 많으며 권위 있는 대학들 사이에서도 과잉 평가되었다는 사실에서 비롯된 것이므로 창의적인 것이라 결론지을 수 있다.

자유학예 모델에 대한 이러한 회고적 가치 평가는 수세기 동안 사려 깊어지고 증가추세를 보이면서 진화해온 대학과 대학교에 필적하는 적응성과 제도적 강점을 자유학예 모델도 가지고 있음을 합리적으로 확신할 수 있어야 한다. 그러나 이것은 위에서 살펴본 비판이 전혀 근거를 가지지 않았거나 자유학예의 인내력이 보장되었음을 의미하지 않는다. 대침체Great Recession*가 한창일 때 미국 고등교육 시스템은 심각한 경제적 · 사회적 ·

* 21세기 초 미국 주택 거품 붕괴로 촉발된 세계적 경제 침체. 1930년대의 대공황The Great Depression과는 구별된다.

기술적 변화를 목격했는데, 이것들이 "뉴노멀new normal", 즉 자유학예 프로젝트 유지에 대한 차세대의 도전을 촉발했다.

고등교육에서 자유학예 부문에 가해지는 압력은 다음과 같다.

- 사업모델, 즉 불투명한 가격 책정 시스템이 개입하여 비용이 계속 증가하는 문제와 비용 조달 가능성
- 기술의 변혁적 영향, 즉 연구와 교육에서 학생 생활, 커뮤니케이션, 경영에 이르기까지 사업의 모든 국면에서 나타나는 양상들
- 미국의 인구학적 전이, 즉 고등학교 졸업생의 다수가 백인이 아니며 이들 중 많은 학생이 가족 가운데 첫 번째로 대학에 다니는 세대라는 점
- 지식 모델의 확장과 습득보다는 디자인을 강조하는 현상의 출현
- 다양성과 통합성을 아우르는 새로운 공동체 모델 등장
- 시민과 도덕적 인생의 활성화에 관한 의견 일치의 증가
- 자유학예에 대한 대중의 회의감 증가. 예를 들어 워키쇼에서 오바마의 암시적 비판처럼 '자유학예 학위가 좋은 일자리로 명확하게 이어지지 않는데 이렇게 많은 재원을 투입해야 하는가?'라는 의문

이런 다양한 압력은 궁극적으로 세 가지 범주의 도전으로 그룹을 만들 수 있다. '경제', '가치', '공동체'가 그것이다. '경제적' 도전은 '어떻게 자유학예의 자원집중 교육 모델이 학생들이 감당할 만한 선택으로 남아있을까?' 하는 것이다. '가치'를 둘러싼 질문은 '자유학예교육이 학생들과 사회에 어떤 실질적이며 체감할 수 있는 혜택을 주는가?'와 관련된다. 마지막으로, 사회 전반의 변화는 자유학예 모델의 기반이 되는 탁월한 "공동체"에

강세를 둔다.

현재 고등교육이 극적인 변화를 겪고 있으나 우리는 자유교육이 여전히 고도로 효과적 모델임을 알고 있으며, 위에서 살펴본 압력들은 대학과 대학교가 시대와 함께 변화하고 교육 경험의 가치를 제고할 기회를 제공한다고 생각한다. 이것은 학생들과 그들이 다니는 기관에만 혜택을 주는 것이 아니라 수세기 전의 형식화된 학습 방식으로 나타난 자유학예교육으로 더 나아질 세상에도 혜택을 준다.

논의를 더 진행하기 전에 "자유교육liberal education"과 "자유학예대학liberal arts college"을 구별하는 것이 도움이 될 것이다. 자유교육은 종종 자유학예대학과 (동의어는 아닐지라도) 결부된다. 자유학예대학은 마음의 눈으로는 완만한 언덕이 가을 잎으로 환히 빛나고, 식민지 시대풍의 첨탑이 싸늘한 공기를 가르며, 캠퍼스 중앙의 녹지에 둘러싸인 석조건물이다. 그것은 오랫동안 자유학예교육에 제공되었던 건물이자 무대다. 그러나 오늘날 우리는 거의 모든 곳에서 자유학예교육을 접할 수 있다. 실제로, 전 세계적으로 대학교의 새로운 시도들은 말할 것도 없고 현재 주립대학교의 "명예대학honors college"에서도 자유교육은 일어난다. 캠퍼스 지붕에 눈이 쌓여있지도 않고, 역사가 세기가 아니라 연 단위로 기록되는 기관에서도 말이다.

경제

식민지 시대풍의 첨탑이 있는 캠퍼스에서든 명예대학이든, 심지어 기술적 대면이든(적어도 일부라도. 뒤에서 상술) 자유학예교육이 실행되는 곳이라면 그 목표와 교수법에서 비롯되는 일관된 경제적 짐을 지게 된다.

규모. 자유학예교육의 핵심은 노동집약적으로 규모의 경제에 저항한다. 그것은 질문과 대답의 교환, 집중적 멘토링, 다른 사람들의 생각에 도전하기, 자신의 아이디어에 도전받기에 의존한다. 이처럼 자유학예교육은 낮은 학생/교수 비율과 소규모 그룹 학습을 통한 실질적인 개인 사이의 상호작용을 요구한다. 심지어 상당한 규모의 인구 사이에서 수행되더라도 양질의 교육 실천은 더 작은 학습 공동체를 지향하려는 압력을 받는다. 그것이 대규모 강의실에서의 토론 집단이든, 제멋대로 뻗어나간 대학교 캠퍼스에서도 아늑하게 자리 잡은 정주대학이든 말이다.

학문의 폭. 완전한 자유학예교육은 예술, 인문학, 사회과학, 자연과학을 가로지르는 넓은 영역에 노출되어야 한다. 상대적으로 작은 학생 그룹에 관여하는 교수진이 구성되어야 할 뿐 아니라 이들로서는 넓은 전문 영역을 대표하고, 나아가 고가의 기반 시설 공간과 도구가 필요하다. 여기에는 실험실, 연습실, 스튜디오, 컴퓨터 기기, 도서실, 학문 보조 서비스와 그 외에도 다른 것이 있다. 이들 자원의 비용이 규모에 따라 조정되는 정도는 한계가 있다.

전인 교육. 자유로이 교육받은 개인은 단순히 지성이 잘 발달한 사람이 아니라 성격, 도덕성, 공공성, 정체성과 아마도 영성 같은 이슈에 생산적으로 개입하는 '전인whole person'이다. 이러한 발전은 교실 안에서 결실을 거두지만 공동 교육과정이나 과외활동 공간에서 더욱더 잘 일어나는데, 이 역시 비용이 따른다. 여기에는 학생 활동과 지원 서비스, 정주 프로그램, 캠퍼스 조성 등이 포함된다. 이러한 요소 중 어떤 것이든 그것이 얼마나 중요한가를 주장할 수 있겠지만 이것들은 기관이나 학생들 모두에게서 전체로 받아들여지며, 따라서 자유학예 기관들이 경쟁을 벌이는 교육시장에서 내기에 거는 돈table stake이 된다.

현장 학습. 교육과정을 뒷받침하는 물리적 자원과 모임을 통해 수행되는 자유학예교육의 인간 차원 사이에서 MOOC*와 그 외의 기술적 발전이 약속한 "파괴적 혁신disruptive innovation"은 여전히 자유학예교육의 전통적 형식에 도전하며, 자유학예교육을 수행하는 것처럼 보이지 않는다. 더 이상의 기술 도약이 물리적 기반 시설을 줄일 것이라 기대할 수 있겠지만 현재로서는 화학 실험실, 협동 조각, 미로에서 생쥐 안내, 혹은 나와 다른 사람과 함께 살아가기 등의 통합성과 풍부함을 기술의 개입으로 유지한다는 것은 상상하기 어렵다.

이런 식으로 비용 기둥들이 꽤 단단히 박혀 있다 보니, 자유학예교육은 비싼 기획이고 앞으로도 그러할 것이다. 동시에 우리 모두 이런 교육 모델에서는 피할 수 없는 지속적인 비용 상승 — 여기에 결부되는 수업료 상승 — 이 늘 지속될 수 없다는 것을 알고 있다. 비용과 가격 사이의 이러한 단절은 매우 다루기 힘든 것으로 보이지만, 궁극적으로 비용, 가격과 체감 가치 사이에서 최상의 관계를 결정하는 것은 시장이다. 그러므로 대학도 다른 상업적 기업과 마찬가지로 체감 가치 기반 시장에서 경쟁해야 한다. 그 결과 대학들도 변화무쌍한 시장을 세심하게 관찰하며 가격과 그에 따른 비용을 조절해야 한다. 달리 말하면, 한 그룹의 유수 자유학예대학이 등록률이 떨어지거나 다른 실존적 위기를 경험하게 되면 비용 절감이나 수입원 제고, 혹은 이 둘의 조합을 통해 올바른 시장 균형을 복구하려 시도할 것이다. 고등교육에도 수요와 공급이라는 기본적인 경제 법칙이 작동한다는 것을 받아들인다면, 그리고 달리 믿을 이유가 없다면, 대학은 기관에 투자할

* Massive Open Online Course. 온라인 기반의 상호참여적 대규모 수업

것이고 그 비용을 학생들에게 전가할 것이다. 시장은 대학이 제공하는 교육의 질을 평가하기 때문이다. 만약 그렇게 하지 않는다면 대학은 비용과 체감 가치 사이의 균형을 계속 찾아야 한다,

대침체가 한창일 때 고등교육에 나타난 새로운 현상은 수입이 줄어드는 것이었다. 현대사에서 최초로 많은 유수 대학과 대학교의 수업료 증가율이 평균적 미국 가계 수입 증가율을 넘어섰다. 가계 수입이 그 자체로 자유학예교육의 비용 구조에 보조를 맞출 것이라는 지표는 없다. 기관들은 소매가격 포화의 위협을 받으면서 과거에 그렇게 한 것처럼 인플레이션을 초과하는 수준으로 수업료를 계속 올릴 수 없다. 한편, 다른 재정 수입원이 이 격차를 메울 것 같지도 않다. 약화된 재정 시장이 기부금마저 떨어뜨린다. 박애 활동은 계속되겠지만 기부자들 역시 제약에 직면한다. 공적 지원과 기금 역시 줄어든다.

이런 맥락에서 비용과 가치의 균형을 최적화하는 것 — 경쟁자와 소비자의 역동적 긴장 가운데 — 이 자유학예 기관에 대한 차세대의 도전이다. 물론 대학과 대학교는 절제된 기획과 예산편성을 할 필요가 있지만, 자신의 사명을 최적화하는 혁신과 적응을 추구하기 위해 전통적인 조직 경계를 넘어서 그들이 나누어 가진 지배 모델이 최선의 방식으로 개입하게 될 것이다.

| 가치

위에서 살펴본 비용구조만으로 자유학예대학은 다른 형태의 고등교육과 경쟁이 되지 않을 것으로 보인다. 그러므로 기대할 것은 자유학예교육이 전달할 수 있는 가치를 최고로 끌어올리는 것이다. 자유교육의 가치 부분을 이해하는 시장의 관심은 '대중이 탐닉하는 대학 순위 결정 산업과 다른 귀속 결정자들이 얼마나 풍부한가?'라는 사실들로 입증된다. 그러나 일반적으로 교육자들은 '대학 순위 매기기와 순위의 장점은 무엇인지, 전체적으로 시장이 보는 자유학예교육의 가치 부분에 충분한 연구가 있었던가?'라는 점에 회의적이다. 더 정확히 말하자면 가치를 규정하고 측정하려는 노력에도 불구하고 "가치"란 여전히 파악하기 어렵고 이론의 여지가 있다는 것이다.

가장 피상적 수준에서 자유학예교육의 도구적 가치는 명백하며, 이론적으로는 이를 측정할 수 있다. 예를 들어 우리는 대학 졸업생들이 대학 학위를 가지지 않은 동료들에 비해 생애 수입 총액에서 더 많은 수입을 올리는 것을 알고 있다. 자세히 조사해보면 데이터가 믿을 만하지는 않지만, 최근에는 기관별 졸업생들의 급여 차이를 측정하려는 노력도 진행되는 중이다. 마찬가지로 졸업생들의 부채 총액을 측정하는 것도 가능하지만, 이 역시 불완전하다. 많은 학생과 가계가 교육에 재정을 투입하기 위해 다양한 전략을 선택하기 때문이다. 아직까지는 직접적인 재정의 "투자 대비 수익 return-on-invsement" 측정*이 교육시장에서 자유학예교육의 가치를 보여주는

---

* 예를 들어 조지타운Georgetown 대학교 교육과 인력 센터Center on Education and the Work Force는 4,500개에 달하는 미국 대학과 대학교의 ROI(Return-On-Investment)를 조사하여 공개한다. 여기에 따르면 자유학예대학 출신의 평생 평균 ROI는 일반 대학 출신의 평균보다 20만 달러

주도적 방법이다.

돈벌이가 의미 있는 교육 성과라는 가설은 잠시 접어두더라도 졸업생의 전문 주춧돌에 대한 데이터는 찾을 수 있다. 대학원, 직업학교 입학, 장학금과 수상, 혹은 여기에 따른 결과로 박사, 의사 혹은 최고경영자 지위 등이 그것이다. 대학 졸업자의 실업률은 고등학교 졸업장을 가진 사람들에 비해 현저하게 낮다. 이 나라에서 유수 기관들은 압도적으로 자유학예를 중심으로 하는 학부 프로그램을 제공하는데, 이 기관들 가운데 코호트이며 덜 유수한 기관으로서도 가장 놀라운 차별화는 두 번째 학위post-baccalaureate 과정을 이수한 졸업생들이 다른 모든 시장 부문 졸업생들보다 더 많이 번다는 사실이다(Zemsky et al., 1997). 합리적 결론은 고도로 선택된 기관에서의 경쟁이 두 번째 엘리트 학사학위 과정에 접근하는 데 이점이 되었으리라는 것이다. 실제로 아이비리그의 법학, 경영학, 혹은 의학 학위의 약속이 지평선에 어른대지 않는다면 얼마나 많은 가계가 그 비싼 유수 자유학예 기관의 수업료를 감당하려 할지 의문이 들지 않을 수 없다.

이런 종류의 그 어떤 성과 데이터도 그러하지만, 학부 교육의 효과 자체에 관한 온전한 결론도 도출하기는 쉽지 않다. 믿을 만한 데이터는 좀처럼 입수되지 않으며, 이미 어느 정도 재능과 성향을 타고난 개인에게 교육 경험의 형성 요인들이 얼마나 이바지했는지도 결코 확신할 수 없다. 단지 교육이 전달한 혜택을 식별하고자 시도할 뿐이다. 즉, 높은 급여를 받는 사람은 노동시장에서 가치 인정을 받는 일련의 속성들 — 추측하건대 자유학예교육으로 연마된 — 을 가졌거나, 외과의가 되는 것은 아마도 탄탄한 학

가 많다. 또한 40년 동안 평균 ROI는 91만 8천 달러로, 이는 4년제 공과대학 출신(91만 7천 달러)과 경영대학 출신의 ROI (91만 3천 달러)를 넘어선다.(https://cew.georgetown.edu/cew-reports/collegeroi/)

부 과정의 의예pre-med 수업을 받았기 때문이라고 보는 것이다. 이러한 추정을 가능한 것이라 받아들이더라도 전문적 진보가 전적으로 그들이 받은 교육 덕분인가?

이 지점에서 자유학예교육의 역사를 돌아보는 것이 좋겠다. 자유학예교육의 발전과 핵심 의도가 '민주주의의 작동과 생산적 사회는 기본적으로 교육받은 시민에게 달려 있음을 굳게 믿은 건국의 아버지들이 제일 먼저 구상했다는 것'은 미국 고등교육의 흥미로운 성격이다. 일차적으로는 이러한 이유로 그들의 희망이 19세기 초반 수십 년 동안 미국 대학들의 극적인 확산을 가져왔다. 이 개척적 기관들은 새로운 나라를 만드는 데 가장 필요한 것으로, 직업교육이 아니라 시민이 일자리에 필요한 비판적 사고와 민주 공동체를 만들고 사회질서를 수립하는 데 필요한 사회적 리더십을 획득하도록 자유학예의 기틀을 놓는 것이라는 믿음을 공유했다.

이러한 이념은 그때나 지금이나 교육과정 목록 이상의 것과 일련의 구체적 학생 성과 이상의 것을 아우른다. 자유학예교육은 비판적 사고를 습득하고 지식을 축적하며, 복잡하고 급속히 변화하는 세상에서 개인적 · 사회적으로 어떻게 항해할지를 배우는 과정이다. 자유학예교육은 일반적으로 폭넓고 다양한 학습 영역에 적절한 무수한 방법 가운데서 학생들에게 정보를 모으고, 분석하고, 통합하기를 요구한다. 이렇게 함으로써 학생들은 특정 지식에 더하여 다양한 문제 해결 능력을 획득한다. 오랜 시간이 지나 사실들이 기억에서 사라지더라도 자료들을 마스터하는 과정에서 개발된 전략들은 인생의 긴 여정을 항해하는 데 길잡이 도구로서 그 자체로 진가를 발휘할 것이다.

핵심적인 의문은 이러한 의도가 오늘날 우리의 요구에도 부합하는가다. 대학이 인생의 준비라면, 우리는 학생들이 어떤 종류의 미래를 준비하도록 할 것인가? 되돌아보면 역사적 긴급성은 명료했다. 그러나 우리 국가가 초창기에 있었고 오늘날과는 다른 관심사에 집중할 때 발전한 접근과 다른 경제적 번영과 기술의 힘을 가진 오늘날의 요구 — 그리고 가치 — 는 무엇인가?

자유로이 교육받는다는 것은 무슨 의미인가? 자유학예교육을 추구하는 학생들에게서 우리가 기대하는 능력, 지식, 가능성은 어떤 것인가? 이 점을 생각해볼 때마다 교육 경험은 다음과 같은 여섯 가지 요소로 기술될 수 있다.

기초 능력. 이는 읽고, 신중하게 비판적으로 생각하고, 데이터를 분석하고, 논지를 구조화하고, 정보를 종합하여 결론을 도출하고, 그런 다음 구두 혹은 서면으로 효과적인 커뮤니케이션을 하는 능력에 관련된다.

교육과정의 문제. 교육받은 사람들은 실제로 무엇을 알아야 하는가? 이 문제는 17세기 하버드와 윌리엄 앤드 메리 대학William & Mary College*의 창립 이후 고등 학습 기관들 사이에서, 혹은 가로질러서 논쟁의 대상이 되었다. 말할 것도 없이 세인트존스 대학Saint John's College이나 미시간 대학교Michigan University의 '위대한 책' 프로그램에서부터 1960년대 후반부터 브라운Brown과 다른 대학들에서 시작한 "열린 교육과정"에 이르기까지 막대한 효율성을 가진 것으로 증명된 다양한 접근방식이 있다. 대부분의 자유학예 기관들 사이에서 공유된 가정은 그 어떤 것이라도 "특정" 분야를 공부하는 것은 인간이 된다는 것은 무엇인지를 규정하고 그 시대의 문화와 성격을 반영하는 "넓은" 이슈에 노출되고 참여하는 것보다 더 중요하지 않다 — 주

* 버지니아주 윌리엄스버그의 공립대학. 1636년 하버드의 창립에 이어 미국에서 두 번째로 1693년 개교한 고등교육 기관이다.

장하기로는 덜 중요하다 — 는 것이다. 실제로 '무엇이 배울 만한 것인가?'라는 "질문"과 다양한 답변으로 소집된 근본적인 답변은 그 어떤 개별 관점보다 더 위대한 중요성을 가진다.

비판적 리터러시. 이런 시스템에서 그렇게 넓은 지식 분야를 접한다는 것은 필연적으로 그 다양한 분야가 요구하는 수업 과정에 연결된다. 투키디데스Thucydides? 칸트Kant? 레이디 가가Lady Gaga? 내용의 "무엇" — 우리 문명의 철학적 바탕이든, 오늘날의 가치와 관심사에 통찰을 주는 대중문화 현상이든 — 은 그것이 학습되는 "어떻게"와 섞인다. "비판적 리터러시"라 알려진 이것들은 무엇이 알아야 할 것인가와 이것을 알기 위한 능력, 즉 앎을 제공해주는 방법, 양상, 분석과 통합을 어떻게 개발하고 사용하는가의 결합이다. 이처럼 필수적이고 변별적이며 삶을 풍요롭게 하는 능력은 리터러시의 개념 그리고 이상적으로는 다양한 접근과 다양한 종류의 러터러시와 친숙해짐을 요구하는데, 이는 다양한 주제를 공부하는 데서만 나온다.

도덕적 추론과 사회적 책임. 발견과 목적의식을 가진 삶에 참여하는 학생들은 개인적이든 공동체에서든 다른 사람들의 도덕적 추론을 학습하는 동안 자신은 도덕적 판단을 어떻게 하는지를 점검해야 한다. '공동체는 가치, 의미, 종교, 정치, 이념을 어떻게 구성하는가?', '어떻게 살아가고, 윤리적 결정을 내리거나 공동체를 양성하는가?'라는 서사적 상상을 진행해나가는 데 예술과 인문학의 역할은 무엇인가? 공동의 선을 발전시키기 위한 사회적 리더십의 모델은 어떤 것인가? 자유학예교육은 정의 자체가 사람들에게 자유를 보호하고, 유지하며, 확대하는 책임 — 사회적, 개인적 모두에서 — 을 가르친다.

사고하기, 적응하기, 항해하기. 자유학예교육의 궁극적 목적이 졸업생들에게 온전하게 대가를 받으며 풍부한 삶을 영위하도록 하는 것이라면 학생들은 부단히 변화하는 환경에 적응하는 방법을 알아야 한다. 학습 분야와 이를 배우는 수단을 가로지르는 차이는 실체적이며 다양한 접근을 요구하기 때문에 학생들은 다양한 분야를 가로질러 문제를 해결하는 다양한 기술을 필연적으로 획득해야 한다. 궁극적으로는 교육적 접근 자체가 없는 것이 인생에서 더 진리다.

협동하기, 연결하기, 팀으로 일하기. 자유학예교육은 늘 공동체에서 개인에게 초점을 맞추어왔으며 그 임무는 사회적 · 개인적 관점에서 규정되어왔으므로 교육은 암시적으로 항상 개인의 기술뿐 아니라 협동을 형성하는 것을 의미했다. 자유학예교육은 다양한 분야를 가로지르는 폭 기반broad-based 교육이기 때문에 학생들이 종종 특정 문제, 새로운 기획, 혹은 문화적 수행에 집중하더라도 각 분야의 지식을 연결할 수 있도록 해왔다. 그러나 오늘날의 환경은 지식, 도덕적 추론, 그리고 사회적 관계와 다양한 문화적 형태 가운데서 복수의 방법으로 연결을 만들 줄 아는 사람들을 길러야 한다는 요구를 명시적으로 한다. 특히 오늘날에는 한 사회, 혹은 국제적으로 다양한 팀과 협업할 수 있는 능력이 필요하며, 이것이 자유학예교육의 혜택 가운데에서도 가장 지속적이다.

교육자, 학생, 관찰자 모두 위 목록에 어느 정도라도 공감할지는 의심스럽다. 힌트를 찾으려면 아마도 대학이 다양한 청중에게 자신의 장점을 설명하는 마케팅 자료를 보면 될 것이다. 위의 요소들이 대학의 순위를 결정하는 기준으로 흔히 볼 수 있는 것이 아니라는 사실은 충격적이지만, 이는 적어도 두 가지 방법으로 설명될 수 있을 것이다. 첫 번째 설명은 교육기관들이 높은 가치가 있다고 믿는 교육적 요소들은 사실 시장이 높은 가치라 이해하는 것들이 아니며, 학생들이 수업 과정을 이수하면서 그들이 찾는 혜택을 도출하는 것과 대학 인가를 받는 과정에서 대학이 선호하는 전달 내용이 일치하는 것은 단지 행복한 우연의 일치라는 사실이다. 미술사처럼 자주 인용되는 학문적 경험이 (적어도 피상적으로라도) 경력이나 이후의 삶과 관계가 없는 일부 학생들에게서도 이면에는 모종의 어색한 진실이 있다. 그러나 이것은 누군가의 대학 경험의 "치료 효과treatment effect"를 결코 경험적으로 알 수 없다는 교육학 연구의 본성이기도 하다. 학생들이 자신의 삶을 사는 데 "통제 그룹control group"은 없기 때문이다.

실제로 이 사실은 자유학예교육의 핵심 요소가 왜 대학 순위 제도를 지배하지 않는가를 설명한다. 자유학예의 많은 요소가 객관적으로 접근하기 어려우며 (양적인 것을 제외하면) 다른 것들은 아예 불가능하기 때문이다. 등급 평가자, 순위 결정자는 분명히 — 시도는 했더라도 — 이를 중시하지 않았다. 공평하게 말하면 교육자들도 그 목적이 자유학예교육의 지적 · 인간적 · 사회적 혜택을 드러내는 분명하고 이해할 수 있는 척도를 확인하는 일이라면 썩 열심히 하지는 않았다. 일자리 경력 성과뿐 아니라 대학원 GRE 점수, 투표 기록, 지원 성향 등의 대체물이 풍부하기 때문이다. 『학문적으로 표류하기*Academically Adrift*』(Arum & Roska, 2010) 같은 연구는 풍부한 데이터를 통해 학부 학습을 들여다보면서 항상 비위를 맞추는 결과를 내놓지는 않았다. 그러니 한 학생이 얼마나 많은, 예를 들어 다양한 마음의 습관을 발전시켰으며, 자유학예교육이 이러한 발전에 어느 정도나 도움을 주었는지를 어떻게 제대로 분별할 수 있을까?

학생들에게 미치는 자유학예교육의 효과를 이해하기 위한 가장 의미 있는 노력은 한창 범람하는 평가 움직임에서 볼 수 있을 것이다. 평가는 오늘날 전적으로 대학 인가 과정에 깔려있으며, 그 결과 점차 제도화되는 중이다. 합리적인 평가 추진은 명료하게 진행되지만 — 대학과 대학교들은 그들의 교육적 약속이 얼마나 잘 전달되는지를 알아야 하며, 그 정보를 이를 사용할 수 있는 사람들과 공유해야 한다 — 필요한 에너지에 상응하는 만큼 결실을 거두는가는 폭넓게 확인되지 않는다. 교육기관 평가에서 "학생들의 학습 목표" 영역, 특히 개별 교과목이나 일련의 역량 제시 영역 평가에서는 어느 정도 발전이 명백히 보인다. 그러나 자유학예교육 특유의 감지되기 어려운 요소 — 예를 들어 "적응성", "배우기를 배우기" 등 — 에 우월적인 위상을 부여하는 기관들의 경우 현재의 평가 기술로는 전적으로 불충분한 것으로 보인다. 지적 특질이나 성향의 성격과 인과관계를 평가한다는 것은 필연적으로 주관적일 수밖에 없다. 좋은 교육의 과실은 졸업생들의 향후 삶에서나 무르익기 때문이다. 고등교육을 가로질러 수집되고 있는 평가용 데이터가 시장의 주목을 받는지 여부 역시 열린 의문이다.

그렇다면 자유학예교육의 야심과 주요 교리를 포괄하고, 교육 모델은 기본적으로 비싸며, 청중이 분절하기 어려운 가치를 확신할 근거를 점차 요구하는 상황에서 오늘날의 대학과 대학교에는 무엇이 남는가? 우리는 궁극적으로 경쟁 시장 가운데 있는 자유학예 기관의 위상은 무엇인지 되돌아간다.

고등교육 시장에서 성과가 문제 되는 것은 분명하고, 자유학예교육의 뉘앙스는 소비자인 청중에게 잘 전달되지 않는다. 한편으로 대학 등급을 대충이라도 보면, 투입 역시 중요함을 알 수 있다. 왜 그럴까? 교육이란 학생들이 시작하는 곳에서 더 발전하고, 더 준비되고, 더 계몽되는 지점으로 여행하도록 하는 것이 아니던가?

펜실베이니아 대학교 고등교육연구소University of Pennsylvania Institute of Higher Education의 연구자들이 최초로 주장했듯, 고등교육 시장은 기관 유형보다 학생 유형이라는 렌즈로 볼 때 더 잘 이해된다. 대학을 선택할 때 시장의 학생 부문은 총체적으로 "큰" 혹은 "작은", "공립" 혹은 "사립", "자유학예" 혹은 "기타"라는 범주를 유의미하게 고려하지 않는다. 오히려 데이터에 의하면, 특정 성향의 학생들 — 말하자면 입학 신청 후 5년 이내에 졸업할 것 같은 — 은 구조나 성격과 무관하게 일련의 성과를 만드는 일련의 대학들을 찾는 경향이 있다. 학생들은 특정 기간 이내에 졸업하고, 특정 비율로 진학한다는 것이다(NCPI, 2001). 이런 개념 틀로 왜 버클리 대학교UC Berkeley(대규모, 공립, 종합, 도시, 서부 해안)가 하버포드 대학Harverford College(소규모, 사립, 자유학예, 교외, 동부 해안)과의 학생 유치 경쟁에서 버클리 대학교와 피상적 성격을 공유하는 리노Reno의 네바다 대학교University of Nevada보다 더 힘들어 하는지를 이해할 수 있다. 이런 의미에서 학생 "투입"이 시장을 정의한다.

왜 이런지는 추가로 경제적 연구가 관점을 제공한다. 우리가 이해하는 바로 학생은 교육 소비자이면서 동시에 동료 교육의 질 제고에 이바지하는 사람이다(Winston & Zimmerman, 2003). 경제학자 고든 윈스턴Gordon Winston이 썼듯, "학생들이 학생들을 가르침으로써 질 높은 교육을 생산하고자 하는 학교는 그 학교의 교육 서비스를 구매하는 수동적 구매자로서가 아니라 그 생산물의 요인으로서 높은 자질을 갖춘 학생들을 등록시켜야 한다"(Winston, 2003). 윈스턴의 공식에서 기관이 원하는 학생을 끌어들이기 위해서는 다른 바람직한 학생들이 이미 등록했다는 증거를 보여주어야 한다. 이것이 직관에 어긋나게도 왜 대학이 수업료 전액을 기꺼이 내겠다는 학생들을 돌려세우면서도 많은 학생에게 보조금을 주는가에 대한 경제적 설명이다. 이는 또한 대학이 교육 프로그램을 지원할 뿐 아니라 재정지원, 심지어 생활 편의 지원 — 악명 높은 벽 기어 올라가기이지만 — 을 하면서까지 학생들을 끌어들이고 유지하는 데 재정 투자를 하는 것이 교육의 질과 임무 수행을 완수하는 데 합리적이고 경쟁력 있는 결정임을 설명한다. 더 나아가 재정 쓰임새(또 다른 통상적으로 추적이 가능한 "투입")는 원하는 학생들을 끌어들이고, 그들에게 더 강한 시장 지위를 확보해주고, 등급이나 순위에서 학습의 리더가 되도록 이끌어 이들의 임무를 더욱 잘 완수하게 한다.

핵심적인 교훈은 자유학예 기관들이 다양한 대학, 대학교들과 같은 집단의 학생들을 두고 경쟁하고 있다는 것이다. 비싸고 유수한 자유학예대학들은 마찬가지로 비싸고 우수한 기술학교 혹은 컨서바토리conservatoty를 상대로 제대로 경쟁할 수 있을 것이다. 각 기관은 18세부터 22세의 학생들을 대상으로 캠퍼스 생활 혹은 엘리트 상위 학위 진학 등의 요인들을 통해 경쟁하기 때문이다. 한편, 저렴한 비용의 열린 등록을 추구하는 자유학예대학은 커뮤니티 칼리지나 종합대학교와 경쟁하며 다양한 연령대의 지역 학생들에게 편의성, 저렴한 비용, 그리고 노동시장으로 직접 연결할 필요가 있다. 이러한 기반 시설 부문 경쟁infra-segment competition의 맥락에서는 가치제안value proposition을 확립하고 실행하는 것이 가장 중요하다.

자유학예이든 아니든 대학은 구별되는 방식으로 교육에 접근하거나 생산해낼 만한 성과를 잠재적 학생들이 즉각 알아볼 것이라 예상할 수 없다. 이러한 불확실함은 기관이 반드시 해야 할 두 가지 긴요한 일을 드러내 보인다. 먼저 효과적 마케팅과 커뮤니케이션의 기술적 문제가 있다. 이는 자유학예를 집중시간이 짧은 대중에게 설명해야 하고, 더 나아가 "기업"식의 실천을 전통적인 학계가 거부하는 데 따르는 악명 높은 어려움을 핑계 삼을 수 없는 도전이다. 기관들에도 시장 공략 노하우가 생기면서 잠재적 학생들에게 호소하는 위험을 무릅쓰는 징조는 유튜브에서 트위터에 이르기까지 도처에서 증가하고 있다. 시장에서 성과가 중요하듯, 투입도 그러하다. 대학을 선택하는 데 시장 역시 교육 경험에서 어떤 일이 일어나는지를 이해할 필요는 없을지, 혹은 "맞춤형", "권위"와 생활양식 선택 목록으로 충분할지? 자유학예의 가치제안에 대한 이런 다양한 관점은 헌신적 교육자, 능수능란한 마케터, 그리고 점차 학생 고객과 가족 사이에 단층이 있음을 보여준다. 그럼에도 결국 이러한 관점 중 그 어느 것도 어울리지 않는 것은 없다. 왜냐하면 대학 교육은 "초월적인 모든 것"이라 주장할 수 있기 때문이다.

가치를 둘러싸고 대학으로서 긴요한 두 번째 일은 교육 프로그램과 학생, 사회 전체 요구의 정렬 맞춤을 유지하는 적응할 수 있는 도전이다. 물론 자유학예의 오랜 유물 — 여전히 아리스토텔레스Aristote, 초서Caucer, 마르크스Marx를 포함하는 목록 — 에도 불구하고 자유학예교육 내부에서 교육과정 진화는 꾸준히 진행되었다. 새로운 학문, 증가하는 학제성과 실용적인 역량 구축이 시간이 증명하는 연구 영역에 들어와 오늘날의 자유학예교육을 규정한다. 그러나 취약한 학문 기관은 다른 시장의존 산업처럼 신속히 진화하지 못하는 것도 분명하다. 학교 경영진과 종신교수 모델은 보수적 권력에 종사하다 보니 단지 점진적 변화만 용인하는데, 이마저 입학이나 경력 서비스 부서가 가진 "시장 감각"과 격리된 사령탑에서 작동할 뿐이다. 이렇게 꾸물대는 학교 경영진 역시 교육의 질, 통합, 가치를 수호한다고 주장하지만 말이다.

다음 세대의 도전은 자유학예 기관이 적절한 감지 능력을 개발하고 동화하여 급속히 변화하는 시장의 진화하는 요구를 이해할 수 있는지, 충분히 빠른 속도로 혁신하여 학생, 가족, 졸업생과 직업학교, 고용주가 원하는 성과를 만들어내는 매력적인 교육 경험을 제공할 수 있을지에 달려 있다.

| 공동체

자유학예교육에 대한 세 번째이자 마지막 도전은 사회적 변화에 대응하여 생산적 학습 환경으로서 탁월한 지적 공동체를 유지하는 것이다. 여기에는 두 가지 주목할 만한 역풍이 있다. 첫 번째로, 대학 공동체의 인구학적 사실이 한 세대 혹은 두 세대의 세상과는 — 말 그대로 세계화된 교육의 전면에서 — 다르다는 것이다. 그러나 다양성이라는 전제가 진정 통합적인 학습 커뮤니티라는 약속을 수행하기 전에 캠퍼스의 일상에서 다른 할 일이 너무 많다. 두 번째 역풍은 무료이며 열린 아이디어 교환을 둘러싼 고조되는 긴장이다.

지난 반세기 동안 가장 위대한 승리 중 하나는 고등교육의 모든 분야가 다양해졌다는 것이다. 이는 여전히 진행 중이지만, 어떤 면으로 보든 학생들의 사회는 과거와는 사뭇 다르게 보인다. 새로운 공중 정책, 제도적 노력, 사회적 변화의 합류 결과 고등교육은 과거에 비해 다양한 인종, 종교, 국적, 성적 정체성, 능력과 사회경제적 위상을 가진 학생들에게 더욱 열려있다. 학생사회의 후속 기능으로 교수진 역시 상당히 다양해졌는데, 이는 다원성을 지향하는 추세가 빠른 속도로 계속되리라 생각할 만한 이유다.

그러나 고등교육 접근의 확장은 기관들에나 새로운 학생들에게 그리 쉽게 다가오지는 않았다. 남녀공학 초기의 여성들부터 아이비리그 기관에서의 유대인 접근금지, 인권운동Civil Right*과 그 후의 긍정적 행동을 위한 투쟁에 이르기까지 사회통합이라는 거대한 개념은 캠퍼스에 도달할 때까지

---

* 1954년부터 1968년까지 미국에서 진행된 인종차별, 박탈을 폐지하기 위한 정치운동(위키피디아)

많은 상처를 입었다.

대학 캠퍼스는 무엇보다 학생들과 사람들이 일련의 공동 목표, 즉 같이 학습하며 서로에게 배우려고 모여드는 곳이다. 표면적으로는 차별화가 바람직한 것이라지만 공동체에 짜임새를 제공하는 규범적 가치와 행동이라는 기본적 요구가 있다. 새로운 정체성, 문화, 신념과 학습목적이 혼합되므로 이러한 규범적 전제가 항상 공유되지는 않는다는 것은 놀라운 일이 아니다.

2012년 세간의 이목을 끈 명백한 인종 불평등 사건을 계기로 — 플로리다주 샌퍼드Sanford에서 미주리주 퍼거슨Ferguson까지 — "흑인의 생명도 중요하다Black Lives Matter" 운동이 미국 전역을 휩쓸기 시작했다. 이는 미국에서의 차세대 인권운동 활동으로 보이면서 대학생들 사이에서 반향을 일으켰으며, 학계에서도 일련의 신선한 비판을 이끌었다. 학생들은 시민 불복종 운동과 조직화된 변호를 통해 1960년대의 많은 주제를 반영한 일련의 원인을 제기하며 행동했지만, 여기에는 새로운 특징들이 있었다. 소셜 미디어가 가능하게 한 단합과 가시성에 힘입은 헤아릴 수 없는 대학, 대학교의 학생들은 기관의 집행부에 일련의 요구를 제시했다. 명백한 인종차별 해명, 의사결정에서 더 큰 목소리, 학생과 교수진에 유색인 모집 증가, 저변 학생들을 위한 지원 증가, 다양한 공동체 회원들의 감수성 훈련, 그리고 이에 더한 요구들이 그러했다. 지역별로 환경은 달랐지만, 긴급 주제는 고등교육을 향한 문이 많은 사람에게 열려있으나 공동체 성원으로서는 캠퍼스에서 지내본 경험이 만족스럽지 않다는 것이다. 평등과 사회적 정의에 오랫동안 헌신해온 성원들로서는 이러한 실패가 모든 면에서 고통스러운 사실이었다.

오늘날 같은 캠퍼스 다양성의 시대에 새롭지만 오래된 긴장이 전면에 대두되면서 심지어 가장 좋은 의도를 가진 공동체들도 깊은 불안에 직면하고 있다. 미국 특유의 오랜 어휘 중 한 부분을 이루는 인종, 민족성, 계층을 둘러싼 갈등은 오늘날 새로운 어조로 가슴 아프게 받아들여지면서 여전히 캠퍼스에 남아있다. 공격적인 학생 모집과 재정지원으로 저소득층 출신 학생도 입학이 가능하게 되었지만, 교재비에서부터 사회생활이나 통학에 따른 숨은 비용과의 투쟁은 그들만이 알고 있다. 심리적 질병이나 학습 장애의 효과적 치료가 많은 학생이 고등교육에 진입하도록 추동했지만, 모든 대학이 적절한 지원을 제공할 준비가 되어 있지는 않다. 이러한 도전에 대처하는 데 필요한 변화는 매우 중요하며, 그 영역은 포착하기 어려운 곳 — 예를 들어 차이의 깊은 골을 가로지르는 다리를 만들기 위해 모든 공동체 성원들이 요구하는 개인적 참여 — 에서부터 실천적인 것 — 다양한 학생 인구들을 위해 적절한 지원을 제공하는 시스템 같은 — 에 이른다.

많은 학생이 캠퍼스에서 이방인 같은 소외감을 기술한다. 존중받는다는 느낌이 없고 성공을 도와주는 분위기를 만날 수 없다는 것이다. 이런 문제가 국제 공동체가 직면하는 두 번째 역풍으로 이어진다. 개인들이 제약 없이 학문적으로 진리를 탐구하는 일과 학습 공동체가 제공하는 혜택을 함께 충분히 누리도록 해주기 위한 안전감, 존중과 위엄을 조화롭게 하려는 요구가 그것이다. 더 정확히 말하자면 학생들에게서 나오는 빈번한 요구는 "안전한 공간"과 증오 혹은 무감각한 언사에 대응하는 기관의 더 강한 입장 표명을 포함한다. 이러한 요구는 대학과 대학교로서는 문제가 되는데, 그러한 조치를 할 경우 자유롭고 열린 아이디어 교환에 바로 긴장을 조성하기 때문이다.

이러한 문제는 헌신적인 교육가가 규칙 기반에서 변화하는 기준에 저촉되는 일을 하면서 미국 전역에 걸쳐 점차 명확해지고 있다. 이는 도발적 언사, 화를 촉발하는 경고, 화법 코드, "사고방식thought policing" 비난 등을 둘러싸고 논란을 불러일으킨다. 논란을 불러일으키는 캠퍼스 연사들은 항의의 대상은 되지 않았더라도 학생들의 논의에는 초대받지 못하며, 이러한 점이 오늘날 학생들은 의견을 달리하는 관점을 인내하지 못한다는 비판을 촉진한다. 여전히 좌경화된 캠퍼스에서는 대학이 대리한다는 열린 논쟁에서조차 우익의 관점을 본의 아니게 듣는 것은 찬물을 끼얹는 효과로 간주된다. 교수들도 예외는 아니다. 논란이 되는 이슈를 대놓고 언급하는 일부 교수들은 견책을 받아왔다. 이러한 갈등들은 소셜미디어에 의해 악화되었다. 폭넓은 청중을 대상으로 정보를 신속하게 유포하다가 선동될 수 있어 개인이나 기관이 고도의 조사에 들어가면서 평판에 새로운 위기를 초래하기 때문이다.

이 문제의 책임을 오만한 학생들이나 길을 잘못 든 교육자에게만 전가할 수는 없다. 이러한 갈등의 저변에는 '무엇에 대해 아직 합의가 이루어지지 않았는가?'라는 근본적 문제가 있다. 학생들에게는 기분 상하지 않을 권리가 있는가? 교수진은 학문의 자유라는 이름으로 아무 말이나 할 권리가 있는가? 우리가 다른 사람들에게 동의하지 않거나 스테레오타입에 도전한다면 어떻게 공감을 이야기할 수 있는가? 교육이라는 것이 근본적으로는 학습자가 어느 정도 수준의 불편함을 창조하여 새로운 사고로 이어지도록 하는 것이라면 공동체는 어떻게 모든 사람에게 작동하는 생산적 불편을 찾을 것인가?

많은 자유학예 기관이 이러한 차세대 문제들을 성찰하고 실험하기 시작했다. 어떤 공동체는 처음부터 더 직접적인 개입을 모색하기도 한다. 오리엔테이션 과정의 시작에서부터 신입생들이 대학 운영에서 그들의 역할을 이해하도록 하는 탁월한 틀을 통해서 말이다. 어떻게 자신과 다른 관점을 받아들일까? 갈등을 어떻게 표명할까? 동시에 교수진도 강의실의 학생들이 전달하는 다양한 경험과 요구에 자신을 준비시키는 일에 참여한다. 이러한 기획은 캠퍼스에서 참신한 공동작업을 촉진한다. 학생처의 전문가들 — 오랫동안 인구 변화의 최전선에서 있었던 — 이 캠퍼스 공동체에 다름과 협상하고 불편함을 학습 기회로 삼도록 점차 비판적 안목을 키우는 중이다. 다양한 세대의 동문 역시 오늘날 캠퍼스에서의 생생한 긴장의 뿌리와 장기적 결과에 대해 할 말이 많다. 대학과 대학교가 본질적 약속인 제한 없는 진실 탐구에서 벗어남 없이 다양한 학생들을 어떻게 지원할 것인가는 고난도의 문제다.

| 결론

요약하면, 자유학예교육에 대한 차세대의 경제, 가치, 공동체를 둘러싼 도전은 범주상 새로운 것이 아니다. 그러나 비용구조, 인구학적 문제, 기술과 문화를 둘러싼 기본적 압력이 강하다 보니 기술적 변화로는 그들의 임무를 장기적으로 유지하기에 충분하지 않다. 재정 균형, 시장과 보조 맞추기, 공동체들의 통합을 유지하는 데 필요한 받아들일 만한 종류의 변화는 많은 대학이 지금까지 하던 것과는 다른 조직적 민첩함을 요구한다. 기능적 사령탑을 둘러싼 지시-통제 위계를 엄격히 고수하는 것은 교수진을 가로지르는 조직 능력, 학생 지원 영역 활성화, 시장 조율에 필요한 무기 준비, 후방 지원 기능, 외부의 지원과 궁극적으로는 학생 자신들을 위한 노력을 방해한다. 공동체에 배분된 지성과 에너지를 이용하는 대학과 대학교는 유리한 위치에서 이러한 도전들에 대처하고, 다가오는 세대를 위한 자유교육이 어떤 모습이 될 것인지 형성할 것이다.

참고문헌

Arum, R., and Roksa, J. (2010). *Academically Adrift: Limited Learning on College Campuses*. Chicago: University of Chicago Press.

National Center on Postsecondary Improvement (NCPI) (2001, March/April). "Kesurveying the terrain: Refining the taxonomy for the postsecondary market." *Change*. Retrieved June 1, 2016, from www.theleamingalliance.info/Docs/Jun2003/DOC-2003 Junl8.1055949966.pdf.

Winston, G. (2003, January). "Toward a theory of tuition: Prices, peer wages, and competition in higher education." Retrieved June 1, 2016, from http://sites.williams.edu/ wpehe/files/201l/06/DP-65.pdf.

Winston, G. and Zimmerman, D. (2003, January). "Peer effects in higher education." Retrieved June 1, 2016, from http://sites.williams.edu/wpehe/files/2011/06/DP-64.pdf.

Zemsky, R., Shaman, S., and Ianozzi, M. (1997, November/December). In Search of Strategic Perspective: A Tool for Mapping the Market in Postsecondary Education. *Change*. Retrieved June 1, 2016, from www.thelearningalliance.infd/Docs/Jun2003/DOC-2003 Junl8.1055951725.pdf.

II
세계의 자유학예

6
글로벌 자유교육 현상 요약
실증적 접근

카라 A. 고드윈

오늘날 자유교육*에 대한 관심이 미국을 넘어서 확장되어왔음은 거의 의심의 여지가 없다. 이 책 자체가 이전에는 거의 자유교육이 존재하지 않았던 곳에 자유교육 프로그램이 침투했다는 담론의 탁월한 증거다. 점점 더 많은 사례가 국제 학술대회의 국가별 사례 연구 분과에서 나타나며, 자유교육과 일반교육 프로그램을 위한 공공 혹은 사립 재원이 증가(미국 외부에서)하고, 중국과 홍콩이 국가 정책을 통해 3차 교육 시스템을 가로질러 자유교육 요소를 의무적으로 도입하는 등의 사실은 이러한 국제적 현상이 분명한 것임을 보여준다. 새로우며 계속 일신되는 자유교육의 혁신이 전통적

---

* 이 글의 저자 고드윈은 '자유학예교육liberal arts education' 대신 '자유교육liberal education'이라는 용어를 사용한다. 양자는 의미상 차이가 없다는 것이 글의 문맥에서도 확인된다. 이 글에서는 필자의 선택을 존중하여 '자유교육'이라는 번역 용어를 유지한다. 한편, 고드윈은 통상적 용어인 '자유학예대학liberal arts college' 혹은 자유학예교육기관을 '자유교육 이니셔티브liberal education initiative'라 표현한다. 이 용어는 가끔 프로그램을 지칭하기도 한다. 이 역시 저자의 선택을 존중한다.

대학교 체계와 고등교육의 개념을 파괴하는 중이다. 바야흐로 지금은 홍분의 시대다.

그러나 지금까지 자유교육의 국제적 윤곽에 대한 종합적 이해는 없었다. 그것은 이러한 성장하는 경향의 광범위하고도 실증적인 초상화다. 자유교육은 세상 어디에 존재하며, 그 도래 양상은 지역마다 어떻게 다를까? 자유교육의 기능과 미래를 이해하도록 해준 현대 자유교육의 연대기적 발전에서 무엇을 더 얻을 수 있을까? 자유교육 이니셔티브는 어떤 형태로 진화하는 중인가? 프로그램이나 기관들 사이의 유사점과 차이점의 성격은 어떤 것인가? 뒤에서 진행되는 논의는 이러한 질문들에 전념한다. 이 글은 정책 입안자, 기관의 리더, 학자들이 개별 자유교육 이니셔티브의 소재를 파악할 수 있도록 국제적 프로필 ― 기초 ― 을 제공한다. 논의 가운데에서 이 글은 데이터의 의미에 대해 도전적인 질문을 제기하며, 결론에서는 접근과 평등, 문화적 헤게모니와 전 세계의 신자유주의 경향에 자유교육이 끼친 영향을 비판적으로 돌아본다.

현상과 국제적 경향

자유교육에 관한 관심이 국제적으로 증가하는 것은 놀라운 현상이다. 학부 교육에 자유교육이 접근하는 것(교육철학과 교육과정 모델에서 과잉일 정도로)은 세계적으로 상당히 퍼져 있던 전통적 2차 교육 이후 교육의 개념 틀과는 완전히 대조되기 때문이다. 미국을 제외하면 고등교육은 수세기 동안 전문 학습을 둘러싸고 진행되었다. 실용적인 인적 자원이라는 철학이 세계적으로 대부분의 3차 교육 시스템을 규정했다. 사회는 주로 고등교육의 목표를 노동력을 만드는 것으로 보았고, 이는 산업, 건강관리, 학교, 공공 서비스 분야에서 필요한 자리를 메우는 요원들을 양성하는 것이었다. 그 결과, 학생들은 거의 전적으로 특정 영역에 초점을 맞춘 교육과정에 참여했다. 2차 교육 이후 훈련으로의 접근은 이처럼 자유교육과는 대조되면서 통상 "전공", "경력에 초점을 맞춘" 혹은 "직업적"이라 불렸으며, 이것이 국제적 규범이었다.

그러나 자유교육은 특정 직업보다 광범위한 기초 지식에 초점을 맞춘다. 그것의 중심 교의는 학습자들이 복잡성, 다양성과 변화에 대비하여 비판적 사회 성원이 되도록 마음과 일련의 기술을 돋우고자 하는 것이다(Association of American Colleges and Universities; Godwin, 2013). 자유교육의 정의에 관한 많은 변이체와 논쟁에도 불구하고 그 본질은 세 가지 구성요소에 의존한다. 첫 번째로, 자유교육은 다중 학문적이다. 그것은 예술, 인문학, 사회과학, 자연과학과 점차 증가하는 STEM 영역에 폭넓은 노출(이상적으로는 아는 방법과 질문하는 방법의 상호 연관 학문)을 제공한다. 두 번째로 자유교육은 "일반교육" 성분을 가진다. 즉, 주어진 프로그램 안에서 폭넓은 교육과정 접근은 모든, 혹은 대부분 학생에게 요구된다. 마지막으로, 자유교육은 비판적 사고, 문제 해결, 분석, 커뮤니케이션, 글로벌 시민의식, 양적 · 질적 리터러시, 사회적 책임 의식을 포함하는 초보적 능력을 배양하고자 노력한다.

그리스, 중국, 인도와 이집트의 역사적 뿌리(Godwin & Altbach, 2016)에도 불구하고 오늘날의 자유교육은 분명히 미국에서 구축된 것으로 인식된다(Becker, 2003; Nussbaum, 1997, 2004; Rothblatt, 2003). 미국은 특유의 자유학예대학뿐 아니라 일반교육(모든 혹은 대다수 학생이 다양한 학문 분야의 수업을 이수해야 하는)이 대다수의 공립 · 사립 기관을 가로질러 공통으로 실행된다는 이유에서 충분히 자유교육의 "고향"이라 간주된다. 다른 나라들의 3차 교육 시스템과 비교하면 심지어 미국 주립기관들도 자유교육 철학 요소들을 통합한다. 여러 특징 중 이것이 전 세계 시스템 가운데 미국 고등교육을 일종의 변칙으로 만든 것이다.

이런 대조를 염두에 두면서, 아래의 논의는 세계적 자유교육 현상은 실험적 프로그램들이 우연히 일치된 이상의 것임을 보인다. 두 가지 이유에서 이것은 작지만 중요한 국제적 현상이다. 먼저, 태동하는 자유교육의 지리적 범위가 매우 넓다. 프로그램은 이 세상 어떤 지역에서도 찾을 수 있는데, 이는 몇십 년 전에는 있을 수 없었던 내용이다. 두 번째로, 현재 자유교육 이니셔티브 수가 계속 증가한다. 연대기적 데이터가 보여주듯, 이 세상의 자유교육 이니셔티브 중 절반 이상이 1990년 이후에 시작되었다(Godwin, 2013).

어디서, 언제, 어떻게(어떤 포맷으로) 자유교육이 국제적으로 나타나는가?

세계적인 자유교육의 대두는 전 세계 자유교육 이니셔티브와 이를 규정하는 특징들의 데이터베이스인 세계 자유교육 목록Global Liberal Education Inventory(GLEI)의 분석을 통해 처음으로 하나의 경향으로 확인되었다. 이 목록은 다른 데이터들과 함께 프로그램의 소재, 창립 일자, 공립 · 사립 위상, 강의 언어, 학생과 교수 수, 기관의 파트너십, 인증, 종단 소속 기관 여부, 성별(남성 전용 혹은 여성 전용 기관, 성별 분리 프로그램 등)을 포함한다. 곧 나올 종합적 문헌이 더 상세한 지역별 분석을 제공할 것이므로* 이 글은 두드러진 글로벌 데이터를 개괄하겠다. GLEI를 개별 국가별로 분석해보면 그 결과는 지역별 · 국가별 3차 교육 시스템으로 더욱 미묘하며 유의미한 차별성을 드러낸다.

2013년 현재 미국을 제외하면 183개의 자유교육 프로그램이 58개국에 분포되어 있다.[1] 〈그림 6.1〉은 미국을 제외한 자유교육의 세계적 분포를 보여준다. 〈그림 6.2〉는 카네기재단의 『교수발전*Advancement of Teaching*』(2010)에서 분류된 자유교육 혹은 "문리Arts and Science" 기관(다수는 통상 "자유학예대학"이라 알려진)인 365개 자유교육 기관의 분포를 보여준다. (미국에는 365개 이상의

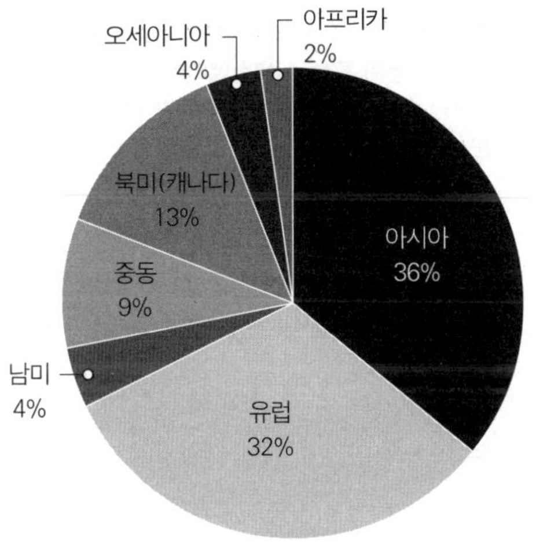

그림 6.1 미국을 제외한 전 세계 프로그램의 백분율에 따른 자유교육 분포. GLEI 분석과 계산에 근거함.

* "종합적 문헌"은 이후에 출판된 Pedro Nuno Teixeira, Jung Cheol Shin eds. (2020), *The International Encyclopedia of Higher Education Systems and Institutions*, Springer를 가리킨다. 고드윈은 "Liberal Arts Education, Going Global"이라는 제목의 장을 이 책에 수록했다.

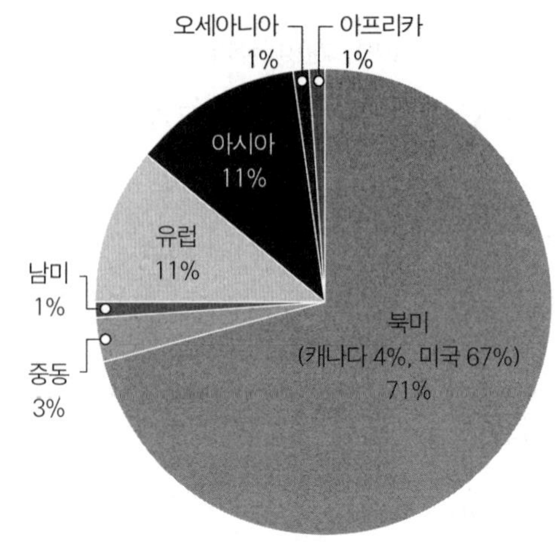

그림 6.2 미국을 포함한 전 세계 프로그램의 백분율에 따른 자유교육 분포. [미국의 경우 카네기재단 『교수 발전*Advancement of Teaching*』(2010)이 보고한 365개 자유교육 혹은 "문리"기관에(대부분이 통상 "자유학예대학"이라 알려진) 근거하여 계산함. 실제 미국의 프로그램 수는 훨씬 더 많을 것이지만 쉽게 확인되지 않음. 다른 모든 데이터는 GLEI 분석과 계산에 근거함]

자유교육 프로그램이 있음을 인식하는 게 중요하다. 그러나 대부분 프로그램이 연구 중심 대학교에 매립되어 있으므로 확인하기는 어렵다. 전 세계에서 미국 자유교육 비율의 실질적 비율은 〈그림 6.2〉보다 훨씬 높다.)

주목할 것은 소수의 국가만이 "실질적" 자유교육을 보여주며, 많은 국가에서는 단지 한두 가지의 자유교육 프로그램만 가진다는 점이다. 예를 들어 캐나다는 21개의 자유교육 프로그램이 있어 미국 외의 그 어떤 나라보다 많으며, 이를 이어 인도, 영국과 일본이 다음으로 높은 프로그램 수를 가진다(각 13, 14개). 분포 분석의 상위에서는 국가 중 단지 2%(미국 포함 5개국)만이 10개 이상의 자유교육 프로그램을 가진다. 최하위에는 45개국이 한두 가지의 GLEI 프로그램이 있다. 요컨대 GLEI 국가 중에서 거의 80%는 고등교육 시스템에 단지 한두 가지의 이니셔티브를 가진다는 것이다.

이것이 왜 의미를 가지는가? "바닥에 몰려 있는" 세계적 분포는 2차 교육 이후 주도적 흐름을 더 넓히려는 자유교육의 잠재성을 희석한다. 대부분의 2차 교육 이후 자유교육은 외래 개념이기 때문에 프로그램 수가 많다면 이는 평판을 올려주고 자유교육 철학의 타당성을 인정받기 때문이다. 특히 정부가 (공립이든 사립이든) 3차 교육 프로그램을 승인하거나 자격을 부여하는 국가에서는 GLEI 이니셔티브가 많을수록 정책 입안자, 고등교육 참여자와 대중은 자유교육을 이해하고, 재원을 할당하며, 정치적 · 사회적 지원을 유지할 수 있을 것이다. 예를 들어 네덜란드(6개 프로그램), 오스트레일리아(7개 프로그램)와 영국(14개 프로그램)에서는 인식이 발전하면서 자유교육 등록이 증가한다. 더 나아가, 자유교육 졸업생 수는 이 교육철학이 사회적 · 정치적 · 문화적 상황 — 우리로서는 이 현상을 관리하는 데 핵심 동력인 — 에 잠재적 효과를 주는 데 긍정적으로 관련된다. 이처럼 자유교육 프로그램에 대한 더 큰 집중은 자유교육 기풍이 전통적 대학교의 타당한 대체물로 받아들여질 것이다.

지역별 간략 요약

아시아. 2013 GLEI 분석의 놀라운 결과 중 하나는 아시아 — 유럽이 아니라 — 가 북미를 제외한 그 어떤 지역에서보다 자유교육이 더 강하게 존재한다는 사실이다. 아시아는 미국 밖에서 자유교육의 36%를 점한다. 아시아 자유학예 프로그램의 3/4은 중국, 인도, 일본에 있는데, 수는 적지만 중요한 이니셔티브가 부탄, 아프가니스탄, 방글라데시에서 대체재로 나타난다. 중국에서는 정부가 비판적 사고와 창의성 발전에 관심을 가지면서 그 나라의 전통적 교육과정과 대조되는 자유교육 혁신을 추동한다. 또한 전례가 없는 자유교육의 의무화가 홍콩의 공립 고등교육 시스템 전반에 자리를 잡아간다. 일반교육과 자유교육의 이니셔티브가 학위 주기의 변화와 함께 홍콩의 모든 공립 기관들에 이식되는 중이다.

유럽. 미국 밖에서 32%의 프로그램을 차지하는 유럽에서 자유교육은 서부와 동부 지역에서 느슨하게 구별된다. 서부에서 자유교육은 자주 볼로냐 프로세스Bologna Process*와 학부 교육의 첫 번째 학위 내용을 좀 더 규정하기 위한 필요성과 연계된다. 예를 들어 네덜란드에서 새로운 프로그램은 고등교육을 다양화하고, 그냥 두었다면 평등 시스템에 머물렀을 교육의 수월성 단계를 끌어올리기 위해 만들어졌다. 이에 반해, 동부 국가에서는 자유교육이라는 새로운 교육철학 경험이 새로 재편되는 정치권력과 냉전 이후 부상된 민주주의와 더 긴밀하게 관련된다. 바르샤바 대학교University of Warsaw의 '아르테스 리베랄레*Artes Liberales* 프로그램'과 '교수진 내부 개별 연구 콜레지움Collegium of Inter-Faculty Individual Studies'이 주목할 만한 사례다.

중동과 아랍 국가. 중동과 아랍 국가는 GLEI 이니셔티브에서 9%밖에 차지하지 않지만, 비판적 사고를 장려하는 흔하지 않은 목적을 가지는 교육으로 많은 관심을 끈다. 이 지역에서 자유교육은 통상 "아메리카식" 교육이라 불리며, 대중의 관점에서는 자주 질質과 동의어로 쓰인다. 그러나 명칭 합의에서의 성공은 성차별과 종교 규율이라는 우선 원칙에 대해 자주 벌어지는 문화적 도전을 반영하지는 않는다. 한편, 중동에는 졸업생들이

---

* 영국, 프랑스, 독일, 이탈리아 등 29개 유럽 국가들이 이탈리아 볼로냐에 모여 2010년까지 단일한 고등교육제도를 만들어 유럽 대학교들의 국제 경쟁력을 높이고자 1999년에 출범한 프로그램

"사회에서 변혁의 리더십을 발휘할 것"이라는 "확신으로 인도되는"(Agarwal & Srinivasan, 2012: 69) 여성 전용 자유교육 프로그램이 9개 있다.

남미. GLEI에 의하면 자유교육은 남미(미국 밖에서 4%에 지나지 않는 7개 프로그램), 아프리카(미국 밖에서 2%에 지나지 않는 4개 프로그램), 오세아니아(4%로 7개 프로그램)로, 상대적으로 덜 확산되었다. 남미 자유교육 이니셔티브는 종종 가톨릭교회에 부속되어 목록화된 프로그램들과 달리 그 어느 기관도 교육 언어로 영어를 쓰지 않는다(뒤에서 상술). 그러나 이 지역은 세상에서 가장 중요한 실험 중 하나가 진행되는 본거지다. 브라질 캄피나스 대학교University of Campinas의 고등 학제교육 프로그램ProFIS*은 이 나라에서 가장 혜택을 받지 못하는 중등학교 출신 중 일부에게 제공되는데, 그렇지 않았다면 학문적으로 도달할 수 없는 대학교 입학의 통로가 되어 이들이 자유교육 교육과정을 졸업하도록 한다.

아프리카. 아프리카 프로그램은 수는 적지만 케냐, 모로코, 가나와 나이지리아에서처럼 고등교육 수요가 있고 자유교육 철학이 경제적 · 사회적 발전에 혁신적이며 긍정적인 영향을 주기를 희망하는 창립자들이 있는 곳에서 특별한 2차 교육 이후의 기회를 제공한다.

오세아니아. 오세아니아에서는 오스트레일리아가 자유교육 이니셔티브를 가진 유일한 나라다. 자유교육이 국가 고등교육 시스템에서 부차적인 역할을 하는 대부분 지역과 달리 최상위 대학인 멜버른 대학교University of Melbourne가 학부 과정에서 자유교육 프로그램을 개발했다. 이 대학의 접근이 오늘날 "멜버른 모델"이라는 별명을 가지면서 다른 세계적 상위 랭킹 대

---

* Programa de Formaçao Interdisciplinar Superior. 캄피나스 공립학교에서 중학교부터 공부한 학생들을 대상으로 하는 고등교육 시범 과정

학교들에 접목되는 것은 세계의 자유교육에서 의미 있는 발전이다.

북미. 마지막으로 북미에서는 미국이 GLEI에서 제외되므로 캐나다가 이 지역을 대표하는 유일한 국가다. 캐나다에는 21개 프로그램이 있는데, 이는 어떤 나라보다 많다. 그러나 총체적으로 보면 이들은 최근의 세계적 자유교육 발전과 관련된 대화와 활동에서 거의 영향을 미치지 못한다. 캐나다는 대부분의 다른 국가들보다 더 오랜 자유교육 역사를 가지나 1990년 이후 단지 세 군데의 새로운 자유교육 이니셔티브가 부상했을 뿐이다. 이들 가운데 둘을 차지하는 U4 리그,* 즉 오래 유지된 4개 자유교육 기관들의 컨소시엄과 다양한 학문문화에서 만들어진 독특한 교육과정을 가진 퀘스트 대학교Quest University 정도를 캐나다와 국경을 넘어선 더 넓은 지역에서 자유교육의 새로운 계승자로 볼 수 있다.

연대기

전 세계에서 자유교육의 연대기적 발전은 극적이다. GLEI의 증빙자료에 의하면 지난 15년 동안 자유교육 프로그램과 이 프로그램의 국제적 분포는 분명히 증가했다. 캐나다 · 북미를 제외하면 2000년 이후 자유교육 프로그램은 다른 모든 지역에서 증가했다. 〈그림 6.3〉은 그동안 자유교육과 새로운 프로그램 창설의 역사적 현황을 보인다. 진한 선의 점은 해당 연도 사이에 개발된 새로운 프로그램 수를 보인다. 〈그림 6.4〉는 지역별 자유

* 다른 말로는 단풍 리그maple league, 아카디아 대학교Acadia University, 비숍 대학교Bishop's University, 마운트 앨리슨 대학교Mount Allison University, 성 프란시스 자비에 대학교St. Francis Xavier University의 학부를 지칭한다.

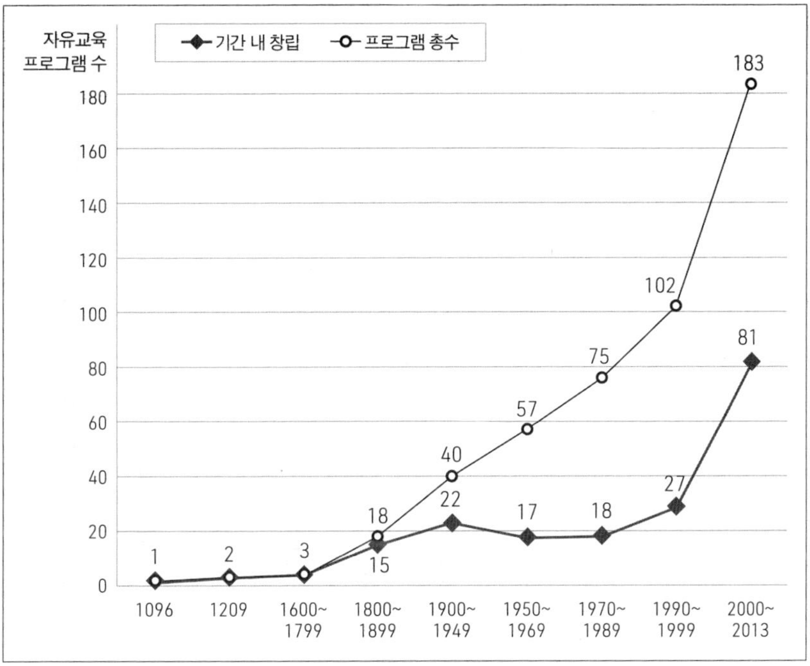

그림 6.3 시기별 자유교육프로그램 창립과 누적 수. 진한 선의 점은 해당 연도 사이에 창립된 프로그램 수를, 밝은 선의 점은 같은 연도 사이별 프로그램 총수를 보여줌. 연도 사이의 기간은 다양하여 일관성이 없음에 주의. 이 기간은 연대기에 기반을 둔 자유교육 프로그램의 유의미한 발전을 보이기 위해 설정되었으며, GLEI 분석과 계산에 근거함.

교육의 연대기적 성장을 보인다. 밝은 선의 점은 같은 연도 사이에 존재한 프로그램의 총(누적)수를 보인다.

중등교육 이후 훈련 요구가 증가하는 데 부응하여 도처에서 고등교육 제공자 수도 매우 증가한 점을 고려하여 GLEI의 연대기적 데이터 해석이 조절되어야 한다(고등교육 연구에서 "대형화"라 알려진 Trow, 2006; Marginson, 2016도 참조). 그러나 위에서 기술한 것처럼 자유교육과 전통적으로 전문화된 대학교 교육과정 사이의 첨예한 대조는 국제적으로 자유교육이 급증하는 현상을

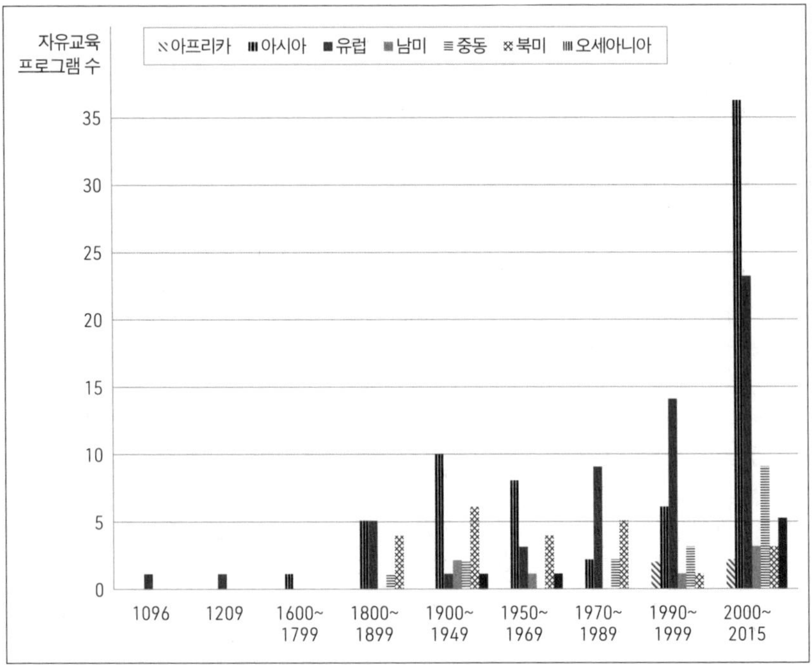

그림 6.4 시기별 각 지역의 자유교육 프로그램 수(미국 제외). [GLEI 분석과 계산에 근거함]

고등교육 제공자의 의도와는 무관한 것으로 만든다. 미국 밖에서 자유교육은 여전히 고등교육에서 전형적이지 않은 접근으로, 노동시장, 정치, 문화에 영향을 끼치는 관습적인 대학교 시스템과는 다른 것으로 남아있다. 그러므로 이러한 연대기적 접근은 국제적 경향임이 분명한, 자유교육에 대한 증가하는 관심을 특징짓는다.

소재

GLEI 데이터는 자유교육 프로그램의 지리적 소재에 관한 정보, 즉 그것이 시골, 작은 도시(인구 3만 명 이하), 교외(주요 도시에 근접한 대도시 지역), 혹은 도시 지역에 있는지 여부를 포함한다. 이 정보는 연구자가 이 프로그램의 도시 혹은 대도시 무대와의 접근성과 관련된 패턴이나 외부 거주 상황을 확인하게 한다. 전 세계 대부분의 2차 교육 이후 기관들처럼 GLEI 프로그램들도 주로 도시 지역에 위치한다. 자유교육 이니셔티브의 92%가 도시나 교외 지역에 위치한다.[2]

자유교육의 접근성을 조사할 때, 이는 중요하지만 자주 간과되는 발견이다. 알트바흐, 라이스버그와 럼블리(Altbach, Reisberg, Rumbley, 2009)가 강조하듯, 고등교육 기관의 소재는 불평등 요소로 "쉽게 평가절하"된다(40). 관련 연구들에 의하면, 고등교육 기관이 도시에 집중되고 시골에 있는 기관은 적자를 보는 것은 2차 교육 이후에 접근하는 데 장애가 됨을 보인다(Dassin, 2011; Duczmal, 2006; Yang, 2010). 이는 자유교육을 제공하는 이니셔티브의 경우에도 사실이다. 학위를 부여하는 자유교육 프로그램 중 8%와 14%(4개의 사립과 10개의 공립)만이 각각 시골 지역과 작은 도시에 있다. 그나마 이들 대부분은 캐나다나 아시아에 있다. 이 통계에 대한 우려는 시골 지역 학생들이 적은 사회적 · 경제적 재원을 가진, 불이익을 받는 중등학교나 가계 출신이라는 점이다. 많은 학생은 대학교에 다니기 위해 더 큰 대도시 지역으로 통학할 수 없다. 특히 호주(Center for Study of Higher Education, 2008), 아프리카(Bradely, 2000), 아시아의 여러 지역(예를 들어 Yang, 2010)에서 원주민들은 시골에 거주할 확률이 높다.

어쨌든 자유교육 프로그램이 넓은 대도시 지역에 집중되는 경향은 지속될 것으로 보인다. 기존 연구 중심 대학교에서 새로운 프로그램들이 부차적으로 개발되듯, 이들은 도시 지역에서 비율에 맞지 않게 구축된다. 도시들은 더 많은 사람에게 부수적 지원과 함께 접근성을 제공한다. 미술관, 도서관, 음악회관, 문화회관은 특히 자유교육에 관여적pertinent이다. 더 나아가 대학교 밖의 (그리고 대학교가 후원하는) 숙소를 위한 대중교통, 기술 인프라 진입, 그리고 더 많은 선택적 사항들은 국제 학생들과 교수진을 끌어들이는 자산이다. 그러나 1995년 이후 창립된 자유교육 이니셔티브의 절반이 시골이나 작은 도시에서 창립되었다는 사실은 주목할 만하다. 일반적으로 고등교육과 마찬가지로 자유교육 프로그램의 소재는 참여 학생들의 프로필과 함께 접근성에도 영향을 미칠 것이다. 세계적으로 자유교육 경향이 계속되기 위해서는 앞으로도 관심을 기울일 필요가 있다.

공립 · 사립 위상

미국 밖에서 3차 교육은 종종 교육부를 통한 국가 정부의 기능이다. 가장 권위 있는 기관 중 많은 곳이 정부가 주도하고 공공이 재정을 지원하는 연구 중심 대학교이며, 학생들은 어느 정도 정부 재정지원을 받아 2차 교육 이후 교육에 참여한다. 그러나 지난 20~30년 동안 3차 훈련의 요구가 공급을 능가하면서(학생뿐 아니라 가능한 제공자들 모두에서) 사립 고등교육이 중요성이나 규모 면에서 증가했다. 고등교육의 목적을 둘러싼 끊임없이 반복되는 토론과 무관하게 공립 혹은 사립 독립체로서 자유교육의 위상이 매우 문제가 된다. 여기에는 재원, 의사결정 자립성, 인증, 리더십과 평판을 포함하는 다양한 프로그램 기회와 도전이 포함된다. 특히 공립 분야 자유교육은 두드러진 관심 대상인데, 이는 특정 교육철학, 즉 사회적 · 정치적 · 문화적 조건 — 종종 정부에 의해 영향을 받거나 통제되는 — 에 비판적 사고를 초래하는 교육에 대한 정부의 관용을 보여주는 신호이기 때문이다.

지역별 · 창립 시기별 분석 결과는 더 다양하다. 〈그림 6.5〉는 각 지역에서 공립과 사립 프로그램 수를 보여준다. 자유교육은 세계적으로 거의 균등하게 공립과 사립으로 나누어지는데, 지역별로 분석해보면 두 영역 사이에는 각자 총체적으로 고등교육 시스템에 적합하지만 더 의미 있는 격차들이 나타난다. 예를 들어 사립 3차 교육 제공자들이 급증하는 중동에서는 자유교육 프로그램들도 여기에 맞추어 대부분 사립이다(이들 대부분이 공공 재정지원을 받지만). 캐나다와 서부 유럽(그래프에서 하위 지역으로 표기되지 않았는데)에

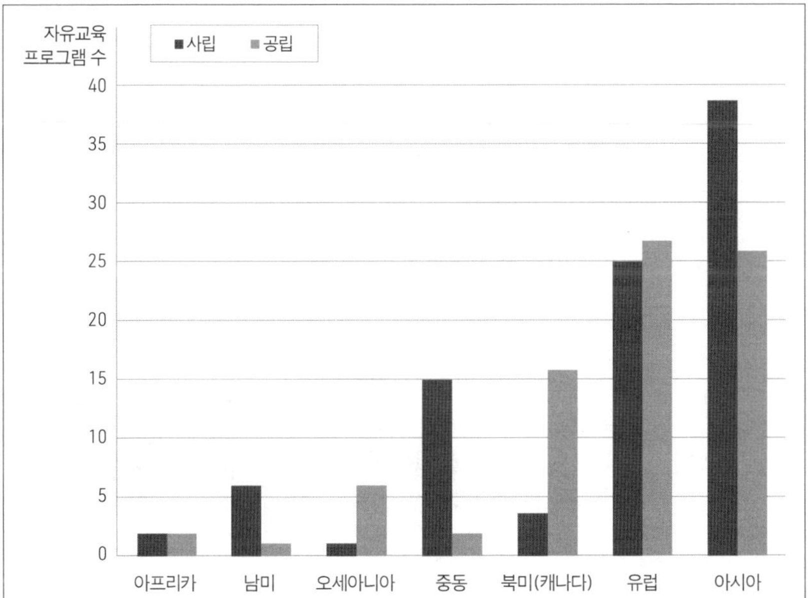

그림 6.5 지역별 공립 · 사립 자유교육 프로그램 수. 사립 프로그램 계산에는 영리 프로그램 한 군데를 포함하며, GLEI 분석과 계산에 근거함.

서는 자유교육의 공공적 성격이 공립 영역을 계속 선호하는 고등교육 시스템과 병행한다. 아시아에서는 결과가 나누어진다. 일반적으로 공립 자유교육은 급속하게 발전하는 사립 이니셔티브를 따라간다. 그러나 홍콩에서는 국가 차원의 정책 변화(그리고 중국의 많은 공립 기관에서도)가 동시에 공립 자유교육의 비율도 끌어올린다.

고등교육 지평에서 사립화가 진행되고 도처에서 사립 프로그램들이 급격히 발전하면서 공립 · 사립과 결부된 자유교육 창립 시기를 분석해보면 놀라운 결과가 나온다. 〈그림 6.6〉은 2000년 이후 사립에 비해 20% 더

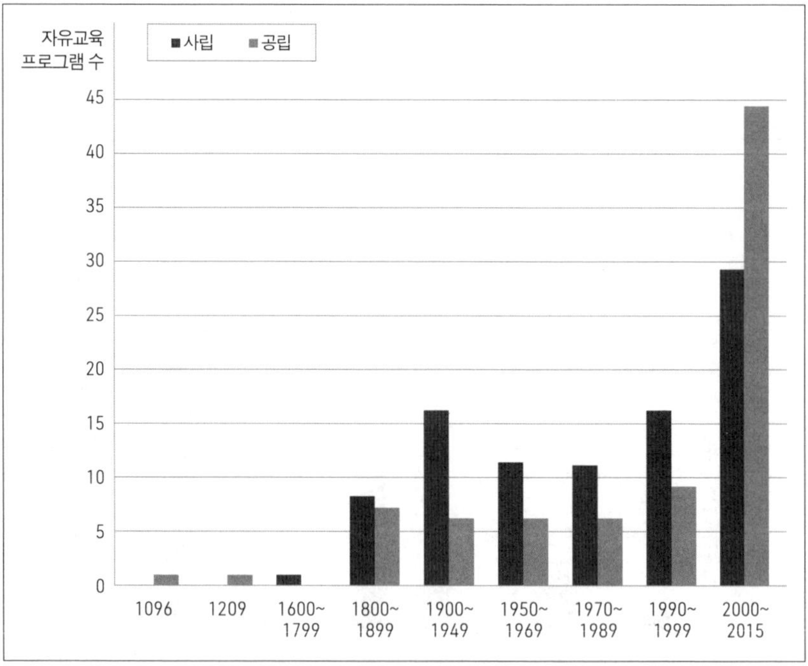

그림 6.6 창립 시기별 공립 · 사립 자유교육 프로그램 수. 사립 프로그램의 계산에는 영리 프로그램 한 군데를 포함하며, 다른 모든 사립 프로그램은 비영리임. GLEI 분석과 계산에 근거함.

많은 공립 자유교육 프로그램이 나왔음을 보여준다. 이는 예견하지 못한 것이다. 자유교육 프로그램은 세계적 3차 교육 등록에서 미세한 부분만을 차지하기 때문에 가장 최근의 이니셔티브는 우산雨傘 역할을 하는 고등교육의 발전 추세에 발맞추어 독립 혹은 소규모 사립 기관을 통해 발생한다고 추측할 수 있다. 또한 GLEI는 최근 프로그램의 다수가 대규모 연구 중심 기관들과 통합되거나 시스템 일부가 되어 대학교 차원의 정책이 홍콩, 중국, 오스트레일리아처럼 변화함을 보여준다.

공립 영역에서 자유교육의 의미 있는 출현은 주목할 만하다. 자유교육의 폭넓고 전체론적 철학을 볼 때, 그 핵심 목적은 일반적으로 세계적으로 공립 3차 교육 시스템으로 규정된 주도적인 인간 자본 모델과는 모순된다. 그러나 이는 2000년 결성된 세계은행-유네스코 합동 고등교육과 사회대책위원회World Bank-UNESCO joint Task Force on Higher Education and Society가 신흥시장과 개발도상 국가를 향해 고등교육을 위한 혁신과 재원 확보를 촉구한 것을 연상하게 한다. 이 위원회의 마지막 보고서인 『개발도상 국가에서의 고등교육: 위험과 약속*Higher Education in Developing Countries: Peril and Promise*』을 집필한 저자들은 가장 새로운 자유교육 프로그램들이 공립 영역에서 나타나고 있다는 것을 들으면 반가워할 것이다. 이들은 고등교육을 다른 사회조직이나 공동체보다 더 "공공"적인 포괄적 가치를 촉진하는 역할을 수행하면서 "열려있고 능력을 중시하는 시민사회를 반영하고 촉진하는" 것으로 기술했다(44). 자유교육 철학은 그들이 사는 사회에 대해 비판적일 수 있는 시민을 키우기 위해 학문 탐구와 학제성을 사용한다. 사립 대학교가 교육과정을 실험하고 인문학을 촉진하는 데 좀 더 자유로울 수 있겠지만, 대책위원회는 개발도상 지역에서 자유교육을 공공의 영역과 특정 공급망에 두도록 권장했다.

프로그램 파트너십과 기관 소속

세계적 차원의 자유교육 현상 가운데에서 프로그램 파트너십과 기관 소속 여부를 탐구하는 데는 몇 가지 이유가 있다. 먼저, 자유교육은 전통적으로 미국 밖에서는 잘 이해되지 않고 명백히 미국의 전통이라 간주되기 때문에(Tymowski, 2010) 미국 밖의 프로그램이 내용과 관리를 배우기 위해 미국 기관들의 컨설팅을 받거나 그들과 파트너십을 맺을 수 있다고 예상하는 것이 논리적이다. 두 번째로, 자유교육이 가진 상대적 변칙으로 야기된 도전에 조직적 파트너십으로 대응할 수 있다는 것이다. 기관에 소속되면 재정지원을 받고, 이름을 더 잘 알리거나 기관으로서의 타당성을 확보할 수 있을 것이다. 마지막으로, 국제 비교교육학 연구자들이 전 세계 학생, 학자들의 흐름을 이해하고자 시도하는 방법(예를 들어 Banks and Bhandri, 2012; Bhandari and Blymenthal, 2011), 혹은 고등교육 지식과 생산의 "중심부와 저변"(Altbach, 2002) 같은 방법으로 GLEI 파트너십을 분석하면 국가와 지역의 관계를 확인할 수 있다. 그렇게 하면 고등교육 지식, 권력, 주역들의 움직임과 함께 더 완벽한 자유교육의 프로필이 보인다.

GLEI 데이터는 자유교육 프로그램 파트너십과 가입 기관에 관련하여 두 가지 예상하지 못한 점을 드러냈다. 먼저, 고등교육 관련 뉴스가 확산되면서 자유교육을 다룰 때 국제적 파트너십을 자주 언급하는데도 GLEI 프로그램의 절반 이상이 다른 기관과 별다른 제휴 관계를 맺지 않았다는 사실은 놀라운 것이다. 학위를 부여하는 자유교육 프로그램의 57%가 자국이나 외국 기관에 공식적(그리고 공표된) 기관과 파트너십 없이 "독립적으로" 기능한다. 독립 프로그램 수가 파트너십 수를 능가하고는 있지만 지난 50년 동안 독립 자유교육 이니셔티브 수가 하락하여 최근 기관과의 협력 경향을 반영한다.

자유교육 프로그램의 소속

GLEI 프로그램의 57%가 다른 기관들과 공식적 소속 관계를 맺지 않았지만, 의미 있는 부분인 72개 프로그램(즉, 43%)은 공식 조직과 관계를 맺은 성원이다. 국제화가 점점 더 고등교육에 영향을 미치면서, 다른 대학교와 관계를 맺음으로써 지탱하는 자유교육 프로그램 수가 증가해왔다. 암스테르담 학부대학Amsterdam University College, 파키스탄의 하비브 대학교Habib University, 중국의 연합국제대학United International College을 포함하는 16개 프로그램은 적어도 두 건의 파트너십을 맺고 있다. 종합하면 GLEI 자유교육 프로그램과 다른 기관, 프로그램 혹은 조직 사이의 관계 맺기는 88건에 이른다.

소속과 관련한 두 번째 놀라운 발견은 대부분 자유교육 파트너십이 국제적이 아니라는 것이다. GLEI 파트너십의 61%가 국내, 즉 같은 국가의 두 기관 사이에서 맺어졌다. 캐나다는 11개 자유교육 프로그램이 대규모 연구 중심 대학교에 소속되어 국내 파트너십에서 가장 많은 수를 차지한다. 프린스 에드워드 아일랜드 대학교University of Prince Edward Island의 예술학부 프로그램 같은 몇몇 경우에는 자유교육이 공립 연구 대학교의 한 학과 내부에 수용된다. 다른 사례는 글래든 대학Gladon College과 성 토머스 모어 대학St. Thomas More College처럼 자유교육이 "학부대학university college"에서 작동하는 경우다. 이런 식의 "대학" 배치는 대규모 연구 중심 대학교 산하의 한 조직이 되어 프로그램 전체를 조망하고 때로는 학위를 부여하면서 독립적 개체로 작동한다는 의미다. 위에 든 사례에서 글래든 대학은 요크 대학교York University에, 성 토머스 모어 대학은 서스캐처원 대학교University of Saskatchewan에 소속된다.

미국의 경우 자유교육 프로그램 사이, 자유교육 프로그램과 다른 기관들 사이의 88개 파트너십 중 단지 33%만이 대학교와 맺은 것이지만 이는 현재까지 그 어떤 국가보다 많은 수다. 자유교육 프로그램이 미국의 기관들과 공조하고자 하는 충동은 확연하다. 미국 자유교육의 역사와 경험은 길고 풍부하다. 카네기재단에 의해 "소규모 자유학예대학"이라 분류된 기관들에 더해, 대부분의 대규모 연구 중심 대학교들은 다양한 학문 분야에서 어느 정도의 학습을 요구하는 일반(반드시 자유교육 프로그램은 아닐지라도) 학부 교육과정을 가지고 있다. 미국 고등교육 시스템의 규모, 다양성, 세계적 권위는 잘 알려져 있다. 세계 대학교 순위를 올리려는 많은 국가와 대학교들은 최상위 순위(미국) 기관들의 조직 전략, 교육과정과 기관 정책들을 모방한다. 미국 기관들과의 자유교육 파트너십 수가 기대보다 적지만 미국 밖의 프로그램으로서는 이러한 소속의 존재는 논리적이며 잠재적으로 이익이다.

교육 언어

GLEI에 의하면 58개국에 걸친 172개 학위 수여 자유교육 프로그램 가운데 단지 16개 언어만이 보인다. 이들은 불가리아어, 중국어, 체코어, 네덜란드어, 영어, 독일어, 히브리어, 일본어, 한국어, 리투아니아어, 폴란드어, 포르투갈어, 러시아어, 스페인어, 스웨덴어와 타이어다. GLEI에 의하면 미국 이외의 자유교육 프로그램에서 81%가 교육 언어로 영어를 사용한다. 영어를 사용하는 프로그램의 약 67%가 영어가 모국어가 아닌 국가들에 있다.

영어는 점차 고등교육에서 행정, 리더십과 연구에서 공용어*lingua franca*로 간주된다. 이를 교육 매체로 사용하는 사례도 늘어나고 있다. GLEI 결과는 자유교육의 국제적 진화에서 영어의 역할에 중요한 의문을 제기한다. 다른 한편으로는 "학문 공동체를 주도하는" 대학교들이 영어를 사용한다. 이들은 가장 영향력 있으며 위대한 연구 결과들을 생산하는 기관들이기도 하다(Altbach, Reisberg & Rumbley, 2009: 11; Sadlak and Liu, 2007).

그러나 전 세계적으로 자유교육은 주류 3차 교육의 변방에서 발전하고 있다(Godwin, 2013; Peterson, 2012a). 자유교육이 국제적으로 공인되어야 한다면 이를 위해서는 영어 사용과 같이 대부분의 성공적인 대학교들의 선도를 따르는 것이 대단히 중요한 요소다. 더 폭넓은 교육과정과 비판적 사고, 다학제적multidisciplinary 탐구, 세계 시민정신과 분석적 자세 등의 21세기의 능력이 세계 차원의 교육에서 역할을 가지고 자유교육이 국제화된 고등교육 시장에서 살아남으려면, 이러한 교육을 진행하는 데 영어가 주도적 매체(이것이 불운인 경우도 있지만)가 되어야 한다.

반대로, GLEI 분석은 고등교육과 자유교육에서 영어로의 대규모 이전이 문화적 헤게모니의 신호는 아닌지 의문을 제기하게 한다. 영어를 매체로 하는 자유교육이 프로그램 개발자나 교수진을 단념시켜 새로운 문화적 맥락에 적절한 비서구적 표준으로 가도록 하는가? 영어를 사용한다는 것이 언어가 보존해온 문화유산과 사회적 진화를 아우르는 자유교육의 중대한 사명을 불가능하게 하는가? 남미에서 본 것처럼 영어를 교육 언어로 쓰지 않겠다는 투표 결과는 프로그램의 장기적 지속성에서 어떤 의미를 가지는가?

자유교육은 왜 전 세계적으로 나타나며, 왜 지금인가?

자유교육이 세계적 현상이 된 이유는 국가마다 다르며 다면적이다. 그러나 소수의 변별 패턴이 나타나 느슨하게나마 세 가지 "근거 도식rationale schema"으로 범주화된다. 이 도식과 자유교육이 국제적으로 발전하고 있다는 사실의 주요 특징은 근거들이 겹치고 변화하며 같이 존재한다는 점이다. 자유교육 프로그램 수가 늘어나는 이유에 대한 설명은 (1) 지역과 국가를 가로질러 울리는 고등교육의 국제적 경향과 압력을 반영하는 국제적 근거global rationale, (2) 국가 혹은 지역의 사회 · 경제 · 교육 정책에서 기인하는 국가적 · 지역적 근거national/regional rationale, (3) 기관, 프로그램 차원, 혹은 개별적 전략 기획과 학문 이니셔티브의 결과인 국지적 근거local rationale를 포함한다.

국제적 근거

사회와 고등교육에서 현재 상황, 즉 "새로운 현실들"(Task Force, 2000)은 세계적으로 학부 교육에 교육과정 실험과 대안적 접근에 촉매 역할을 한다. 이들은 거시적 차원에서 증가하는 자유교육에 대한 관심을 바탕으로 '국제적 근거'를 이룬다. 국제적 근거는 모든 국가와 3차 교육 프로그램에 영향을 미치지만, 그 정도는 다양하며 다양한 성과를 만든다. 국제적 근거는 다음을 포함한다.

- 국제화, 즉 "국경을 넘어서는 기술, 경제, 지식, 사람, [그리고] 아이디어". 각국에 가해지는 영향은 "개별 역사, 전통, 문화와 우선 사항"에 따라 다르다(Knight & de Wit, 1997: 6). 이것이 아래의 다른 근거들과 맺는 밀접한 관계에 더하여, 국제화는 문화들을 가로지르고 다양한 업무 환경에서 효과적으로 기능할 수 있는 간문화 능력을 갖춘 졸업생을 요구한다.
- 산업에서 지식 경제로의 진화, 즉 산업 생산보다는 지식과 기술로 추동되는 사회경제적 조건. 기술의 진보는 궁극적으로 "더 넓은 인식론적 기반", 즉 새로운 종류의 인간 자본과 학제적 문제 해결을 요구한다(Gürüz, 2012: 206). 정책 입안자, 학계 지도자, 일반 시민 일부는 급속한 기술 변화와 새로운 혁신에 적응할 수 있는 더 신축성 있는 노동력이 필요함을 인식한다. 과학과 사회학의 국제적 진보가 학문 · 산업 분류와 특히 지리적 경계선을 만든다. 과학자들과 학자들은 학제적 사고, 직장 통합과 간문화 능력의 필요를 점차 인식하는 중이다.
- 고등교육에서 극적 전이, "대량화"로도 알려진 현상은 프로그램 제공을 변별하고 그 결과 3차 교육 제공자 수를 늘리면서 사회의 "엘리트" 성원이 "대규모 집단"으로 진행된다(Trow, 2006).
- 신자유주의적 자유 경쟁, 시장화와 개인화. 대량화된 학생, 학자, 자원과 기관들 사이의 더 높은 순위 다툼이 국제적으로 진행된다. 사립화, 즉 새로운 비영리 · 영리 기관 제공자들의 진화는 사립 재원의 쇄도와 대학교, 연구 개발, 시장 지향적 주주의 상업화 정도가 증가함을 의미한다.

국가적 · 지역적 근거

이 수준의 근거는 국가 혹은 지역 차원에서 이벤트, 정책, 의무와 사회적 변화를 포함한다. 국가적 · 지역적 근거의 사례로는 다음과 같은 것이 있다. 홍콩의 모든 대학교에 일반교육을 이식한 교육부의 선언, 중국에서 졸업생들에게 더 높은 비판적 사고를 함양하기를 요구하는 움직임, 폴란드에서 민주주의 움직임을 진화시키는 것 같은 국내 경제적 혹은 정치적 전이와 유럽에서 볼로냐 프로세스 같은 더 넓은 지역적 이니셔티브가 그것들이다.

| 국지적 근거

미시적 차원에서 국지적 근거는 때로 확인하기 어렵다. 왜 특정 자유교육 프로그램이 창설되었는지에 대한 논의에서 국지적 근거는 자주 국제적이며 국가적 근거가 내는 힘 실린 목소리와 섞이기 때문이다. 국지적 근거는 기관, 프로그램, 수업 혹은 개인(학자, 직원, 학생, 정책 입안자, 기업가) 차원에서 자유교육 프로그램을 만들도록 동기를 부여한다. 예를 들어 가나의 애쉬시 대학교Ashesi University의 아이디어는 미국에서 교육을 받은 아프리카 기업가에게서 나왔다. 러시아의 상트페테르부르크 대학교St. Saint Petersbourg University와 뉴욕의 바드 대학Bard College 간의 교류는 스몰니 대학Smolny College의 토대가 되었다. 더 오래된 기관 파트너십과 교환에서 부화되는 몇몇 지역 캠퍼스 역시 자유교육의 미시적 근거의 사례다.

결론

미국 밖에 거의 200개의 자유교육 프로그램들이 있음에도 경력에 초점을 맞추는 고등교육은 계속 확산된다. 홍콩 과학기술대학교Hong Kong University of Science and Technology나 오스트레일리아의 멜버른 대학교 같은 예외를 제외하면 자유교육의 발전은 관심, 자원과 연구 지식이 집중되는 세계적 차원에서의 고등교육 주류의 저변 — 상당한 영향력 없이 — 에 머물러 있다.

2012년 『고등교육 연대기*Chronicle of Higher Education*』에서 패티 맥길 피터슨(Patty McGill Peterson, 2012b)은 자유교육 프로그램을 단지 "학부 교육의 불공정한 국제적 해양에 있는 섬"(위의 글, p. 2)이라 기술했다. 그녀는 정확하게 옳은 질문을 던졌다. 자유교육은 "심층의 원산 뿌리"를 발전시킬 수 있는가? "독립적" 자유교육 프로그램은, 예를 들어 경쟁적이며 신자유적 대학교 환경에서 지속될 수 있는가? 자유교육은 10여 년 전 고등교육과 사회 태스크포스Task Force on Higher Education and Society에서 권유한 것처럼 경제적이며 인간적 발전에서 선지자적 역할을 할 수 있는가?

전 세계적으로 자유교육 교육과정이 결핍된 문제가 고등교육 시스템이 GLEI 프로그램에서 확인된 것과 같은 성과를 원하지 않음을 뜻하는 것은 아니라는 사실에 주목해야 한다. 예를 들어 튀르키예, 인도, 중국과 같이 고등교육이 오랜 전공 교육으로서의 전통을 가진 지역을 연구한 저자들은 국가 교육 이니셔티브에서 자유교육과 매우 비슷한 역사적 수사rhetoric가 존재함을 지적한다. 기예예즈(Gürüz, 2012)가 튀르키예에 관한 논의에서 "1981년 국가 법률의 어떤 항목에도 자유교육을 못 하게 하는 구절은 없다"(p. 207)고 단언한 것처럼 말이다. 그의 설명에 의하면 실제로 그 법률은

"넓은 세계관으로 독립적으로 사고하기"와 "인권 존중" 등 자유교육의 목적을 함축하는 구절을 담는다. 튀르키예의 국가 법은 궁극적으로 "교육과정 철학에서라기보다 고등교육이 국가를 건립하는 역할을 한다는 전통적 관점에서 나온 것"(p. 207)이라는 기예예즈의 관찰이 중요하다.

자유교육의 경향과 핵심 성격에 관한 구체적 · 실증적 데이터를 구축하고자 하는 열정은 자유교육 운동 자체를 대안 교육철학으로 이끄는 열정과 마찬가지로 이유가 있다. GLEI는 세계적 자유교육 현상을 이해하는 토대이며, 프로그램별로 더욱 특화된 미래 연구의 발사대다. 이는 세계적 자유교육 현상의 성장과 변화를 계량하는 기본적인 기준치이며, 프로그램과 프로그램 지도자들이 서로 연결되는 수단이다.

그러나 이 글에서 가장 중요한 것은 자유교육에 관한 더 깊고 비판적인 질문을 던진 배경이다. 예를 들어 자유교육의 세계적 확산은 전통적(전공 중심, 직업적, 경력에 국한된) 교육에 어떤 영향을 미칠 수 있겠는가? 자유교육에 적응된 기관과 고등교육 시스템 — 주로 미국에서 — 은 이를 처음으로 도입한 입장에서 무엇을 배울 수 있는가? 누가 자유교육의 혜택을 받는가? 자유교육은 모든 고등교육 네트워크에서 핵심 요소인 전통적 교수학습을 파괴적으로 혁신할 수 있는가? 다양한 맥락과 정치적 풍토는 어떻게 자유교육의 이상을 지원하거나 여기에 도전하는가? 새로운 문화 환경에서, 자유교육의 이념은 무엇인가?

1 GLEI가 시행한 2013년의 첫 번째 분석은 종합적이었지만, 자유교육 프로그램 수는 이후 적어도 200개 이상 성장했다. 목록 업데이트(버전 2.0)와 분석이 진행 중이다. 여기에서 보이는 데이터는 2013년의 연구에 근거한다.

2 지역별, 국가 중심 분석을 포함한 더 상세한 데이터는 고드윈(Godwin, 2013)과 근간 출판물 참조.

참고문헌

Agarwal, P., & Srinivasan, R. (2012). "India: Structural roadblocks to academic reform". In Peterson, P. M. (Ed.) *Confronting Challenge to the Liberal Arts Curriculum: Perspectives of Developing and Transitional Countries*. New York, NY: Routledge, 48-74.

Altbach, P. G. (2002). "Centers and peripheries in the academic profession: The special challenges of developing countries." In Altbach, P. G. (Ed.) *The Decline of the Guru: The Academic Profession in Developing and Middle-Income Countries*. Rotterdam, Netherlands: Sense Publishers, 1-22.

Altbach, P. G., Reisberg, L., & Rumbley, L. E. (2009). *Trends in Global Higher Education: Tracking an Academic Revolution*. Boston, MA: Center for International Higher Education.

Association of American Colleges & Universities (n.d.). "What is a 21st century liberal education?" Retreived from www.aacu.org/leap/what-is-a-liberal-education.

Banks, M., & Bhandari, R. (2012). "International student and scholar mobility". In DeardorfF, D. K., de Wit, H., & Heyl, J. (Eds.) *The SAGE Handbook of International Higher Education*. Thousand Oaks, CA: SAGE Publications.

Becker, J. (2003)."What a liberal arts education is … and is not." Presented at the Open Society Institute's UEP Alumni Conference, Budapest, Hungary.

Bhandari, R.., & Blumenthal, P. (2011). *International Students and Global Mobility in Higher Education: National Trends and New Directions*. New York, NY: Palgrave Macmillan.

Bradley, K. (2000). "The Incorporation of women into higher education: Paradoxical out-comes?" *Sociology of Education*, 73(1): 1-18.

Carnegie Foundation for the Advancement of Teaching (2010). "Carnegie classifications of institutions of higher education." Retrieved from http://carnegieclassifications.iu.edu/.

Centre for the Study of Higher Education (2008). *Participation and Equity: A Review of the Participation in Higher Education of People from Low Socioeconomic Backgrounds and Indigenous People*. Melbourne, Australia: University of Melbourne.

Dassin, J. (2011, December 1). "Opening opportunities in international higher education?5 The Chronicle of Higher Education. Retrieved June 27, 2013, from http://chronicle.com/article/Opening-Opportunities-in/129984/

Duczmal, W. (2006). "Poland." In Forest, J. J. F. & Altbach, P. G. (Eds.) *International Handbook of Higher Education*. Amsterdam, Netherlands: Springer, 935-49.

Godwin, K. A. (2013). *The Global Emergence of Liberal Education: A Comparative and Exploratory Study* (Doctoral dissertation). Boston College Center for International Higher Education.

Godwin, K. A. & Altbach, R. G. (2016, in press). "A historical and global perspective on lib eral arts education: What was, what is, and what will be." *International Journal of Chinese Education*.

Guriiz, K. (2012). Turkey: Obstacles to and examples of curriculum reform. In Peterson, P. M. (Ed.) *Confronting Challenge to the Liberal Arts Curriculum: Perspectives of Developing and Transitional Countries*. New York, NY: Routledge, 201-25.

Knight, J., & de Wit, H. (1997). *Internationalisation of Higher Education in Asia Pacific Countries*. Amsterdam, Netherlands: European Association for International Education.

Marginson, S. (2016). "Higher participation systems of higher education." *Journal of Higher Education*, 87(2): 243-71.

Nussbaum, M. C. (1997). *Cultivating Humanity: A Classical Defense of Reform in Liberal Education*. Cambridge, MA: Harvard University Press.

______ (2004)."Liberal education & global community." *Liberal Education*, 90(1): 42-7.

Peterson, P. M. (Ed.) (2012a). *Confronting Challenge to the Liberal Arts Curriculum: Perspectives of Developing and Transitional Countries*. New York, NY: Routledge.

Peterson, P. M. (2012b, June 18). "Liberal-arts education: Has the global migration stalled?" *The Chronicle of Higher Education*. Retrieved from http://chronicle.com/article/ Liberal-Arts-Education-Has/132327/.

Kothblatt, S. (2003). *The Living Arts: Comparative and Historical Reflections on Liberal Education. The Academy in Transition*. Washington, DC: Association of American Colleges and Universities.

Sadlak. J., & Liu, N. C. (2007). *The World-Class University and Ranking: Aiming beyond Status*. Bucharest, Romania: UNESCO European Centre for Higher Education.

Task Force on Higher Education and Society (2000). *Higher education in developing countries: Peril and promise*. Washington, DC: World Bank.

Trow, M. (2006). "Reflections on the transition from elite to mass to universal access: Forms and phases of higher education in modern societies since WWII." In J. J. E Forest & D. P. G. Altbach (Eds.), *International Handbook of Higher Education*, Netherlands: Springer, 243-80.

Tymowski. A. W (2011). "Liberal education and the intercultural classroom." In O'Connor, M. & Wilczek, P. (Eds.) *Collegium / College / Kolegium*. Boston, MA and Warsaw, Poland: Boston College and University of Warsaw, 28-44.

Yang, X. (2010). "Access to higher education for rural–poor students in China". *Educational Research for Policy & Practice*, 9(3): 193–209.

7
유럽에서 자유학예과학교육의 부상[1,2*]
비교 관점

마리크 반데르 벤데

| 자유학예와 유럽 대학교의 기원

'자유학예' 기관은 '전문적, 직업적 혹은 기술적 교육과정과 대비되는 일반 지식을 전하고 일반적이며 지적인 능력을 발전시키는 목적을 가진 교육과정을 가지는 대학 혹은 대학교'**(Encyclopedia Britannica)로 정의할 수 있다. 기관 성격 측면의 관점에서 카네기재단(미국)은 바칼로레아 대학 Baccalarleat College — '1차적으로는 학부과정 대학으로 바칼로레아 프로그램을 강조하면서 최소한 절반의 바칼로레아 학위를 자유학예 영역에 수여하는' 대학 — 으로 규정한다(Carnegie Foundation for the Advancement of Teaching

---

* 유럽에서는 '자유학예(교육)'에 과학을 추가하여 '자유학예과학(교육)Liberal Arts and Science (education)'이라는 용어를 만들었다. 이 용어의 사용 맥락은 본문에서 전개된다.

** 원서의 이 장에서는 인용 부분을 ' '로 표기했다. 번역은 이를 존중한다.

website). '자유학예liberal arts' 혹은 '자유교육liberal education'이라는 용어는 학문science이 그 개념 가운데 이미 자리를 차지하고 있지만, 더 포괄적인 '자유학예과학교육liberal arts and sciences education'이라는 용어의 축약으로도 쓰인다. 자유교육은 고대부터의 역사에도 불구하고 미국에 특유한 — 아마도 또 다른 전통에 뿌리를 둔 — 것으로 간주된다(Rothbaltt, 2003: 1). 실제로 이 독특한 교육 모델이 유럽에 전달된 역사를 추적해보면, 자유학예 전통은 위대한 그리스 철학자들에게서 기원하며 유럽 중세 대학교의 기초였다(Nussbaum, 1977; Gyler and Weeks, 1998). 초기 유럽 대학교의 교육과정은 일곱 가지 자유학예를 둘러싸고 조직되었는데, 이들은 3과Trivium(문해 기술: 문법, 논리학, 수사학)와 4학Quadrivium(수학 기술: 대수학, 기하학, 음악학, 천문학)으로 나누어졌으며, 모두 '전체적' 혹은 '전인격을 갖춘' 사람의 교육에 초점을 맞추었다. 이러한 초기 대학교 교육 부분은 더 나아가 고급 수준에서 의학, 법률, 신학 같은 당시의 주요 직업 훈련 기반을 형성했다. 이는 암스테르담 대학교University of Amsterdam의 전신으로 1632년 설립된 알트내움 일러스트레 *Althnaeum Illustre**가 구성된 방법이기도 하다. 대학 모델, 즉 자유학예 경험에서 선호되는 소규모 대학 맥락 역시 옥스퍼드Oxford나 케임브리지Cambridge 같은 초기 유럽 대학교에서 명백한 역사적 뿌리를 가진다.

로스블랏Rothblatt은 이 모델의 유럽 기원을 인정하면서도 '자유학예교육이 유럽의 교육 의제에서 완전히 사라지지는 않았지만 우선권의 잣대로 본다면 결정적으로 낮은 수치'(2003: 5)에 주목했다. 더 나아가 그는 '자유학예교육은 다른 곳과 달리 미국에서는 교육산업과 같은 것'이라 썼

* 16세기 성상 파괴 이후 암스테르담 아그나이튼Agnieten 채플에 만들어진 도시 후원 '저명 학교illustrious school'다(위키피디아).

다(2003: 1). 물론 이러한 의견은 비판에서 자유롭지 않다. 이 논문의 뒤에서 더 자세히 논의하게 될 넘쳐나는 최근 출판물(예를 들어 AAC&U, 2005, 2007; Bok, 2006; Levine, 2006; Lewis, 2006)이 증언하듯 말이다.

'왜 자유학예과학교육이 오늘날 유럽에서 (재)부상하는가?'라는 의문에 대답하기 위해서는 '왜 자유교육이 미국에서는 계속되던 영역을 잃어버렸는가?'라는 의문을 먼저 들여다볼 필요가 있다. '유럽'은 복잡한 개념이며, 특히 유럽의 고등교육 역사와 모델에 관련해서는 더욱 그러하므로 자유학예가 유럽에서 고등교육의 주류가 되지 못한 사실에 단 하나의 설명을 제시하기는 어렵다. 그보다는 유럽의 긴 역사 동안 그 모델이 상대적으로 미약한 역할만 해왔음에 영향을 준 것으로 보이는 일련의 요인들이 있다.

유럽에서 자유학예 모델의 급격한 쇠퇴에 대한 설명

유럽 대학교의 역사는 풍부하며 구별되는 시기들로 성격을 부여받는다. 중세 개념에 이어 르네상스 휴머니즘과 계몽이 지식이란 무엇이며 그것은 어떻게 추구해야 하며 연구해야 하는지에 대한 의문이 진화하면서 뒤따랐다(de Riddler-Symoens, 1996). 특히 19세기 동안 대규모 변화가 일어났으며, 이는 오늘날 고등교육 기관에 명백한 흔적으로 남아있다. 한편으로는 대학교의 존재 이유*raison d'être*로서 자유교육과 교수는 당시의 대학교 창립자와 지도자들에 의해 옹호되었다. 그들 가운데 특히 뉴먼 추기경Cardinal Newman은 '학문 기관은 지적 · 감성적인 배경을 가지면서 전체로서 부드러운 사회 진화에 공헌하며 (따라서) 연구에 참여할 필요가 없는 책임 있는 시민을 훈련하는 데 초점을 맞추어야 한다'는 입장을 고수하면서 이렇게 말했다. '이것이 보편적 지식을 가르치는 장소라는 사실, 이것은 그 목적이 지식의 진보보다는 지식의 확산과 확장이라는 사실을 의미한다. 그것의 목적이 과학적 · 철학적 발견이라면 나는 왜 그것이 학생을 두어야 하는지 알 수 없다.' 마찬가지로 밀Mill도 학습의 보편적 본성을 강조하면서 그것이 왜 대학교 가운데에서 일어나야 할 이유를 밝혔다. '이것은 직업교육의 장소가 아니다. 대학교는 사람들을 생계를 얻는 모종의 특정 양상에 맞추는 데 필요한 지식을 가르치는 곳으로 만들어지지 않았다. 대학교의 목적은 솜씨 있는 변호사, 의사, 기술자가 아니라 유능하고 교양 있는 인간 존재를 만드는 것이다.' 다른 한편으로, 새로운 모델이 대륙에 나타나기 시작했다. 예를 들어 프랑스에서는 프랑스 고등교육식의 엘리트 부분으로 행정, 공학, 국방 같은 국가에 봉사하는 데 결정적인 직업군을 훈련하고자 한 나폴레옹Napoleon이 크게 강조한 그랑드제콜*grandes écoles**이 구축되었다. 가장 중요한 것으로는 빌헬름 폰 훔볼트Wilhelm von Humboldt가 베를린에 연구 중심 대학교를 세운 일인데, 그는 자유교육의 가치인 '도야*Bildung*'에 동의하면서도 대학교 교육의 역할을 연구 임무와 관련하여 굳건히 규정했다(Nybom, 2003).

이러한 새로운 영향들이 전공 그리고/혹은 연구기능이 다양한 형태의 기관들에 통합되면서 유럽 고등교육을 형성하는 데 도움을 주었지만,

---

* 흔히 '그랑제콜'이라 표기하지만, 프랑스어의 연음 규칙을 고려하면 '그랑드제꼴'이라 표기하는 것이 원음에 가깝다(역자). 프랑스 특유의 소수정예 고등교육기관 체계를 가리키는 용어로 일반 공립 대학교(Université)와 구분된다. 그랑드제꼴 협의회에 의하면 현재 그랑드제꼴 체계는 약 250개 학교로 구성되어 있는데, 사실상 프랑스 사회가 그랑드제꼴로 인식하고 있는 곳들은 이 중에서도 가장 유력한 동문과 오랜 역사를 가진, 즉 모든 분야를 통틀어 손에 꼽히는 몇몇 최정상급 학교들이다. 해당 학교들의 정원을 모두 합쳐도 매년 몇천 명이 채 되지 않지만 이곳 출신들은 오늘날 프랑스 학계, 정 · 관계, 재계, 산업계의 최고위직에 대거 포진되어 있다(위키피디아).

이 상황은 훔볼트의 연구 중심 대학교 개념 역시 영향을 미친 미국의 상황과 본질적으로 크게 구별되지는 않는다. 많은 미국 학자들이 독일 대학교에 다녔으며 19세기 후반에는 훔볼트 모델 노선에 따라 박사학위Ph. D.가 만들어졌는데, 사실상 미국의 연구 중심 대학교도 훔볼트 모델에 따라 형성되었다. 전공은 미국 대학교에서도 자리를 잡았는데, 이는 직업훈련이 통상 학부 수준에서 시작되는 유럽의 경우에 비해 대학원 수준(그리고 전문학교)에서 더욱 분명했다. 유럽에서는 예를 들어 의학 · 공학 · 법학 프로그램의 경우 대학교 시스템에 입학하면서 전공 트랙을 시작하는 점은 여전히 명백하다. 오랫동안 유럽에서 학부와 대학원 주기cycle의 구별은 그렇게 명확하지 않거나 심지어 없었으나, 볼로냐 이니셔티브에 의해 (재)조정되었다. 이는 이러한 경향들(실용 전공과 연구 주도 모델)이 이른 전공화로 진행되는 정도가 미국에서보다 유럽에서 더욱 강한 이유를 설명한다. 유럽의 학부 교육 프로그램에서 전공과 전공학문이 우세하다는 사실은 (뉴먼이나 밀의 사상이 다소간 유지되는 스코틀랜드나 아일랜드의 몇몇 대학을 제외하고) 조기 혹은 과잉 전공화는 물론, 시민정신 준비, 보편적 본성과 학습 그 자체를 위한 학습 같은 특정 인문교육의 가치가 상실된 사실에 책임을 져야 할 수도 있다. 미국에서는 일반교육의 전통과 핵심 학문을 어느 정도 대학교 학부 교육과정의 일부로 규정함으로써 위에서 언급한 가치들이 항상 유지되었다. 그러나 유럽의 경우 일반교육의 초점과 목적은 2차 교육의 본성이나 기간과 연관하여 보아야 한다. 미국에서는 대학과 대학교에서 진행되는 일반교육의 일부가 유럽에서는 2차 교육의 상위 수준에서 진행되기 때문이다. 자유학예 모델은 지속적으로 '전체적 인간'과 거기에서 비롯되는 도덕적 함의를 포함하는 인간을 교육하는 중요한 목표에 훨씬 더 명백하게 초점을 둔다.

유럽과 미국 모두에서 실용적이며 연구 중심 대학교 모델의 영향을 볼 수 있는데, 이는 유럽 학부 교육에서 초기 전공화의 정도가 더 크도록 이끈 것으로 보이지만 교육 단계(학위 주기) 자체로 보면 규정되지 않거나 되더라도 매우 약하게 될 뿐이었다. 이 간격은 20세기에 벌어졌으며 특히 제2차 세계대전 이후 고등교육이 다른 전공이 등장하는 새로운 단계로 진입하면서 더욱 그러하게 되었다. 이러한 20세기의 경향이 왜 자유학예 모델이 유럽보다는 미국에서 더 굳건히 생존했는가를 설명하는 것으로 보인다.

제2차 세계대전 이후 시기는 고등교육의 대량화와 민주화로 성격 지워지는데, 이는 세계대전 이후의 복구과정에 따라 미국에서 먼저(1950년대), 유럽에서는 나중(1970년대)에 진행되었다. 더 중요한 것은, 이는 미국에서보다 차별화되지 않는 모델들을 통해 일어났다는 점이다. 미국에서 학생 인구의 증가는 매우 차별화된 시스템들과 병행했으며, 여기에서 캘리포니아 마스터플랜California Master plan*이 주요 참조 모델이 되었다(Rothblatt, 1992). 독일이나 프랑스처럼 큰 국가에서는 대부분 성장이 연구 중심 대학교 내부에서 일어났다(오늘날 학생 인구의 대다수가 이들 대학교에 수용되었다). 네덜란드나 벨기에처럼 작은 국가에서는 성장이 주로 대학교가 아니거나 폴리테크닉 분야에서 일어났다(오늘날 약 2/3의 학생들이 이러한 기관들에 수용되었다). 대체로 유럽의 시스템은 이분법적 성격을 가지는데, 대학교에서 학부 과정은 학문 분야들이, 대학교가 아닌 학부 기관들은 특화된 전문 훈련이 주도한다.

대량화는 고등교육에 공공 정부, 대부분 국가(독일 같은 연방국가는 예외지만)가 점점 더 개입하고 궁극적으로는 거의 완전히 주도하면서 일어났다. 여기에서 나는 이 사실에 대한 로스블랏의 주된 설명에 동의하는데, 그는

---

* 1960년대 캘리포니아 대학교University of California와 캘리포니아주 교육위원회가 임명한 조사팀, 특히 당시 캘리포니아대학교 총장이었던 클라크 커Clark Kerr가 주역을 맡아 개발한 대학통합 계획이다(위키피디아).

'유럽에서 우선성의 척도로 보면 자유학예교육은 분명히 낮으며', 특히 '유럽에서는 아주 적은 수의 예외를 제외하면 정부, 교육부, 정치가와 관료들이 교육 관련 토론의 한도를 설정한다. 1990년대까지 의제 대부분이 고등교육은 거의 전적으로 공공의 세금에 의존한다는 사실을 따랐다'고 말했다(2003: 5). 그는 미국에서도 정부의 의제가 자원 할당과 경쟁력 문제에 집중되었지만, 동시에 '대규모의 중요한 사립 분야가 자유교육에 배당되어 이에 대한 관심이 크게 울려지고 표현되었다'고 말했다(2003: 6).

자유학예교육의 특정 가치와 임무를 지속하고자 하는 사립 이니셔티브와 이에 결부된 재원은 유럽에서는 전반적으로 실종되었다. 그 대신, '공공'이 고등교육의 경영과 재원 조달 모두에서 규범이 된다. 이러한 예산 기반의 한계는 거의 정의상으로도 고등교육에 더 상당한 사립 기여가 보편화된 미국, 캐나다, 일본과 한국에서보다 더 제한적이라는 사실을 많은 정책 입안자들도 알고 있다(OECD, 2008a). 그런데 공공 지원을 받는 고등교육의 장점은 특히 저렴하거나 무료인 수업료와 선별 입학 정책이 없는 접근을 항상 유지하기 원하는 학생들을 포함하여 다양한 관계자에게 강하게 인식되어 있다. 이러한 '모두를 위한 무료 접근'이라는 이상은 '공공선으로서의 고등교육'이라는 가치와 강하게 결부된다. 비록 이러한 모델에 주목할 만한 예외들이 있지만(대학교가 수업료를 청구하고 선별 입학을 적용하는 영국과 프랑스의 그랑드제콜처럼), 이는 일반적으로 유럽의 평등주의 전통의 핵심으로 받아들여져 학생들에 의해 강하게 수호되며, 예를 들어 볼로냐 프로세스의 고등교육의 '사회적 차원'에서 강조한 내용에서 표현된 것과 같다. 동시에 이 모델은 그(내재적) 모순으로 말미암아 국제 기관들의 반복적 비판을 받았다. OECD는 'EU가 강력한 사회적 가치에도 불구하고 접근성과 형평에 관한 한 미국과 비교하면 빈약한 수행을 보인다'고 언급했다. 유럽연합 집행위원회European Commission 역시 '유럽 대부분은 고등교육을 "공공선"으로 보지만, 3차 교육 등록은 훨씬 더 많은 사립 재정 덕분에 다른 지역보다 더 강하고 빠르게 증가했다'고 언급했다(EC, 2005). 집행위원회는 평등주의 경향과 차별화의 부재와 함께 과잉 규제, 개혁과 현대화, 효율을 금지하는 국가에 대한 의존에서 기인하는 명백한 획일성을 비판했다(EC, 2005). 차별화의 부재에 관한 이러한 관찰(앞에서 언급한바 학부 교육에서 상대적으로 일찍 전공을 결정하는 것을 포함하여)과 유럽에서의 압도적 공립(재정) 모델에서 만들어진 강한 평등주의적 전통은 왜 자유학예교육이 미국에서와 같은 정도로 발전하지 않았는지를 설명한다. 그러나 유럽 고등교육의 조건이 변화하면서, 그 결과 이러한 요인들의 재평가가 유럽에서 자유학예가 실질적으로 (재)등장하는 이유를 드러낸다. 두 번째 분석을 진행하기 전에 유럽에서 자유학예의 등장을 보여주는 간략한 약도를 보이겠다.

유럽에서 자유학예교육의 (재)등장 매핑

〈표 7.1〉에서 정리한 개관은 전적으로 업데이트되고 종합된 요약을 자처하지는 않음을 분명히 한다. 새로운 발전이 무대 아래에서 진행되지만 공중에게 발표되지 않는 것들이 있을 수 있기 때문이다. 이 명단은 이 시점에서 설립되었으며 그 연혁, 기원, 법적 위상이 공식적으로 발표된 이니셔티브들을 포함한다.

표 7.1 유럽에서 자유학예교육의 (재)등장 경향

창립 연도	기관	미국 소속	유럽 소속	사립
1886	American College of Thessaloniki	×		×
1923	American College of Greece	×		×
1962	American University of Paris	×		×
1969	American University of Rome	×		×
1969	Franklin College, Switzerland	×		×
1972	Richmond, The American International University in London	×		×
1972	John Cabot University. An American university in Rome	×	×	×
1988	Vesalius College (Vrije Universiteit Brussel, Belgium)			×
1991	American University in Bulgaria	×		×
1991	Central European University	×		×
1992	Collegium Artes Liberales (Interdisciplinary Studies Institute at the University of Warsaw, Poland)		×	
1998	Gotland University (Visby; Sweden)		×	
1988	University College Utrecht (Utrecht University the Netherlands)		×	
1999	Smolny College (St. Petersburg) (Joint degree programme of Bard College (USA) and Saint Petersburg State University) (Russia)	×		
1999	European College of Liberal Arts (BerEn)	×	×	×
1999	Jacobs University Bremen (Germany)	×	×	×
2000	Liberal arts degree at St Mary's University College, Belfast (UK)		×	

창립 연도	기관	미국 소속	유럽 소속	사립
2002	University College Maastricht (Maastricht University, the Netherlands)		×	
2004	Roosevelt Academy (Utrecht University, the Netherlands)		×	
2004-2006	Liberal arts programmes at the University of Amsterdam, Tilburg University and Utrecht University's main campus (the Netherlands		×	
2006	BISLA, Bratislava (Slovakia)	×	×	×
	Faculty of Liberal Arts, Charles University (Prague, Czech Republic)		×	
2007	Academia Vitae, Deventer (the Netherlands)			×
2009	Amsterdam University College X (joint degree programme of VU University Amsterdam & University of Amsterdam, the Netherlands)		×	
2010	Leiden University College (Leiden University, the Hague Campus, the Netherlands)		×	
2010	Liberal arts programme at Winchester University (UK)			
2011	Liberal arts programme at University College London (UK)			
2011/12	Liberal arts programme at Freiburg University			

연대기는 초기 이니셔티브들의 기원이 미국임을 보인다. 이는 기관 이름에 의해, 혹은 이들이 미국 조직들에 의해 재정지원을 받거나 인증받거나 지배되기 때문이다. 또한 이 사실은 이 기관들이 미국 모델 고등학습 자유학예 기관 컨소시엄인 AMICAL이나 국제미국대학 · 대학교협의회

Association of American International Colleges and Universities에 소속된 것으로도 보인다. 물론 국제미국대학 · 대학교협의회가 다루는 내용은 자유학예보다 훨씬 넓기는 하지만 말이다. 이 기관들은 통상 사립(비영리)의 법적 위상을 가진다.

더 최근의(1990년대에 시작한) 이니셔티브들이 더 순수하게 유럽적이다. 이들은 전형적으로 유럽 대학교들에 의해 시작되었으며 (나중에) 유럽 자유학예과학대학European Colleges of Liberal Arts and Science(ECOLAS, www.colas.eu) 컨소시엄에 소속되었다. 이 그룹들 사이에는 흥미로운 겹침이 있는데, 이들 후발 이니셔티브 중 일부는 미국 기관들이나 기구의 도움, 예를 들어 연합 학위, 미국 인증 그리고/또는 미국 재단의 재정지원을 받아 여전히 만들어져가는 중이었다. 이들 프로그램은 존 카봇 대학교John Cabot University(미국 대학교로 건립되어 최근 ECOLAS에 가입), 제이콥 대학교Jacob University(미국 라이스 대학교Rice University와 공동 건립), 러시아의 스몰니 대학Smolny College과 독일의 유럽 자유학예대학European College of Liberal Arts; ECLA(이 둘은 미국의 바드 대학Bard College과 연계됨)과 함께 미국과 유럽 모두에 소속되었다. 이와 동시에 미국에만 소속된 것으로 명단에 나타나는 기관들(전형적으로 ECOLAS 비회원)도 물론 유럽의 파트너를 둘 수 있다. ECOLAS 회원은 〈표 7.1〉에 나온 기관들보다 더 많다는 데 주목해야 한다. 그것은 (아직) 자유학예 프로그램이나 대학으로 인식되지 않은 기관들, 혹은 조만간 이를 만드는 데 관심을 가진 기관들(예를 들어 독일 함부르크의 부케리우스 법학대학Bucerius Law School, 에스토니아 탈린 대학교Tallin Unversity의 카트리느 대학Catherine's College, 벨기에 루뱅가톨릭 대학교Catholic University Leuven의 코르트레이크Kortrijk 캠퍼스, 벨기에의 겐트 대학교Ghent University, 영국의 리버풀 호프 대학교Liverpool Hope University)을 포함한다.

비록 이 논문은 도표에 나타난 것과 같은 다양한 자유학예대학과 프로그램의 성격을 상세히 분석하고자 하는 것은 아니지만, 미국과 유럽 사이에서 더 일반적인 관찰과 비교를 할 수 있다(표 7.2).

이를 개관하고 비교 분석해보면 자유학예의 재등장은 상대적으로 최근의 현상일 뿐 아니라 유럽 고등교육의 매우 작은 규모에서 여전히 진행 중임을 알 수 있다. 미국의 경우 카네기 분류가 제공해준 것 같은 데이터 틀이 여전히 진행 중이므로(www.u-map/eu) 규모의 비교는 어렵다. 카네기 웹사

표 7.2 미국과 유럽 자유학예 프로그램의 유사점 · 차이점 비교

유사점	차이점
• 미국에서처럼 폭넓은 프로필을 가지지만 인문학(예: ECLA와 Warsaw)과 사회과학에 초점을 두는 경향이 빈번하며, 과학을 강조하거나(Amsterdam University College, Gotland University) 심지어 전적으로 과학과 공학 프로필을 가진다(Jacobs University). • 미국에서처럼 다수는 전적으로 학부 교육에 초점을 맞춘다. • 미국에서처럼 독립적이며 정주 대학(많은 경우 이들은 더 큰 대학교와 연계되지만)인 사례와 큰 대학교 내부에 통합된 대학 혹은 학위 프로그램 모두가 유럽에서 발견된다. • 미국에서처럼 자유학예교육은 영어로 진행된다.	• 학위 취득에 4년이 걸리는 미국과 달리 유럽 자유학예 프로그램은 통상 3년제다(단, 미국에서 인증받은 유럽 대학과 대학교는 4년제 학사 학위 제공). • 미국과 달리 유럽의 자유학예대학과 프로그램은 통상 어떤 특정 틀로도 인증을 받지 않으며(ECOLAS는 오랫동안 이를 개발하려 했지만), 미국의 Liberal Arts Colleges Ranking 같은 그 어떤 종류의 리그 표로도 상호 비교되지 않는다(U.S. World and News Report, 2010). • 사립 자유학예대학 수가 공립 자유학예대학 수를 능가하는 미국과 달리 유럽에서는 (위의 맥락 분석 기반에서 짐작하듯) 자유학예대학의 대부분이 공립이다. • 비록 분명히 성장하고는 있으나 자유학예 '섹터'는 (여전히) 미국보다 유럽에서 현저하게 작다. • 고르지 않은 지리학적 분포. 대다수의 이니셔티브는 유럽의 북동쪽(특히 네덜란드와 영국)과 중 · 동부 유럽에 집중되는 것으로 보인다.

이트에 의하면 287개의 학사 대학이 자유학예과학 프로그램을 제공하며(모든 기관의 6.5%), 52만 7,533명의 학생이 등록하여(전체 등록의 3%) 한 기관의 평균 등록 수는 1,838명이다(2015년 데이터). 유럽에서 자유학예대학과 프로그램의 정의는 대부분 자체 성격 규정에 맡겨져 있으며 현재의 분포가 위 명단에 나타난 약 30개의 기관을 상회할 것임에 틀림없지만, 유럽의 자유학예대학에 전형적으로 1천 명 이하의 학생이 등록하는 것을 감안하면 이 섹터의 총규모는 미국에서보다 여전히 작다. 미국에서 총등록 학생 1,770만 명과 비교하면 유럽의 고등교육 규모는 1,750만 명인데(OECD 데이터, 2007), 여기에서 자유학예대학 등록은 심지어 1%도 넘어서지 않는다.

유럽에서 자유학예교육의 (재)등장 설명하기

왜 자유학예교육이 유럽에서는 유의미한 모델로 진화하지 않았는가에 대한 주요 요인들이 논의되었다. 자유학예교육이 최근 들어 작은 규모로나마 (재)등장하는 데 대한 배경 설명은 유럽 고등교육 지형에서 변화하는 조건에 따라 같은 요인들을 재평가하는 것과 관련된다. 실제로, 로스블랏이 말한 것처럼 '유럽의 혁명적 교육 환경이 자유교육의 부차적 관심의 방향을 바꾸어놓았다'. 유럽의 많은 국가가 한때 단지 대학교에서만 적절한 것으로 여겨졌던 심화되고 전문화된 학부 교육을 지속하면서 미국식 문제를 경험하고 있다.

대학 입학 자격을 갖추어 고등학교를 떠나는 학생들이 증가하고 고등교육을 제공하는 장소들이 수와 유형 모두에서 확장되면서 — 제2차 세계대전 이후 가속화되었다 — 대학 지도자들과 학계, 정부와 공공 서비스 기획자들은 학부 교육의 대안적 형태를 고려하게 되었다(2003: 6). 즉, 유럽에서 자유교육의 (재)등장은 대량화된 유럽 시스템, 즉 점차 늘어나고 다양해진 학생 집단에 제공되는 기관들과 프로그램의 다양성과 유연성이 충분하지 않는 것으로 성격 지워진 유럽 시스템(Huisman and Van Vught, 2009)을 차별화하려는 요구에 부응하는 것이다. 특히 이는 두 가지 차원의 차별화와 관련된다.

첫 번째는 학부 수준에서 너무 조기의, 과잉 전공화에 따르는 불이익을 극복하기 위해 더 폭넓은 학사 프로그램을 도입하자는 요구다. 이러한 방침은 예를 들어 '학습 사회에서 고등교육'에 관한 디어링 보고서Dearing Report(UK, 1997)*에서와 같이 10년 이상 지도자와 정책 입안자들이 추구해 온 것이다. 이 보고서는 취업을 위한 폭넓은 다학제 학위와 더 강한 능력 개발을 호소했다. 이 보고서는 오늘날 '곧 영국 고등교육 주류의 한 부분이 될' 자유학예 프로그램의 새로운 노선을 제시하는 전위로 받아들여진다(The Guardian, 19 January 2010). 최근 유니버시티 칼리지 런던University College of London의 총장이자 교무처장은 글로벌 시민인 학생들을 이 세상에 대해 좁은 시각을 가진 학생들로 만들어내는 것을 점차 걷어내야 한다고 선언하면서 자유학예 프로그램을 구축할(2011년부터 시작하는) 근거들에 배서했다. 그의 말을 빌리면 이는 '제대로 글을 읽고 쓰며, 양적 분석에 관한 지식이 있

* 1997년 출판된 영국 고등교육의 미래에 대한 보고서로, 정식 명칭은 「고등교육 탐구 국가위원회 보고서Reports on National Committee of Inquiry into Higher Education」다. 주요 저자는 노팅엄 대학교University of Nottingham 총장인 로널드 디어링 경Sir Ronald Dearing이다. 보고서는 재원과 학술적 수준의 확장과 유지에 관한 93개의 권고안을 만들었다. 보고서가 권고한 재원 관련 중 가장 큰 변화는 학부 등록금이 전적으로 정부 보조금으로 지원되던 데서 저금리 정부 대출로 지원하는 혼합제로의 전환이다(위키피디아).

고, 폭넓은 기반'을 가진 학생들을 요구하는 고용주의 요구에 대한 응답이다. 그는 여기에서 더 나아가 '우리는 학생들을 점점 더 좁은 학문 영역으로 내모는 영국 고등교육의 전통적 모델을 우려한다'고까지 말하면서 동시에 '이는 국제 학부 학생들에게는 큰 매력이 될 것이다'라고 제안하는데(Grant, 2009), 후자는 영국 기관으로서는 매우 중요한 시장이다.

더 폭넓은 학사 프로그램의 요구는 유럽위원회European Commission, EC에서도 반복해서 해온 일인데, 위원회는 유럽 대부분의 대학교 프로그램이 채택하는 단일학문 중심주의와 그 엄격한 성격을 비판해왔다. 대학교 졸업생들의 취업률을 올리려는 의도로 위원회는 더 포괄적인 능력, 유연성, 학제성에 강한 초점을 두기를 제안했다. 이러한 메시지는 대부분 리스본 전략Lisbon Strategy의 맥락에서 제기되었으며, 위원회는 이를 근간으로 '대학교 현대화를 위한 의제Agenda for the Modernization of Universities'(EC, 2005)를 개발했다. 그러나 이와 병행한 볼로냐 프로세스가 학위 구조와 교육과정 혁신에 직접적으로 초점을 맞춘 것과 달리, '대학교 현대화를 위한 의제'는 이러한 이슈에 상대적으로 적은 관심을 표명했다.

네덜란드에서는 학부 교육에 접근하는 길을 넓히고 학문의 폭과 깊이 사이에 균형을 재설정하는 근거가 이 영역의 변화를 추동하는 주요 요소로 간주되었다. 이는 조기 전공화(예를 들어 잘못된 학습프로그램 선택, 높은 수강 포기 비율과 글쓰기, 말하기, 분석 등 일반 학술 능력 영역의 심각한 악화)뿐 아니라 기반 능력, 유연성과 학제성, 즉 지식 경제에서의 성공을 위한 핵심 요인을 심화할 필요성 같은 학부 수준의 많은 문제점과 연관된다.

이러한 더 폭넓은 학사 프로그램 요구는 한편으로 학습 효율을 개선하려는 목표, 다른 한편으로 혁신과 취업 가능성에 관련된 경제 담론 지식에 의해 틀이 만들어진다. 특히 후자는 고등교육을 경제 성장을 위한 인적 자본의 생산자로 자리매김하는 신보수적 경제 패러다임에 속하는 실용적 근거 유형에 관련된다. 이러한 실용적 근거의 유형이 자유학예 전통 자체가 표방하는 내재적 인간 가치와 어떻게 결부되는지의 문제는 이 글의 뒤에서 다루어진다.

두 번째 차별화 차원은 대량화하고 지나치게 평등주의적인 민주주의 시스템에서 엘리트 교육을 지향하는 것이다. 유럽 대륙에서는 엘리트 교육, 즉 최우수 3차 고등교육은 거의 전적으로 퇴조했다고 말할 수 있다. '거의 전적'이라는 표현에서 보듯, 여기에는 예외가 있다. 프랑스의 그랑드제꼴, 계층화된 수준 가운데 대학 입학 허가에서 선별 시스템을 가지는 영국, 세계적 브랜드 명성을 가진 엘리트 기관인 옥스브리지Oxbridge* 등이 여기에 포함된다(Palfretman and Trapper, 2009). 다른 선별 입시 고등교육 가지들로 순수예술학교, 공연예술학교, 호텔학교, 경영학교와 몇 군데의 사관학교 등이 있다. 독일의 경우 최근, 비록 대부분 연구에 초점을 두긴 했지만 '수월 이니셔티브excellence initiative'** 발족에 이르러 전환점을 맞이했다(Kehm and Pasternack, 2009). OECD 사무총장은 '유럽은 명석한 마음들이 모자라는 게 아니라 수준 낮은 수행 기관들에 갇혀 있을 뿐이다'라고 언명했다(Gurria, 2007). 유럽 대학교의 수장들도 실제로는 '유럽 대학교 시스템은 더 공평equitable***한 기반, 즉 수월성을 증가하고 시스템 내부에 더 많은 다양성을

---

* Oxford와 Cambridge를 함께 지칭하는 합성어

** 독일어로는 Exzellenzinitiative. 독일과학인문협회(Wissenschaftsrats)와 독일연구재단(Deutsche Forschungsgemeinschaft: DFG)의 구상으로, 대학교의 젊은 학자들의 최첨단 연구 활성화와 우수한 여건 조성, 학문과 기관 간 협력 강화, 연구 국제협력 강화 등을 목적으로 한다(위키피디아).

*** 이 단어는 '공평', '평등', '공정' 등으로 번역되지만 equality와는 다른 의미를 가진다. 예를 들어 기회는 모든 사람에게 주어진다는 맥락에서는 equitability로 표현되지만, 결과마저 공평해야 한다는 맥락은 equality와 관련된다. 유럽의 대학교는 전통적으로 기회와 결과의 공평을 동시에 추구했다는 근본적인 문제를 노정했다. 이는 유럽 대학교들이 미국 대학교들에 비해 경쟁력이

허락해야 하는 수준에 도달하는 것으로 폭넓은 접근을 할 필요가 있음이 명백하다'라는 사실을 받아들여왔다. 미국 대학교 시스템은 '꼭대기는 엘리트주의, 바닥은 민주주의'이지만 유럽 대학교 시스템은 그 어느 것도 아니다'(Winckler, 2006). 더 나아가, 유럽위원회는 유럽 고등교육의 주된 도전 중 하나는 접근 통로를 넓히는 것뿐 아니라 수월성을 제고하는 것이라 강조했다. 그러나 수월성이나 '최상'이라는 메시지는 유럽 문화와 전통, 그러므로 유럽 대륙 대부분에서의 기대와는 거리가 있다. 유럽에서는 쉽게 접근하고 무료인 고등교육이 '공공선으로서의 고등교육'이라는 가치와 강하게 결부되기 때문이다(위에서 본 van der Wende, 2009도 참조). 따라서 고등교육에서 엘리트 교육과 선별 유형을 도입한다는 것은 매우 정교한 전략을 요구한다. 강력한 평등주의 전통을 가진 네덜란드의 사례는 이제 일련의 자유학예 이니셔티브를 도입하려는 단계이지만, 이러한 관점에서의 변화는 실현 가능하다. 이 점은 이 논문의 다음 부분에서 더 자세히 논의할 것이다.

두 가지 차원의 차별화 요구는 다음과 같이 분석된다. (1) 학습효과를 제고하려는 목적의 더 폭넓은 학사 프로그램 개발과 학생들에게 지식 경제에 부합하는 능력을 키우도록 하는 요구, (2) 수월성에 전적으로 초점을 맞추는 더욱 선별적인 고등교육의 가지치기 요구가 그것이다. 이러한 발전은 대부분 볼로냐 프로세스의 이식과 시간상으로 일치하는데, 이제 이러한 유럽 전역에서의 이니셔티브의 어떤 역할이 유럽에서의 자유학예 발전과 관계를 맺어왔는지 질문하는 것이 적절하다.

볼로냐는 자유학예 프로그램 같은 새로운 학부 교육 유형의 발전을 추

떨어지는 이유다. 이러한 실패 사례를 국내 일각에서는 소위 '대학 평준화'라는 미명으로 고등교육에까지 적용하자는 주장을 펴는데, 크게 우려할 점이다.

동하는 요인으로 대부분 중요한 역할을 해왔으며, 유럽에서 이러한 유형의 (재)등장을 가능하게 해준 기회였다. 이 논문의 앞부분에서, 유럽의 학부 교육과 대학원 교육의 약한 구별이 학부 교육에서 학문적 · 전문적 패러다임의 영향을 강화하여 매우 큰 정도로 조기 전문화에 이르렀다는 언급을 했다. 볼로냐는 학사 수준의 학부 교육을 그 자신의 교육 단계에 (재)도입함으로써 이러한 구별을 조정했다. 그러나 동시에, 볼로냐는 학부 교육과정의 영역을 넓히는 일의 중요성에 관한 본질적 메시지는 거의 표명하지 않았음에 주목한다. 여기에는 교육과정의 유연성에 대한 일반적인 고려는 보이지만, 이 역시 대부분 모듈화와 학생 중심 학습의 개념을 둘러싸고 나온 것이다. 포괄적 능력 개발, 더 깊은 지식 이해, 비판적 사고와 학제성 같은 주제들은 이 프로세스의 이식에서 중심적인 것이 아니었다. 최근의 평가 보고서에서 '토론의 결핍이 폭넓고 인간적인 목적과 몇 가지 볼로냐 행동 노선의 기술적 양상 사이에서 약간의 혼란을 야기했다'(Sursock and Smidt, 2010: 31)는 사실이 인정되었다. 실제로 유럽에서 자유학예의 옹호는 아직 반향을 얻지 못했다. 그들은 유럽을 가로지르는 학사 · 석사의 도입이 그때까지 유의미한 진보로 이르지 못했고, 대부분 국가가 석사 프로그램을 발전시키는 데 관심을 집중하고 있으며, 학사단계는 대부분 가치 절하된 채로 남아있었다고 믿었다. 강력한 학문 기초는 학부 단계에서 깔려야 한다고 믿었던 그들의 첫 번째 임무는 유럽 전체를 통해 학부에서 자유학예과학liberal arts & science 프로그램을 촉진하는 것이었다(www.ecolas.eu). 마찬가지로, 몇몇 미국 학자는 볼로냐 프로세스에 회의적인데, 예를 들어 가스통(Gaston, 2008)은 볼로냐 프로세스가 많은 성취를 이루어냈지만 미국 자유학예 전통의 강점이 넓은 일련의 역량, 즉 '비판적 사고, 양적 리터러시, 의사소통 능력, 윤리적 추론과 시민 참여'를 제고하는 데 있음에 비해 볼로냐 프로세스는 전적으로 3차 교육의 경제적 이점에서 출발하여 강한 직업교육, 심지어 평등주의를 밀어붙였다고 강조했다. 로스블랏은 더 낙관적으로 유럽에서 '특정 엘리트 고등교육이라는 특유의 유형이 가지는 일부 문제를 해결하고 기관의 종류, 학술적 기대치, 학위와 졸업장 수여, 파트타임 교육과 평생교육, 학생들의 유형에 관해 더 고도로 차별화된 시스템의 도전에 맞서는' 자유교육과 관련된 전환기적 대화가 점차 의미를 더해왔다고 본다(Rothblatt, 2003: 8). 그러나 그는 동시에 '자유학예'라는 용어의 이해가 본질적으로 꽤 다르며, 이러한 유형의 교육이 등장하는 것이 어떤 곳에서는 더 나은 학생 서비스로서 자유교육이 아니라 대량 등록상황에서 피할 수 없는 성과이기도 한 점에 주목한다. 실제로 자유학예대학의 성격인 작은 규모와 집중적 교수 모델은 대량 고등교육, 대규모 기관에서 길을 잃었다고 느끼는 유럽 학생들에게 가장 인기가 있다. 다른 이유로는 이것이 학생들이 학제적 연구 프로그램을 선택하는 어려움을 피하게(혹은 늦추게) 하기 때문일 것이다. 외국인, 특히 미국 학생들은 다른 이유, 즉 유럽에서 자유학예 프로그램의 비용이 상대적으로 저렴하다는 이유에 끌릴 수 있다. 정책 입안자들과 행정부는 그들대로, 반드시 이 모델의 깊은 의미와 가치를 인식하거나 여기에 집착하지 않더라도 집중적인 교수 모델이 고등학습의 효율성을 제고한다는 연구 결과에 기반을 둔 자유학예과학 모델의 장점을 정책으로 변환할 수 있을 터다.

유럽에서의 자유학예교육 등장 이면의 주요 요인들은 학부 교육에서 대안 — 더 폭넓거나 더 학제적인 — 프로그램 제공과 더 선별적인 입학 과정 모두에서 대량화된 고등교육과 차별화하려는 요구와 관련된다. 볼로냐 프로세스는 학부 교육을 그 자체의 과정에 맞게 (재)제도화함으로써 이러한 발전을 용이하게 한다. 앞에서 강조했듯, 유럽 전체의 경향들을 하나로 일반화할 수는 없다. 예를 들어 더 선별적인 입학 요구는 특정 국가들에서 다른 국가들보다 더 강하게 느껴질 터인데, 이를 네덜란드의 자유학예 발전의 맥락에서 더욱 상세하게 논의할 것이다(다음). 다른 특정 사례는 중·동부 유럽에서 자유학예의 발전인데, 이 지역에서 베를린 장벽의 붕괴(즉, 소비에트 제국의 와해)가 많은 국가들이 다시 유럽에 통합하도록 했으며 강요된 교육 모델에서 벗어나 자유사회와 결부된 경제적·교육적 개혁에서 많은 혜택을 얻었다.

| 네덜란드에서 자유학예의 발전

다른 유럽 국가들과 비교해서 네덜란드는 단 하나의 국가에서 가장 많은 수의 새로운 자유학예 이니셔티브를 만들었다(1990년부터 2010년까지 19개 중 9개. 〈표 7.1〉 참조). 네덜란드 연구 중심 대학교 중 거의 절반(6)이 자유학예 대학이나 프로그램을 만들었으며, 어떤 대학교는 둘 다 만들었다. 이 주목할 만한 사실은 더 많은 분석을 요구한다. 자유학예 모델은 여기에서 어떻게, 왜 이렇게 성공적으로 등장했는가? 그 이유와 조건은 무엇이었던가?

네덜란드는 학생 수의 대략 1/3을 수용하는(2009년의 경우 23만 1,823명) 14개의 대학교와 나머지 2/3를 수용하는(2009년의 경우 40만 3,212명) 약 40개의 응용과학 대학교*hogescholen*로 구성된 이분적 고등교육 시스템을 가진다. 두 유형의 고등교육 기관 모두 같은 법령에 의해 존재하고, 상대적으로 높은 정도의 독자성을 가지지만 새로운 프로그램은 국가 인증위원회의 사전 인증을 받은 후에 만들어지며, 수업료는 국가에서 결정하고, 입학 기준은 법에서 정한다. 새 기관의 설립은 공식 인증(정부 재정에 필요한) 기관들이 모두 열거된 고등교육법의 개정을 전제하기 때문에 매우 어렵다. 이러한 제한에도 불구하고 일련의 자유학예대학과 프로그램들이 전국적으로 발전해 올 수 있었다.

네덜란드에서 자유학예 모델은 1980년대 중반 의도적으로 진행된 국가 고등교육 혁신 계획의 일환으로 고려되었으나 이식되지는 않았지만(Rupp, 1977 참조), 이는 10여 년 후 상향 방식, 즉 먼저 개인의 주도로 시작하여 기관 이니셔티브들로 진행되었다. 1990년대 중반, 위트레흐트 대학교Utrecht University 전직 총장이 위트레흐트 학부대학Utrecht University College 건립을 주도하여 1988년에 개교했다. 이 학교는 위트레흐트 대학교의 주 캠퍼스 가까이에서 작은 규모의 정주 대학으로 시작했다. 이 학교는 단시간에 고등교육 공동체의 관심을 끌었으며 강한 평판을 얻었다. 이 학교는 예를 들어 자유학예 프로그램의 인증 같은 적절한 틀을 갖추지 못했으므로 초기에는 미국의 자유학예 교육과정에서 대부분 영감을 얻은 독립 프로그램으로서의 기능을 정규화하기 위한 임시 조처를 취했다. 이 학교가 강력한 국제적 양상과 결합하여 학습 성과를 제고하며 학습 효율성을 올린 증거를 제시하자 다른 기관들을 자극하여 이 새로운 모델을 따르게 했다. 마스트리히트 대학교Maastricht University가 2002년 대학을 열었으며, 위트레흐트 대학교는 2004년 미델뷔르흐Middelburg에 두 번째 대학(Roosevelt Academy)을 열었다. 이에 더해 '자유학예'라는 표지가 붙은 프로그램들이 위트레흐트주 캠퍼스에 개설되었으며, 이는 같은 시기에 암스테르담 대학교University of Amsterdam와 틸뷔르흐 대학교Tilburg University에서도 열렸다. 이들은 자유학예대학 모델을 곧이곧대로 해석하거나 폭넓게 해석한 것으로 간주된다. 반드시 영어강의를 하거나 정주 대학이 아니기 때문이다. 2009년 암스테르담 대학교와 암스테르담 자유대학교VU University Amsterdam가 연합하여 암스테르담 학부대학Amsterdam University College(AUC)을 만드는 대규모 이니셔티브가 등장했다. 현재 적어도 세 군데 자유학예 이니셔티브가 다른 네덜란드 대학교에서 기획되는 중이다.

이런 자유학예대학과 프로그램은 모두 확실히 자리를 잡은 저명한 네덜란드 연구 중심 대학교에 의해 만들어졌으며, 국가 인증과 공공 재원을 획득했다. 기존의 대학교에 소속되지 않은 채로 설립된 유일한 사립 프로젝트인 데벤테르Deventer의 아카데미아 비태Academia Vitae는 그렇지 못했다.

새로운 이니셔티브들이 받아들여지기까지 추가적 옹호와 에너지가 필요했지만, 네덜란드의 총체적 고등교육의 틀이 이러한 유형의 혁신에 충분한 영역을 제공해주었다는 인상을 풍겼다. 더 개방적이고 유연한 교육과정 모델뿐 아니라 더 선별적인 입학, (통상 정주 형태의) 대학 캠퍼스 모델, 강력한 국제화 요소들 같은 대안을 통해서 말이다. 사실상 새로운 모델은 재능 있는 학생들에게 기회를 주려는 자문위원회가 설계하는 것과 같은 새로운 정책 틀에 차차 수용되었다. 이처럼 '재능 있는 학생들에게 길을 열어주는 위원회Commissie Ruim Baan voor Talent, 2007'는 재능 있는 학생들에게 기회를 제공하도록 정부에 권고했는데, 이것은 다른 무엇보다 학부대학University College이 선별적 입학 정책을 할 수 있도록 하는 국가적 실험 결과를 낳았다. 뒤이어 고등교육의 수월성 제고를 위한 시리우스 프로그램Sirius Programme은 2008년부터 5천만 유로를 수월성 제고를 모색하는 이니셔티브들에게 나누어주었는데, 이를 통해 다양한 학부대학들은 예를 들어 명예 트랙 개발 같은 정규 프로그램에서 큰 혜택을 입었다. 네덜란드 대학교협의회Association of Universities in the Netherlands(VSNU)는 학사과정 학생들의 학습 성공률을 증가하기 위한 의제, 즉 중간 탈락률을 줄이고 학사학위를 제때 완료하도록 하는 정책을 개발했는데(http://www.vsnu.nl/Focus-areas/Key-objectives/Study-success.htm), 이는 대부분 학부대학이 보여준 성공에서 영감을 받았다. 이러한 사례는 개척 대학교뿐 아니라 대학교의 한 부분 역시 학부대학이 자유학예 모델을 통해 최선의 실천을 확산함으로써 학부 프로그램의 주류에 이바지하는 등대가 되어주기를 기대했다. 달리 말하자면 학부대학은 네덜란드 대학교 교육에서 새로운 수월성 영역으로 받아들여진다. 이들이 서서히 다양한 정책 틀에 '매립'되었다고도 할 수 있다. 또한 궁극적으로 정례적인 틀이 채택되었다. 자유학예 프로그램을 위한 맞춤식 인증 틀을 개발한 것이 첫 번째이며, 학부대학이 구조적으로 학생들을 선발하고 차별화된 수업료를 책정할 수 있도록 예외적 위상을 학부대학에 부여하자는 고등교육법안이 발의된 것이 두 번째다. 이 법안은 현재(2010년 6월 선거 이후) 의회의 동의를 받기 위해 계류 중이다. 이런 식의, 처음에는 '부드러운'(즉, 자문위원회와 임시 보조금) 국가 수준의 정책 수단과 약한 정부 개입에서 시작하여 궁극적으로 고등교육 시스템과 규범화라는 구조적 변화에 이르는 독특한 상향 방식의 기관 주도 혁신 노선은 전형적인 네덜란드 방식이다. 이는 볼로냐 프로세스가 이 나라에 도입되는 과정 연구(Witte, 2006)에서도 확인된다.

네덜란드에서 자유학예가 등장하고 안정적으로 수용된 주된 이유는 위에서 살펴본 유럽 전반의 경우와 대부분 동일하다. 대량화와 강한 평등주의 시스템에서는 충분한 차별화가 불가능하다는 점을 느낀 것이다. 이는 OECD가 강조한 것이기도 한데, 여기에서 네덜란드의 고등교육은 불충분한 차별화 수준을 보이며, 수월성이 낮게 나타나며, 국제적 차원이 제고되어야 하며, 지나치게 이른 전공화는 피해야 한다는 평가를 받았다(OECD, 2008b). 자유학예 모델은 더 폭넓은 교육과정 접근과 소규모 대학 세팅으로 학부 단계의 불충분함에 효과적 해법을 제공할 것으로 보였다. 이것이 2010년 네덜란드 교육문화과학부 장관이 설립하고 네덜란드의 고등교육을 어떻게 더 차별화할 것인가를 자문해온 국제위원회('비어만 위원회Veerman Committee')가 확인한 것이다. 이 보고서에는 학부대학이 좋은 실천 사례로 상정되었다(Commissie Toekomstbestendig Hoger Onderwijs Stelsel, 2010). 선별적 입학 허가와 고도의 학습 기준은 학계뿐 아니라 1/3의 학생들이 표명한 불평에 대한 응답이 되었다. 정규 프로그램은 충분히 도전적이지 않다. 네덜란드에서 볼로냐 프로세스는 이를 용이하게 하는 요인이었으나 초기 이니셔티브는 이를 능가하고 이에 영감을 얻어 정규 프로그램을 도입했으며, 국제화 야심은 더 포괄적이었다. 네덜란드의 학부대학은 매우 높은 비율(30~60%)의 국제 학생과 진짜 국제화된 교육과정을 가진다. 게다가 이들은 네덜란드 중등교육에서 부쩍 증가하는 이중 언어(네덜란드어 · 영어) 교육과 국제 유럽 바칼로레아International and European Baccalaureates 경향에 부응하는 해법을 제공한다. 이러한 증가세는 '신 국제 엘리트'들의 사회적 이동 유형으로 분석되었다(Weenink, 2007, 2008).

암스테르담 학부대학Amsterdam University College, AUC의 설립은 네덜란드 고등교육에서 새로운 자유학예 모델의 의미를 확인해주었다. 이 대학이 수도의 두 주요 연구 중심 대학교의 연합으로 설립되었으며 그 뒤를 이어 교육부, 암스테르담시, 그리고 후원 기업들의 전면적 지원을 받았기 때문이다. 이들은 미래의 지도자가 국적, 문화, 학문의 경계를 가로질러 성공적으로 일하면서 학문, 기업, 공공 서비스 분야에서 국제적 수준의 경쟁력을 가져야 한다는 믿음에서 암스테르담 학부대학을 설립했다. 게다가, 두 군데의 연구 중심 대학교를 가진 국제도시인 암스테르담은 수월성과 다양성이 자연스럽게 만나는 이상적인 맥락을 제공한 것으로 생각된다. 다음의 고려들은 네덜란드 대학교 분야에서 자유학예의 발전을 이끈 요인들(위에서 기술했지만)을 반영한다.

- 우리 사회의 국제화와 국제적으로 경쟁적인 환경에서 국제적으로 재능을 배양하고 발전시키며 이를 끌어올 필요
- 네덜란드 고등교육의 선택을 넓히며 수월성을 지향하는 더 많은 길을 만들 필요
- 지적으로 도전적이며 더 폭넓은 학문적 · 문화적 · 사회적 관심을 요구하는 학습프로그램의 요구 증가
- 더 많은 학생으로부터 자유학예과학의 맥락에서 과학과 과학 연관 영역을 전공할 기회 요구 증가
- 네덜란드 중등학교에서 이중 언어와 국제 교육의 발전
- 학문적 맥락에서 수월성과 다양성을 연결하는 완벽한 환경을 제공하는 암스테르담의 다문화적 특징과 수많은 국제 기업, 기관 존재

암스테르담 학부대학은 앞선 이니셔티브들, 주로 위트레흐트 대학교와 마스트리히트 대학교를 활용했다. 이 대학은 미국의 경험을 활용했지만, 중요한 차이점이 없지는 않다. 이 대학의 프로필을 보면, 특히 새로운 교수법의 관점에서 자유교육을 재발견하자는 강력한 움직임을 포함한 미국 자유학예교육의 최근 움직임, 심지어 하버드 같은 위대한 대학교들이 책임감 있는 시민이 되도록 학생들을 가르친다는 학부 교육의 기본적 임무를 완수하지 못하며(Lewis, 2006), 복이 표명한 것과 같이(Bok, 2006) 수학, 글쓰기, 말하기와 비판적 사고가 대부분 학생에게서 성취되지 못한다는 미국 학부 교육의 심각한 성찰과 날카로운 비판을 충분히 고려한다. 게다가

외국어, 국제 이해와 간문화 지식은 최상위 수준의 기관들을 포함하는 대부분 프로그램에서 사실상 부재한다는 사실도 인지한다. 글로벌 시대 대학 학습에 관한 미국대학 · 대학교협의회 보고서(2007)는 국제적 관점의 중요성을 강조하는 자유학예교육의 흥미로운 성찰을 보여주는바, 최근 세상에서 벌어지는 사건들은 민주적 시민정신, 복수주의pluralism, 간문화주의interculturalism의 이슈를 만들기 위해 학문 교육을 연결할 필요를 전면에 내세웠다고 밝힌 점 역시 충분히 고려의 대상이다. 자유학예의 본질적 학습 성과에 관한 이전의 미국대학 · 대학교협의회 보고서(2005)는 교수와 학생 모두에서 간문화 지식이 낮은 순위에 있음을 보여주었다. 양적 리터러시 관련 자유학예 프로그램의 학습 성과가 낮은 점수인 것 역시 매우 충격적이었다.

암스테르담 학부대학은 이러한 교훈에서 혜택을 받았지만, 유럽의 이니셔티브들이 미국 자유학예 모델의 단순한 복사판이 될 필요는 없음을 보여준다. 암스테르담 학부대학의 모토인 '국제적 도시에서 수월성과 다양성'은 경쟁과 협력 모두가 국제화된 세상에서 성공을 향한 키워드인 것과 마찬가지로 수월성과 다양성 역시 중요하다는 믿음을 반영한다. 리더십은 수월성뿐 아니라 다양성의 이해와 가치 부여를 요구한다(AUC, 2009). 다양성은 해당 학교의 학생과 직원 단체에서 반영된다. 국제적 이슈, 다언어주의, 간문화 능력은 교육과정에 통합된다. 다른 특징적 선택은 과학을 강조하고(암스테르담 학부대학은 50%의 과학 전공을 목표로 한다), 모든 학생을 대상으로 양적 능력(수리)을 훈련하는 것이다. 이는 한편으로 전략적 선택이다. 이 나라, 특히 이 도시는 과학 분야 졸업자들을 충분히 배출하지 못하는데, 잠재적 과학 전공 후보자들은 전통적인 단일학문 과학 연구보다 더 넓은 프로그램에 끌리는 것이 분명하다. 다른 한편으로, 이는 과학이 총체적 교육의 통합

부분이 되어야 하며 자유학예 맥락 가운데에서 성공적으로 가르칠 수 있다는 믿음에 근거를 둔다(예를 들어 노벨상 수상자 세쉬T. Cech, 1999가 제공한 자유학예 맥락에서 과학을 가르치는 데 따른 증거를 참조하라). 게다가 암스테르담 학부대학 개교식에서 왕립 네덜란드 과학예술아카데미Royal Netherlands Academy of Science and Arts 원장이 스노C. P. Snow 경의 유명한 「두 문화와 과학적 진보」(1961)를 언급하면서 '우리는 점차 역사의 조용한 힘인 과학과 기술에 종속되고 끌려가는데, 과학적 성과와 사고를 모르면 위험하다'고 표현한 것처럼 과학과 인문학, 사회과학을 연결하는 다리 놓기는 세상이 큰 문제들을 해결하는 데 필수다. 이러한 고려들이 새로운 교육과정의 개발에 영감을 주고, 두 창립 대학교에서부터 모든 학문 분야에서 탁월한 학자들을 초빙하게 했다. '21세기 졸업생들의 성공을 위해서는 어떤 것을 가르쳐야 하는가'라는 드러난 문제는 탁월한 학자들에게 '과학과 사회의 큰 문제'에 초점을 맞추면서 학문의 경계를 가로지르는 교육과정을 만들어내도록 했다(www.auc.nl/acadprog).

결론과 성찰

최근 유럽의 발전은 유럽이 지식 경제의 주도적인 지도자 역할을 하고자 하는 새로운 글로벌 세계의 복잡한 실체들을 마주하여 고등교육 시스템은 대학 졸업생들이 여기에 더 잘 준비하도록 적응하기를 요구했다. 그러나 연구와 교육 사이의 축복받은 연결과 학문 분야를 강하게 강조하는 훔볼트 전통의 구현은 과도하게 좁은 연구 영역에 도달했다. 볼로냐 프로세스는 그 자체를 위한 교육 주기로서 학부 교육의 중요성을 강조하지만, 아직은 학부 교육의 폭을 넓히는 데 잠재력을 다 성취하지는 못했다. 유럽 고등교육은 수월성을 만들기 위해 더 차별화되어야 하며, 이를 위해 새로운 노선과 해법을 오랫동안 모색해왔다. 또한 미국에서의 보고처럼(AAC&U, 2007), 전통적인 모듈식 학문 교육과정은 기능이 상실되었으며 그 결과 교육 경험은 파편화되고 일관성을 잃은 데 비해 지식의 최전선은 학제적 탐구, 분석과 적용을 요구하며 우리 시대의 주요 이슈들 — 국제적 지속성 확보에서부터 인간의 자유를 확장하기 위해 세계시장과 협상에 이르기까지 — 은 개별 학문을 초월한다. 미국과 유럽 모두에서 국제화에서 나온 요구들과 지식 경제의 혁신적 성격이 자유학예과학 전통을 재생하고 재평가하는 데 이르도록 했다. 그러나 '경제의 기능적 근거가 자유학예 전통의 내재적 인간 가치와 어떻게 연결되는가?'라는 문제가 사전에 제기되었다. (잠정적) 답은 이들이 21세기는 더 폭넓게 교육받은, 글을 좋아함과 동시에 수리에 밝은 졸업생들을 요구하기 때문에 이 둘은 결합될 필요가 있다는 것이다. 그러므로 이상적으로는 스노가 정의한바(1961) 인문학과 과학을 연결하는 교육적 접근을 추구해야 한다. 자유학예과학 모델이 그 길을 닦을 자격이 있으며 그것이 유럽에서 발전하고 있다는 사실은 대서양을 횡단하는 학습, 영감 그리고 협력에 관한 좋은 기회를 만든다. 동시에 유럽에서의 이러한 발전은 단지 발생 초기 단계에 있으며, 미국에서 그것이 가지는 영역, 규모와 엘리트 위상과는 거리가 멀다는 점에 주목해야 한다. 자유학예교육은 유럽에서 기원하여 재등장하면서 인기를 얻은 것이므로 이에 대한 깊은 이해와 21세기에서 자유학예교육의 잠재력을 진정으로 향유하기 위해 유럽 고등교육 공동체에 의해, 그리고 그 내부에서 자유학예교육의 추가적인 옹호가 요구된다.

1 이 논문의 한 버전은 학술지 *Higher Education Policy*에 같은 제목으로 실렸다.

2 이 논문은 2010년 4월 14일 미국 보스턴에서 열린 보스턴 대학교의 국제고등교육센터와 네덜란드 암스테르담 대학교 공동 주최 국제 심포지엄 '자유학예교육: 국제적 관점과 발전Liberal Arts Education: Global Perspectives & Developments'에서 발표한 기조연설에 근거한다.

참고문헌

Amsterdam University College (2009). "Impressions of the grand opening." Retrieved from www.auc.nl/aucnews/home.cfm/933925A3-1321-B0BE-A45F0D08931C38D7

Association of American Colleges and Universities (2005). Liberal Education Outcomes. *A Preliminary Report on Student Achievement in College*. Washington, DC:AAC&U.

______ (2007). *College Learning for the New Global Century: A Report from the National Leadership Council for Liberal Education and America's Promise (LEAP)*. Washington, DC: AAC&U.

Bok, D. (2006). *Our Underachieving Colleges: A Candid Look at How Much Students Learn mid Why They Should be Learning More*. Princeton, NJ: Princeton University Press.

Cech, T. R. (1999). "Science at liberal arts colleges: A better education?" *Daedalus* 128(1): 195-216.

Commissie Ruim Baan voor Talent (2007). "Wegen voor Talent." Retrieved from www.leroweb.nl/docs/lero/wegen_voor_talent.pdf

Commissie Toekomstbestendig Hoger Onderwijs Stelsel (2010). *Differentieren in drievoud. Otnwille van kwaliteit en verscheidenheid in het hoger onderwijs*. Den Haag, the Netherlands: OCW.

Dearing, R. (1997). *Higher Education in the Learning Society*. Leeds, UK: National Committee of Inquiry into Higher Education.

De Ridder-Symoens, H. (Ed.) (1996). *A History of the University in Europe*. Cambridge, UK Cambridge University Press.

European Commission (EC) (2005). "Mobilising the brainpower of Europe: Enabling universities to make their full contribution to the Lisbon strategy." Retrieved from http:// ec.europa.eu/education/policies/2010/ doc/comuniv2005_en.pdf

Gaston, P. L. (2008). *Bologna: A Challenge for Liberal Education and an Exceptional Opportunity*. Washington, DC: AAC&U.

Glyer, D. and Weeks, D. L. (Eds.) (1998). *The Liberal Arts in Higher Education: Challenging Assumptions Exploring Possibilities*. Lanham, M.D: University Press of America.

Grant, M. (2009). "US-style liberal arts degree at UCL." *Financial Times*. 30 October.

Gurria, A. (2007). "Human capital: Europe's next frontier". Schuman Lecture 2007, for the Lisbon Council, Brussels, 27 February.

Huisman, J. and Vught, F. A. (2009). "Diversity in European higher education: Historical trends and current policies." In E A. van Vught (Ed.) *Mapping the Higher Education Landscape, Towards a European Classification of Higher Education*. Dordrecht, Germany: Springer, 17–39.

Kehm, B. and Pasternack, P. (2009). "The German 'Excellence Initiative' and its role in restructuring the national higher education landscape." In D. Palfreyman and T. Tapper (Eds.). *Structuring Mass Higher Education. The Role of Elite Institutions*. London:Routledge, 113–28.

Levine, D. N. (2006). *Powers of the Mind. The Reinvention of Liberal Learning in America*. Chicago, IL: The University of Chicago Press.

Lewis, H. R. (2006). *Excellence Without a Soul. Does Liberal Education have a Future?* New York: PublicAffairs.

Nussbaum, M. (1997). *Cultivating Humanity: A Classical Defense of Reform in Liberal Education*. Cambridge, MA: Harvard University Press.

Nybom, T. (2003). "The Humboldt legacy: Reflections on the past, present and future of the European university." *Higher Education Policy* 16(2): 141–60.

OECD. (2008a). *Tertiary Education for the Knowledge Society*, Vol. 1. Paris: OECD.

______ (2008b). *Reviews of Tertiary Education—The Netherlands*. Paris: OECD.

Palfreyman, D. and Tapper, T. (2009). "Oxbridge: Sustaining the international reputation." in D. Palfreyman and T. Tapper (Eds.). *Structuring Mass Higher Education. The Role of Elite Institutions*. London: Routledge, 303–20.

Rothblatt, S. (Ed.) (1992). *The OECD, the Master Plan and the California Dream: A Berkeley Conversation*. Berkeley, CA: Center for Studies in Higher Education University of California.

Rothblatt, S. (2003). The *Living Arts: Comparative and Historical Reflections on Liberal Education*. Washington, DC: Association of American Colleges and Universities.

Rupp, J. C. C. (1997). *Van oude en nieuwe universiteiten. De verdringing van Duitse door Amerikaanse invloeden op de wetenschapsbeoefening en het hoger onderwijs in Nederland 1045-1995*. Den Haag, Netherlands: SDU Uitgevers.

Snow, C. P. (1961). *The Two Cultures and the Scientific Revolution. The Rede Lecture 1959*. Cambridge, UK: Cambridge University Press.

Sursock, A. and Smidt, H. (2010). *Trends 2010: A Decade of Change in European Higher Education*. Brussels, Belgium: EUA.

The Guardian (2010). *Liberal Arts Offer Something Completely Different* Retrieved from http://www.guardian.co.uk/education/2010/jan/19/liberal-arts-degrees.

U.S. World & News Report (2010). "National liberal arts rankings." http://colleges.usnews.rankingsandreviews. com/best-colleges/liberal-arts.

van der Wende, M. C. (2009). "European Responses to Global Competitiveness in Higher Education." In J. Douglass, J. King, and I. Feller (Eds.) *Globalization's Muse: Universities and Higher Education Systems in a Changing World*. Berkeley CA: Berkeley Public Policy Press, 317–41.

Weenink, D. (2007). "Cosmopolitan and established resources of power in the education arena." *International Sociology* 22: 492–516.

______ (2008). "Cosmopolitanism as a form of capital: Parents preparing their children for a globalizing world." *Sociology* 42(6): 1089–106.

Winckler, G. (2006)."The contribution of universities to Europe's competitiveness." speech given to the Conference of the European Ministers of Education; 16–17 March 2006; Vienna, Austria. Retrieved from www.eua.be/eua/jsp/en/upload/EUA_Winckler_Speech_l 60306.1142503291615.pdf

Witte, J. (2006). "Change of degrees and degrees of change." *Comparing Adaptations of European Higher Education Systems in the Context of the Bologna Process*, Ph.D. dissertation. Enschede: Centre for Higher Education Policy Studies, University of Twente.

8
비판적 사고로 자유학예교육 보기
싱가포르의 Yale-NUS 대학

샬렌 탄

서론

많은 국가에서 정부 지도자들이 경쟁적인 세계화 무대에 대학 졸업생들이 적응할 수 있는 새로운 교육 모델을 찾으면서 자유학예교육이 견인력을 갖추어왔다. 자유학예는 넓은 범위의 학습에 기반을 두고 담론을 통한 추론과 고차원적 사고를 강조하면서 21세기 학습자의 역량을 촉진하는 수단으로 점차 수용되었다. 예일 대학교와 싱가포르 국립대학교 사이에 공동 설립된 자유학예대학이 주요 사례다. 2011년 개교 이후 이 대학은 자유학예교육을 간절히 경험하려는 국내외 학생들을 끌어들였다. 첫 번째 세 단계 모집에 전 세계에서 3만 명이 넘는 고도의 자격을 갖춘 지원자가 몰려들었으나 합격률은 5%에도 미치지 못했다(Salovey & Chuan, 2016).

사고의 기술 가운데 비판적 사고는 자유학예교육과 긴밀한 관계를 맺는다. 바넷(Barnett, 1997)은 자유학예교육을 "서구 대학교를 결정하는 개념 중 하나"(3, Moore, 2013: 506에서 인용)라고 기술한다. 로빈슨(Robinson, 2011)은 "비판적 사고 능력의 인지된 중요성은 많은 북미 자유학예대학과 대학교의 졸업 요건에 반영되어 있으며, 학생들은 졸업에 앞서 비판적 사고 영역에서 한 과목 이상을 이수해야 한다"(276)고 관찰했다. 이처럼 널리 사용됨에도 불구하고 공통적으로 합의된 비판적 사고의 정의는 없다(Johnson, 1992; Capossela, 1998; Bailin et al., 1999; Baidon & Sim, 2009; Tian & Low, 2011). 월터스(Walters, 1994)는 서평에서 비판적 사고의 두 가지 주도적 개념을 확인했다. 논리적logistic 사고와, 이와 대척적인 본질, 사고의 공감적 · 인간상호적 · 연계적 스타일이 그것이다. 전자는 논리적logical 분석*과 논증의 숙련된 적용에 가치를 부여하고 이를 보여주는 사고의 대립 지향적 유형이다. 이러한 유형의 비판적 사고는 공격하고 방어하는 '승자 독식'의 전투(Bailin, 1995)와 유사하다. 적대적 · 비판적 사고의 반대편은 자기 입장과 상대방의 입장을 조화시키려는 비판적 사고다(Waller, 2012; Durkin, 2008). 폴(Paul, 1987)은 후자를 '대화적 사고dialogical thinking'라 부르며 이를 개선하여 하나 이상의 참조 틀로 사안에 접근하는 것을 옹호했다. 이는 "신념 체계와 다소의 거리를 두어 공감적으로" 들어가 "대립하는 것들과 갈등에서 열린 대화를 통해 후보자로서의 장점에 입각하여 할 수 있는 한 최대한 사려 깊은 마음으로 합리적으로 결정하는 우리의 암시적 사고와 추론"을 진행하자는 것이다(284). 폴(Paul, 1981)은 자신의 교수 사례를 통해 이러한 자아 성찰을 모델로 제시했다. "내가 미국에서 가르치는 한, 그리고 뿌리 깊은 '국가주의적' 기반을

* 원문의 'logistic thinking'은 "논리에 관한"이라는 17세기 라틴어 어원, 혹은 "계산에 능숙한"이라는 의미에 가까우면서 다음 행의 '논리적 분석logical analysis'과 구별될 것이나 '논리적 사고'라 번역한다.

여기의 미디어가 모든 곳에서 반영하는 한, 그리고 이를 학생들이 전형으로 내면화하는 한, 나는 세계적인 사안들을 '미국식' 추론과 관점으로 보는 것만이 유일한 가능성이 아니며, 이 사안들에 대화법적으로 접근해야 할 것임을 학생들에게 요구하는 데 초점을 맞춘다"(5). 이 두 가지 전통은 비판적 사고의 두 가지 극단적인 형태를 보여줄 뿐이라는 점을 강조하고자 한다. 공간과 시간을 가로지르는 스펙트럼에는 다른 유형의 비판적 사고들도 있기 때문이다.

특정 지역에서 비판적 사고를 이해하는 것은 지역적 조건과 문화의 영향을 고려할 필요가 있다는 것은 자명하다(예를 들어 Paul, 1981; Fishman, 1988; Norris, 1995; Bailin, 1995; Atkinson, 1997; Ennis; 1998; Wandermensbrugghe, 2004; Peters, 2007; McGuire, 2007; Durkin, 2008). 비판적 사고는 중립적이거나 비정치적, 맥락 독립이기는커녕 "문화적 · 역사적으로 형성된 사회적 비판 실천"(Baidon & Sim, 2009: 411)이다. 그렇다면 싱가포르와 같이 비서구적 맥락에서 규정되고 여기에 부합되는 비판적 사고는 어떤 것인가? 이 장은 싱가포르 Yale-NUS 대학을 둘러싼 논쟁에 초점을 맞추어 비판적 사고의 다양한 개념과 전제들, 다양한 교육 주체들이 제기한 표현을 탐구한다. 이 장의 첫 부분은 Yale-NUS 대학을 소개하고, 다음으로 이 대학을 둘러싼 두 가지 논쟁을 논의하고자 한다. 그런 다음 이 논쟁에 참여한 두 진영이 주장하는 비판적 사고의 다양한 개념과 전제를 점검할 것이다. 마지막에서는 싱가포르에서 꽃피는 자유학예교육에 부합하는 비판적 사고의 형태를 제안하고자 한다.

| 싱가포르의 Yale-NUS 대학

2011년 개교한 Yale-NUS 대학은 싱가포르 최초의 자유학예대학이다. 미국의 예일 대학교와 싱가포르의 국립싱가포르 대학교National University of Singapore(NUS)의 제휴를 통해 이 대학은 2013년 8월 150명의 학생으로 시작했다. 학생 수는 38개 국가에서 모여든 500명으로 늘어났다(Yale-NUS College, 2016). 2019 졸업반인 2015년의 등록에서는 8,500명 이상의 지원자들이 전 세계에서 몰려들어 198개의 자리를 두고 다투었다(Yale-NUS College, 2016). 자유학예대학의 전통과 더불어 비판적 사고는 Yale-NUS 대학의 교육철학, 교육과정, 그리고 교육의 주춧돌이다. Yale-NUS 대학은 스스로를 "생활과 학습이 밀접하게 연결되고 창의적 습관, 호기심과 비판적 사고의 장려"에 바쳐지는 "자유학예대학"이라 기술한다(위의 글, 밑줄 첨가). 교육과정은 "비판적, 창의적, 그리고 능동적 사고"를 추동하기 위해 설계되어(위의 글, 밑줄 첨가). 졸업생들은 "비판적으로 사고하는 능력"을 얻는다(National University of Singapore, 2012). 2014년 공식 개교에서 싱가포르 수상 리셴룽Lee Hsien Loong은 이 대학이 "폭넓은 기반, 다중학문 학부 교육과정, 즉 비판적 사고, 복잡성 인지, 의사소통과 리더십 기술을 제고하리라 기대되는 교육과정을 제공"한다고 확언했다(Government of Singapore, 2014에서 인용, 밑줄 첨가). 예일 대학교와 국립 싱가포르 대학교 총장(각각 피터 샐러비Peter Salovey, 탄 초치 추안Tan Chorch Chuan)은 같이 쓴 최근의 기사에서 둘 다 Yale-NUS 대학의 목표는 학생들에게 "비판적으로 성찰하게 하기"임을 반복했다(Salovey & Chuan, 2016).

Yale-NUS 대학이 미국의 전형적인 자유학예대학과 다른 흥미로운 양상은 자유학예과학교육liberal arts and science education의 "재정의"(Yale-NUS

College, 2016) 혹은 "재상상re-imagination"(Salovey & Chuan, 2016)이다. 이러한 바람은 그 대학이 「인권 감시Human Rights Watch」지가 "예일 싱가포르 캠퍼스"라 잘못 기술한 바와 같은 예일 대학교의 단순한 먹지 사본이거나 오프샷offshot*이 아님을 의미한다. 싱가포르 수상이 천명했듯, "이 대학은 예일의 복사판이 아니라 무엇인가 새롭고 다른 것을 만들려는 힘든 노력"이며, 여기에서 이 대학은 "뉴헤이븐의 예일에서 미국 최고의 자유학예교육을 가져와 싱가포르 국립대학교의 탁월한 아시아와 글로벌 강점을 추가하여 우리가 가진 다른 사회적 · 문화적 맥락에 혼합하여 학생에게 더욱 부합되는 경험을 창조"한다(Government of Singapore, 2014에서 인용). 이 대학은 스스로를 "두 위대한 대학교에 의해 창립된 학습 공동체"로 자리매김하면서 "두 위대한 대학교의 자원과 전통"을 이끌어내고 "우리 학생들을 아시아와 세계의 다양한 지적 전통으로 이끌어가기"를 바란다(Yale-NUS College, 2016). Yale-NUS 대학 총장 페리클레스 루이스Pericles Lewis는 유일한 동 · 서 하이브리드 틀을 강조하면서 "여기에서 당신은 서로 간의 대화에서 서구와 아시아 문명의 주요 작품을 연구할 기회를 가지며, 이러한 의미에서 이것은 진정 글로벌 교육과정"이라고 선언했다(Goochaug, 2012에서 인용).

Yale-NUS 대학에서 자유학예교육을 재정의하는 임무는 예일 대학교와 국립 싱가포르 대학교의 전통과 실천을 결합하고 이에 부응하는 교육과정, 교수법과 평가 시스템을 도입하는 것을 포함한다. 이 일은 학장인 찰스 베일린Charles Bailyn이 말한 것처럼 선택과 (재)건설 과정을 요구한다. "국립 싱가포르 대학교와 예일 대학교는 둘 다 다르게 일했다. 그래서 우리는 첫 번째 원칙에 따라 매사를 처리해야 했다"(Grove, 2015에서 인용). 양 기관의 실

* 이야기를 하는 사람은 화면에 넣지 않고 듣는 사람만 보이는 장면

천을 신중하게 채택한 사례는 신입생 모두를 대상으로 하는 공통 교육과정을 도입하는 일(국립 싱가포르 대학교의 실천)과 첫 번째 학기에는 학생들의 성과에 등급을 매기지 않는 일(예일 대학교의 실천)을 포함한다. Yale-NUS 대학이 권장하는 교육으로 비판적 사고가 자연스럽게 중심 위치를 차지하며, 이는 그 대학의 웹사이트에서도 보인다(Yale-NUS College, 2016). 그러나 비판적 사고가 어떤 의미이며, 학생이나 직원에 의해 이것이 어떻게 적용되는지는 분명하지 않다. 이것은 논리적 사고의 대립적 본성인가 아니면 사고의 공감적 · 인간상호적 · 연계적 스타일인가? Yale-NUS 대학에서는 지역 문화와 사회-정치적 한계가 어느 정도까지 비판적 사고의 개념과 실천에 영향을 미치는 게 허용될 것인가? 이러한 질문에 답하기 위해 이 글의 나머지 부분은 Yale-NUS 대학에 관련된 논쟁에 초점을 맞춘다.

Yale-NUS 대학을 둘러싼 논쟁

Yale-NUS 대학은 2011년 개교 이후 전 세계에서 우수한 학생들을 모집하는 데 성공했을 뿐 아니라 이에 결부된 몇 가지 논쟁 때문에 국제적 관심을 촉발했다. 이 글은 두 가지 이슈를 논의한다.

표현의 자유 논쟁

첫 번째 논쟁은 싱가포르에서 표현의 자유와 관련, 예일 교수진과 미국의 관련자들이 표명한 우려와 반대에서 시작되었다. 중심적 의문은 모임이나 협의회 등에서 감지된바 싱가포르의 자유 발언 제한이 향후 Yale-NUS 대학에서 사상의 자유와 비판적 사고가 실천되는 데 영향을 끼치지나 않을까 하는 것이다. 2012년 4월, 예일 대학교 교수진은 "싱가포르에서의 시민 존중과 정치적 권리의 결여에 대한 우려"를 표명하고 "자유학예교육의 중심"에 있는 "이러한 권리를 존중하고, 보호하며, 신장"하기를 촉구하는 결의안을 통과했다(Sleeper, 2014에서 인용). 미국 대학교 교수협의회American Association of University Professors, AAUP 역시 그 제휴의 "성격과 영향에 관해 AAUP의 증가하는 우려를 표명"하는 공개서한을 예일 공동체에 보냈다(AAUP, n.d.). AAUP는 2009년에 나온 캐나다 대학교 교수협의회Canadian Association of University Teachers와의 합동 성명서를 인용하면서 "자유로운 발언이 공식적으로 금지되지는 않더라도 제약받는 유치 환경에서 교수는 자기검열을 하게 될 것이며, 진정한 자유교육의 명분은 이러한 상황에서 살아남기 위해 고통을 받게 될 것이다"라고 경고했다(앞의 글). 더 강한 발언이 국제인권감시기구Human Rights Watch 아시아 부지배인인 필 로버트슨Phil Robertson에게서 나왔다. 그는 "예일은 새로운 싱가포르 캠퍼스 학생들의 권리를 포기함으로써 열린 논쟁과 항거의 중심이라는 대학교의 정신을 배신했다"(Human Rights Watch, 2012에서 인용)고 질책했다. 그는 1975년 예일의 '표현의 자유에 관한 대학교 정책University Policy on Freedom of Expression'을 아래와 같이 환기했다.

> 대학의 첫 번째 기능은 지식을 발견하고 전파하는 것이다. … 이 기능을 수행하기 위해 자유로운 아이디어의 교환은 대학 내부에서뿐 아니라 벽을 넘어 이 세상과도 마찬가지로 필요하다. … 지적 성장과 발

견의 역사는 무제한의 자유, 생각할 수 없는 것을 생각하고 언급할 수 없는 것을 토론하고 도전할 수 없는 것에 도전하는 권리가 필요함을 보여준다(Human Rights Watch, 2012에서 인용, 밑줄 추가).

그는 예일 대학교 교수진의 항의를 촉구하면서 "만약 예일 대학교가 진정으로 이러한 자유의 가치를 인정하고 학생들이 그러하기를 바란다면 이들을 위해 싸워야 한다"고 주장했다(Human Rights Watch, 2012에서 인용). 이에 대한 반응으로 당시 Yale-NUS 대학 총장(페리클레스 루이스)과 예일 대학교 총장(리처드 레빈Richard C. Levin)은 2012년 7월 19일 성명서를 발표했다. 루이스는 "Yale-NUS 대학의 정책은 캠퍼스에서 연구, 교수, 토론과 그 결과인 학술 출판을 위한 학문적 자유를 특별히 수호한다"고 보장하면서 "나는 새로운 대학의 사명을 어떤 의구심 없이 믿으며, Yale-NUS 대학 동료들과 나는 열린 논쟁과 비판적 탐구가 번창하는 지적 공동체를 창조하기 위해 같이 일하고 있다"라고 확언했다(Yale University, 2016에서 인용). 그는 이 대학은 교수와 학생들이 캠퍼스에서 연구, 출판 교육, 토론을 자유롭게 수행하고 캠퍼스에서 성적 지향에 따라 차별받지 않도록 싱가포르 정부의 보장을 얻어냈음을 지적했다(Goochuang, 2012). 성적 지향에서 야기되는 차별 문제는 국제인권감시기구 같은 몇몇 국제적 관찰자들이 싱가포르 형법의 377A 장에서 남성 사이의 성교를 범죄로 규정한 사실에서 비롯되었다. 루이스의 성명은 당시 예일 대학교 총장에 의해 보강되었다. 그는 "우리는 Yale-NUS 대학 캠퍼스에서 학술 탐구의 결과를 학술 저작으로 출판하는 자유와 함께 학문의 자유와 열린 탐구를 보호하는 표현에 대해 합의를 거쳤다"고 시작했다(앞의 글). 그는 비판적 사고가 제한을 받을 것이라는 우려에 동참하면서 Yale-NUS 대학은 "자유학예 교육과정과 비판적 탐구를 권장하는 교육이라는 두 가지 개발"을 진행하는 중이라고 덧붙였다(앞의 글).

그러나 루이스나 레빈은 학문의 자유는 지속되어야 한다면서 Yale-NUS 대학을 향한 비판을 누그러뜨리면서도 같은 성명서에서 대학은 그것이 위치한 국가의 법률을 존중해야 한다고 강조한다. 루이스는 "어떤 대학이나 대학교든 그것이 운영되는 국가의 법에 복종해야" 하며, "우리도 싱가포르에 발언과 출판을 통한 시위에는 제한이 있음을 알고 있다"고 단언했다(Yale University, 2016). 같은 맥락에서 루이스는 "싱가포르에서 집회의 자유는 제한되며, 예일 학생과 교수들은 런던에서부터 베이징에 이르기까지 예일 프로그램의 학생, 교수들이 그러는 것처럼 국가 법률에 복종해야 할 것이다"라고 공시했다(앞의 글). 이들의 성명서에서 얻는 교육적 시사점은 이들이 싱가포르의 자유에 대해 단순히 의문을 품는 것을 넘어서 쌍방과 간문화 사이의 차이를 해결하려는 올바른 접근에 대한 관점이다. 둘 다 간문화의 인식이 우선이며, 열린 마음과 대화를 통한 학습을 옹호한 것이다. 루이스는 자유철학자 밀J. S. Mill을 인용하면서 발전의 수단으로 지속적인 참여와 교환을 강조했다.

> Yale-NUS 대학이 총장으로 임명했을 때 나는 1848년부터의 존 스튜어트 밀의 성명을 환기했다. "이미 친숙해진 사고 양상과 행동을 하는 인간 존재를 다른 사람들과 접촉하도록 자리를 옮겨주는 일의 가치는 아무리 높게 평가해도 모자란다. 의사소통은 발전을 위한 최우선의 자원이다." 나는 밀이 쓴 이 구절이 오늘날에도 유효하다고 생각한다. 나의 관점으로 발전은 후퇴나 편협함보다 지속적인 참여와 대화에 달려 있다(앞의 글).

루이스에 동의하면서 레빈은 예일 교수진의 결의에 함축된 "[서구의] 도덕적 우위 감각"에 반대했다(Sleeper, 2014에서 인용). 그는 부끄러움의 필요성을 강조하면서 간문화와 열린 마음에 대해 상세히 말했다.

> 우리는 싱가포르에서 이견을 좁혀나가면서 예일이 다른 모든 글로벌 차원에서 취하는 자세를 견지했다. 우리가 배울 것이 너무 많다는 것이다. 사회적 규범, 실천, 그리고 가치는 국가와 문화를 가로질러 다르다. 우리(학생, 교수)는 이러한 차이들을 포용하고 이해하려 노력한다. 그 시작 단계는 글로벌 시민정신의 근거임이 분명한 이해와 우리의 지구가 직면하고 있는 위대한 도전에 직면하는 협력을 구축하는 것이다. 차이점과 거기에서 필연적으로 흘러나오는 교육을 포용하는 것은 인간의 정신을 발전시키는 데 고립이나 우리 것만이 유일하게 올바른 방법이라 고집하는 것보다 훨씬 효과적이다(앞의 글, 밑줄 첨가).

루이스와 레빈의 호소는 비판적 사고가 문화적으로 매립되고 협력적 형태이며, 이는 싱가포르 교육부의 입장과 병행한다는 것은 주목할 만하다. 전 싱가포르 교육부 장관 헹 스위 킷Heng Swee Keat은 Yale-NUS 대학은 "학문의 자유와 열린 탐구를 … 싱가포르의 맥락에 섬세하게 부합하는 방법으로" 행사해야 한다고 선언했다(Human Rights Watch, 2012에서 인용). 싱가포르 수상은 "국가들은 모든 상황에서 도전에 응하기 위해 단 하나만의 최선의 사회적 · 정치적 모델에 집결하지는 않는다"고 보면서 Yale-NUS 대학이 원하는 것은 "이러한 지역적 맥락에 부합하는 교육과정과 대학의 에토스다"라고 선언했다(Khamid, 2015에서 인용).

이사회원 연설을 둘러싼 논쟁

두 번째 논쟁은 2016년 벌어졌다. 그것은 Yale-NUS 대학의 정부 측 이사회 이사를 겸한 이동대사인 찬 헹 치Chan Heng Chee가 2016년 1월 제네바에서 유엔 인권이사회 24세션의 국가별 인권상황 정기 검토Universal Periodic Review에서 행한 연설에서 촉발되었다. 이 모임에서 그녀는 "싱가포르는 기본적으로 보수적인 사회"라 언급하면서 남성 간의 성교를 범죄로 규정한 싱가포르 정부 형법 377A 조항을 수호했다(Heng, 2016). 그러면서 그녀는 그 법률이 사전에 집행되지는 않을 것이며, "우리는 차별과 성희롱에 단호하게 반대하며 그러한 행위에서 시민을 보호하는 법률들을 가지고 있다"고 덧붙였다(앞의 글).

찬의 행동은 Yale-NUS 대학 학생 니콜라스 카버힐Nicholas Carverhill* 이 그녀의 연설을 비판하는 글을 Yale-NUS 대학의 발행물인 옥탄*The Octant*(2016)에 싣는 행동을 촉발했다. 그는 찬이 형법 377A에 대해 싱가포르가 가진 입장을 거부하거나 대학 이사직을 사임하라고 도전했다. 이는 찬 대사가 형법 377A 조항의 존치를 옹호하는 한 Yale-NUS 대학은 그녀를 이사회 성원으로 받아들여서는 안 된다는 그의 지론에 근거한 것이다. 그는 이 글에서 "LGBTQI+[레즈비언Lesbian, 게이Gay, 양성애Bisexual, 성전환Transgender, 퀴어Queer 혹은 성적 정체성 질문Questioning, 간성+Intersex+] 학생들을 보호하는 의지를 차단하는 — 정부 정책의 공식적인 차별 반대에 거스르는 입장을 포함해서 — 찬 대사는 이사회 자리를 포기하기를 요구해야 한다"라고 썼다. 그는 자기 입장에 동조하는 지원 세력에 발맞추어(그녀가 스스로 물

---

* 카버힐은 2022년 현재 로즈(Rhodes) 장학금을 받아 옥스퍼드에서 수학 중이다.

러나지 않을 경우) 찬의 사퇴를 요구하지 않는 것은 "정치적 방편의 제단에 우리의 LGBTQI+ 동료들을 제물로 바치는 것"이라 주장했다(앞의 글).

카버힐 외에도 대학의 학생 그룹 역시 '우려 성명'을 발표하고 이 문제에 관한 찬과의 비공개 대화를 요구했다(Xu, 2016). 카버힐의 주장에 얼마나 많은 학생, 교직원들이 동의하는지는 분명하지 않지만 중요한 것은 이에 관한 Yale-NUS 대학 총장의 응답이었다. 루이스는 대학 지도부가 "학생들과 긴밀히 대화하면서 그들의 견해를 들어왔지만" 대학은 찬이 이사회 자리를 포기하는 것을 지지하지 않는다는 성명을 발표했다. 그는 대신, "우리는 학생들에게 그들과 다른 관점을 용납하지 않는 대신, 시각을 열고 폭넓게 포용"하기를 충고했다(Heng, 2016에서 인용). 덧붙여 그는 그러한 접근이 "모든 관점이 수용되고 다양한 의견과 믿음이 용인되고 이해되는 학습 공동체"가 되려는 대학의 비전과 맥을 같이한다고 말했다(Heng, 2016에서 인용). 루이스의 성명은 찬에게 비판과 최후통첩을 한 카버힐과 그의 지지자들이 반대 의견을 수용하려 들지 않는다는 것을 함축했다. 더 비판적인 반응이 싱가포르 이동대사 빌라하리 코시킨Bilahari Kausikin에게서 나왔다. 그는 카버힐과 지지자들의 자세가 "다양한 관점을 가지는 소위 자유로운 용인에 근본적으로 배치"되며 "자유의 비자유주의"를 보여주었다고 비판했다(Tan, 2016b에서 인용).

논의

두 가지 논쟁에서 공유된 사례는 자유교육 일반과 특히 비판적 사고의 개화에 필요한 사회-문화적 조건에 관한 토론이다. 싱가포르에서 어느 정도 표현의 자유가 필요하며 개인은 어느 정도 비판적이어야 할까? 비판적 사고와 관련해서 근본적 질문은 Yale-NUS 대학의 교직원과 학생들에게 주어진 자유와 권리는 강력한 비판적 탐구와 열린 논쟁에 참여할 정도로 충분한가의 여부다. 이 질문에 대한 답은 그 무엇보다 '자유'와 '비판적 사고'를 어떻게 해석하는가에 달려 있다. 우리는 Yale-NUS 대학의 논쟁에서 적어도 두 가지 대조되는 관점을 확인할 수 있다.

한편으로는 자유를 규제받지 않고 비판적 사고를 적대적일 뿐 아니라 현 상황에 도전할 정도의 것으로 해석하는 것이다. 이러한 입장은 앞에서 인용한 "규제받지 않는 자유, 생각할 수 없는 것을 생각할 수 있고 언급할 수 없는 것을 논의하고 도전할 수 없는 것에 도전할 수 있는 권리"라 규정한 1975년 예일의 '표현의 자유에 관한 대학교 정책'에서 요약되었다. 이러한 관점은 국제인권감시기구 아시아 부지배인 필 로버트슨이 위의 정책을 인용하여 싱가포르의 자유를 비판한 데서 그 사례를 찾을 수 있다. 승자와 패자가 극명하게 갈리는 전투적 용어를 사용하면서 그는 자유를 위해 "투쟁"하거나 권리를 "포기"하는 위험을 무릅쓰거나 예일 대학교의 정신을 "배신"하라고 말하면서 예일 교수진에 도전했다(Human Right Watch, 2012). 찬 대사에게 자신의 관점을 철회하거나 Yale-NUS 대학 이사 지위를 내려놓으라고 주장하면서 LGBTQI+의 자유와 권리를 위해 싸운 투사인 카버힐 역시 마찬가지로 호전적인 '우리 대 그들' 접근방식을 채택했다. 싸움에서 지는 것은 배신행위라고 경고하는 로버트슨과 마찬가지로 카버힐은 찬을 이사회에서 몰아내지 못하면 "정치적 방편의 제단에 우리의 LGBTQI+ 동료들을 제물로 바치는 것"이라는 내용을 게시했다(Caverhill, 2015). 로버트슨과 카버힐은 비판적 사고의 적대적 성격을 받아들여 상대방의 논지를 공격하고 자신의 논지가 상대방의 그것보다 우월함을 보여주어 논쟁이나 전투에서 이기는 것을 목적으로 한다.

루이스(Yale-NUS 대학 총장)와 레빈(당시 예일 대학교 총장)이 보여준 사례는 위에서 살펴본 자유와 비판적 사고의 관점에 대비된다. 그들은 '자유란 규제를 받지 않는 것이 아니라 역사적 · 정치적 · 사회-문화적 실체와 제약 가운데 위치한다'고 일반적으로 이해했다. 그들은 비판적 사고의 적대적 성격을 부각하는 대신 공감, 참여와 협력을 중시하는 문화적으로 매립되고 협력적인 비판적 사고 모델을 강조했다. 앞에서 살펴본 것처럼 루이스는 "모든 관점이 수용되고 다양한 의견과 믿음이 용인되고 이해되는"(Heng, 2016에서 인용) 장소에서 "진보는 지속적인 참여와 대화에 달려 있다"(Yale University, 2016에서 인용)는 입장을 취한다. 레빈은 "우리가 배워야 할 것이 너무 많다"고 강조하면서 "우리의 것만이 유일하게 올바른 방법이라 고집"하지 않고 "간문화를 이해"하고 "차이점을 수용"하기를 제안한다(Yale University, 2016에서 인용).

Yale-NUS 대학의 비전으로 돌아가 자유학예교육을 재정의 혹은 재상상하면, 일부는 1975년 예일의 '표현의 자유에 관한 대학교 정책'에서 선포되고 로버트슨과 카버힐이 과시했던 것과는 다른 비판적 사고를 지향하는 것을 볼 수 있다. Yale-NUS 대학이 옹호하는 비판적 사고의 개념은 서구의 대학교와 자유학예대학에서 공통적인 비판적 사고의 적대적 형태를 거부한다. 밴더멘스브루게는 "앵글로색슨 대학교에서의 실천은 자연적이며, 때로는 이러한 실천을 둘러싼 협약이 보편적으로 알려진 것이거나 보편적으로 적용되어야 하는 것임을 수용한다"라고 서구 학계의 경향을 소개한다(Vandermensbrugghe, 2014: 418). 같은 맥락에서 폭스(Fox, 1994)는 미국 대학교의 지배 커뮤니케이션 양식과 세계관뿐 아니라 비판적 사고의 실천은 "서구 — 더 정확하게는 미국 — 문화"에서 도출되었음을 관찰한다(xxi, Atkinson, 1999: 75에서 인용). Yale-NUS 대학을 둘러싼 논쟁에서 비판적 사고의 다른 개념의 이해를 보강하는 것은 다른 세계관과 가정假定이다. 하나의 사례가 '자유'의 정의와 범위다. Yale-NUS 초대 학장 찰스 베일린이 말한 것처럼 "우리(미국인)가 자유에 대해 생각하는 것을 그들은 공공질서에 대한 모욕이라 생각한다"(Sleeper, 2014에서 인용). 폴은 싱가포르의 경험은 미국의 추론과 관점이 "유일한 대화법적 가능성이 아님"을 사례로 보인다고 주장한다(Paul, 1981: 5). 한 사람의 관점이 유일하게 올바르거나, 다른 사람들의 관점은 토론에서 자리가 없다고 고집하는 것은 자기중심적이며 사회중심적 기반을 피력하는 것이다(Paul, 1981). 레빈이 예일 교수진의 결의문이 "서구적 도덕 감각"을 함축한다고 단언했을 때(Sleeper, 2014에서 인용) 그러한 생각을 했을 것이다. Yale-NUS 대학의 한 학부생은 카버힐의 호전적 입장을 언급하면서 그것은 "지역 정치를 이해하지 못함을 보여주며" 그러한 "극단적이며 대립적인 방식"은 싱가포르에서 통하지 않는다는 의견을 피력했다(Xu, 2016에서 인용).

적대적인 비판적 사고 대신 다양한 의견, 타협과 관계 구축을 가능하게 하는 충분한 공간을 가지는 협력적인 비판적 사고가 Yale-NUS 대학에 권장된다. 많은 학자들은 협력, 대화, 공감을 강조하는 비판적 사고가 아시아 맥락에 적합하다고 주장해왔다. 더킨(Durkin, 2008)은 '유교유산문화Confucian Heritage Culture' 단체 학생들과 진행한 실증적 연구에서 이 학생들은 사람들이 "서구의 적대적 논쟁에서와 같은 두 극단적인 입장 사이에서 전투"해야 하는 "대립을 일삼는 전쟁 식의 접근"을 거부했다는 결론을 도출했다(23). 이들은 그 대신 조화를 유지하고 그 누구도 공개적으로 당혹해하지 않도록 "다양한 의견이 가능한 충분한 공간을 허용하는 타협적 접근"을 선호한다(이 외에 Hofstede & Hofstede, 2005; Nguyen, Terlouw & Pilot, 2006; Tan, 2006 참조). 적대적인 비판적 사고에 아시아 학생들이 일반적으로 불편을 느낀다는 사실은 Yale-NUS 대학 강의실에서도 관찰되어왔다. Yale-NUS 대학 본부는 많은 싱가포르 학생들이 강의실에서 말하는 것을 주저하며, 미국의 세미나에서 자주 보이는 생생한 의견교환과 큰 목소리의 논쟁이 싱가포르 강의실에서는 없음을 보고했다(Kofman & Stephenson, 2012). 같은 보고서는 "싱가포르의 학생들은 종종 다른 학생들 앞에서 바보처럼 보일까 두려워 발언할 용기를 내지 못한다. 그 대신, 학생들은 조용히 있으면서 '체면'을 차리기를 — NUS 본부의 말로는 아시아 문화의 한 경향인 — 선택한다(앞의 글).

그러나 합치된 의견을 구축하고 지역 정치와 사회-문화적 조건을 받아들이기를 지나치게 강조하는 형태의 비판적 사고는 확신에 차고 성숙한 비판적 사고를 함양하기에는 부적절하다. 이러한 비판적 사고 모델은 사회적 조화를 무너뜨리고 현재 상태에 도전한다는 두려움 때문에 참여자가 거칠고 유별난 질문을 하는 것을 금지할 수 있다. 결과적으로 참여자들은 자아를 존중하면서 그들 자신의 자기중심적이며 사회중심적 경향을 성찰할 용기를 잃게 된다. 이러한 진행을 막기 위해 교직원, 학생, 그리고 다른 교육 관계자들은 자신의 세계관뿐 아니라 다양한 비판적 사고를 형성하고 적용하는 다양한 세계관을 이해하고 질문하는 것이 권장된다. 다양한 목소리, 관점, 세계관과 선함이라는 개념의 배경에 맞서서 학습자들이 권력, 정의, 정체성과 함께 텍스트와 실천이 이데올로기에 의해 형성되는 방법은 물론, 지식의 구성, 전제와 적용에 의문을 품는 것이 중요하다(Baidon & Sim,

2009). 예일 대학교와 NUS에서의 자유학예교육과 비판적 사고의 역사적 · 정치적 뿌리를 비교 탐구하는 것이 하나의 사례가 될 것이다. 관련된 성찰과 토론 이슈들로, 자유적 개인주의, 공산사회주의, 유교 같은 이데올로기가 한 사람의 비판적 사고를 형성하는 데 어떤 역할을 수행했는지, 다른 나라의 법률이나 문화를 존중하는 것과 어떤 형태의 것이든 비판적 탐구와 판단을 모두 피하는 것 사이의 균형을 어떻게 깨뜨릴 수 있는지, 적대적인 비판적 사고와 협력적인 비판적 사고의 장 · 단점은 무엇인지, 싱가포르식의 자유에서 충분함, 장점, 약점은 무엇인지, 싱가포르와 인근 지역에서 자유학예교육이 발전하도록 하기 위해 필요한 정치적 · 사회-문화적 변화는 어떤 것인지 탐구하는 것을 들 수 있을 것이다. 이러한 탐구 과정은 능동적이고 지속적인 자신과 다른 사람들의 참여를 요구하며, 그 결과는 싱가포르에서 비판적 사고의 재구성과 자유학예교육의 재정의 · 재상상이 될 것이다.

결론

이 장은 예일 대학교와 싱가포르 국립대학교 연합 자유학예대학(Yale-NUS 대학)의 창립을 사례로 비판적 사고의 개념과 적용을 탐구했다. 이 글은 연합 프로젝트를 둘러싼 논쟁을 조사하여 다양한 교육 관계자들이 파악하는 비판적 사고의 서로 다른 관점들과 수용 양상을 확인하고 논의했다. Yale-NUS 대학의 비판들은 일반적으로 비판적 사고의 비문맥적이고 적대적 형태를 고수하며, 그 대학의 지지자들은 문화적으로 매립되고 협력적인 개념을 채택하는 것으로 논증되었다. 더 나아가 이 글은 참여자들이 서로 다른 관점에 대해 공감을 통해 이해하고, 사람들 자신의 기반을 인정하며, 간문화 대화에 참여하도록 모색하기를 제안했다. 우리의 사례연구는 비판적 사고란 여러 의미를 가질 뿐 아니라 경쟁적 개념(Moore, 2013)임을 밝혀냈다. Yale-NUS 대학이 성공하려면 교육자와 다른 교육 관계자들이 자유학예의 내용뿐 아니라 그러한 연구를 용이하게 하는 비판적 사고의 개념을 공동으로 구축하는 것이 필요하다. 무어(Moore, 2011)가 올바르게 지적한 것처럼, "비판적 사고 같은 핵심 속성이 우리 기관에서 이해되고 개념화되는 방법은 대학교 교육과정과 고등교육 정책의 형성 모두에서 주된 영향을 가진다"(62).

비판적 사고가 가지는 두 가지 개념(적대적 대 협력적)의 지지자들이 서구/미국/예일 대학교 캠프 대 동양/싱가포르/Yale-NUS 대학 캠프로 딱 떨어지는 것이 아님은 흥미로운 사실이다. 협력적 · 비판적 사고의 지지자들은 둘 다 미국인이며 예일 대학교 교수진에 속하는 예일 대학교와 Yale-NUS 대학의 총장들을 포함한다. 마찬가지로, 로버트슨과 카버힐의 싱가포르인 지지자 중에도 찬 대사의 언급에 대해 '우려 성명'을 낸 학생 그룹의 성원들과 형법 377A 조항 삭제를 지지한 학생들이 있다. 같은 논지로, 다양하고 양립할 수 없는 자유의 해석 역시 '동양 대 서양'의 이슈로 단순화할 수 없다. 심지어 미국학자들도 자유학예교육을 지원하는 데 필요한 표현의 자유의 본질과 확장에 모두 동의하는 것은 아니다. 우리는 예일 대학교와 Yale-NUS 대학의 총장이 싱가포르 정부가 허용한 자유의 정도가 Yale-NUS 대학이 성공하는 데 충분하다고 믿는 것을 보았다. 그러나 이 견해는 무엇보다 예일 교수진, 미국 대학교 교수협의회, 국제인권감시기구 등에 의해 도전받았다. Yale-NUS 대학의 사례가 보여준 것은 비판적 자유의 해석과 실천은 단순한 문화적 충돌의 결과가 아니라는 점이다. 그 차이는 오히려 역사적으로 위치한 비판적 사회 실천이 다양한 행동 주체와 상황에 의해 만들어졌음을 보여준다. 중립적이고 보편적인 비판적 사고와 그 영향을 받은 자유학예교육은 비문맥적이기는커녕 지역적 세계관과 전제가 상호작용을 통해 발전하면서 형성되어간다.*

* 허탈한 결말이지만, Yale-NUS 대학은 2025년부터 폐쇄된다. 공식적인 이유는 재정문제이지만, 실제로는 이 글이 마치 예언처럼 다룬 자유학예교육 특유의 '비판적 사고'와 다소 전제적이라 알려진 싱가포르 정부를 무시할 수 없는 싱가포르 국립대학교 사이의 갈등이 원인이었던 것으로 보인다. 자세한 내용은 박일우(2021), 「밖에 있는 무엇이 교양교육을 힘들게 하는가?: Yale-NUS College 폐쇄를 중심으로」, 『2021년 추계 전국학술대회 자료집』, 한국교양교육학회, 전국대학교양교육협의회, 한국교양기초교육원, pp. 184-194 참조.

참고문헌

AAUP (n.d.). "An open letter from the AAUP to the Yale community." *American Association of University Professors*. Retrieved from www.aaup.org/news/2012/open-letter-aaup-yale-community (accessed 2 Feb 2016).

Atkinson, D. (1997). "A critical approach to critical thinking in TESOL." *TESOL Quarterly*, 3/(l): 71-94.

Baidon, M. C., & Sim, J. B.-Y. (2009). "Notions of criticality: Singaporean teachers' perspectives of critical thinking in social studies." *Cambridge Journal of Education*, 39(4): 407-22.

Bailin, S., Case, R., Coombs, J. R., & Daniels, L. B. (1999). "Conceptualising critical thinking." *Journal of Curriculum Studies*, 37(3): 285-302.

Barnett, R. (1997). *Higher Education: A Critical Business*. Milton Keynes: Open University Press.

Capossela, T. (1998). What is critical writing? In Capossela, T. (Ed.) *The Critical Writing Workshop: Designing Writing Assignments to Foster Critical Thinking*. Portsmouth, NH: Heinemann, 1-10.

Caverhill, N. (2016). "On theYale-NUS governing board, tolerance is not enough." *The Octant*, Feb 3. Retrieved from http://theoctant.org/edicion/issue/uncategorized/on-the-yale-nus-governing-board-tolerance-is-not-enough/ (accessed 2 Feb 2016).

Durkin, K. (2008). "The adaptation of East Asian masters students to western norms of critical thinking and argumentation in the UK." *Intercultural Education*, 19(1): 15-27.

Ennis, R. H. (1998). "Is critical thinking culturally biased?" *Teaching Philosophy*, 21(1): 15-33.

Fishman, A. (1988). *Amish Literacy*. Portsmouth, NH: Heinemann.

Fox, H. (1994). *Listening to the World: Cultural Issues in Academic Writing*. Urbana, IL: National Council of Teachers of English.

Goochaug, L. (2012). "With opening near, Yale defends Singapore venture." *The New York Times*, Aug 27. Retrieved from www.nytimes.com/2012/08/27/world/asia/27iht-educlede27.html?_r=0 (accessed 2 Feb 2016).

Government of Singapore (2014). Speech by Prime Minister Lee Hsien Loong at Yale-NUS college groundbrea-king ceremony. Retrieved from www.pmo.gov.sg/mediacentre/ speech-prime-minister-lee-hsien-loong-yale-nus-collegegroundbreaking-ceremony (accessed 2 Feb 2016).

Grove, J. (2015). "Yale-NUS College extends reach of liberal arts"forbidden fruits'" *Times Higher Education*, Oct 22. Retrieved May 15, 2016, from www.timeshighereducation .com/news/yale-nus-college-extends-reach-liberal-arts-forbidden-fruits.

Heng, J. (2016). ""Yale-NUS rejects call on envoy to quit post." *The Straits Times*, Feb 7. Retrieved from www.straitstimes.com/singapore/yale-nus-regects-call-on-envoy-to-quit-post (accessed 2 Feb 2016).

Ho, C. L. (2001). "The cultural grounding of Singapore English." In Ooi, V B.Y (Ed.), *Evolving Identities: The English Language in Singapore and Malaysia*. Singapore: Times Academic Press, 102-11.

Hofstede, G., & HofstedeJ (2005). *Cultures and Organization - Software of the Mind*. 2nd ed. New "York: McGraw-Hill.

Human Rights Watch (2012). "Singapore: Yale to curtail rights on new campus." Retrieved from www.hrw.org/news/2012/07/19/singapore-yale-curtail-rights-new-campus (accessed son 2 Feb 2016).

Johnson, R. H. (1992). "The problem of defining critical thinking." In Norris, S. B (Ed.) *The Generalisability of Critical Thinking: Multiple Perspectives on an Educational Ideal*. New York: Teacher College Press, 38-53.

Khamid, H. M. A. (2015). "Yale-NUS should not be carbon copy of US college to succeed: PM. Lee." *Channel News Asia*, Oct 12. Retrieved from www.channelnewsasia.com/news/singapore/yale-nus-should-notbe/2186918.html (accessed 2 Feb 2016).

Kinney B. A. (1995). *Chinese Views of Childhood*. Honolulu, HI: University of Hawaii Press.

Kofman A. & Strphenson, T. (2012). "Liberal arts - Different inYale and NUS?" *Yale Daily News*, May 20. Retrieved from https://generalpaperpress.wordpress.com/2012/05/20/ liberal-arts-difierent-in-yale-and-nus/ (accessed 2 Feb 2016).

Kwok, K. W., Chang, C. T., & Ko, Y. C. (1993). The use of the 'ideal type' approach in the comparative study of Chinese childhood socialisation. Paper presented at the Conference on Chinese Childhood Socialisation, Honolulu, HI, East-West Centre.

McGuire, J. M. (2007)."Why has the critical thinking movement not come to Korea?" *Asia Pacific Education Review*, 8(2): 224-32.

Moore, T. J. (2011). "Critical thinking and disciplinary thinking: A continuing debate." *Higher Education Research & Development*, 30(3): 261-74.

Moore, T. (2013). "Critical thinking: seven definitions in search of a concept." *Studies in Higher Education*, 38(4): 506-22.

National University of Singapore (2012). "The Yale-NUS College and liberal arts education," Retrieved from www.nus.edu.sg/registrar/nusbulletin/yale-nus-college/yale-nus-college-and-liberal-arts-education (accessed 2 Feb 2016).

Nguyen, P.-M., Terlouw; C., & Pilot, A. (2006). "Culturally appropriate pedagogy: The case of group learning in a Confucian Heritage Culture context." *Intercultural Education*, 17(1): 1-19.

Norris, S. P. (1995). "Sustaining and responding to charges of bias in critical thinking" *Educational Theory*, 45(2): 199-211.

Osterloh, K. (1986). "Intercultural differences and communicative approaches to foreign-language teaching in the third world." In Valdes, J. M. (Ed.) *Culture Bound: Bridging the Cultural Gap in Language Teaching*. Cambridge, UK: Cambridge University Press, 77-84.

Paul, R. (1981). "Teaching critical thinking in the 'strong sense': A focus on self-deception, world views, and a dialectical mode of analysis" *Informal Logic*, 4(2): 2-7.

______ (1987). "Dialogical thinking: Critical thought essential to the acquisition of ratio nal knowledge and passions." In Baron, J. & Sternberg, R. (Eds.) *Teaching Thinking Skills: Theory and Practice*. New York: W H. Freeman and Company, 127-48.

Peters, M. A. (2007). "Kinds of thinking, styles of reasoning." *Educational Philosophy and Theory*, 39(4): 350-63.

Robinson, S. R. (2011). "Teaching logic and teaching critical thinking: Revisiting McPeck." *Higher Education Research & Development*, 30(3): 275-87.

Salovey, P. & Chuan, T. C. (2016, March 16). "Thinking deep and broad." *The Straits Times*, A25.

Sleeper, J. (2014, Sept. 26). "For Yale in Singapore, it's deja-vu all over again." *Huffpost Education*. Retrieved from wwwhuffingtonpost.com/jim-sleeper/fbr-yale-in-singapore-its_b_5887258.html (accessed 2 Feb 2016).

Tan, C. (2006). "Creating thinking schools through'Knowledge and Inquiry': The curriculum challenges for Singapore." *The Curriculum Journal*, 7(1): 89-105.

______ (2016a). The cultural challenges for critical thinking: Perceptions of educators in Singapore. Unpublished manuscript.

Tan, J. (2016b). "Some Yale-NUS students want Ambassador-at-Large Chan Heng Chee removed from the school's board." *Mothership. Sg*. Retrieved from http://mothership. sg/2016/02/some-yale-nus-students-want-ambassador-at-large-chan-heng-chee-removed-from-the-schools-board/ (accessed 2 Feb 2016).

Tian, J., & Low, G. D. (201l). "Critical thinking and Chinese university students: A review of the evidence." *Language, Culture and Curriculum*, 24(1): 61-76.

Vandermensbrugghe. J. (2004). "The unbearable vagueness of critical thinking in the context of the Anglo-Saxonisation of education." *International Education Journal*, 5(3): 417-22.

Waller, B. N. (2012). *Critical Thinking: Consider the Verdict*. 6th ed. Upper Saddle River, NJ: Pearson.

Walters, K. (1994). "Introduction: Beyond logicism in critical thinking." In 'Waters, K. (Ed.) *Re-Thinking Reason: New Perspectives in Critical Thinking*. Albany, NY: SUNY Press, 33-42.

Xu, Q. (2016). "Yale-NUS admin speech sparks debate." *Yale Daily News*. Retrieved from http://yaledailynews.com/blog/2016/02/05/yale-nus-admin-speech-sparks-debate/ (accessed 2 Feb 2016).

Yale University (2016). "Presidential statements regarding Yale-NUS College." *Yale News*. Retrieved from http://news.yale.edu/2012/07/19/presidential-statements-regarding-yale-nus-college (accessed 2 Feb 2016).

Yale-NUS College (2016). "Vision and mission." Retrieved from wwwyale-nus.edu.sg/ (accessed 2 Feb 2016).

9
중동에서 학문의 자유와 자유학예
미국 모델이 되풀이될까?

니마 누리

중동 여러 곳에서 대학교 분교 캠퍼스들이 확대되는 것을 옹호하는 사람들은 공공 영역이 넓어지면서 서구 기관들 덕분에 그렇지 않았다면 독재 정치 지형이었을 곳이 시민사회의 보루로 종사하게 될 것이라 주장한다. 그러나 심지어 지역의 서구 대학 분교도 지역적으로 논쟁이 되는 이슈들을 공공연히 언급할 수 없다는 상당한 증거도 있다. 확실히 2011년부터 2015년까지 서구의 분교들이 가진다는 학문의 자유, 특히 고등교육에서 자유학예 모델의 주춧돌 능력을 의문시하는, 세간의 이목을 끄는 일련의 사건들이 있었다. 특히 '아랍의 봄' 1년 후인 2011년 아랍에미리트UAE는 파리-소르본-아부다비Paris-Sorbonne-Abu Dhabi의 시간강사인 나세르 빈 가이트Nasser bin Ghaith를 체포했다. 2013년 2월 24일, 런던경제학교London School of Economics(LSE)는 — 학문의 자유 침해를 우려하는 게시물과 함께 — 아랍에미리트 샤르자 미국 대학교American University of Sharjah에서 열릴 예정이던 '아랍의 봄' 관련 학술대회를 취소했다. 그리고 마침내 2015년 아랍에미리트의 노동 정책과 뉴욕 대학교NYU 아부다비 확장을 소리 높여 비판하던 뉴욕 대학교 앤드루 로스Andrew Ross 교수의 아랍에미리트 입국이 금지되었다.

이 장은 '중동에서 서구 대학교들이 확장되는 현상이 고등교육의 자유학예 모델을 재생산하고 학문의 자유를 보호할 수 있는가?'라는 의문을 다룬다. 달리 말해 학문의 자유는 국제화되는가? 필자는 한정된 교육과정 제공, 희소한 종신교수와 교수진을 대리하는 변호 조직의 부재가 학문의 자유를 비공인 방식으로 제한함을 논한다. 뉴욕 대학교 아부다비NYU Abu Dhabi 같은 권위 있는 분교들은 과도한 수업료를 부담할 수 있는 소수의 인적 자원을 수용한다. 이 권위 있는 분교들은 — 분명히, 자유로운 발언의 오아시스 역할을 하지만 — 서구의 최고급 호텔과 더 유사해서 다른 곳에서는 엄격하게 금지된 알코올 판매와 소비가 합법적이다. 결국 학문의 자유는 알코올과 매우 흡사하게 작은 그룹의 지역 엘리트와 서구 밖에서 서구 교육을 찾는, 점점 늘어나는 학문 관광객에게만 제한적으로 허용된다.

전 세계의 대학교들이 동일한 구성 설계에 부합되는 정도를 기록한, 세계화와 고등교육 관련 문건들이 점점 많이 나온다(Lindblad and Lindblad, 2009). 특히 국제사회의 이론가들은 "매우 유사한 수준으로, 세계적 의미를 갖는 인증에 부합되게, 동일한 주제가 … 동일한 관점으로 가르쳐진다"(Schofer and Meyer 2005: 917)는 점을 인정하면서 글로벌 차원에서 3차 교육이 확장되며 이는 매우 유사한 경향을 가진다는 강력한 설명을 내놓는다. 이 연구들은 전 세계에서 대학교의 외적 구성상의 성격이 가지는 특권을 이론적으로 강조하다 보니 특정 기관의 내부에서 발생하는 것을 설명하지 못한다. 달리 말하면, 이 글의 의도이기도 하지만, 자유교육 모델의 성격을 체화하고자 하는 중동의 대학교들은 이를 얼마나 정확하게 실행하고 있는가?

쇼퍼Schofer와 메이어Meyer는 대학교가 국제적 비정부기구들(INGOs)과 매우 비슷하게 세계의 문화를 전파하는 기관으로 인정되어야 할 필요가 있다고 주장한다. 그 이유는 "대학교는 신고전 경제학을 연구하고, 세계무역기구World Trade Organization, WTO에서 일하고자 하는 개인들뿐 아니라 세계무역기구의 해악을 해석해내는 사회학자도 양성한다. 그런데 이런 사람들은 (대부분) 자유라는 공통적 문화와 연계되어" 있기 때문이라는 것이다(Schofer and Meyer, 2005: 917). 중동, 특히 걸프협력회의Cooperation Council for Arab States of the Gulf 국가의 서구 대학교들을 대상으로 한 필자의 연구는 이 기관들이 쇼퍼와 메이어가 "공통적인 문화적 자유"라 부른 것(Schofer and Meyer, 2005)과 폭넓게 연계되어 있는지 의문을 제기한다. 더 나아가 이 장에서 논증하겠지만, 학문의 자유 보호라는 명분에 가려져 있는 치명적인 차이들은 외부 관찰자에게 즉각 명확하게 나타나지 않는다. 아마도 더 중요한 것으로, 미국 대학교들이 실천하는 학문의 자유는 이를 쉽게 외부에 임대 수출하지 않는 특별히 미국적인 것이라는 사실이다.

| 학문의 자유: 국제화에서부터 학문의 전초기지까지

냉전이 최고조에 달했을 때, 저명한 지성인이며 역사학자인 헨리 스틸 코메이저Henry Steele Commager는 미국만이 유일하게 3차 교육의 세계적 확산을 촉진하는 임무에 적합하다고 주장했다. "새로운 국가들을 위해 무엇인가 해야 한다." 그는 계속해서 이렇게 주장했다. "앞 시대에 미국 국경을 위해 뉴잉글랜드주와 버지니아주가 한 일, 19세기 오하이오주, 미시간주, 일리노이주에 대학과 대학교들을 만들기 위해 하버드, 예일, 프린스턴이 한 일과 같은 것을 말이다"(Commager, 1963: 369). 그는 더 나아가 아래와 같이 선언했다.

> 우리는 우리가 만들거나 발전시키려는 새로운 기관에 단순한 물리적 설비뿐 아니라 대학교의 윤리적 · 지적 성격을 전달할 책임을 지운다. 이 말은 미국의 학습 공동체는 … 나머지 세상에서 자유의 습관을 대표해야 한다는 의미다. 자유 체계 아래 문제를 해결하기 위해 무엇을 할 수 있는지를 모든 활동과 모든 언급을 통해 보여주어야 한다. 문제와 씨름하는 사람들이 부당한 정치적 · 종교적 · 이념적 압력에서부터 자유로울 때만 문제가 해결된다는 사실을 보여주어야 한다(Commager, 1963: 369).

코메이저는 권위 있는 분교들이 중동에 확장될 전조를 보고 이 기관들이 "자유의 습관"을 심어줌으로써 민주주의를 촉진하기를 요구했다. 그러나 냉전 시대의 대학교들은 — 코메이저가 요구한 — 확장주의자가 아니었으며 오히려 내부화, 즉 미국 대학교에 국제 학생들을 끌어와 자유적 규범과 미국의 영향을 확대했다.

대테러 글로벌 전쟁은 — 비자 문제와 다른 제한들 때문에 학생들을 미국으로 끌어오는 데 어려움이 증가하면서 — 미국의 분교들을 중동에 설치하는 데 새로운 관심을 촉발하는 결과를 낳았다. 미국국제개발처 United States Agency for International Development, USAID가 아프가니스탄의 카불, 이라크의 술라이마니Sulaimani에 미국 대학교 설치를 지원한 데서 보듯 분교들은 미국의 지정학적 전략에 포함되어왔다. 분명히, 심지어 냉전 기간에 더욱더 외향적 교육 이니셔티브가 대테러 글로벌 전쟁에서 미국 전략의 주요 구성성분이 되어왔다. 예를 들어 미국 · 중동 파트너십US-Middle East Partnership 프로그램은 먼저 다양한 형태의 교육, 그리고 학생과 실무 교수진에 투입되는 예산을 감독한다(Salime, 2010). 중동에서 미국의 우악스러운 군사 주둔에도 불구하고 미국식 교육에 대한 인기와 요구는 미국 고등교육 기관들이 이 지역에서 확산되는 데 최고의 동력이 되었다. 키르키스스탄에서 카타르에 이르기까지 미국 군사 기지가 각국에 있으며, 이제 이들이 미국 제휴 고등교육 기관들을 유치한다. 더 나아가, 이 기관들은 대부분 사립으로, 미국국제개발처나 다른 미국 정부 기관의 재정지원을 받지 않는다.

중동에서의 고등교육 개관

중동에서 미국 대학교들이 운영된 지 한 세기가 지났지만, 최근 걸프만에서와 같이 분교들이 퍼진 일은 유례가 없다. 로마니Romani가 지적했듯, "현재의 학문 붐을 특징짓는 중요한 패턴 하나는 세계화 가운데서 사립화라는 이중 과정이다. 1993년 이후 중동에서 창립된 새 대학교의 2/3 이상(거의 70%)이 사립이며, 그들 가운데에서 점점 더 많은 수(적어도 50개교)가 서구, 특히 미국 대학교 분교들이다"(Romani, 2009: 4). 미국 대학교들의 확산에 관한 한 걸프만의 경우에 근접하는 다른 지역은 없다.

이러한 "학문 붐"을 조성하는 기관들은 세 가지 부류로 나누어진다. 분교, 하이브리드 대학교, 독립 단설 대학교가 그것이다. 미국에 근거지를 둔 분교 캠퍼스가 주종을 이룬다. 1천 명 이상의 학생을 가지는 뉴욕 대학교 아부다비가 이 모델의 좋은 사례다(NYU Abu Dhabi, 2016). 뉴욕 대학교 아부다비 외에도 많은 분교가 한 단지에 모여있다. 이를 통해 상대적으로 작은 규모로 특정 학문을 원하거나 직업 훈련을 받으려는 학생들을 수용한다. 카타르의 '교육도시Education City'* 지구에는 버지니아 커먼웰스 대학교Virginia Commonwealth University의 미술 프로그램, 코넬 대학교Cornell University의 의학 프로그램, 텍사스 농공학 대학교Texas A&M University의 공학 프로그램, 조지타운 대학교Georgetown University의 외교 대학원 분교가 있다.

두 번째 부류는 중동의 고등교육기관과 파트너인 국제대학교들이다. 예를 들어 2008년 오스틴Austin의 텍사스 대학교Texas University는 킹 압둘라 과학기술 대학교King Abdullah University of Science and Technology와 공학 및 지구 과학 대학원 신규프로그램을 개발하는 계약을 맺었음을 발표했다.

세 번째 부류는 미국식 교육을 제공하는, 지역에 뿌리를 두고 지역에서 재원을 조달하는 독립 대학교다. 예를 들어 4,800명의 학생을 가진 샤르자 미국 대학교American University of Sharjah(AUS)와 두바이의 자예드 대학교Zayed University가 그 사례다. 미국식 대학교들은 상대적 규모와 영어 지원 서비스 때문에 역사적으로 유치 국가와 중동 모두에서 많은 학생을 끌어왔다. 뉴욕 대학교 아부다비는 뉴욕의 본교보다 더 엄격한 입학 기준을 고수하면서도 글로벌 차원의 학생들을 끈다. 미국식 대학교들은 전형적으로 미국의 표준 교육과정을 고수하면서 자유학예 모델을 수용하고, 미국에서 출판된 교재를 사용하며, 미국에서 훈련된 교수요원을 채용하고, 미국식 교수법, 즉 전통적 강의에 덜 의존하면서 능동적 학습을 촉진하고 토론을 활용하는 강의실 활동에 더욱 의존하는, 학습자 중심으로 묘사되는 교육 방

---

* 2022년 월드컵에서 대한민국 팀이 예선전 내내 뛰었던 경기장(Education City Stadium)도 이 지역에 있다.

식을 권장한다.

| 학문 자유의 미국 모델

미국에서 학문의 자유는 미국 특유의 역사적 맥락에서 변별적인 성격을 가진다. 그러므로 미국 교육 모델의 요소가 일련의 교과서나 수업 제공보다 재생산되기가 더 어렵다는 것은 이해할 만하다. 영양을 제공하고 보호하기 위해 설계된 학문의 자유와 제도적 울타리는 최근 세기에서 형성되었을 뿐이다. 학문의 자유에 관한 이전의 많은 논쟁은 냉전 시대에 나타났다. 1940년 미국대학교수협회(AAUP)와 미국대학 · 대학교협의회(AACU)는 교육과 연구에서 학문의 자유를 지지하는 원칙에 동의했다. 학문 자유의 주춧돌은 종신교수가 되는 것이다(AAUP, 2006: 3). 학문의 자유를 보호하기 위한 연대와 일련의 더 적극적인 조처를 선호하는 좌파 미국대학교수협회로서는 종신제 동의는 약해빠진 타협에 지나지 않았다(Barrow, 1990; Kamola and Meyerhoff, 2009). 강의실에서의 자유는 교수진이 자신의 전문성을 벗어나지 않고 "주제와 무관한 논쟁거리도 교육에 도입"하는 규정에 의해서만 제한된다(AAUP, 2006: 3). 학문 자유의 기반은 자유로운 발언 규칙과 달리 대학교수의 전문적 지식, 자격에 대한 신뢰에서 나오는 것이라 주장되었다(Gerber, 2010). 동료 평가를 포함하는 원칙은 문외한이 아니라 똑같이 훈련받고 지식을 갖춘 교수들만이 연구 결과를 판단하고 강연할 수 있는 자격을 가진다는 믿음을 지지한다(Gerber, 2010: 8). 특히 이 장에서는 종교적 기관의 경우 고용인들은 채용될 때부터 이 사실을 잘 알고 있었으므로 강의실에서 자유를 어느 정도 제한한다는 점을 특기하고자 한다. 미국에서는 종신제가 고등교육기관들에서 고용 안정과 지적 자유를 위해 더 높은 급료를 지향하고자 하는 재능 있는 교수들이 민간 영역과의 경쟁에서 성공을 가능하게 했다(Kolodny, 2008: 3).

이와 대조적으로 중동에서 미국식 대학교들은 높은 급료를 제공하지만, 미래에도 지속적 채용을 보장하지는 않는다. 재정적 인센티브가 이미 완성된 미국 교수들을 정년이라는 상대적인 안전판이 없어도 유치하는 데 충분할 것이라 희망하기 때문이다. 카팔라Kafala 시스템은 모든 외국인 노동자들을 시민 후원자와 연결하는 것인데, 모든 주재원을 연장이 가능한 3년제 계약직으로 고용하도록 한정한다(Ali, 2010). 이 시스템은 저임금 노동자들이 어디에서 얼마나 일하는지를 조심스럽게 통제하여 그들의 협상력을 제한하기 위해 고안된 것이지만, 중동지역에서 증가하는 학술 노동자의 힘을 정년까지 연장하지 않는 편리한 구실이 되기도 한다. 분교들은 미국 본토에서 정년을 받은 교수들을 유치하기 위해 이러한 제한을 피해간다. 그러나 독립 사립대학교(예: 두바이 자예드 대학과 AUS)들은 이런 호사를 누리지 못한다. 그러므로 이들은 급여 면세, 무료 혹은 주택 지원과 그 외 여러 가지 혜택이 국내 고용 시장에서 주재 학자들을 유혹하는 데 충분하기를 희망한다.

미국에서는 정년제 외에도 학문의 자유를 보호하는 다수의 추가적 안전판이 있다. 그 가운데서 으뜸가는 것은 인증 기관, 미국정치과학회American Political Science Association 같은 학회, AAUP 같은 변호 조직, 자유 발언권을 지원하는 규범적 · 법적 틀이다. 중동지역의 분교 혹은 대학교들은 대부분 인증을 받았지만, 미국에서 학문의 자유를 지원하는 제도적 집단은 걸프만에서는 거의 부재한다. 분명히 이러한 제도적 안전판들은 미국 교육 모델의 다른 요소들만큼 그대로 도입되지는 않는다. 게다가, 다음 장에서 논의하듯, 심지어 인증 기관들도 학문의 자유를 수호하는 데 초국가적으로 행동하기를 주저한다.

미국식 독립 대학교(예를 들어 AUS)들은 정년제가 제공하는 보호장치는 없지만 넓은 스펙트럼의 수업을 제공하며 공동체와 더 많은 관계를 유지하면서 유치국의 시민을 가르친다. 더 나아가 독립 캠퍼스에 정년제가 없다는 것이 학문의 자유가 전혀 없음을 의미하지는 않는다. 그러함에도 제한된 것은 미국의 대학교 학사업무가 가지는바 학교 밖의 더 넓은 대중과 교류할 수 있는 능력이다. 필자가 이 장을 위한 연구를 수행하면서 면담한 많은 비정년 교수들이 강의실에서 경험한 자유의 수준에 놀랐음을 인정했다. 또한 몇몇은 자기검열을 받아들이기도 했는데, 이는 최근의 중동지역 대학 교수 연구에서 밝혀진 것과 같았다(Romanowski and Nasser, 2010). 많은 강사는 문화적 차이에 민감해지고 다른 세계관을 가진 학생들에게 맞서려 하지 않는 점에 우려를 표명했다. 필자가 면담한 강사들은 민감한 주제들을 꺼내기 위해 "사례 흐리기case-obfucation" 같은 전략을 개발했는데, 이는 강의실에서 이웃 국가에서의 인권 유린 사례를 신랄하게 비판함으로써 유사한 사례들이 지역에서도 일어날 수 있음을 학생들이 깨닫기 바라는 것으로 만족한다. 그러나 대학 캠퍼스는 교수들이 정치적, 사회적, 심지어 환경적으로 민감한 문제를 토론할 때 넘어설 수 없는 영역이다. 그러므로 미국 대학교들이라 해서 비정부 간 국제조직INGO처럼 행동하거나, 코메이저가 제안했듯 "자유의 습관"을 심어주어야 한다는 논의는 제약이 있다.

| 학문의 자유와 아랍의 봄

서론에서 시사했듯, '아랍의 봄Arab Spring'은 특히 걸프만의 공공 영역에서 동력을 잃었다. 2012년 아랍에미리트는 아부다비 갤럽 센터Abu Dhabi Gallup Center(여론조사 · 연구 업체)와 독일에 본사를 둔 아데나워재단Konrad-Adenauer-Stiftung을 폐쇄했다. 2011년 독립 싱크 탱크인 걸프 연구센터Gulf Research Center 역시 아랍에미리트에 의해 문을 닫았다. 흥미롭게도 이 지역에 분사를 둔 비정부 간 국제조직 대부분이 원래는 재정 조달을 위해 기름으로 부를 쌓은 걸프만 국가들로 옮겨왔다는 사실이다. 이들은 핵심 직원들로만 운영되며, 이 지역에 있다는 점을 이웃 국가들에 대한 인도적 개입의 근거로 사용한다. 옹호보다는 광고의 측면에서 부유한 기부자들에게 접근하기 쉽다는 점이 걸프만에 캠퍼스를 둔 수많은 대학교처럼 이 지역에 기관들이 몰려든 배경이었다. 그러다 보니 이들은 지역 정부에 그 어떤 직접적인 도전도 제기하지 않는다.

또한 아랍의 봄은 이 지역의 대학으로는 억압받는 분위기를 만들어냈다. 2012년 인증받은 미국식 대학교인 두바이의 자예드 대학교의 한 저널리즘 교수는 "명시되지 않은 이유"로 계약이 종료되었다. 이 교수는 더 큰 언론자유를 요구하는 글을 지역 신문에 정기적으로 기고했다. 이러한 공공연한 요구에 대한 응답으로 자예드 교무처장 래리 윌슨Larry Wilson은 학문의 자유에 관한 대학교의 성명을 인용했는데, 그것은 "학생들이 간섭받지 않는 넓은 영역에 노출될 수 있는 정보와 사상의 자유로운 흐름 … 아랍에미리트의 이슬람 원칙과 가치를 존중할 필요에 따라 성격이 규정되는" 환경을 상기한 것이었다(Nelson, 2012). 이슬람에 민감할 필요를 인용함으로써 이 대학교의 입장은 1940년 AAUP와 AACU가 학문의 자유에 관해 공동으로 표명한 원칙에 형식적으로는 부합되었으나, 이 원칙에는 종교 기관에서 학문의 자유를 제약하는 허점이 있다는 논쟁이 계속되었다. 필자가 다른 곳에서도 주장했듯, 이 지역의 대학 본부들은 매우 자주 서구의 문화적 제국주의를 예방하기 위한 수단으로 "선을 넘은" 교수들을 대상으로 한 징계 조처를 합리화해왔다. 이렇게 하면서 그들은 학문의 자유가 문화에 따른 가치라는 선언을 암묵적으로 하는 것이다(Noori, 2016). 필자는 이 장에서 지적 탐구를 억압하는 이러한 시도에 비판적 입장을 가지지만 그렇더라도 문화적 차이에 민감한 서구의 대학교들이 진짜 문화적 제국주의의 통로인지 여부를 논쟁하기 위해 활발한 분위기를 조성하는 것은 인정한다. 미국에서 훈련받은 학자들에 의존하면서 강의 언어 역시 영어에 의존하다 보니 미국식 대학교와 분교는 명시적 · 암시적으로 정치적 · 문화적 편향을 담고 있다.

자예드 대학교의 사건을 『고등교육의 내부*Inside Higher Ed.*』에서 접한 중동국가 인증기관Middle States Accreditation Agency 대표는 "만약 그것이 대학교가 아니라 정부의 소행이라는 증거가 있다면 이 사건은 그 대학의 인증에 영향을 끼치지 않을 것이다"라고 말했다(Nelson, 2012). 이 사례는 중동에서 미국 대학교들이 겪는 외부 기관의 힘과 제약의 중요성을 보여준다. 그러나 이 사례는 또한 학문적 자유를 강제하는 유일한 초국가적 정규 단체인 인증 기관조차 미국식 교육 모델의 핵심 구성요소를 효과적으로 보호할 힘을 갖지 못함을 보여주기도 했다(Noori, 2013). 마찬가지로 자예드 대학교 사례는 그렇지 않았다면 정치적으로 탄압받았을 환경에서 시민사회 주체로서 대학교가 할 수 있는 논쟁의 한계를 반영한다. 자예드 같은 미국식 대학교들은 학문의 자유를 어느 정도 보호한다. 그러나 교수들이 캠퍼스의 영역을 넘어선 외부에 목소리가 들리게 하려면 그들은 심각한 제재를 각오해야 한다. 앞에서 든 것 같은 배제는 흔한 일은 아니지만, 이러한 일이 일어난다는 것은 비정년 교수요원들에게 경고 분위기를 조성하기에 충분하다.

학문의 자유에 대한 도전을 세계적 언론이 파헤쳐 명망이 높아지면 일상적인 학문의 자유 침해 사례들은 가려진다. 표층 수준의 조직 구조를 넘어서는 방법으로 학문의 자유에 접근하려면 스티븐 룩스(Steven Lukes, 2004)가 '비결정non-decisions'이라 부른 권력이론이 필요하다. 권력 행사에서 덜 명확한 효과를 가지는 대안적이거나 제한된 견해는 결코 들리지 않는다는 것이다. 이처럼 공공의 쟁점이 부재하면 권력 행사는 눈에 띄지 않는다. 공중이나 강의실에서 어떤 말을 할 수 있을지 두려움을 가져 고용되지 않은 교수, 권력을 행사하는 자들에게 대항하는 데 따른 두려움으로 제공되지 않는 수업, 매우 민감하거나 논쟁적인 성질을 가지고 있어서 결코 고려될 수 없는 토론에 가해지는 권력 행사도 눈에 잘 띄지 않는다.

대부분 분교와 독립 기관에서 제공하는 좁은 스펙트럼 역시 학문의 자유에 은밀한 위협을 준다. 이 기관들이 자유학예 모델 중 가장 기본적 버전만 제공하고, 인문학과 사회과학의 교과목들을 무시하면서, 학문적 소통은 활발한 사고 교환을 장려할 만큼 충분히 다양해지지 않았다. 교육과정의 다양성은 학문적 자유를 위한 필수적 전제조건이다. 이것이 없다면 자유로운 발언은 보호되어야 한다는 사실을 보장하는 예방적 조처의 필요성은 제한된다. 만약 민감한 주제들을 가르칠 수 없다면 논쟁적인 주제들을 꺼내들 수도 없으며 대학교로서는 과격한 이슈를 연구하는 교수를 채용할 수 없게 된다. 이런 환경에서라면 학생들이 수행하는 과정도 제한된다. 교육과정의 다양성은 자유학예교육과 학문적 자유에서 무시된다. 그러나 북미나 유럽의 대학교에서도 인기를 얻지 못하거나 비용이 드는 학문 프로그램은 폐쇄되어왔듯, 고등교육 혁신에서 신자유적 처방 역시 교육과정의 다양성을 줄여왔음을 지적하는 것이 중요하다.

결론적으로, 중동에서 학문의 자유는 존재하지만, 상당히 제한된 범위에서만 그러하다. 분명히 학문의 자유는 다른 자유학예교육 모델 요소들만큼은 쉽게 국제화되지 않는다. 국제사회가 미국식 분교가 강하게 남아있기를 바라기 때문에 이 기관들이 강의실 안팎에서 학문의 자유를 지켜주는 믿을 만한 수호자라 당연하게 받아들이던 사실을 의문시하는 것이 중요하다.

키르기스스탄부터 카타르까지 모든 국가에 미군 기지가 있으며, 이들은 미국식 고등교육 기관들을 지탱한다. 이 기관은 대부분 미 국무성의 명령에 따르지 않는 사립, 수익 추구 기업들이다. 이들이 확실하게 자유학예교육 모델을 복제하는 능력이 없다는 것이 이들 대학교에서 가르치는 교수진이 기본적인 학문의 자유를 누리지 못한다는 것을 의미하지는 않는다. 그러나 중동에 있는 미국식 대학교의 학사 능력에서 제한된 것은 캠퍼스 밖의 더 많은 대중과의 교류다.

참고문헌

Ali, Syed (2010). *Dubai: Gilded Cage*. New Haven, CT: Yale University Press.

American Association of University Professors (AAUP) (2006). *1940 Statement of Principles for Academic Freedom and Tenure: With 1970 Interpretive Comments*. Washington, DC: American Association of University Professors. Retrieved from www.aaup.org/file/ principles-academic-freedom-tenure.pdf (accessed January 21, 2014).

Barron Clyde W. (1990). *Universities and the Capitalist State: Corporate Liberalism and the Reconstruction of American Higher Education, 1894-1928*. Madison, WI: University of Wisconsin Press.

Commager, Henry Steele (1963). "The university and freedom: 'Lehrfreiheit' and Ternfreiheit." *Journal of Higher Education* 34(7): 361-70.

Gerber, Larry G. (2010). "Professionalization as the basis for academic freedom and faculty Governance." *Journal of Academic Freedom* 1: 1-26.

Kamola, Isaac, and Eli Meyerhoff (2009). "Creating commons: Divided governance, participatory management, and struggles against enclosure in the university." *Polygraph* 2 1: 15-37.

Kolodny, Annette (2008). "Academic freedom, and the career I once loved." *Academe* 94(5): 22-6.

Lindblad, Sverker, and Rita Foss Lindblad (2009). "Transnational governance of higher education: On globalization and international university ranking lists.." *Yearbook of the National Society for the Study of Education* 108(2): 180-202.

Lukes, Steven (2004). *Power: A Radical View*. New York: Palgrave Macmillan.

Nelson, Libby A. (2012). "Kicked out of the UAE." Insidehighered.com, August 31. Retrieved from www.insidehighered.com/news/2012/08/31/american-professor-suddenly-fired-zayed-university (accessed March 29, 2014).

Noori, Neema (2013). "Globalization, governance, and the diffusion of the American model of education: Accreditation agencies and American-style universities in the Middle East." *International Journal of Politics, Culture, and Society* 26(2): 159-72.

______ (2016). "The political economy of transnational higher education and academic labor in the Persian Gulf." In Meng-Hsuan Chou, Isaac Kamola, and Tamson Pietsch (Eds.) *The Transnational Politics of Higher Education*, (pp. 63-84). New York: Routledge.

NYU Abu Dhabi (2016). "Over 320 students representing 76 nationalities join NYU Abu Dhabi in this year's Class of 2020." Retrieved from http://nyuad.nyu.edu/ en/news/press-room/press-releases/over-students-representing-nationalities-join-nyu-abu-dhabi.html.

Romani, Vincent (2009). "The politics of higher education in the Middle East: Problems and prospects." *Middle East Brief* 36(May): 1–8.

Romanowski, Michael H., and Ramzi Nasser (2010). "Faculty perceptions of academic freedom at a GCC University." *Prospects* 40: 481–97.

Salime, Zakia (2010). "Securing the market, pacifying civil society, empowering women: The Middle East Partnership Initiative." *Sociological Forum* 25(4): 725–45.

Schofer, Evan, and JohnW Meyer (2005). "The worldwide expansion of higher education in the twentieth century." *American Sociological Review* 70(6): 898–920.

10
아프리카의 자유학예
유산, 도전, 전망[1]

그랜트 리퍼드

서론

자유학예는 아프리카 교육에서 중심적 위치를 차지해왔으며, 아프리카의 학교와 기관은 "서구" 전통의 발전에서 핵심 역할을 했다. 전문화된 고등교육은 제2차 세계대전 직후 영국 대학교 모델의 제한된 버전을 도입하려는 시도의 산물이다. 이 모델은 글로벌 차원의 지식 경제에도, 실제 사회적 · 문화적 요구와 실천에 아프리카가 반응하고 문화와 사회, 과학에서 전통적 지혜를 재발견할 필요성에 부합하지 않았다. 전문화된 고등 학습은 교육을 재능을 갖춘 소수의 근면한 사람들을 위한 드문 특권으로 간주했다. 이는 극심한 경쟁을 야기하고 토착 지식 체계를 무시하도록 가르치면서, 성공한 사람을 그들의 동료, 부모, 공동체, 언어로부터 분리되도록 했다. 여기에 종사하고 전념한 아프리카 학계와 전문직은 자신들만의 연대감, 공동체 권력과 함께 전통적 가치에 천착했다. 오늘날 아프리카 대학교들은 이 대륙이 직면한 많은 도전을 반영하고 그 해법을 찾는 한편, 새로운 세대의 사상가들과 기관들이 해법을 제공한다. 이러한 주도적 노력은 아프리카의 통찰과 요구에 부응하는 총체적 비전을 자유학예에서 끌어낸다.

식민지 이전 아프리카의 자유학예

아프리카의 전통적 지식 체계는 아리스토텔레스 이후 유럽 교육이 규정해온 학문 영역 구분을 모호하게 한다. 문화 지식과 문학은 불가분의 것이다. 구두로 전달되는 시는 대륙을 가로지르는 역사와 계보학의 보고다. 알사디(Al-Sa'di, 1999: 1-2)는 역사를 구두로 전달하는 것이 그가 속한 송가이Songhai족 조상들 사이에서는 대중적이었다고 말한다. 조던A. C. Jordan은 호사Xhosa 사회에서 시적 능력이 널리 보급되었음에 주목한다. 아이들은 가족이나 소를 위한 찬사뿐 아니라 자신을 위한 시구를 암송할 수 있었다. 몇몇 재능을 가져 선발된 시인들은 다음으로 더 큰 집단, 즉 다른 수준의 지도자를 가진 집단을 찬양하게 된다(Jordan, 1973: 71-2, 51-2; Opland, 1983: 42-3에서 인용). 식민지 전 아프리카의 사회적 · 정치적 · 경제적 · 법적 · 언어학적 교육 시스템은 매우 다양하지만 대부분 일반 기술과 문화적 지식이 발전했으며 금속공학, 의학, 시학, 음악, 예술, 공예 역시 발전했다. 고도의 기술은 일반적으로 알려진 수준에서부터 발전했다.

예를 들어, 광범위하고 일반적인 의학 교육은 구두 전통을 통해 대부분 개인들을 대상으로 진행되었다. 산파나 점술 같은 분야에서 전문가들이 나타났다. 전통적인 줄루Zulu 주택에서는 가족이 병에 걸리거나 상처를 입은 환자를 초기에 분류했으며, 사람들은 어디에서 약초를 구하고 어떻게 이를 처리하는지 알고 있었다(Ngubane, 1977: 100-1). 더 심각한 사례는 점쟁이, 약초 전문가, 다른 전통 의사들에게 의뢰했다. 전문가들은 밑바닥에 깔린 의학적 문제, 마법, 혹은 불순물이나 무시에 따른 조상들의 분노 등의 근본 원인을 찾아 이를 치료했다. 치유자는 환자에게 치유와 예방 모두를 위한 방법들을 가르쳐주었다. 서구 의학에서도 처리와 돌봄에 관한 좀 더 전체적 접근은 의학은 물론 일상을 조사할 필요가 있음을 제안하는데, 이는 아프리카 전통 의학을 사용한 것이다. 마찬가지로 법률도 기본적 지식을 공유할 것을 요구한다. 전통적인 츠와나Tswana 법정과 통치행위는 마을 공공회의*kgotla*에서 진행되는데, 이는 아테네 의회와 유사한 모임이다. 마을 공공회의는 전례를 통해 판결을 내리는 법정이며(Schapera, 1970: 40), 지도자가 내리는 어떤 결정이든 토론하는 의회이기도 했다(41). 그러므로 여기에 참여하려면 전례와 함께 시민의 책임 둘 다에 관한 지식이 필요했다. 아프리카의 전통적 정치는 전문화된 학문 연구, 시민의 권리와 임무에 관한 폭넓은 교육에 비옥한 토양을 제공하는 다양한 체계를 보여준다.

자유교육에서 아프리카의 위상

유럽 대학교들의 기원을 넓게는 두 학자 아우구스티누스Augustine와 아퀴나스Aquinas에 둔다. 아우구스티누스는 『신국론*City of God*』을 통해 그 당시 급속히 전파된 기독교 신앙을 플라톤 철학과 접목하여 기독교 고등교육의 무대를 구축했다. 아우구스티누스는 인생의 대부분을 아프리카에서 보냈다. 그는 인종학적으로 베르베르Berber족이었으며, 이탈리아를 잠시 방문하여 교육기관이 자신의 기대에 미치지 못함을 보고 고향인 카르타고Carthage에 학교를 설립했다. 아우구스티누스가 죽은 후 이탈리아와 그리스에는 무지와 무정부상태가 팽배했다. 천 년 후 유럽은 고전 교육을 재발견했다. 『타리크 알 수단*Tarikh-al-Sudan*』은 아랍의 학자들이 사하라 이남 아프리카 팀북투Timbuktu의 상코레Sankoré 대학교에 3학을 도입했음을 밝힌다(Diop, 1987: 177; de Villiers and Hirtle, 2007; Al-Sa'di, 1999 역시 참조).

마드라사madrasa, 즉 이슬람 교육 시설 시스템은 1차, 2차와 3차 교육을 모두 포함했다. 그것은 신학 지식을 최상위에 두고 모든 지식을 포괄했다. 기초 교육은 모든 무슬림을 대상으로 코란과 아랍어의 기본적 이해를 목표로 했다. 마드라사는 재능 있는 학자들이 대학원에 상응하는 수준까지 학업을 계속할 수 있도록 편제를 갖추었다.

> 마드라사의 교육과정은 전형적으로 세 범주로 구성되었다. 첫 번째는 기초 이슬람 학문을 다루었다. 코란 주해(*tafsir*), 선지자 무함마드의 전통, 특히 행동 전례(*sunnah*)와 대중 강연(*hadith*), 그 자체가 두 가지 구성성분, 즉 이슬람 준거법(*al-fiqh*)과 이 법률의 근거(전문 법학 용어로 *usul al-fiqh*)로 이루어진 이슬람 법률(*Shariah*)이 그것이다. 두 번째는 언어적 요소들, 즉 코란 언어(*al lughah*)인데, 이 경우는 물론 고대 아랍어로, 문법(*nahw wa'l-sarf*), 문체 및 수사(*al balaghah*)와 문학(*al adbab*), 코란 암송 기술(*al qira'at*)이다. 세 번째 범주는 통상 다소 중요성이 낮은 것으로 간주되는데, 천문학, 역사, 의학, 수학 등의 교과목을 포함한다(Lulat, 2005: 65-6).

이 시스템은 신학, 문법, 법학, 과학을 포함하면서 중세 유럽의 자유학예를 배태했다. 구두 기반의 아프리카 교육 전통과 마찬가지로 문자 기반 이슬람 교육은 모든 개인에게 공통 지식을 제공했으며, 필요한 야망과 재능을 가진 사람들이 학업을 계속할 수 있도록 해주었다. 알사디는 폭넓은 지식뿐 아니라 "이해가 느린" 학생들을 대할 때 무한한 인내심을 가졌다는 면에서 그의 스승 바그하요호Baghayogho를 찬양했다(1999: 62-4). 대학교들이 통합적 위상을 갖추지 못하여 개별 교사들은 특정 텍스트를 가르칠 수 있는 면허를 받았다. 이슬람 법률은 협업을 인정하지 않는다(Hunwick, 1999: lix). 이 모델은 학생들이 교사를 만나기 위해 긴 여행을 하곤 했던 전통적 아프리카 기술 훈련과 초기 유럽의 고등교육과 닮았다.

애슈비와 앤더슨(Ashby & Anderson, 1966)은 "고등교육은 아프리카 대륙에서 새로운 것은 아니지만 아프리카의 현대 대학교들이 고대 전통에서 빚진 것은 전혀 없다"(148)라고 단언한다. 초기 아프리카 대학교들이 유럽 기관에 영향을 끼쳤으나, 후세에는 후자가 모델을 제공했다. 토마스 아퀴나스는 가톨릭교회와 그 대학교들을 아라비아와 페르시아의 이슬람 학자들이 북부와 동부 아프리카, 스페인과 함께 보존한 고대 철학과의 대화로 이끌었다. 가톨릭 대학교들은 이렇게 오늘날 우리가 예술이나 과학에 대해 생각하는 모든 것을 통합한 아리스토텔레스의 체계를 재발견했다. 이들은 또한 아랍의 수학을 만났는데, 그것은 대수와 영零의 인도식 개념을 포함하는 오늘날의 수리 체계를 포함했다. 이교도, 무슬림, 유대교도와 기독교인이 유럽, 아프리카, 아시아를 가로질러 상호작용하면서 르네상스와 계몽을 향한 길을 닦아나갔다.

| 영국 식민지 아프리카의 고등교육

아프리카의 영국 식민지 당국은 처음에는 선교사들에게 교육을 맡겼다. 제공된 과정은 제한적이었거나 놀라울 정도로 광범위했다. 선교사들은 엔지니어, 의사, 건축가, 치과의와 교사를 겸했기 때문이다. 선교사들의 교육은 계획되었거나 일관성 있는 체계를 갖추지 못했다. 비슷하게 북미, 특히 미합중국에서의 교육 역시 수백 군데의 지역에서 분산된 노력으로 시작되었다.

1940년 영국은 식민지에서의 고등교육을 통일하고 표준화하도록 애스퀴스 위원회Asquith commission를 조직했다. 이 위원회의 1948년 보고서는 영연방 자치령과 인도를 제외하고도 대영제국에서 4개의 대학교가 존재했음을 보인다. 이들은 몰타(Malta, 1769), 예루살렘(Jerusalem, 1918), 세일런(Ceylon, 의과대학 1870, 학부대학 1291, 준대학교 1942)과 홍콩(1911) 대학교였다(Colonial Office, 1945: 7-8). 아프리카 식민지에는 대학교가 없었으며, 몇몇(6) 고등교육 기관이 있었다. 서아프리카에서는 세 군데의 기관이 대학교 수준의 과정을 제공했다. 교회선교협회Church Mission Society가 1827년 시에라리온의 푸라 베이Fourah Bay에서 창설한 신학대학에는 1944년 16명의 학생이 있었다. 나이지리아의 야바 고등대학Yaba Higher College은 원래 농경기술 훈련 대학으로 약 100명의 학생이 있었다. 가나의 중등학교인 아치모타 대학Achimota College에는 98명의 학생이 있었으며, 이 중 두 명은 여성이었다. 애슈비는 "… 아크라Accra 근처에 있는, 주목할 만한 아치모타 대학은 유치원부터 대학교 1학년 과정을 포괄하며, 짧은 시기이지만 이 학교 공학 분야 학생들은 런던 대학교의 외부 학위 시험을 치를 정도였다"고 설명한다(Ashby, 1964: 14). 카르툼Khartoum의 고든 기념 대학Gordon Memorial College을 제외하면 마케레레Makerere가 동부 아프리카 전체에 봉사했다. 1937년 이래 이 학교는 학부대학으로서의 과정을 제공했으며, 1943년에 이르러 114명의 기숙 학생들을 가졌다. 남아프리카*는 영연방 자치령이므로 보고 대상에서 벗어나지만, 포르하레Fort Hare에는 1942년 220명의 학생이 있었으며, 보고서에서 호의적 평가를 받았다(Colonial Office, 1945: 9).

| 포르하레

후에 케이프타운 대학교Cape Town University가 되는 남아프리카 대학 학교South Africa Collegiate School는 1829년 창립되었지만, 1920년대까지는 남아프리카 학생들을 받지 않았다. 이들은 1980년대까지도 소수에 지나지 않았다. 1915년 교회가 설립한 포르하레Fort Hare는 처음부터 인종차별을 하지 않아 첫해에는 두 명의 백인 학생이 있었다. 포르하레는 백인 학부대학인 남아프리카 대학교의 교육과정과 시험을 약간 수정하여 문학사와 이학사 모두를 수여했다.

> 주요 연구의 일반적 방향은 남아프리카 대학교들의 시험 기준을 향했다. 9개 혹은 10개 유럽 대학의 공통 게시판에 그 시간의 활동 내역이 나오기 때문이었다. 외부 시험 과목으로 인정된 교과목 중 우리

---

* 아프리카 남부지역이 아니라 통상 '남아공(남아프리카공화국)'이라 부르는 국가를 지칭한다. 이하 본문의 South Africa를 존중하여 그대로 옮긴다.

는 6개 교과목, 즉 영어, 반투어, 남아프리카와 유럽 역사, 라틴어, 수학과 물리학을 선택했다(Kerr, 1968: 39).

정규 이학사 학위를 수여하기 위해서는 대학의 교직원과 시설이 부족했지만, 이 학교는 매우 성공적인 의예 프로그램을 제공했다(Kerr, 1968: 109-10). 1920년부터 1925년까지 적어도 84명의 졸업생이 "에딘버러Edinburgh, 버밍엄Birmingham, 더럼Durham, 리버풀Liverpool, 그리고 심지어 프랑크푸르트 암마인Frankfurt-am-Main에서"(81) 의학 교육을 마쳤다. 1925년 이 대학교는 제공 범위를 넓혀 일반교육과 전문교육 둘 다 허용했다. 포르하레는 아프리카 언어와 문화를 강조하되 서구의 자유학예와 과학을 배제하지 않은 채 폭넓고 깊은 수준의 연구를 달성했다(156-7). 오늘날의 많은 아프리카 중등학교에서처럼 한 학생의 준비 정도는 학교가 가진 교직원과 시설이 제공하는 교과목에 달려 있는데, 너무나 많은 포르하레 입학자들이 수학과 과학 배경을 거의 가지지 않았다. 오늘날 대학교들이 확장된 연구소들과 외국, 국제적 · 국가적 재정에도 불구하고 과학 주제에서 높은 합격률을 위해 학생들을 제한하는 데 비해, 포르하레는 기본적인 연구소들과 한정된 기금으로 학사 후보자들에게 수학과 과학 교육을 제공했다. 매튜Z. M. Mattews는 비싼 시설이나 잘 준비된 학생들이 아니라 효과적이며 열정적인 가르침이 수학을 마스터하는 핵심 요소라 단언한다. "… 수학을 잘한다는 것은 기적은 아니더라도 요행이라 여겨왔다. 그러나 머독Murdock이 맡자, 이 과목은 우리에게 더 이상 테러가 아니게 되었다."(Matthews, 1981: 64). 포르하레는 또한 철학을 요구했는데, 그것이 남아프리카 대학교의 요구에 부응하며 학생들이 이 과목을 중등학교에서 이수하기를 원하지 않았기 때문이다(Kerr, 1968: 157). 이 대학은 방문객이나 교직원이 학생 모두를 상대로 어떤 주제든

45분간 발표하는 수요집회Wednesday Assembly를 제도화했다(43).

포르하레는 다양한 기금 재단에 호소했다. 남아프리카 교육부Union Education Department가 600파운드를 약속했고, 원주민부Native Affairs Department가 농업 연구에 250파운드를 배정했으며, 연합자유교회가 250파운드를 추가로 제공했다. 당시 남아프리카 총리Union Prime Minister였던 루이스 보타Louis Botha 장군은 이 대학의 개교식에서 이렇게 말했다. "트란스케이 영토Transkeian Territories*의 몇몇 지역 원주민들은 통일된 행동을 하는 위치에 있었으며, 트란스케이 의회를 통해 1만 파운드에 달하는 금액을 기부했다"(Kerr, 1968: 25-6).[2] 1915년 임금을 받는 흑인 남아프리카인은 거의 없었던데다가 임금이 낮았으므로 총액 역시 상당했다. 국가와 교회의 기여는 공동체의 그것에 비해 인색했다. 이러한 자비로움은 캐슬리 헤이포드Casely Hayford가 소설 『해방 에티오피아*Ethiopia Unbound*』에서 보인 음팬트시핌Mfantsipim 국립대학교에 관한 1911년의 비전을 상기시킨다. 헤이포드의 비전은 국가와 기업의 대학 지원 시대에서 보면 순진하지만, 자유학예대학에 공동체가 지원한다는 공식은 북미에서 지속되었으나 아프리카에서는 1977년 이전에 알려지지도 않았다. 1977년 레소토Lesotho 정부가 다국가 대학교를 단일 국립대학으로 바꾸려 결정하자 보츠와나Botswana와 스와질란드Swaziland 출신 학생들은 고향으로 돌아갔다. 보츠와나 정부는 보츠와나 대학교 본부를 향해 "Motho le motho kgomo"(황소 한 마리에 한 사람)이라는 제목의 항의문을 발표했다. 이 캠페인의 진행은 한 사람이 황소를 보츠와나 대학교 도서관을 향해 끌고 가는 동상으로 기념되었다. 학생들 역시 카운터파트인 미국 노동 대학처럼 그들의 교육을 지속하기 위해 재정적으로 이

* 1976년부터 1994년까지 독립국가로 존재하다가 남아공에 편입된 지역

바지한 것이다. 메튜는 이렇게 회상한다. “우리는 대학을 학문적으로 발족하라는 고도의 임무를 부여받았다. 우리는 또한 그 학교의 물리적 기초를 놓으라는 결코 쓸모없지 않은 임무를 부여받았다(1981: 51). 그들은 할당된 노동 그룹에서 교사들의 감독 아래 임무를 달성했다. 포르하레의 학생들은 신체 노동을 강조하는 부커 워싱턴Booker T. Washington과 마음의 발전을 고집하는 두보이스W. E. B. Du Bois의 대립은 경험하지 않았다.

1951년부터 남아프리카의 국가당黨 정부는 모든 흑인 남아프리카인의 교육을 반투 행정발전부Department of Bantu Administration and Development 산하에 옮기고, 특히 선교 기관들을 목표로 삼았다. 1960년에 이르자 정부는 커Kerr와 매튜의 항복에도 불구하고 포르하레를 대상으로 공청회를 열었다. 특히 커는 “유럽인”과 “비유럽인”이 공동 지배 위원회의 성원으로 우호적·효과적으로 일할 수 있는가 여부로 교차 심문을 받았다. 그는 포르하레 위원회Fort Hare Council에서 자신의 경험이 효과적인 인종 간 협업의 모델이 되어왔다고 답변했다. 정부는 그 위원회를 해체하고 이를 인종에 따라 두 위원회로 나누어 대체했다(Kerr, 1968: 280-3). 포르하레는 공동체가 자금을 대는 기관이었으며, 최소한의 비용으로 고품질 교육을 제공하고 확장된 외부 사업과 발전 프로그램에 참여했다. 그 대학은 경제적·지적으로 지역 공동체에 이바지했다. 아파르트헤이트apartheid* 정부는 지역 가치인 기독교와 반공산주의를 표방하고, 공동체의 자아 결정을 선언하면서도 기독교 원칙으로 설립되고 아프리카 공동체의 지원을 받던 독립 지역 대학을 국유화한 것이다. 2002년 남아프리카 대학교를 합리화하는 임무를 띤 국가실무그룹National Working Group은 포르하레에 대해 거의 검시 결과 같은 보고서를 냈다.

---

* 예전 남아프리카공화국의 인종차별정책

> 포르하레 대학교는 남아프리카 고등교육에서 자랑스러운 역사를 이어왔다. 그러나 최근 들어 몇 가지 요인이 이 기관에 해로운 영향을 끼쳐왔다. 작고 멀리 떨어진 지역 기관으로, 이 대학은 더 큰 도시의 기관들과 달리 교직원들과 학생들을 끌어들이지 못한다. 최근 몇 년 동안 이 대학교의 학부 신입생 입학은 현격히 줄어들었으며, 이는 대학교의 등록 안정성에 영향을 주었다. 이 대학교는 현직에 종사하는 많은 교사들에 비해 총 4,200명의 재학생 등록만으로 유지되어왔다. 이 대학교의 졸업생과 연구 결과물 비율은 낮다. 2000년 포르하레는 단지 536명의 졸업생만 배출했으며, 그 가운데 12명만 석사 혹은 박사학위를 받았다. 이 대학의 연구 출판은 몇 년 동안 50단위 이하에 머물러왔다(National Working Group, 2002: 16).

국가실무그룹은 대규모, 도시 연구 기관을 선호한다는 입장을 드러낸다. 포르하레의 규모, 위치와 학부 교육에 강조를 두는 점 등은 효과적 자유학예대학의 품질 보증 마크다. 이 보고서는 낮은 졸업률은 물론 낮은 수의 연구 결과물과 대학원 졸업생 수로 포르하레를 비난한다. 전자는 우려할 만한 것으로 반투 교육Bantu Education*의 끔찍한 유산을 반영한다. 이 대학교의 연구 결과물과 대학원 학생 수를 선택적 연구 대학교에 우수한 학부 교육을 제공하는 가장 선택적인 미국 자유학예대학에 적용할 수 없을 것이다. 자유학예대학의 교수들도 질 높은 연구를 수행하며 학부생들을 연구에 참여시키지만, 단지 연구 결과로만 평가되지 않는다. 포르하레가 대도시들에서 멀리 떨어져 있다는 점은 응집력 높은 공동체를 가능하게 한다. 마찬가

* 남아프리카공화국의 인종 분리법에 따른 인종 분리 교육을 의미한다.

지로 북미의 자유학예 기관은 그들의 상대적 · 문화적 고립을 문화적 · 경제적 혹은 인종적 구별의 가교로 사용한다. 노예폐지주의와 반인종주의의 유산을 가진 베레아Berea와 오벌린Oberlin 대학은 작은 공동체에 있는 작은 대학으로, 포르하레와 마찬가지로 지역 발전에 특별한 전망을 제공한다.

필자는 줄룰랜드Zululand 대학교에서 가르치면서 남아프리카 자유학예의 현황을 조사했다. 줄룰랜드의 이중 학사 전공은 학생들을 특정 학문 과정보다 학부에 입학시켜 주전공과 부전공을 선택하도록 한다. 학생들은 입학시험 결과가 최소한의 입학 요건을 충족한다면 한정된 과학 교과 가운데 일부를 선택할 수 있다. 학생들은 첫해에 네 가지 교과를 선택하는데, 2학년에 가서는 하나를 바꿀 수 있으며 3학년 때는 두 가지 전공 교과에서 두 가지 모듈을 스스로 선택한다. 3년 동안 선택한 교과가 전공으로, 2년 동안의 교과가 부전공, 1년 동안의 교과는 일반선택이 된다. 일정과 재정적 한계 때문에 한 컨설턴트가 학예학부Faculty of Arts가 가진 유연성을 특정 교과와 결합이 가능한 것으로 대체하자고 제안하면서 프로그램에 도전해왔다. 줄룰랜드와 마찬가지로 다른 남아프리카 대학교들도 개발 연구 같은 "명목 학위named degree"와 유연한 문학사 혹은 이학사 프로그램 둘 다를 제공한다. 단 하나의 예외는 포체프스트롬Potchefstroom 대학교다. 이 대학교는 학생들이 59개의 명목 학위 조합을 지원하게 하는데, 이 중 일부는 제공되지 않거나 제외되는 중이었다. 가장 큰 유연성은 케이프타운 대학교 같은 권위 있고 역사적으로 백인 자유 기관에서 실현되는데, 여기에서는 학생들이 20개의 학예 교과, 11개의 사회과학, 23개의 과학과 학부 외의 다른 교과 중에서 선택하도록 한다. 벤다Venda나 림포포Limpopo 같은 역사적으로 흑인 대학교에서는 교과 선택이 더 제한적이다. 림포포는 교과 결합에서 그 어떤 선택도 배제했다. 포르하레는 케이프타운에 비교할 만한 선택의 폭을 제공함으로써 자유학예의 뿌리를 지킨다. 새로운 로마 가톨릭 기관인 요하네스버그Johannesburg의 성 아우구스티누스 대학St. Augustine College은 제한되었지만 유연한 교과목 제공과 연구와 문제 해결을 강조하는 학제적 "캡스톤 세미나"를 통해 학문의 통합을 촉진한다.

독립국가대학교University of the Free State는 조나단 얀센Jonathan Jansen의 지도 아래 비판적 추론을 포함하는 모든 학생을 대상으로 하는 핵심 자유학예 수업을 개설했으며, 남아프리카 기업들이 요구하는 문화에 밝으면서 비판적 사고를 갖춘 경영학사들을 제공한다. 독립국가대학교는 다른 몇몇 남아프리카 대학교와 마찬가지로 입학 요건을 갖추지 못한 예비 학생들을 대상으로 추가로 1년을 배정한다. 얀센은 자유학예의 강력한 옹호자로, 특히 『타임스*The Times*』에 "학사 학위에 대해 자신을 속이지 말라Don't kid yourself about BAs"*는 사설을 썼다(Jansen, 2010). 얀센은 학사 졸업생이 성공에 이르도록 하는 핵심 역량을 파악했으며, 독립국가대학교가 그의 지도 아래 발전한다는 사실은 그의 주장을 분명히 입증한다.

| 마케레레

마케레레Makerere는 처음에는 기술학교였으나 1924년 우간다 정부 위원회Ugandan Government Committee의 추천을 받아 준대학junior college 위상으로

---

* 아프리카에서의 자유학예교육 전문가가 가진 의식 수준을 파악할 수 있는 글로, https://www.ufs.ac.za/docs/librariesprovider20/faculty-library/syllabus-docs/why-study-a-ba-degree.pdf?sfvrsn=2에서 볼 수 있다.

승격했으며(Ashby & Anderson, 1966: 192), 1933년 커리보고서Curry report가 대학교 수준으로의 승격을 권고했다(194). 마케레레의 발전은 동부와 서부 아프리카의 식민지 당국의 차이를 반영했다. 1920년대와 그 후, 특히 호튼Horton, 블리든Blyden과 헤이포드 같은 서부 아프리카 지식인들은 다양한 틀의 고등교육을 원했다. 나이지리아와 황금해안Gold Coast의 총독들은 1차 교육과 중등교육이 먼저여야 한다면서 이러한 제안을 기각했다. 이들은 모두 식민지 행정의 아프리카화에서 자유교육의 지지자였지만, 이 목적을 달성하기 위한 수단으로서의 대학교는 기각한 것이다. 이들은 "유럽에서는 중등학교 통합 시스템 이전에 대학교가 성행했다"(Ashby & Anderson, 1966: 182)는 역사 기록을 무시했다. 그들은 "… 고등교육의 투자 대비 소득률은 초등학교나 중등학교의 그것보다 훨씬 낮으며, 그 혜택은 주로 사적 차원에 머문다"(Mamdani, 2007: 261)라는 세계은행World Bank의 말을 믿었다. 1937년의 드라바르De La Warr 보고서는 동부 아프리카에서 고등교육을 촉진했다. 그 위원회에는 매튜가 유일한 아프리카 구성원으로 포함되었으며, 커는 유일한 아프리카 교육 경험을 가진 성원이었다(Matthews, 1981: 105). 그 위원회는 엄격한 자유학예교육의 비전을 제시했는데, 이는 "아프리카와 유럽 요소들의 통합"을 지향하면서 특히 아프리카 문화와 사상을 구현하자는 것이었다(Ashby & Anderson, 1966: 198에서 인용).

마케레레는 1945년부터 1972년 사이에 아프리카 대륙에서 가장 권위 있는 기관이 되었다. 매우 높은 입학 기준을 세워 동부와 중부 아프리카에서 가장 자격을 갖춘 학생들을 받아들였는데, 이들은 외부 시험을 우수한 성적으로 통과했다. 이 대학교는 또한 창의적이며 역동적인 학습 프로그램을 도입했다. 1955년 일군의 마케레레 사회과학자들이 동아프리카의 정치 · 사회 · 경제를 강조한 학제적 수업 사례에 관한 논문을 『계간 유니버시티*Universities Quarterly*』에 기고했다(Ehrlich et al., 1955: 56-63). 이 수업은 "특별 관계"에서 살아남지 못했다.

> 이 수업은 사라질 운명을 지닌 용감한 경험이었다. 런던의 "예로 들 만한" 것이 아니었기 때문이다. 그러나 그 수업의 배경이 되는 전제, 즉 지역 주제의 탐구는 동부 아프리카 고등교육의 기반이 되어야 한다는 주장이 더욱 강해졌으며, 1960년대 관련 연구가 기하급수적으로 늘어나 교육과정의 변화를 이끌어냈다(Sicherman, 2005: 29).

1964년부터 학부대학인 다르에스살람Dar es Salaam은 마케레레의 사회과학을 "지역에 초점을 맞춘 넓은 범위의 3년 공통 수업"에 적용했다(Sicherman, 2005: 52). 그러나 1955년은 런던 대학교의 "기준"이 아프리카 교육과정의 요구에 직접적으로 부응하는 지성과 창조성과 충돌하던 때이므로 이 수업은 시대를 앞서간 것이다. 의학이나 음악, 무용과 드라마 등에서 몇몇 프로그램은 영국의 영향에서 벗어나 수월성과 혁신을 제공했지만, 고도로 전문화된 "명예 학위Honours Degree"는 규범으로 남아있었다. 1960년대가 되어 영국 대학교들은 과잉 전문화된 학위에 의문을 품었다. 영국 대학교들이 더 많은 학제적 프로그램을 제공하고 이전의 기술학교들이 새로운 형태의 학위를 수여하면서 애슈비는 "교육과정의 확대"를 올바르게 예견했다. 그러나 애슈비는 "영국이 대학교를 열대 아프리카에 수출했을 때 전문화의 양상이 가장 우선이었다"고 결론 내린다(Ashby, 1964: 9).

애슈비는 영국의 고도 선택 시스템과 더 접근이 쉬운 미국의 시스템을 대조 비교한다. 영국은 제한된 대학 여석을 가지며, 이들을 순수하게 시험 결과 기반으로 배정한다. 학생들은 A급 시험을 위해 이미 효과적으로 전문화된 교과 선택을 했다. 대학교는 단지 그 전문화를 확인만 한다. 미국 학생들은 더 일반적인 중등 과정을 이수하며, 대학교 2학년까지 전공을 정하지 않는다. 애슈비는 "1945년에 태어난 보스턴 소년이나 소녀가 지금 전일제 고등교육을 받을 통계적 확률은 1 대 3이지만, 런던에서 같은 해 태어난 소년이나 소녀의 경우는 거의 1 대 12다"라고 관찰했다(Ashby, 1964: 10). 인구 가운데 이렇게 적은 부분만 대학교에 다니면 전문화는 의미가 있다. 마케레레는 아프리카 전체에 봉사하지만, 1960년대까지 입학생은 수백 명이었으며 1990년대 중반까지는 수천 명이었다.

마케레레의 역사는 전문화에 대해 일련의 생생한 경고를 한다. 1990년 에이즈AIDS 팬데믹은 과잉 전문화의 위험을 보여주었다. 예상하지 못한 동료들의 죽음으로 살아남은 자들은 새로운 임무에 준비되지 않았다(Sicherman, 2005: 51). 1963년 동부 아프리카 대학교University of East Africa의 확장을 계획하던 위원회는 일반 학위 구조를 변호했다. 마케레레는 명예 학위 내부에서 더 많은 결합을 허용했으나 자유학예는 계속 분리했다(61). 비록 마케레레의 교직원, 학생, 설비들이 이디 아민Idi Amin*의 무지막지한 권력 남용과 뒤를 이은 무정부상태에 고통을 받았지만 마케레레의 탁월한 명성은 부서진 건물, 약탈된 도서관, 살해당하거나 추방된 학자들에도 불구하고 1980년대까지 지속되었다. 마무드 맘다니(Mahmood Mamdani, 2007: 9)는 세계은행의 의뢰로 마케레레에서 시장 주도적 개혁을 추구했다. 마케레레의 시작에서부터 정부는 각 학생에게 거주 허가를 포함하는 포괄적 지원을 제공했다. 1990년에서 1991년 동안 급격한 우간다 실링Ugandan Shilling

* 1971년부터 1979년까지 우간다의 제3대 대통령을 역임한 우간다군 장교이자 정치가. 군사 독재자로서 현대 세계사에서 가장 잔인한 폭군 중 하나로 간주된다(위키피디아).

의 가치 절하에 따라 정부는 "비용 공유"를 제안했으며, 이에 따라 학생들은 다소의 혜택마저 잃게 되었다(19). 그 결과는 즉각적이며 오래 끈 학생 파업이었다. 정부는 후퇴했으며 학부와 학과가 전적으로 자체 지원이 가능한 사립 학생들을 허용하는 "소득 생성 단위"가 될 수 있다는 대안을 제시했다. 자유학예 학부는 전통적 인문 교과를 "종교연구와 갈등 해소, 지리학과 여행, 언어학과 비서학, 역사와 발전, 철학과 공공 관리" 등의 마케팅이 가능한 상업적 교과를 제공함으로써 원하지 않은 성공을 거두었다(53). 이러한 교과 제공으로 대학교에는 사립 학생들이 압도적으로 많아졌다. 학과들은 재정지원 수혜 경쟁을 벌이고 학생들은 학제적 협조를 중단하면서 더 강한 전문화 경향이 나타났다. 2005년 캄팔라Kampala의 『선데이 비전*Sunday Vision*』의 한 기자가 학생증 없이 마케레레의 시험에 응시했다는 기사를 쓰고 학부 과정과 석사 논문을 마케레레 학과들에서 살 수 있다고 고발했다. 그의 보도는 맘다니의 박사학위논문과 관련되었는데, 상업화가 학문적 질과 통합을 저해한다는 것이다. 그 대학교는 즉각 의혹을 부정했다. 이 스캔들은 마케레레의 명성에 치명적인 상처를 주었다.

1990년대 동안 요구가 증가하여 앵글로 우간다 기독교 대학교Anglican Uganda Christian University(UCU), 로마 가톨릭 우간다 순교자 대학교Roman Catholic Uganda Martyrs University(UMU)와 우간다 이슬람 대학교Islamic University in Uganda(IUIU)를 포함한 종교 기반 대학교들 사이에서 사립화가 확산되었다. 이 기관들은 각자 종교적 전통에 결부된 전체 교육모델을 도출한다. 예를 들어 앵글로 우간다 기독교 대학교는 학술 글쓰기, 컴퓨터 리터러시, 윤리, 비교 세계관과 신구약 성경을 모든 학생에게 부과한다. 이 기관들은 입학을 늘리면서 국가 기관에 상당하는 수업료를 지속한다. 사립과 공립의 선택과 그 결과인 경쟁은 모든 우간다 대학교에 더 위대한 회계 투명성과 통합성을 촉진한다.

| 애스퀴스를 넘어

나이지리아 은수카 대학교University of Nigeria, Nsukka와 잠비아 대학교University of Zambia는 독립 후 최초의 대학교로서 미국이 토지 증여 대학교들과 그들의 발전 과정에서의 역할, 입학 확대, 확장 프로그램을 모델로 본다. 18세기부터 미국의 도시들과 주들은 교육 이니셔티브를 위해 토지를 제공했다. 1862년 모릴 토지 양여법Morrill Land Grant Act은 기증 대신 캠퍼스를 지을 토지를 제공했다. 국가는 토지 양여를 대학교와 대학들을 위한 지속적인 지원으로 적용했는데, 여기에는 "쓸모있는 기술"을 위한 많은 "A&M" 대학*들도 포함되었다(Thelin, 2004: 76). 콰메 은크루마Kwame Nkrumah**와 은남디 아지키웨Nnamdi Azikiwe*** 둘 다 미국에서 대학교를 다녔으며, 영국 고등교육에 비판적 관점을 가졌다(Ashby & Anderson, 1966: 263). 아지키웨는 나이지리아 최초의 식민지 후 대학교인 나이지리아 은수카 대학교를 미국 모델로 창설했다. 은수카는 자유학예와 실용 기술을 결합하고 학생들에게 선택권을 주었다.

---

* 'Agricultural'과 'Mechanical', 즉 농공 대학교. 미국의 경우라면 대표적으로 텍사스 농공 대학교Texas A&M University를 들 수 있다.

** 가나의 초대 대통령(1960~1966)으로 황금해안을 영국의 식민지로부터 독립하는 데 기여하고 아프리카 통일 조직Organization of African Unity을 설립했다(위키피디아).

*** 1963년부터 1966년까지 나이지리아의 초대 대통령을 지냈으며 "나이지리아 민족주의의 아버지"로 불렸다(위키피디아).

> 이미 중등학교에서 보이는 여섯 가지 형태의 전문화를 대신하여 나이지리아 대학교는 영어영문학, 사회과학, 자연과학과 인문학을 포함하는 1년짜리 일반 연구를 제공한다. 이를 이어 진짜 미국식으로 '오토만 제국의 부흥과 멸망'(3학점), '이고보 음성학과 형태론'(2학점), '고급 지질구조학'(4학점), '벡터 분석'(9학점), '민속음악학' 같은 소수 교과, '에스키모 음악'(2학점), 지하 관련 교과목 '씨앗 테스팅'(4학점), '보험'(3학점), '목공예'(9학점), '가사 위생'(2학점), '식사 플래닝 및 서빙'(4학점), '속기'(9학점), '무용 기법'(3학점) 등 이름 그대로 수백 개의 수업 안내가 나온다. 영국 대학교를 졸업한 아프리카 보수주의자들은 이런 어머어마함에 고개를 가로젓는다. 그들은 이런 식의 교육 슈퍼마켓에 진지한 대학교 경영이 어떻게 수행되는지 이해할 수 없는 것이다. … (Ashby, 1964: 66-7).

토지 증여는 1819년 다트머스 대학 대 우드워드*Dartmouth College vs. Woodward* 사건의 대법원판결, 즉 미국 대법원이 하급 법원의 결정을 뒤집고 다트머스는 뉴햄프셔주가 아니라 그 대학교의 이사회에 책임이 있다는 판결을 통해 미국 대학과 대학교의 독립을 더욱 공고하게 해주었다(Thelin, 2004: 70-3). 은수카는 토지 증여의 자율성 없이 미국식 교과목 유연성을 이식했다. 나이지리아 초대 대통령인 아지키웨는 종신 총장이 되었으며 위원회를 정치적 선출자로 채웠다(Ashby, 1964: 83). 미국 건국 대통령들도 비슷한 결정을 보여주었는데(Thelin, 2004: 33-4), 예를 들어 버지니아 대학교University of Virginia에 끼친 토머스 제퍼슨Thomas Jefierson의 영향(51)은 앞의 경우와 병행한다. 그러나 아지키웨는 1966년 쿠데타에서 퇴위당했으며 이후 비아프라Biafra 분리 독립에 관여한다. 그의 정치적 유산은 학문적 유산을 희석했으며 이에 따라 은수카 모델은 폭넓은 분석과 확산을 거두지 못했다.

애스키스 대학Asquith College은 로데시아Rhodesia의 살리스베리Salisbury에 있었는데, 로데시아 니아살란드 연방Federation of Rhodesia and Nyasaland의 와해는 잠비아Zambia 대학교를 낳게 했고, 이 대학교는 은수카와 같이 영국 대학교와 '특별 관계'를 맺지 않았다. 템보Tembo는 첫 세대의 잠비아 대학교 학생들이 가능했던 선택의 범위들을 언급하고 그 대학이 유일한 명예 모델을 거부함으로써 "과잉 전문화"에 맞선 점을 찬양한다(Tembo, 1973: 240-1). 1964년 잠비아는 A 등급을 폐지했으며 대학교 입학은 일반 중등 시험에 근거했다. 학생들은 한번 입학하면 전공을 선택할 수 있었다(229-30). 룰라Lulat는 교육과정에서 더 큰 유연성을 요청했다(Lulat, 2005: 258-9). 카운다Kaunda 총장은 "이 대학교는 정부 부서가 아니며, 정부는 이 대학교를 그렇게 만들려는 의도가 없다. … 우리는 이 대학교가 자유로운 분위기에서 자라고 번성하지 않으면 국가에 대한 무거운 책임을 다할 수 없다고 평가한다"라고 선언했다(Tembo, 1973: 234). 대학교 위원회University Council에 정부 대표는 3명 이하이며, 이는 6명의 학교 교직원 출신과 3명의 국제 대표에 대비되었다. 그러나 1971년 캠퍼스에서 벌어진 시위로 인해 정부는 이 대학교를 폐쇄했으며 학생 지도자들을 추방하고 국외 거주 교직원을 해임했는데, 이 모든 일은 대학 상원University Senate의 자문도 없이 진행되었다(Tembo, 1973: 235).

2002년 전직 마이크로소프트 프로젝트 매니저인 패트릭 아우아Patrick Awuah가 가나로 돌아와 애쉬시 대학교Ashesi University를 설립했다. 스와드모어Swarthmore 대학 동문인 아우아는 차세대 아프리카 지도자들을 양성하는 데 종합적 · 윤리적 교육이 필요하다는 것을 인식했다. 아우아는 대륙을 괴

롭히는 부패의 원인 중 일부는 지도자들이 견디는 고등교육에 있다고 보았다.

> 동료들에게 무엇을 해야겠는지 물어보면 그들은 어깨를 들썩한다. 그들의 반응은 내게 암울해 보이는 교육 시스템을 탐구하게 했다. 아프리카의 대학교들은 과밀하고 자금이 부족하다. 학생들은 수업 몇 시간 전부터 줄을 서서 자리를 얻는다. 이들은 협량한 교과를 배우고 테스트를 받는다. 학문에서 부정직이 너무나 일상이 되었다. 아프리카의 미래 지도자들을 다른 방식으로 교육하지 않는다면 어떻게 이들이 다르게 생각하고 행동하는 법을 배울 수 있는가?(Awuah, 2012: 17)

애쉬시 대학교는 자유학예의 핵심 교과를 유지하면서 과학과 기술을 강조하며 어려운 학생들에게 관대한 장학금을 제공한다. 이 모델은 대륙이 직면한 기술적 · 윤리적 도전에 직접적으로 대응한다. 이 대학교는 학생들이 다양한 교육적 배경에서부터 STEM 지식과 기술을 획득할 기회를 제공한다.

전망

고등교육에서의 복수성, 특히 엄격한 비영리 분야의 재부상은 종합적이며 독립적인 고등교육 네트워크를 촉진할 수 있다. 커뮤니티 칼리지, 연구 중심 대학교, 종교 기반 대학과 그 외 사립 기관들, 국가 지원 기관들은 각자 자신의 역할이 있다. 분할 합의가 국가 교육 네트워크 안팎에서 움직일 수 있게 해야 한다. 자유학예는 핵심 역할을 가진다. 대규모 기관들 사이의 프로그램, 배분 이수 요구와 작은 대학들은 아프리카 대륙에서 고등교육의 요구에 늘 따라다녔던 폭넓은 사고를 제공하는 데 서로 도움을 줄 수 있다. 자유학예는 우리를 아프리카 전통과 언어에 깊게 데려가 아프리카의 것이 아닌 서구적 사고의 양상인 과학과 인문학의 경계를 무너뜨릴 수 있다. 자유학예는 또한 아프리카인이 아프리카의 역사와 사회를 확실히 이해하고, 원조의 수혜자나 싸구려 노동력으로서가 아니라 지식과 지혜의 전달과 창조에 똑같은 자격으로 글로벌 차원에서 참여할 수 있는 도구를 제공한다.

1 이 논문의 앞 버전은 "영국어권 아프리카의 자유학예"라는 제목으로 *Journal of General Education*, Vol. 61, No. 3 (2012). University Park, PA: The Pennsylvania State University Press, pp. 189-210에 실렸다. 초고는 캐나다 뉴브런즈윅New Brunswick주 프레더릭턴Fredericton의 성 토마스 대학교에서 열린 국제 자유학회 학술대회 Looking Back & Moving Forward: The Next 100 Years of Liberal Arts: Confronting the Challenges에 제출되었다. 필자는 이 학술대회의 주최자와 이 학회에 참가하도록 지원해준 보츠와나 대학교의 인문학부와 부총장실, 교무처에 감사를 드린다.

2 www.measunngwordi.com에 따르면 이 금액은 소매 가격 지표 기준 59만 7천 파운드에 해당하며, 2008년 평균 수입에 따르면 322만 파운드에 해당한다. oanda.com을 사용하여 이를 2008년 남아프리카 랜드로 환산하면 트란스케이가 기부한 돈은 859만 7,710랜드에서 4,637만 2,900랜드 사이에 달한다.

참고문헌

Al-Sa'di, Abd (1999). "Ta'rikh al-Sudan (History of the lands of die Blacks)." In Hunwick, John O. (Trans, and Ed.). *Timbuktu and the Songhay Empire: Al-Sadis Tarikh al-Sudan down to 1613 and Other Contemporary Documents*. Leiden: Brill, 1-270.

Ashby Eric (1964). *African Universities and the Western Tradition: The Godkin Lectures at Harvard University*. Cambridge, MA: Harvard University Press.

Ashby Eric, in association with Anderson, Mary (1966). *Universities: British, Indian, African: A Study in the Ecology of Higher Education*. London :Wiedenfeld and Nicolson.

Awuah, Patricl (2012). "Path to a new African." *Stanford Social Innovation Review*, Summer, 17-8. Retrieved December 20, 2016, from http://ashesi.org/wp-content/uploads/2013/06/Path-to-a-New-Afirica.pdf.

Colonial Office (1945). *Report of the Commission on Higher Education in the Colonies: Presented by the Secretary of State for the Colonies to Parliament by Command of His Majesty, June 1945* ("The Asquith Report"). London: His Majesty's Stationery Office.

De Villiers, Marq and Sheila Hirde (2007). *Timbuktu: The Sahara's Fabled City of Gold*. New York: Walker & Co.

Diop, Cheikh Anta (1987). *Pre-Colonial Black Africa. Translated from the French by Harold Salemson*. Trenton, NJ: Africa World Press.

Ehrlich, G., Engholm, G. E, Goldthorpe, J. E.s and Powesland, P. G. (1955). "Social studies at an African university college." *Universities Quarterly* (now Higher Education Quarterly), 10(1), 56-63.

Hayfbrd, J. E. Casely (1969). *Ethiopia Unbound: Studies in Race Emancipation*. London: Frank Cass.

Hunwick, John O. (Trans, and Ed.) (1999). *Timbuktu and the Songhay Empire: Al-Sadi's Tarikh al-Sudan down to 1613 and Other Contemporary Documents*. Leiden, Netherlands: Brill.

Jansen, Jonathan (2010). "Don't kid yourself about Bas." *The Times* (Johannesburg), December 8. Retrieved from www.timeshve.co.za/opinion/columnists/2010/12/08/don-t-kid-yourself-about-bas

Jordan, A. C. (1973). *Towards an African Literature: The Emergence of Literary Form in Xhosa*. Berkeley, CA: University of California Press.

Kerr, Alexander (1968). *Fort Hare 1915-48: The Evolution of an African College*. London:

Shuter and Shooter.

Lilford, Grant (2012). "The liberal arts in Anglophone Africa." *Journal of General Education* 61(3), 189–210. University Park, PA: The Pennsylvania State University Press.

_____ (2013). "Comparison of general BA offerings at South African universities." Unpublished Report to the Faculty of Arts, University of Zululand, July.

Lulat, Y. G. -M. (2005). *A History of African Higher Education from Antiquity to the Present: A Critical Synthesis*. Westport, CT: Praeger Publishers.

Mamdani, Mahmood (2007). *Scholars in the Marketplace: The Dilemmas of Neo-Liberal Reform at Makerere University, 1989–2005*. Dakar, Senegal: Council for the Development of Social Science Research in Africa.

Matthews, Z. K. (1981). *Freedom for My People: The Autobiography of Z. K. Matthews, Southern Africa 1901 to 1968*. Cape Town: David Philip.

National Working Group (2002). *The Restructuring of the Higher Education System in South Africa*. Pretoria, South Africa: Government Printer.

Ngubane, Harriet (1977). *Body and Mind in Zulu Medicine: An Ethnography of Health and Disease in Zulu Thought and Practice*. London: Academic Press.

Opland, Jeff (1983). *Xhosa Oral Poetry: Aspects of a Black South African Tradition. Cambridge Studies in Literature and Culture* 7. Cambridge, UK: Cambridge University Press.

Schapera, Isaac (1970). *A Handbook qf Tswana Law and Custom* (2nd Ed.). London: Frank Cass & Co.

Sicherman, Carol (2005). *Becoming an African University: Makerere, 1922–2000*. Trenton NJ: Africa World Press.

Tembo, Lyson P. (1973). "University of Zambia: An analysis of some major issues." In Yesufu, T. M. (Ed.) *Creating the African University: Emerging Issues in the 1970's. Ibadan*, Nigeria: Oxford University Press, 226–43.

Thelin, John R. (2004). *A History of American Higher Education*. Baltimore, MD: The Johns Hopkins University Press.

Vision Reporter (2005). "I illegally sat for Makerere exams." *New Vision*, July 10. Retrieved from www.newvision.co.ug/new_vision/news/1121604/illegally-sat-makerere-exams.

III

글로벌 시대의 진보와 혁명

11. "디자인 사고"는 새로운 자유학예인가?
12. 홍콩의 자유학예 연구실: 디자인 사고, 실천적 지혜, 홍콩 대학교 공통 핵심
13. 기계지능 시대의 자유학예교육
14. 과업, 봉사와 자유학예: 교육자원으로서 캠퍼스와 지역사회
15. 글로벌 시대 자유교육의 약속
16. 글로벌 연결 시대의 시민교육

11
"디자인 사고"는 새로운 자유학예인가?

피터 N. 밀러

스탠퍼드 대학교의 "디.스쿨d.school", 스탠퍼드에서는 누구도 쓰지 않는 정식 명칭인 하소 플래트너 디자인 연구소Hasso Plattner Institute of Design는 본부 안뜰 바로 뒤 새것으로 보이는 건물로, 연구소가 속한 공과대학의 다른 건물들과 함께 눈에 띄지 않게 자리 잡았다. 공과대학은 항공공학, 기계공학 부서와 지진센터, 상품 디자인 부서로 구성된다. 그러나 디.스쿨은 상당히 다르다.

디.스쿨은 대학원생들이 창의적 신념을 가지고 전통적 학문 분야들 너머에서 문제를 해결하는 운동장이라 자처한다. 다른 디자인 학교들이 상품 디자인을 강조하는 데 비해, 스탠퍼드는 지역 문화가 "디자인 사고"라 부르는 것을 사용한다. 학생들이 어떤 분야에서든 믿을 만한 혁신적 결과를 만들어내는 방법론을 갖추기 위해서 말이다.

무엇이 디자인 사고인가? 몇 가지 파악하기 쉽고 명백하게 들리는 원칙들, 즉 "말하지 말고 보여주어라", "인간 가치에 초점을", "장인다운 명료성", "실험을 수용하라", "과정을 유념하라", "행동 지향 성향", "극단적 협업"에 입각해서 문제 해결에 접근하는 것이다. 이 일곱 가지 원칙은 다섯 가지 양상, 즉 공감, 정의, 관념화, 프로토타입 만들기, 테스트와 세 가지 요점, 즉 듣고, 만들고, 배달하기로 줄어든다. 이는 기업의 구호처럼 들리고 심지어 단순하기도 하지만, 디자인 사고는 몽골리아의 경제 자원, 인도에서의 물 부족 현상과 수송, 미국 저소득 이웃들에게 초 · 중등 교육을 제공하고 공동체 건물을 짓는 일 등의 이슈들과 힘겨루기를 하는 데 이용되어왔다.

총장 존 헤네시John L. Hennessy와 학부장 데이비드 켈리David Kelley는 디.스쿨과 디자인 사고란 스탠퍼드에 무엇을 의미하는지 대화를 이어왔다. 헤네시는 그것들이 새로운 학부 교육 모델의 핵심이라 보았다. 그런 디자인 사고 강의는 이미 만들어졌다. 졸업 후 인생을 형성하는 결정을 앞둔 상급 학생들을 돕기 위한 "당신의 인생을 디자인하라"와 1학년, 2학년 학생들이 수업, 전공, 비교과 활동을 선택하는 데 최선을 다하도록 돕는 "당신의 스탠퍼드를 디자인하라"는 강의가 그것이다. 둘 다 인기를 끌었다. 켈리는 디자인 사고를 인문학과 과학을 가로질러 구현하기를 고집했다.

헤네시와 켈리는 디자인 사고란 디자인이나 공학에 관심을 가진 학생들뿐 아니라 모든 학부생에게도 가치 있는 것이라 본다. 우리가 사고방식에 관해 이야기할 때, 디자인 사고는 학생들이 하는 모든 일을 일상의 영역에서 학습하고 생활하는 것보다 더 잘 이해하도록 하므로 모든 학생에게 노출되어야 한다. 왜냐하면 바로 지금 팔로 알토Palo Alto에서 벌어지는 일은 그야말로 자유학예의 미래이기 때문이다.

디자인 사고는 새로운 자유학예인가?

지난 학기 필자는 친구이며 동료인 마이클 생크스Michael Shanks와 함께 실시간 비디오 연계 세미나를 진행했다. 필자는 뉴욕시의 바드 대학원 센터Bard Graduate Center에서 일하는 역사가다. 마이클은 스탠퍼드의 고전 고고학자이기도 하다. 수업은 지금까지 전해오는 인공물을 연구하기 위해 초기 근대 골동품 전문가들이 개발한 실천 방식에 초점을 맞추었으며, 이와 같은 방법들이 사물에 대한 경험에 관심을 가지는 오늘날의 디자이너들도 사용할 수 있다는 점을 부각했다. 마이클은 스탠퍼드의 디.스쿨에서 가르치며 디자인 사고를 뉴욕의 우리 강의실에 가져왔다. 학기 말 필자는 팔로 알토로 가서 디.스쿨을 관찰하는 흥분을 맛보았다. 내가 본 것은 디자인 사고에 관한 것 이상을 생각하도록 했다. 인문학 분야 고등교육에서 매우 중요한 실험이 진행되는 중이었기 때문이다.

작년에 디.스쿨은 80개 이상의 교과목을 제공했으며, 1,250명의 학생이 등록했다. 어떤 교과목은 10주를 꽉 채우기도 했으며, 어떤 것들은 "팝업pop up" 교과목으로 4주 혹은 매 주말에 진행되기도 했다. 팝업 교과목은 학점이 없으며 교수의 교육 업적에도 산정되지 않는다. 원칙적으로 디.스쿨의 수업은 최대 6명의 서로 다른 학문과 전공 배경을 가진 강사들이 담당하지만, 스쿨 자체는 소속 교수를 두지 않는다. 학생들은 대학교 전역에서 오며, 수업은 가외의 수강 신청 대상이다. 실제로 두 가지 대학원 수준 수업을 원하는 학부생들의 압력이 있기도 하다. 이러한 등록 숫자는 디.스쿨이 하는 것이면 무엇이든 된다는 것을 보여준다.

디.스쿨을 돌아다녀 보면 온갖 영역의 수업을 만난다. 어떤 것은 강의로, 어떤 것은 작업대에서, 어떤 것은 탁자에 앉아서 진행된다. 그러나 모든 수업은 에너지가 넘치고, 학생들이 팀을 이루어 협업하는 모습, 문제 해결 기반 과정을 밟는 것을 볼 수 있다. 그것은 마치 실천으로 진행되는 기업부터 시작하여 모든 사람이 직면하는 문제에 열려있는 유명한 경영대학의 사례 중심 방법처럼 보인다.

스탠퍼드에서 디자인은 공과대학에서 시작하여 상품 디자인 프로그램으로 발전했으며, 상품 디자인 프로그램은 예술과 기계공학의 조합에서 태어났다. 1960년대 중반 석사학위 프로그램이 예술 · 공학 학생들에게 열렸으며, 그 당시 "어떻게 질문할 것인가?" 같은 새로운 형태의 교과목과 목선을 만들어 캠퍼스 호수에서 경주하는 등의 새로운 재료 기반 프로젝트들을 개설했다.

두 번째 결정적인 영향이 팔로 알토의 외부 에살렌Esalen에서 왔다. 1962년 2명의 스탠퍼드 졸업생이 창업한 에살렌은 강연, 세미나, 수행(그리고 동양철학, 음악 그 외 다수) 등을 행하는 "반인문학antihumanities" 연구소였는데 등급 매기기나 학점은 없었다. 스탠퍼드 디자인 부서의 젊은 교수 버니 로스Bernie Roth가 1960년대 중반 창조와 공감을 강조하는 에살렌의 수행 프로그램에 참석했다. 오늘날 로스는 디.스쿨의 디렉터가 되었다.

세 번째 큰 영향이 통상업계에서 왔다. 1977년 기계공학 석사과정 학생이던 켈리Kelley는 오프라인으로, 후에는 온라인으로 스탠퍼드에서 강의했는데, 1978년 그가 창업을 도운 한 회사에서 창의성과 공감을 강조했다. 그 회사는 후에 아이디오IDEO가 되어 애플의 첫 번째 마우스를 만들어냈다. 아이디오에서 공감은 "인간 중심 디자인"을 낳았으며, 이는 상품 디자인을 그 상품을 사용하는 경험의 디자인으로 바꾸는 계기가 되었다. 아이디오는 심리학자, 행동경제학자와 인류학자를 영입하여 상품디자이너와 협업하게 했으며, 이들은 다 같이 소비자의 마음에 도달하는 길을 생각하려고 노력했다.

디자인 과정에서 자아의식을 반영하면서, '어떻게 디자인된 사물 같은 수준에서 디자인할까?'라는 생각이 들었다. 이러한 접근은 아이디오가 조금씩 디자인회사가 되는 과정에서 반영되었으며, 디자인 사고회사인 아이디오는 결과적으로 전통적 디자인에서 점점 멀어진 영역으로 들어갔다. 아이디오는 디자인 과정에서, 예를 들어 자동차도 특정 상품의 추상화에서 벗어나 아프리카의 깨끗한 물 시스템을 구축하거나 이웃과의 연대, 혹은 학교 같은 더 복잡한 디자인 문제와 씨름할 수 있는 "연장 키트toolkit"을 발전시키는 데 사용될 수 있음을 보여주었다. 이러한 추상적 과정을 "디자인 사고"로 공식화함으로써 아이디오는 자문 그룹이 되었다.

2005년 켈리는 아이디오의 고객인 하소 플래트너Hasso Plattner의 공동 창립자가 되었고, 후에 소프트웨어 거인인 SAP AG의 최고경영자가 되어 스탠퍼드에 디자인 사고의 본거지를 만들 생각을 하게 되었다. 플래트너가 기증한 3,500만 달러로 디.스쿨이 출범했다. 켈리는 이 학교의 설립을 이끌라는 전권을 위임받았다.

이 대학교의 기계공학 교수이며 디자인 연구센터장인 래리 레이퍼Larry J. Leifer는 기계공학이 차지하지 않은 디.스쿨 건물 공간의 절반을 "IEDO.edu"라 부른다. 레이퍼는 애니메이션 캐릭터인 '뚝딱뚝딱 밥 아저씨Bob the Builder'의 포스터 옆에 서서 이렇게 설명한다. "우리는 먼저 사람을, 다음에 물건을 만든다." 확실히 전통적 상품 디자인에서 디자인 과정으로 강조점이 옮겨졌으며, 이는 생산자 디자인으로, 나아가 인간의 디자인 과정으로 진행되었다. 모든 것이 "사회적 혁신"을 목표로 하기 때문이다. 이는 디.스쿨의 과업이 나머지 학문의 장, 특히 인문학에서 어떤 의미가 있는지 그 핵심으로 들어가게 한다. 인간 중심 디자인은 영혼을 보호하고 관리하는 교육의 고전적 목표를 재기술한다. 그것이 공감에 초점을 맞춘다는 것은 루소Rousseau가 사회적 덕으로 연민을 강조한 것과 직결된다.

이것이 헤네시와 켈리가 한 토론이 단순히 스탠퍼드의 미래만이 아니라 우리 모두의 미래에 대한 것인 이유다. 학부 교무부처장 해리 엘럼 2세

Harry J. Elam Jr.는 헤네시의 생각을 상세히 설명했다. "디.스쿨은 스테로이드 처방을 받은 교수학습지원센터와 다르지 않다. 교육과 디자인 사고는 내용과 학습 목표를 어떻게 묘사하는가다." 달리 말해, 스탠퍼드 본부는 두 가지씩 동시에 내놓는 것이다. 디.스쿨이 이미 일종의 반란 자문단체라면 스탠퍼드가 그 자문 작업에 초점을 안 맞출 이유가 무엇인가? 만약 문제 해결 기반 협동 학습, 실세계 도전, 다학제 연구 설계가 이미 디.스쿨에서 진행된다면 이를 스탠퍼드 전체의 지렛대로 사용하지 않을 이유가 있는가?

"디.스쿨이 대학교에 새로운 교육 모델 이상의 것을 주고 있다는 것을 알고 있느냐?"는 질문에 엘럼은 "네, 간단한 대답은 '예'입니다"라고 대답한다. 이것이 무엇을 의미하는지 보여주는 비전 하나는 '스탠퍼드 2025' 전시 프로젝트, 즉 학부 경험을 재상상하는 시도다. 점차 초점을 좁혀가는 4년 동안의 교과 · 비교과 프로그램 대신, 학생들은 전공이 아닌 "미션"을, 대학 안팎에서의 과업 경력을 통해 "순환"을, 간간이 끊어지는 시기 동안 다양한 종류의 학습을 통해 기술 기반 전문성 대신 사실 기반 전문성을 얻는다.

레이퍼가 보기에 디.스쿨은 반反대학교다. 그의 말로는 대학교와 학문은 "맥락 독립적 지식"을 제공한다. 그러나 세상과 세상의 문제들은 학문으로 구성되지 않는다. 레이퍼는, 심지어 인문주의자들은 아직도 "응용" 분야를 낮추어본다면서 지식은 다른 길을 돌아다니는 것이 아니라 문제의 형태에 부합해야 한다고 말한다. 디.스쿨의 학습은 모두 "맥락 의존적"이며 특정 문제를 해결하기 위해서는 어떤 학문에서든 필요한 것을 끌어온다. 그는 이렇게 말한다. "디.스쿨은 디자인이 아니라 무장해제"를 추구한다. 그는 아트리움의 한쪽을 가리킨다. "기계공학, 확장되고 보호받는 지식 단체". 다른 쪽을 가리키며 "여기는 학술지도, 실험실도, 학생도, 학위도, 교수도 없는 반反기관". 두 공간 사이 그가 서 있는 곳에 아고라 같은 공간이 있는데 여기에서 학생들은 왔다 갔다 하면서 전시하거나, 모여들어 행사하거나, 앉아서 커피를 마신다.

모든 대학교가 디.스쿨을 원할까? 학문은 진화하고 발전하기 위해 거기에서 놀거나 도발하는 어떤 자리를 과연 필요로 할까?

그것은 오늘날의 고등교육 생태계 안에서 기관들이 담당할 수 있는 역할이다. 이들은 독립 정체성, 재정, 소원, 가장 중요한 것으로 비전을 통해 놀이와 초점을 위한 공간을 제공할 수 있다. 유럽에 기원을 둔 그런 기관들은 아직도 미국에서는 희귀하다. 누구든 불가사의한 두 권짜리 조사보고서 Forschungsinstitute: Ihre Geschichte, Organisation, und Ziele(연구기관: 그들의 역사, 구성, 목표)를 만나 782쪽짜리 제2권을 넘기면서 보고서가 간행된 1930년대 독일 기관들이 A부터 Z까지 망라한, 우리의 것이 될 수도 있었지만 결코 그렇지 못했던 세계를 엿볼 수 있다.

같은 해, 독일에 존재하는 수많은 연구소를 명시적으로 모방한 고급교육 연구소가 뉴저지주의 프린스턴Princeton에서 창립되었다. 이후 전 세계에 막스 플랑크 연구소Max Planck institutes가 퍼져 있듯, 런던에서는 바르부르크-코톨드 연구소Warburg and Courtauld institutes들이 번영했다. 미국에서 인문학 분야로는 상대적으로 늦은 게티 연구소Getty Research Institute, 스털링 프랜신 클락 예술 연구소Sterling and Francine Clark Art Institute와 대학교 교정에 산재한 많은 인문학센터를 꼽을 수 있다.

연구소들은 펠로우십, 즉 특정 분야에서의 지적 프로젝트와 자료 수집을 지원하고 새로운 종류의 간학문cross-disciplinary 질문을 제기한다. 그러나 이것들은 학자들이 교육과 행정 업무를 피하는 도피처, 즉 창의적 일을 하려고 도피한 장소에 불과하다. 그러나 학생들을 형성하고 경력을 만드는 진정한 노동은 여전히 학과 내부에 있다.

전문 학문의 구조, 즉 대학원생 훈련, 정년과 승진의 밖에 있는 섬으로서의 연구소는 자유롭게 질문하고 지적 지형을 가로지르면서 덜 흔한 트랙을 밟는다. 디.스쿨, 정식으로는 "하소 플래트너 디자인 연구소"는 이러한 교과 외적인(사람들은 이를 "다학제multidisciplinary"라 부른다) 입장을 받아들인다. 예를 들어 스탠퍼드 디자인 연구센터Center for Design Research는 프로젝트팀의 언어가 다양할수록 프로젝트의 언어적 발명 수준이 높아짐을 보여준다. 한마디로 다양성이 창조성을 부르는 것이다.

우리는 프랑스 역사가 페르낭 브로델Fernand Braudel이 우연히 포착한 인문학의 낡은 비전과는 거리가 멀다. 그는 평생 고도의 창의적 학문 연구를 한 끝에 대화는 일반적으로 창의성에 해롭다는 전제를 하고, 자신의 연구가 감옥에서 진행된 것은 아닌지 자문한다. 스탠퍼드의 연구는 정확히 그 반대를 보여준다. 원래의 연구를 발전시키려면 서로 다른 학문 분야에서 최대한 많은 사람을 모아야 한다. 그러한 종류의 창의적 상호작용은 거의 정의대로 대학교의 한 학과에서는 일어날 수 없다. 정확하게 말하자면 그들에게는 공동으로 지켜야 할 것들이 단순히 너무 많기 때문이다. 학문은 대답 혹은 습득에 관한 그 무엇이므로 집중을 좋아한다. 연구소는 질문에 더 열려있을 수 있으며, 따라서 의견이 나누어진다. 지적이든 직업적이든 취사선택에서 벗어나 있기 때문이다. 마찬가지로 인문학 센터들도 뛰쳐나오기에는 대학교의 일부가 되어버릴 수 있다.

도전은 어떻게 너무 학과답지 않으냐뿐 아니라 어떻게 학과 생활과 너무 단절되지 않느냐다. 대답은 "연구"와 "교육" 사이의 간격을 다시 생각하는 것으로 돌아온다. 아이디오의 많은 디자인 사고 도구 키트는 항상 확장 연구 처리를 포함한다. 디.스쿨의 기초 교과목 중 하나인 "연구로서의 디자인: 연구 과정을 다시 디자인하라Research as Design: Redesign Your Research

Process"는 "우리를 더 혁신적인 학자 혹은 과학자로 만들기 위한 연구 과정"을 개선하기 위한 목적을 가진다.

그럴듯하게 들리는가? 그러나 디.스쿨의 연구와 주위 대학교의 인문학 학과에서의 연구는 매우 다르다. 인문학 학과에서 연구는 그 학문 분야의 의문에 답을 찾는 것이다. 디.스쿨에서는 답을 찾는 과정이 아니라 디자인의 다음 과정이 대답을 줄 만한 질문, 아이디오의 표현을 빌리자면 "관계"와 "프로토타입 만들기"를 던진다.

연구가 질문을 던진다는 것은 더 자유롭고 더 재미있는 발견으로 접근한다는 것이다. 그것은 호기심을 가지고 놀라움을 느끼는 우리의 본성에 우리를 좀 더 가까워지게 해준다. 그것은 또한 교육에 훨씬 가깝다. 내용을 두고 대화하기보다는 클래스를 만들어 즐거움과 기술을 만들어가는 것이 강의실을 "뒤집는" 또 다른 방법이 될 수 있지만, 연구센터가 실제로 가르친다는 것을 다시 생각한다는 조건에서 그러하다.

다른 한편, 아이디오 공구 키트를 대학교에서 접하는 독자들은 즉각 알아채겠지만 디자인 세상에서 연구는 행동 기반 해법, 즉 고객의 요구와 매우 밀접하게 연결된다. 사실은 아이디오 자신의 출판물에서 묘사된 "연구" 방법을 면밀하게 보면 과거가 현재에 문제가 되는 것이 아니라 항상 현재 시제로 수행된다는 것을 보여준다. 도서관, 자료, 박물관, 위대한 인류의 목록들은 거의 도움이 되지 않는다. 인간 중심 디자인 실천이라는 전제와 과거는 여전히 살아있으며, 현재 우리의 경험을 돕는다는 의미에서 인간 존재는 모두 퇴적물이라는 사실에서 모순을 일으킨다.

모든 문화를 진지하게 다룬다면 진정한 인간 중심 디자인은 과거 역시 진지하게 다루어야 할 것이다. 디.스쿨에서 정규적으로 가르치는 몇 안 되는 정년 보장 인문학 교수 중 하나인 내 동료 마이클 생크스는 디자인 사고란 "필연적으로 고고학적이며 앞선 세대들이 '자유학예'라 불렀던 것, 즉 과거에서 비롯되고 과거에 관한 지식이 미래에 잘살기 위해 중요하다는 것"을 보여줄 필요가 있다고 지적한다. 우리 강의에서는 골동품 애호가, 즉 오늘날 물질문화를 연구하는 모든 사람의 선조인 초기 근대 학자들을 연구한다.

우리 학생들은 역사적 학자들을 바라보면서, 아이디오가 실은 디자이너들을 돕기 위해 개발한 "방법 카드"에 모델을 둔 일련의 실천을 그 학자들과 분리해낸다. 이러한 골동품 애호가 카드들은 정말 아니다. 골동품 애호가들은 그 이름조차 학생들과 거리를 두는 데 써먹고, 학생들을 내켜하지 않으면서도 여전히 말을 건다. 생크스와 필자는 디.스쿨에서 디자인 학생들이 복잡한 현재의 문제와 씨름하는 데 이 카드들을 사용하도록 하는 내용의 팝업 강의를 열 계획을 한다. 그리고 과거는 외국이라는 선입견을 테스트하려 한다,

디자인 사고에서 "흘러간 것"에 대한 진지한 고려가 없다는 것은 맹점이다. 연구에 적용되는 기초 덕성의 균형이 외부 대학교 인문학 학과에서 평가받는 것도 불길한 조짐이다. 그러나 기초연구 없이는 아무것도 할 수 없다는 명백한 사실 외에도 우리는 적용하고 싶은 것을 결코 가질 수 없다. "흘러간 것", 혹은 이 글의 목적에 맞는 동의어로 "기초" 연구는 또 다른 종류의 문제, 즉 "복잡함"을 가리킨다.

자유학예가 무엇을 가르치는지 생각해보면, 인간이 과거에 이루어놓은 업적들, 즉 역사, 문학, 철학, 음악, 예술의 연구가 복잡한 인간 존재에 풍부한 기여를 제공했음을 알 수 있다. 우리는 도심이나 근교, 농장이나 산업 슬럼 지역에 살 수 있으며, 부유하거나 가난한 집안에서 태어났을 수 있지만 우리 스스로는 우리만이 가야 할 경험이 있다. 자유학예 혹은 인문학은

우리 이전에 살아온 사람들의 경험을 우리에게 보태준다. 이러한 대용 경험은 우리가 이 세상을 살아가는 데 도움을 준다.

자유학예가 삶의 익숙한 양상을 찾아 이들을 해석의 관점에서 익숙하지 않은 것으로 만든다는 점에서 문제에 관한 것이라면, 디자인 사고는 해결에 관한 것이다. 그것은 삶의 복잡함을 찾아 문제 해결의 관점에서 단순화하기 때문이다.

그러니 디자인 사고는 새로운 자유학예인가?

아직은 아니다.

매년 교과목들을 이수하고 그 가운데 일부는 학점도 기대하지 않는 1,200명의 학생은 뉴먼Newman 추기경식 대학교의 이념에서 사는 것처럼 보이기도 한다. 자유학예의 최고봉이다. 그러나 과거가 현재에 살고 있다는 수단을 취하지 않는다면, 그리고 익숙함을 낯선 것으로 만드는 교육적 가치를 취하지 않는다면, 이 교과목들이 고전적 자유학예를 대체하더라도 우리는 고전 교육의 실제 가치, 즉 우리 자신은 시간 가운데 존재하며, 일련의 불완전한 복잡성을 다루고 있음을 잃어버릴 것이다.

과거를 더 진지하게 보는 디자인 사고는 기후, 음식, 빈곤, 건강, 교통, 거주 환경 등의 문제를 이해하거나 나아가 해결되어야 할 문제에 인문학자와 과학자들이 협업하는 틀을 제공한다. 한번은 어느 동료가 디자인 사고가 좋아하는 종류의 복잡한 연구 이야기를 해주었다. 아프리카 농부들이 자급자족하도록 돕자는 것이었다. 그러나 그 프로젝트는 인종학적 접근으로 가능한 차원을 넘어서서 음식과 음식 소비에 관한 지역의 전통에는 주목하지 않았다. 농부들은 자기들이 재배에 성공했던 풍부한 작물을 먹는 것을 거부했다.

스탠퍼드의 하소 플래트너 같은 연구소들은 학문의 세계 안in에서 새로운 형태의 교육과 연구를 위한 장이 되지만, 학문의 세계에 대한of 장은 아니다. 우리 대학인은 다양한 기관들에 속해있지만, 우리 자신의 "디.스쿨"을 원할지 모른다. 그러나 진정으로 대학교 학습의 미래를 만들고자 하는 사람들은 대학교가 무엇을 촉진하기 위해 설계되었는지, 혁신을 강조하면서도 지금까지 디자인 사고가 무엇을 철저하게 무시해왔는가?'라는 문제에 더 깊숙이 개입해야 할 것이다. 그것은 과거다.

12
홍콩의 자유학예 연구실
디자인 사고, 실천적 지혜, 홍콩 대학교 공통 핵심

그레이 코차르-린드그렌

디자인 사고와 그리스인이 프로네시스*phronēsis*라 명명한 신중한 노하우의 실천적 지혜는 아시아의 다양한 지역에서 수립된 자유학습Liberal Learning*과 일반교육에 어떻게 이바지했는가? 미국의 대학교와 대학들이 재정 위기와 자유학예 전통의 퇴조로 계속 고통 받는 데 비해, 아시아 각지는 매우 다른 일련의 결정을 내리는 중이다. 이 지역은 현재의 지식 경제가 발명, 협동, 프로토타입 만들기, 실패, 반복과 혁신이며, 고등교육은 첫 번째 임무로 학생들이 이 급속하게 변하는 글로벌 경제에서 자신을 준비하도록 재형성해야 한다는 사실을 알고 있다.

카라 고드윈이 글로벌 자유학예 인덱스Global Liberal Education Index(GLEI)** 에서 보여주었듯, 아시아는 "미국 밖에서 37%의 자유교육 프로그램을

* '자유교육liberal education'을 학습자 입장에서 다시 쓴 용어

** 이 책의 6장에서 보듯, 고드윈의 논의가 근거를 둔 문서는 Index가 아니라 Inventory다. 저자가 혼동한 것으로 보인다.

차지"하며(Godwin, 2015: 2) 이 숫자는 2000년 이후 급속히 증가했다. 자유학예에 초점을 둔 사례를 들면 무엇보다 연세대학교의 언더우드 국제대학Underwood International College, 와세다 대학교의 국제자유학교School of International Liberal Studies, 푸단 대학교의 일반교육 프로그램General Education Program, 북경 대학교의 위안페이 칼리지Yuanpei College, 주하이의 국제연합United International, 상하이 NYU와 가장 최근의 실험으로 Yale-NUS(싱가포르 국립대학교) 대학을 들 수 있다. 홍콩에서는 공공 재원을 받는 8개 대학교 모두 2012년 정부에 의해 3년제에서 4년제로 승격되면서 교육과정 개편에서 일반교육을 포함하고 각각의 대학교가 이를 개발하도록 의무화했다. 도시 전체를 가로질러 배분모델, '위대한 책' 모델이 보급되었으며, 홍콩 대학교University of Hong Kong(홍콩과학기술대학교Hong Kong University of Science and Technology도 그러하지만)에는 '공통 핵심Common Core'(미국에서 쓰는 의미와 무관한)이 있다.

이제 이 지역에서는 자유학예와 학제적 학부 교육을 둘러싸고 수많은 열정적인 실험들이 진행되고 있다. 이러한 자유학습을 둘러싼 여러 가지 경험들은 어떻게 '디자인 사고'의 대두와 추상적 추리의 — 역사적으로 앞뒤로 왔다 갔다 하는 단어지만 — 첫 번째 힘인 이성의 이해가 프로네시스로서의 이성, 즉 특정 상황에서 특정 의문의 무리에 정교하게 대답하는 실천적 이해로 옮겨진 상황과 상호 교차하는가? 이 전통에서 모든 지식은 "지식"이라 불리는 추상적 범주보다는(더구나 "사실"의 목록도 아닌) 윤리적 난제에 대답하려는 긴 여정을 거쳤다.

자유학습과 일반교육General Education은 — 후자는 아마도 지금까지 만들어진 용어 중 가장 아둔하고 잘못되었는데* — 일종의 철학적 수혈이 간

---

* 게다가 이를 "교양교육"이라 번역하는 것은 더욱 큰 문제다.

절하지만, 만약 우리가 자유학습의 병든 몸에 생기를 띠게 한다면 그런 식의 수사는 우리가 건강한 몸을 가지고 있고 효과적 헌혈 체계가 가까이 있기를 요구한다. 우리는 제도적 · 개인적 교육 상상을 재실행하고 "전인 whole person", "전체주의적holistic", "일반general", 심지어 대부분은 "통합적 intergrative"이라는 당연하게 여겨온 반복 어구들을 넘어서야 한다. 미셸 세르Michel Serres가 『엄지공주*Thumbellina*』(2015)에서 환기했듯, "우리는 여전히 학생들을 그들이 더 이상 인식하지 않는 시대에서 전해온 제도적 틀에서 가르친다. 건물, 운동장, 교실, 강의실, 캠퍼스, 도서관, 연구소 — 지식의 고른 형태 — 같은 것들이 어느 시점에서부터 나와 세상과 사람이 더 이상 그때와 같지 않은 시대에서도 채택되었다"(Serres, 2015: 10).

이제 자유학습의 의미에 연관되는 실천을 재설정할 때가 되었다. 질 들뢰즈(Gilles Deleuze, 1994)는 형이상학의 방향을 재설정하면서 그것은 "움직임 자체를 … 진동, 회전, 소용돌이, 중력, 마음에 직접적으로 와닿는 무용이나 도약의 과업으로 만드는 문제라고 주장했다(Deleuze, 1994: 8). 여기에서 우리의 목표는 훨씬 겸손하다. 형이상학이 아니라 창의적 디자인 과정으로서 실천적 지혜인 프로네시스의 전통에 결부된 자유학습과 일반교육을 재고찰하자는 것이다. 혹시 이 역시 변이체와 소용돌이를 만들지 않을까?

간략히 표현하자면, 우리는 어마어마하게 급속하고 경쟁적인 세계화의 시대를 살고 있다. 이 시대의 고등교육은 지구 환경 시스템이 상당 부분 파괴되고 수행 매트릭스를 사용하여 질을 계량화하는 판타지를 숭배하는 문화, 유전학을 이해하기 위한 주류 시스템의 진보, 디지털 전자공학, 물리학에서의 나노급, 우주급 경계, 맞춤형 분자 약품, 그리고 대부분 개인성과 그 외의 사회적 본질에서 벗어나 특이성과 집합을 지향하는 인문학과 사회학의 궤도, 주제보다는 주제화, 자본주의에 내재하는 불확실성, 미시적 혹은 거시적 형태의 생물력, 탈균형과 횡단성, 수행자, 네트워크와 유사 대상, 그리고 연구와 이해의 범주로서 다양한 인공두뇌 형태 등을 내용으로 하는 신자유주의적 재정화다. 이 세상은 과잉 충만되었다.

이 모든 혼란은 자유학습을 다양한 맥락 가운데서 (재)발견할 필요와 기회를 주었으며, 이 가운데 많은 부분이 아시아에 있다. 물론 이는 백지에서부터 나오지는 않으며 역사적 첨가물이 다양한 상황에서 다양하게 나타나는 경우에서나 가능하다. 예를 들어 홍콩에서 3년제 학부 교육과정에 1년을 첨가할 수 있었던 것은 예외적 행운이었다. 현재 실용주의 교육 개발에서 중첩된 두 가지 영역은 홍콩 대학교 '공통 핵심Core@HKU'의 디자인 사고와 프로네시스로, 이들은 다시 카오스, 하이브리드, 복잡성이라는 시대적 기호 가운데에서 고찰되어야 한다.

이러한 재활력화는 지식 경제가 요구하는 전공 전문가를 배제하지는 않지만, 철학, 예술, 과학과 이 분야의 모든 전문학교를 가장 먼저 상기하는 열의를 요구한다. 그러나 지금 이 시대는 일반교육, 더욱 포괄적으로는 고등교육의 목표, 존재론(모든 영역의), 윤리(이 문제를 감내하자는)와 어떻게 하면 학생들이 곧 봉착할 지역적 · 지구적 차원의 정치 · 경제적 충돌을 더 잘 준비하게 할 수 있는가 등을 둘러싼 피곤한 논쟁을 재개하자는 생각에는 추호의 (비)매력도 느끼지 않는다. 가장 뒤의 문제가 우리를 프로네시스와 디자인 사고로 이끈다.

피터 밀러Peter N. Miller는 원래 『고등교육 크로니클*The Chronicle of Higher Education*』에 게재되었다가 이 책에 다시 실린 놀라울 정도로 도발적인 에세이에서 "디자인 사고"는 "새로운 자유학예"를 향한 접근을 제공할 수 있음을 제안했다. 놀라울 일도 아닌 것이 그것은 공학, 예술, 건축 혹은 그래픽 디자인 분야에서 발전해온 전통적인 형태의 상품 디자인과 연계되면서도 구별되는 스탠퍼드의 유명한 디.스쿨, 즉 아이디오와 깊이 연계되어 교육적, 사회적 그리고 디자인 사고의 창의적 힘을 가진 기관이기 때문이다.

디.스쿨은 자신의 기초 원칙을 — 얼마나 많은 학술 단위가 실제로 이런 시도를 할까? — 다음처럼 제시한다.

> 말하지 말고 보여주어라
> 인간 가치에 초점을
> 장인다운 명료성
> 실험을 수용하라
> 과정을 유념하라
> 행동 지향 성향
> 극단적 협업

홍콩 대학교의 '공통 핵심' 구조에 관한 많은 자문과 결정이 디자인 사고라는 언어를 명시적으로 사용하지는 않았지만, 그러한 과정과 '핵심'의 내 · 외부에 스며든 수행하는 방법, 목표와 교수 및 평가 문화 사이에는 상당히 부합되는 점이 있다. 이러한 노력의 톤과 효과를 포착하고자 필자는 자주 "영감을 받은 실천주의"라는 용어를 쓰는데, 이를 통해 필자는 학습의 실천적이며 성공지향적 양상을 환기하고자 한다.

'공통 핵심Core@HKU'에서 디자인 사고는 10개 학부 모두에서 온 학생들에게 관련 학습을 돕는 틀 — 강의실과 교수의 성적등급표를 벗어나는 — 을 제공한다. '핵심'에서 각 학생은 네 가지 탐구 영역, 즉 과학과 기술 리터러시, 글로벌 이슈, 인문학과 중국에서 여섯 가지 교과목을 이수*해야 한다. "기본적 중요성이 있는 이슈"를 다루는 170개 이상의 교과목들이 전임교원에 의해 '핵심'에 맞게 특별히 설계되었고, 영역은 학제적이며, 최대한 상호작용으로 가르쳐지며, 전체 캠퍼스의 모든 수준의 학생들을 대상으로 하고, 전임 교원들이 가르치며, 다양한 형태의 평가로 진행된다.

비록 실험 학습을 더 강조하고, 혼합blended 학습[우리는 이를 'SPC(Special Private Online Courses)라 부른다]을 도입하면서 홍콩 대학교가 학생들이 이러한 경험을 얻을 수 있는 더 많은 방법을 모색함에 따라 다양한 국제적 이슈들을 실험하는 노력이 막 시작되었지만, 수업은 소수의 조교를 가진 대규모 "강의"가 되려는 — 이 경우에도 상호작용이 보장되어야 한다고 최선을 다해 노력하지만 — 경향이 있다. 대학교 전체, 특히 '핵심' 모두가 "디자인 사고"가 어떻게 홍콩과 더 큰 세상이 투쟁하는 딜레마의 해결에 적절한 규모의 반응을 보이는 데 얼마나 이바지할지, 이러한 실천이 — 상상, 개념화, 실천, 피드백이 선형적이 아니라 다차원적 순환과 불가분하게 연계되는 — 자유학습과 일반교육의 경험을 재형성할 수 있을지 관심을 보인다.

어떤 면에서, 소위 "실천성" — 아리스토텔레스의 프로네시스를 해석한 이후 항상 더 큰 공명을 준 발화이던 — 은 공학 워크숍, 과학 실험실, 예술과 건축 스튜디오 실습, 의학에서 임상 훈련, 경영학에서 사례연구 등 모든 분야에서 '핵심'의 경험으로 학생들을 이끄는 것이다. 밀러가 앞의 글

---

* 흔히 "수업을 듣는다"고 말한다. 교육계나 대학 사회에서 통용되는 일종의 특수 용어(jargon)겠지만, 교육에 종사하는 사람들이 쓸 말은 아니다. 그동안 강의 일변도로 진행되어온 수업은 '듣는 것'이었겠지만, 오늘날 다양한 교수법이 적용되는 현실에서 '듣는' 수업이 설자리는 없다. 게다가 어휘론적으로도 수업(受業)이 "기술이나 학업의 가르침을 받음. 또는 그런 일"이라면 수업은 "하는" 것이지 "듣는" 것은 아니다. "수업을 듣는다"라는 표현은 "(특정) 교과목을 이수한다"라고 바뀌어야 한다.

마지막 부분에서 제안했듯, 이러한 활동 가운데서 실용성을 추구하는 것이 과거를, 그리고 필자가 첨가하자면, 모든 비판적 해석 행위에 내재하는 복잡성을 가리는 현재의 실천성으로 향하는 길을 만든다. 필자에게는 바로 이것이 "자유학예"라는 이름 아래 그룹화된 다양한 양상과 이들이 어떻게 직업, 성공, 정체성 그리고 국가와 대학교의 명성에 "적용"되는가 사이의 근본적 마찰 영역으로 보인다. 각각의 경우에서 무엇이 중요하며, 무엇이 소중한 가치인가? 이 질문에 대답하려면 이 두 가지 중 어느 하나를 깎아내리는 손쉬운 대립에 빠지지 말고 항상 "움직임의 이해understanding-in-motion", 즉 모두가 지식 형태의 상황에 따라 일어나는 — 엄격하게 묶인 게 아니라 — 학습 네트워크에 관련된 것임을 아는 것이 중요하다.

디자인 사고의 옹호자들은 이러한 원칙과 노하우의 실천이 행동에 앞서 심사숙고하는 버릇과 추진 능력에 관련된 학습 형태 — 낡은 것, 새것 모두에서 — 를 생성해주기 때문에 모두가 개발해야 할 가치 있는 능력이라 생각한다. 사고는 — 조이스Joyce가 말했듯, 말하기, 실험하기와 "말 잘 듣기hearsomeness"의 집단 공간에서 벌어지는 — 항상 필요하지만, 그것은 상황에 따른 "움직임의 이해"다. "우리가 사고방식에 관해 이야기할 때, 디자인 사고는 학생들이 하는 모든 일을 일상의 영역에서 학습하고 생활하는 것보다 더 잘 이해하도록 하므로 모든 학생에게 노출되어야 한다. 왜냐하면 바로 지금 팔로 알토[스탠퍼드의 디.스쿨]에서 벌어지는 일은 그야말로 자유학예의 미래이기 때문이다."(Miller, 2015: 7). 밀러는 디.스쿨의 현재 구성에 미친 기본 영향으로 생산공학(가끔은 명시적이지는 않으나 항상 예술과 공학의 연대), 상업(특히 아이디오와), 즉 — 필자를 가장 놀라게 한 것으로 — 캘리포니아 빅서Big Sur의 에살렌 연구소를 들었다. 인간 잠재력은 디자인 사고의 핵심 과정으로 조립된다. 우리는 무엇이 될까?

아이디오는 자신의 강령에서 디자인 사고를 다음처럼 표명한다.

> 디자인 사고는 모두가 가지고 있으나 관습적인 문제 해결식 실천에서 간과된 능력들을 일깨우는 더 심오한 인간적 과정이다. 이것은 직관적이며, 패턴을 인식하고, 기능적일 뿐 아니라 정서적으로 의미 있는 아이디어를 구축하고, 언어나 상징을 넘어서는 수단으로 자신을 표현하는 능력에 의존한다(www.ideo.com/about).

이것은 지속해서 우리가 관여하지만 어떻게 말하고 함양할지 항상 알지는 못하는 창조성의 "회복"이며 확장이다. 그것은 인지적인 것(이는 대학교들이 기억해야 할 근본인데)뿐 아니라 비인지적 — 영향과 직관 — 영역에서 작동한다. 그것은 단어나 수 같은 전통적 분석(비록 이들은 디자인 과정에 신속하게 접혀 들어가는 교과이지만)을 넘어서는 방법을 사용한다. 다른 말로 그것은 그 가운데 매립된 표현적 요소를 가지며, 서로 같이하거나 단절되기 위해 다중성과 단순성을 요구한다.

묘사는 계속된다. 디자인 사고는 "일련의 순서를 가지는 단계라기보다 중첩되는 시스템이라 생각하는 것이 가장 좋다. 염두에 두어야 할 세 가지 공간이 있다. 영감inspiration, 아이디어화ideation, 이식implementation이 그것이다. 영감은 해법을 위해 연구를 촉진하는 문제나 기회다. 아이디어화는 아이디어를 생성하고 발전시키며 테스트하는 과정이다. 이식은 프로젝트 단계에서 사람들의 삶으로 이끄는 통로다"(www.ideo.com/about). 중첩되는 세 가지 공간은 — 지속해서 역동적인 것으로 상상되어야 하는데 — 고전물리학이나 데카르트 형이상학의 추상적 공간이 아니라 지리학, 위상, 수행과 문화 연구, 뉴미디어, 철학, 연극과 무용, 다양한 분야를 가로지르는 "일상의 삶" 이론가들이 말하는 잠재적이며 생산된 공간이다.

모든 학부생은 이 살아있는 공간의 세상을 발견하는 데 관여하는 일, 즉 맥락에 따라 다양한 굴절과 정확성의 척도가 다른 것으로 규정되는 연구 과정에 깊이 참여한다고 느껴야 한다. 그것은 선형적 방식(물론 이를 쓸만한 시대에 유일한 방법론적 판타지였던)이 아니다. 디자인 사고에서 "질문으로서의 연구"는 발견에 이르는 훨씬 자유롭고 재미있는 접근이다. "연구가 질문을 던진다는 것은 더 자유롭고 더 재미있는 발견으로 접근한다는 것이다. 그것은 호기심을 가지고 놀라움을 느끼는 우리의 본성에 우리를 좀 더 가깝게 해준다. 그것은 또한 교육에 훨씬 가깝다. 내용을 두고 대화하기보다는 클래스를 만들어 즐거움과 기술을 만들어가는 것이 강의실을 '뒤집는' 또 다른 방법이 될 수 있다. …"(Miller, 2015: 9). 디자인 사고가 홍콩 대학교 '공통 핵심'의 목표에 부합하는 것은 연구와 교육의 — 과정이 순조로이 진행되면 그 경계는 흐려지지만 — 두 가지 양태로 나타난다. 강력한 호기심, 문제를 던지고 무엇을 만들어내기 위한 협업, 더 넓은 세상에 끼치는 겸손한 영향이 '핵심'에 탄력을 주어 이를 멈추지 않고 움직이는 점들을 연결하는 법을 배우기를 배우는 학부생들은 물론 대학교를 모래놀이 통, 연구소, 스튜디오가 되게 한다. 예를 들어 올린Olin 공과대학은 명시적으로 전공에서 디자인 흐름design-stream을 채택했으며, 학생들은 "전문 지식을 이러한 활동에서 단순히 좁은 무대에 불과한 '제대로 디자인하기'에 적용하도록 도전받지 않는다. 이들은 어떻게 '옳은 일'을 할 것인지, 어떻게 사람들의 삶에 의미 있으며 부합되는 방식으로 접근할 것인지를 스스로 결정한다"(Miller & Lindner, 2015: 4). 의미, 행동, "올바른 부합"은 모두 과정에서 필수다. 디자인 사고는 워크숍의 포스트잇 메모지와 협동을 통한 발명을 넘어서서 영감을 주고, 프로토타입을 만들며, 재순환시키고, 생명을 불어넣는 프로젝트와 생산을 위한 매우 강력한 도구 — 들뢰즈와 가타리Guattari가 "조합agencement" 이라 명명한 것과 같은 복합체 — 다. 그러나 이러한 과정은 프로네시스의 심오한 회복과 재검토를 향한 오늘날 움직임의 한 형태일 뿐이다.

세르는 그의 연구를 통해 헤르메스Hermes식의 불안정에 기울었다. 종일 즉각적인 메시지를 보내는 일 외에는 밤이고 낮이고 아무 일도 하지 않는 천사의 형언할 수는 없으나 효과적인 목소리(더 최근의)뿐 아니라, 모든 학문 영역을 가로질러 다니면서 삶과 죽음을 보이지 않게 연결하면서 말이다. 인간이 항상 그러했듯 우리는 메시지, 신호, (잠재적) 학습의 바다에 잠겨서 살아간다. 자유학습이 대학교 교육의 중요성과 다층화된 맥락들을 — 항상 디지털의 잠재성을 포함하는 — 유지한다면, 우리는 모두 이 메시지를 주는 세상을 반영하고 굴절하고, 우리 시대의 역사가 가진 불안정을 항해하는 새로운 노선을 찾아내는 데 학생들과 동료들이 어떻게 하면 가장 잘 참여할 수 있는지 생각할 필요가 있다.

이것은 대부분 이전에 매핑된 영역을 통해서가 아니라 길을 열어가면서 항해하는 것이다. 교수들은 나침반, 선박 건조, 해류 지도에 관한 것은 좀 알고 있겠지만 종착점은 모른다. 만약 혁신이 목적지라면, 그들은 알겠는가?

이러한 방향 재설정은 학문 분야의 소위 "내용"은 이전에 글이 규정한 것과 같은 것으로 남아있지 않으며, 교육 취지와 양식 역시 변화한다는 매우 간단한 관찰을 포함한다. 우리 모두 역동, 비정태적 관계의 새로운 세상을 매핑하는 공동 항해자가 아니다. 임시 대학교를 급조하여 우주론에서 나노 기술의 양자 특이성까지, 단백질 중첩에서 물총새가 조용히 입수하는 것까지, 개념의 역사에서부터 영화의 미래까지, 모든 전공을 돌아다니면서 가장 정확한 형태를 찾거나 새로운 학습 담론 플랫폼의 표면만 보고 이를 지지하는 일이 — 이미 진행 중이고 계속되겠지만 — 우리가 원하는 모든 것이라면, 도대체 그것이 무엇인가? 울림을 주며, 콧노래를 부르고, 진동하는 학습 형태는 어떻게 만들 것인가?

자유학습을 위한 첫 번째 단계로서 일반교육은 — 우리는 이 이름을 재고하면서 새 이름을 달기 위해 노력하는데 — 제작 기술군(群)으로, 협동과 개인적 호기심의 습관으로, 세계화, 기술의 발전, 지역화폐, 사회적 선의 윤리 등이 제공한 갈등과 가능성에 의해 맥락화된 발명으로 생각하는 것이 최선일 것이다. 그러한 접근이 꼭 전통적 자유학예 구조를 내다 버리는 것은 아니지만 "대학교", "학문", "전인", "비판적 사고와 커뮤니케이션" 등의 의미가 전이되기 시작한다는 점에서 새로운 판을 짜야 한다. 또한, 그 노력의 일부로, 새로운 자유학습은 개별 교과목 사이에서 혹은 이를 넘어서서 순환을 만들고 서사를 연결하는 임무를 더 잘할 수 있도록 학습해야 한다. 성찰이 없고 파편화된 배분이수 같은 시스템은 오늘날의 요구에 불충분하다.

디자인 사고는 디자인 행동이다. 다양한 분야와 학문을 가로질러 문제를 푸는 창의적 문제 해결은 가르칠 수 있을까? 물론이다. 학생들은 전적으로 여기에 참여할 것이다. 이런 지식이 다른 실천 형태, 다른 인식으로 보완될 필요가 있는가? 물론이다. 대학교의 문제는 자유학습이라 불리는 이러한 보완적 실천과 지식을 어떻게 최선의 것으로 구성하는가다. 일반교육 프로그램을 전공과 어떻게 연계할 것인가? 학부교육과 대학원 교육은? 캠퍼스를 도시에 둘 것인가, 세계에 둘 것인가? 이것이 자유학습 프로그램이 부단히 제기하고 필연적으로 개입하는 의문이다. 이것들이 하나의 "해법"으로 해결될 수도 없고 그럴 필요도 없지만, 이는 우리가 지식의 격언적 내용과 함께 윤리의 문제를 항상 제기하기를 요구한다.

윤리는 필연적으로 더 정통적인 문제 제기와 해법을 위해 수중에 들어 있는 대리물이지만, 일련의 투시적 도덕 규정은 아니다. 윤리는 어떻게 더 잘살 것인가를 알고, 우리 모두 맹목적으로 학습하려는 능력이며, 우리의 어색한 무용 동작이며, 우리의 하찮음이다. 제프리 삭스Jeffrey Sachs는 컬럼비아 대학교 의과대학에서 한 연설에서 핵심을 찌르는 말을 했다.

> 대학교, 교수진, 학생들과 집행부는 인종 불균형, 인구문제, 세계법 규칙, 과학과 다른 인문학 사이의 나빠져가는 관계, 민주주의의 도덕적 기반, 공산주의의 진정한 본질, 비서구문화의 이해, 우리 사회의 가치와 목표 등에 무관심할 수 있다. 이것이 정말 지적 내용, 시급성, 놀라운 비율로 큰 문제다. 이런 문제를 염두에 두고 모든 학문과 지적 기술을 노래할 수 있는 기관이 하나도 없다면 이것들을 모든 차원에서 어디에서 배울 수 있고, 어디에서 진정 궁극적인 해법을 개발할 수 있는가?(Sachs, 2015: 4).

삭스는 계속 말한다. "우리 대부분은 도덕적 추론의 실천 밖에 있다. 도덕적 추론은 다른 종류의 전문 지식처럼 훈련, 실습, 그리고 경험을 요구하는 일에 착수한다. 실제로 아리스토텔레스는 폴리스*polis*, 즉 공동체의 나이 든 성원들만이 도덕적 지혜를 포함하는 실천적 지혜로서 프로네시스를 가질 수 있었다고 주장했다"(Sachs, 2015: 3). 다시, 문제와 해법이 "올바르게 맞아떨어진" 것을 포함하여 "올바름"에 대한 복수의 공명이 작동한다. 행동을 위한 "올바른 방향", 윤리의 올바름을 향한 "올바름"이 그것이다.

아리스토텔레스는 프로네시스, 즉 실천적 지혜를 "사물이 인간에게 좋은 것인지 나쁜 것인지를 보고 행동하기 위한 진실하고 추론된 능력 상태

[문자 그대로] … 이제 그것이 보존하는 것은 우리가 기술해온 종류의 판단이다. 왜냐하면 그것은 즐거우며 고통스러운 대상들이, 예를 들어 삼각형이 2개의 직각과 같은 각을 가지거나 가지지 않는다는 판단과 같이 파괴하고 왜곡하는 것이 아니라 무엇이 되었는가에 관한 판단이다"(Aristotle, n.d.: VI, 5).

프로네시스는 엄격하게 논리적 의미로는 전문 지식도 일반지식도 아니다. 그것은 자신을 그런 유형의 도식에 구성하지 않기 때문이다. 그것은 사실의 진술로 확인되거나, 수용되거나, 재생산될 수 없다. 그것은 해야 할 것을 하는 데 더해 판단을 요구하는 이해다. 그것은 심사숙고한 행동이다. 실천적 지혜가 개입하지만, 그것이 이해와 동의어는 아니다.

> 이해는 항상 그대로이며 변하지 않는 사물에 대한 것도, 존재하는 그 어떤 것에 대한 것도 아니라 문제 제기와 심의의 주체가 될 수 있는 것에 대한 것이다. 그러므로 그것은 실천적 지혜와 같은 대상에 대한 것이다. 그러나 이해와 실천적 지혜는 같은 것이 아니다. 실천적 지혜의 끝은 되어야 하거나 되지 않는 그 무엇이며 이해는 단지 판단이기 때문이다(Aristotle, n.d.: VI, 10. 밑줄은 필자의 강조).

프로네시스와 디자인 사고는 "응용" 이론이 아니며 이성적 인지가 먼저 오고 두 번째로 거기에서 파생되어 마치 상처에 붙은 반창고, 쏘인 상처에 바르는 연고나 벽에 칠한 페인트처럼 특정 상황에 적용된 것도 아니다.

세르는 "적용"이 단순하게 아래와 같은 것이 아님을 올바르게 고집했다.

> 적용은 단순히 그것이 나온 관찰로 정보가 되돌아가는 것이 아니

다. 그것은 존재 그 자체와 지식 활동으로 사물이 변화하는 것이며 … 모든 것은 있는 그대로 순수한 관찰이나 수집 행위에서 시작한다. 거기에는 이미 적용이 있다. 적용은 체계에 쐐기를 박아 이탈하도록 한다. … 물론 지식은 분석하고 마비시키고 촉진한다. 그러므로 환경과 사회를 변형하는 것은 기생 행위다(Serres, 2007: 213. 밑줄은 필자의 강조).

이 맥락에서 세르가 말하는 "기생"은 — 손님, 주인, 그리고 에너지의 변형자 — 이론과 실천, 이해와 판단, 인식론과 윤리학의 연접이다. 그것은 *para-situ*, 즉 나란히 있는 것이다. 그것은 사물의 본질이나 위에서부터 온 것 같은 이성적 관점이 아니라 관계들 사이에 있다. 그것은 횡단적이며 일반교육, 자유학습과 기관으로서의 대학교 주위에 몰려드는 모든 항목의 관계를 변화시킨다. 우리는 우리의 텍스트, 우리의 역사, 우리의 도시, 우리의 컴퓨터, 우리의 이미지와 우리의 의문을 옆에 나란히 두고 학습한다.

밀러는 스탠퍼드 디.스쿨과 글로벌 기관의 생태에 엄청나게 감명받았다. 그러나 그는 이것이 "새로운 자유학예"인지는 그리 확신하지 않았다. 자유학예는 — 비록 학생들에게 전달되는 것으로만 보면 대부분 과학이 아니라 인문학에 기울지만 — "인간이 과거에 이루어놓은 업적들, 즉 역사, 문학, 철학, 음악, 예술의 연구가 복잡한 인간 존재에 풍부한 기여를 제공"한 것을 가르친다(2015: 9). 밀러가 보듯, 이러한 "지나감"은 디자인 사고가 오늘날의 어려운 문제(누군가 혹은 어떤 그룹은 절박한 것으로 여기는)에 창의적 해법을 강조하면서도 완전히 놓친 것이다. 이 "맹점"(9)이 — 해석과 의미 만들기의 과정에 집중하는 것 같은 다른 것들과 함께 — 보완되기까지 디자인 사고는 "새로운 자유학예"가 될 수 없다. 디자인의 이전, 진행, 이후의 단계에는 무엇이 오는가?

새로운 자유학습과 일반교육이 무엇이 되든 이들은 "나란히", "같이", "사이에"와 "범-trans"에 의해 성격이 규정되는 "통해"로 구조화된다. 모든 자유학습은 모든 학제적 구조를 가로질러, 통해, 나란히, 넘어서 움직인다. 범학제성이란 한스 딜레만Hans Dieleman이 말하듯 "학문들에 대한 것이라기보다 학문의 '사이, 가로지르기, 넘어서기'다"(2013: 68). 고전 논리의 이분법이 재고되어야 함이 사실이라면 사이 공간, 힘의 영역에 — 그것이 무엇인지 확신은 못 하지만 — 결합과 분리하는 "제3의 공간"이 포함되어야 한다.

세르가 말하듯, "기생은 고정된 것과 관계를 맺지 않고 관계와 관계를 맺는다. 그리고 그것은 관계를 캔틸레버* 형태로 만든다. 가장 간단한 다이어그램이 나타난다. 정역학靜力學, 영어로 기생이다"(2007: 33). 사물들은 살짝 이름을 가지면 움직이기 시작한다.

세 번째는 작업에서 쓰는 스패너다. 분리를 유지하거나 구별과 차이를 주면서도 동시에 같이 연결하기도 하는 연장 말이다. 가끔은 그 어떤 개별 관계 네트워크에서도 스패너가 부러져 일이 끝나버린다. 그러나 가로지르기의 가능성은 — '사이'의 물리적 관념성에 달려 있지만 — 긴밀하게 재생할 수 있다. 우리가 사라지기 전에는 들뢰즈와 가타리가 상기해주었듯 다른 다양성을 연결하고 새로 플러그인하여 놀 수 있다. 디자인 원칙은 실험적 놀이 감각, 관념적이며 물질적 엄격함과 재순환을 체화하는 예술적이고, 과정상 횡단적이며, 실용적인 다차원성을 포함한다. 모종의 임시로 객관적인 형태로 합쳐지는 개별 성들, 우주와 그것의 여러 다른 것 사이에서뿐 아니라 우주의 다양한 포켓 사이의 일련의 범학제적인 접촉점과 회오리가 그것들이다. 분명히 경계를 짓지 않은 차별화는 구멍 난 세포막, 돌풍과

---

* 외팔보. 구조물을 떠받치는 레버

악마 같은 태양이다.

디자인은 프로네시스와 같이 심사숙고를 거치며, 이를 통해 제조 가능성을 타진한다. 그것은 사물들이 구석에서 드러나게 하며, 대로를 따라 왈츠를 추게 하고, 무엇이 남았는지, 어떤 호기심이 발동되어 기대하지 않은 곳으로 향하는 길에 자갈을 다시 까는지 보기 위해 사물들을 모두 무너뜨린다. 디자인에는 시간이 걸리며, 시간은 실천될 수 있도록 디자인 과정을 요구한다. 디자인은 시대정신의 크로노미터, 원래의 공간화, 즉 사물, 예술, 시도, 논쟁, 사례, 미디어 생산과 지식 그 자체를 요구하는 시간의 기록이다. 홍콩의 한 실험실에서의 자유학습은 과거의 향수로 되돌아가는 것도, 오늘날 지식을 패키지로 조사하자는 것도 아니다. 그것은 이 세상과의 실험이며, 인간과 비인간 모두의 선을 위해 행동하는 정교한 실천적 지혜를 추구하는 노력이다. 자유학습은 오늘날 글로벌 대학교가 펼쳐나가는 테두리에서 벌어지는 디자인의 디자인이다. 우리는 점차 이 과정에 조율되고 있으며, 여전히 먼, 그러나 가까워지는 진동, 낯선 콧노래, 플라멩코 같이 들리는 스타카토 리듬이 있다.

신자유주의와 고등교육의 재정에 관한 방대한 자료가 있다. 매우 예리한 분석으로 크리스 뉴필드Chris Newfield의 *The Unmaking of the Public University*와 랜디 마틴Randy Martin의 Finacialization of Everyday Life가 있다.

마르틴 하이데거Martin Heidegger는 "Building Dwelling Thinking"에서 공존을 네 가지 국면 — 필멸, 신성, 하늘, 지구 — 의 교차점으로 강하게 표현했다. 프로네시스를 포함한 그와 아리스토텔레스의 조우는 스튜어트 엘덴Stuart Elden의 "Reading Logos as Speech"에서 추적되었다. 세르는 디자인 사고나 프로네시스 같은 명시적 표현은 하지 않았지만, 우리가 살아가는 디지털 환경에 부합하는 새로운 작업방식을 이야기했다. 그는 이 방법을 고전적으로 표현할 만한 새 이름을 찾아 "알고리즘[혹은 과정적] 사고방식 … 순서 규칙, 행동 순서, 일련의 형식 절차, 그래, 과정 … 이들은 모두 기하학적 추론이나 실험적 귀납법과는 매우 다른 행동을 수반한다"고 말한다(2015: 72). 그것은 항상 선형적이 아니라 횡단적이며, 벡터적이다. 과정철학은 세르의 *Eloge de la philosophic en langue française*(1997)에서 더욱 발전했으며, 필자는 이 가운데 몇몇 이슈를 "Interfacing with Thumbelina"(근간)에서 다루었다.

참고문헌

Aristotle, *Nicomachean Ethics*. W. D. Ross (Trans.). Retrieved June 1, 2016, from http://classics.mit.edu/Aristotle/nicomachaen.6.vi.html

Deleuze, Gilles. *Difference and Repetition*. Paul Patton (Trans.). New York: Columbia University Press, 1994.

Dieleman, Hans. "From transdisciphnary theory to transdisciplinary practice: Artful doing in spaces of imagination and experimentation." In Nicolescu, Basarab and Ertas, Atila (Eds.) *Transdisciplinary Theory and Practice*. Lubbock, TX: The ATLAS Publishing, 2013, 67–82.

Godwin, Kara. "The worldwide emergence of Eberal education," *International Higher Education* 79: Winter 2015, 2–4.

IDEO about IDEO. Retrieved June 1, 2016, from https://www.ideo.com/about/Joyce, James. *Finnegans Wake*. London: Penguin, 2000.

Kochhar-Lindgren, Gray. "Interfacing with Thumbelina: Michel Serres, algorhythmic philosophy; and the University of Angelic invention." In Braidotti, Rosi and Dolphijn, Rick (Eds.) *Michel Serres and Procedural Philosophy: Communication, Nature, Subjectivity*. New York: Routledge (forthcoming).

Miller, Peter N. "Is 'design thinking' the new liberal arts?" *The Chronicle of Higher Education*, April 3, 2015. Reprint here.

Sachs, Jeffrey, "What is a moral university in the 21st century?" Speech at Columbia University, March 30, 2015 Retrieved June 1, 2016, from jeffsachs.org.

Serres, Michel. *Thumbelina: The Culture and Technology of Millennials*. London: Rowman & Littlefield, 2015.

______ *The Parasite*. Minneapolis, MN: University of Minnesota Press, 2007.

13
기계지능 시대의 자유학예교육

대니얼 아라야

노동 자동화를 향하는 기술 능력을 두고 보면 교육 시스템 디자인이야말로 오늘날의 후기산업 경제가 미래에도 번영하는 데 필수라는 추론으로 이어진다. 많은 사람이 지식기반 경제는 기술이 여러 산업을 가로질러 인간의 노동을 대신하기 시작한 "2차 기계시대"로 옮아간다고 말한다(Brynjolfsson & McAfee, 2011, 2014; Kurzweil, 2006). 이와 더불어 인공지능artificial intelligence, 로보틱스robotics, 통합 생물학과 디지털 제조가 대규모 산업 사회에 막 정착한 제도적 · 경제적 실천을 재형성하는 태세를 갖추고 있다.

동시에, 이 신기술들은 산업계 전반에서 기업 혁신을 위한 인간의 능력을 늘려주고 새로운 기회들을 도입한다(필자, 2014). 산업혁명이 공장 생산을 위해 기계를 지렛대로 삼았다면, 오늘날 컴퓨터 혁명은 컴퓨터를 진보시켜 인간지능human intelligence을 확장한다(Moravec, 1988; Araya & Peters, 2010). 확실히, 현재의 자동화 기술의 물결이 다양한 직업을 대체하기 시작하면서 기술 역시 창조성이나 발명과 점점 상호보완적인 것이 된다.

이 장은 증가하는 기술혁신의 속도가 미래의 노동과 교육에 관한 그 어떤 단순한 결론도 훼손한다는 사실을 주장한다. 이 글은 인간의 창조성을 늘려주고 학생들이 기계지능machine intelligence 시대를 살아가도록 하는 자유학예교육의 가치를 탐구한다. 마지막으로, 이 글은 경제적 요구(전통적인 의미에서)가 기술과 혁신으로 변화되는 시기를 바탕으로 "전체적holistic" 교육의 가치를 고려할 것이다.

기계지능 시대

2020년에서 2030년까지 200~300억 개의 장치들이 인터넷에 접속될 것으로 예측된다(OECD, 2013: 10). 실제로 인지 시스템 애플리케이션은 — 인간의 능력을 모방한 컴퓨터 기술 — 오늘날 후기산업사회를 기본적으로 재구성한다. 이러한 기술혁명이 확장되고 성숙하면서 글로벌 노동력의 구조적 변화를 깊은 차원에서 가능하게 하는 중이다(Economist, 2014).

분명한 것은 후기산업사회가 많은 종류의 노동이 가치를 잃어가는 시대로 진입한다는 것이다(Bekman et al., 1998; Katz, 1999; Goldin & Katz, 2008). 실제로, 창조적 파괴의 물결이 소비사회의 설계와 경영이라는 기본 가설을 해체하고자 위협한다(Schumpeter, 1976[1942]). 예를 들어 언스트앤영(Ernst & Young)*에 의하면, G20 국가에서 젊은이들의 높은 실직률과 라이프스타일

* 프라이스워터하우스쿠퍼스, 딜로이트, KPMG와 함께 세계 4대 회계법인을 이루는 대형 회계법인이다(위키피디아).

선택이 광범위하게 옮겨가는 현상이 조합되면서 젊은 기업가들의 부상을 추동한다(Buchanan, 2015).

산업 노동이 표준과 절차를 통해 보강되는 반복적 임무로 규정된다면 이런 임무들은 점차 소프트웨어와 로보틱스로 수행된다. 자동화로 인해 피해를 보는 쪽이 저숙련 노동이라는 생각에 대해서도 기술적 실업에 관한 이론들은 정반대의 주장을 펼친다(Moravec, 1988).

아닌 게 아니라 이 새로운 시대에 젊은이들을 교육하는 데서 나오는 주된 문제는 그 문제에 내재한 변덕이다. 컴퓨터 시대가 열릴 때까지 기계 기반 자동화는 근본적으로 변화하지 않았음에도 자동화에 연계된 비용은 곤두박질쳤다. 혁신은 글로벌 경제를 가로질러 장기적 변화를 추진하여 3D 프린팅, 인공지능, 로보틱스 같은 신기술을 지렛대로 사용하는 배분 생산 시스템distributed production system에서 닻을 내린다(Zuboff, 1988; Brynjolfsson & McAfee, 2014). 예를 들어 인공지능과 증강지능을 개발하고자 하면 사고와 추론의 가치는 인간 지성을 지렛대로 사용하는 기술들에 그 어느 때보다 밀접하게 연결된다.

인간의 인지는 알고리즘에 매립되기 시작하고, 알고리즘은 이제 우리를 대신하여 수행자로서 작동할 수 있다. 켈리(Kelly, 2014)가 말하듯, 인공지능은 인간지능 자체를 재규정해서 우리는 공감과 사회적 공유 가치로 되돌아온다. 이것이 "지식 작업knowledge work"에서 "관계 작업relationship work"(Colvin, 2015), 문화적 전승에서 기업 혁신으로의 전이다. 이것이 시사하는 바는 기계지능과 산업 자동화, 서비스 기반 노동이 인간의 고차원적 요구, 특히 개인적이며 창의적인 발전에 더 밀접하게 초점을 맞추는 기업에 새로운 기회를 열어준다는 것이다.

이는 대규모 산업사회를 넘어서서 새로운 단계의 경제로 광범위하게 옮겨가는 현상을 보여주는 것으로, 에이브러햄 매슬로(Abraham Maslow, 1954)의 인간 욕구에 관한 생각과도 일치한다. 이에 따르면 인간의 욕구는 만질 수 있는 것(음식, 물)에서 만질 수 없는 것(자아 존중, 창조성)으로 범위를 넓혀가는 연속체다. 낮은 차원의 생리적 욕구가 충족되면 소속과 자아 현실 욕구가 나타난다(Maslow, 1943: 375). 실제로 매슬로가 결론짓듯, 이러한 욕구의 구체적 형태는 근본적으로 개인에 따라 다르지만, 우리가 아는 것은 매슬로의 위계에서 가장 높은 단계에 뿌리내린 사회는 점차 개인의 발전과 집단적 의미 생산에 초점을 맞출 것이라는 사실이다.

| 기계지능 시대의 자유교육

물질 부족은 여전히 우리 사회의 사회적 가치를 계속 지배하겠지만, 기계지능이 경제 양상에 변화를 주기 위해 움직이는 것은 점차 명백해진다. 오늘 우리가 자문할 만한 중요한 의문은 "농업, 산업, 메시지 기술을 기계화한 뒤 우리에게 남는 것은 무엇인가?"(Lévy, 1997)다. 피에르 레비Pierre Lévy가 말하듯, 경제는 사회적 연대와 관계적인 것을 포함하는 추상적 상품과 서비스로 옮겨갈 것이다. 그의 견해로는 "물건을 만드는 사람들은 점점 더 희소해질 것이며 그들의 노동은 훨씬 더 기계화되고 증강될 것이다"(34). 실제로, 심지어 컴퓨터도 통상 과업은 일상적으로 자동화하고 창의성, 공감, 문제 해결을 요구하는 일에 참여하여 기회를 증폭해줄 것이다.

반대로, 기계지능 같은 기술은 지식과 맺은 우리의 관계를 변형할 뿐 아니라 우리의 집단적 자아 이해self-understanding도 새로이 만든다. 물론 스티브 잡스Steve Jobs는 애플의 성공이 기술과 인문학, 자유학예의 결합이었다고 말하기를 좋아했다. 이를 통해 최고의 아이디어는 예술과 기술의 결합에서(둘 중 하나만에서가 아니라) 나타난다는 것이다. 잡스가 옳았다고 인정한다면 미래의 중요한 일은 기술 자체가 아니라 기술을 사용하여 의미를 만들고 기업의 혁신을 가져오는 것이라 결론지을 수 있다.

이러한 이해에 입각하여 많은 사상가가 자유교육에 초점을 더 맞추자고 주장한다(Robinson, 2001; Aigner, 2012). 예를 들어 파리드 자카리아Fareed Zakaria는 21세기의 경제에 필요한 인지 역량을 생성하기 위해서는 자유교육이 필요하다고 역설한다. 이에 부응하여 자유교육은 복잡한 아이디어의 통합과 종합을 통해 사람들이 어떻게 생각하며, 분석하고, 배우는지 가르친다. 자유교육은 협량한 전공보다는 다학제적으로 교육에 접근하는 이상적인 방법으로 미학, 의사소통, 비판적 사고, 스토리텔링을 촉진한다.

아마도 그 어떤 교육보다 자유교육은 창의성과 개념화를 위해 필요한 기업적 호기심을 북돋우는 비옥한 운동장이다. 또한 자유학예는 발명과 혁신에 참여하는 전체론적 접근이다. 자유교육 옹호자들은 그것이 과학, 기술, 공학과 수학(STEM)뿐 아니라 비판적 사고와 이성적 판단에 더 나은 바탕을 제공한다고 말한다. 자유교육은 특정 기술이나 직업 역량을 분리하지 않고 여러 학문을 '가로질러' 생각하는 수단으로 자유분방한 추론을 가능하게 한다. 자유로운 지식은 단순히 한 가지 학문이나 전공이 아니라 전체론적 지식이기 때문이다.

| 개념 시대의 교육과 기업정신

우리가 지금 필요로 하는 것은 산업 시대에 설계된 조립라인 같은 학교를 넘어서서 개념 시대conceptual age의 창의성을 촉진하는 학제적 프로그램이다. 북유럽국가들을 가로질러 교육을 개선하려던 2012년의 스칸디나비아 연구가 시사하듯, 시급히 창의성과 의미 만들기를 자극하는 교육 시스템을 발전시킬 필요가 있다(Chiu, 2012: 49-50). 미국의 학교 교육이 표준화된 테스트를 수단으로 교육을 계량화하는 데 계속 초점을 맞추어온 데 비해, 교육사상가들은 기계 시대의 테스트가 가지는 한계를 이해하기에 이르렀다. 실제로 표준화된 테스트를 통해 교육을 양화quantify하려는 노력은 경제 전체에 영향을 미치는 더 폭넓은 자동화와 유사한 것이었다.

미국과 다른 경제 성장을 이룬 지역에서 교육 시스템을 젊게 만들자는 요구는 우리가 가진 산업주의 시대의 교육 시스템을 변형하기 위한 실질적 투자를 제안한다. 진행되는 핵심 도전은 예를 들면, 후기산업경제 시대의 학생들에게 취업률이 떨어지는 이 시대에 적응하고 성장하기 위해 창의적 능력을 갖추게 하는 것이다. 동시에, 미래 일자리와 학습에 대한 의문 역시 남아있다(Palley, 2011). 실제로는 현재 2,500만 미국 가구(소득 사다리의 최하위 5분위)가 매년 19,500달러 이하를 번다(Kenworthy, 2013; Piketty, 2014).

하버드의 토니 와그너(Tony Wagner, 2012)는 오늘날 후기산업사회 교육 시스템에서 진짜 도전은 STEM을 그 자체의 목적보다는 인간의 창조성을 함양하는 수단으로 본다. 실제로, 존재하는 문화 시스템 내부의 역량이 산업 시대 교육의 목표였다면, 문화 상품과 문화 시스템의 창의적 변화는 이 새로운 시대의 목표다(Araya & Peters, 2010; Davidson & Goldberg, 2010). 이는 STEM의 "강한" 자산과 능력을 공감, 디자인과 기업의 혁신으로 전이하는 것을 포함한다(Satell, 2015).

확실히, 새로운 혁신 세대는 이미 파괴적 혁신의 물결을 타고 있다. 미국에는 2,700만 명의 기업가들이 있으며 이는 노동 가능 인구의 14%를 — 1999년 이후 최고 — 차지한다(Buchanan, 2015). 여기에는 이유가 있다. 후기 산업사회가 점점 기술 진보적으로 되어가고 도시화되면서 복잡한 디지털 환경에서 상호작용을 배우는 것이 점점 가치 있는 일이 되어가기 때문이다.

스티브 잡스도 잘 알았던 것처럼 창의성과 혁신은 다양한 학문을 가로지르는 창의적 협동이 필요하다. 이 세상에 대해 어떻게 이론을 세울지를 학생들에게 가르친다는 것은 상상력과 열정이 필요하며 이것이 개념 시대의 기초다. 핑크(Pink, 2006)가 제안하듯, 이 새로운 시대는 기술을 혁신의 지렛대로 최대한 사용하는 기업가, 예술가, 디자이너를 선호한다. 이것은 단순히 기업가 훈련을 교육에 넣는 이상으로 교육의 본질 자체를 바꾸어 학생들이 자신의 학습 체험을 디자인하고 진행하도록 힘을 얻도록 해야 한다는 의미다.

기본 아이디어는 오늘날 공식적 학교 교육은 후기산업사회에 맞는 교육 시스템을 재형성하기 위해 더 엄격한 창의성과 혁신 이론을 요구한다는 것이다. 달리 말해, 필요한 것은 미학적 비전과 통섭에 더 많은 투자를 하는 일이다. 실세계 문제 해결을 위해 디자인, 창의성과 기술 매개 협동이라는 더 큰 연속체의 부분들로 비계를 설치한다는 의미다. 또한 그것은 학습에 전체주의 패러다임을 수용한다는 의미이기도 하다.

이는 교훈적 교육과 학습 방법을 근본적으로 단절하고 교육 문화를 "프로그램된 지식"으로 변형할 필요가 있음을 보여준다(Christensen, 1997; Christensen et al., 2008). 이는 또한 범학문적 탐구를 통한 전체주의 교육을 강조한다. 학문 분야 나누기를 넘어서서 창의적 교육 시스템은 이 세상을 파편화된 부분들로 구성된 것이 아니라 서로 연결된 전체로 볼 필요가 있다.

예를 들어 뉴먼Newman은 옥스퍼드-케임브리지의 전통에 기반하여 고전적 자유교육이 새로운 지식 창조에서 통합을 보강했다고 주장한다. 실제로 뉴먼의 관점에서 자유교육은 모든 지식이 상호작용하는 전체로서 작동하는 공간을 대변한다. 그의 관점으로는(1891) 자유학예가 제공하는 다양한 학문이 학생들이 지식의 개별 분야가 다른 것들과 맺는 관계의 중요성을 이해하고 누리게 한다.

STEM 교육은 명백하게 경제 성장에 비판적이지만, 혁신을 건드리는 것으로는 충분하지 않다. 교육받은 학생들의 수는 늘어나지만 많은 전문가가 교육과 시장 요구의 부정합에 따라 저차원 기술 일자리에 종사하고 있다(Turbot, 2015). 이는 파괴적 기술에 자유학예를 적용한 것일 수도 있다. 교육에 관한 자유로운 관점은 개념 시대 기업 정신의 토대가 될 예술적 · 학제적 사고로 되돌아오기를 요구한다.

오늘날 심지어 교육 혁신가들이 STEM 능력에 초점을 맞추지만, 이 능력은 인문학과 자유학예에 더 밀접하게 참여해야 한다. 예를 들어 리프킨(Rifkin, 2014)은 무어의 법칙Moore's law[1]이 가지는 역설적 결과를 들면서 실업문제를 완화하는 수단으로서 STEM을 지지하는 공통적 수사에 반대한다. 그의 관점에서 기술 변화는 STEM에서 만들어진 노동력의 능력을 앞지르기 때문이다.

> 대규모 노동과 급여를 받는 전문 노동이 통째로 지능을 가진 기술로 대체된다는 것은 자본주의 시스템의 작동을 파괴하는 시작이다. 경제학자들이 그렇게 다루기를 겁내는 의문은 지능 기술이 인간 노동의 필요를 계속 줄여나가면서 생산성 이익을 창출할 때, 시장 자본

> 주의에는 어떤 일이 벌어질 것인가 하는 것이다. 우리가 본 것은 고용에서 나오는 생산성에 개별적으로 가격을 매기는 것이었지만, 오늘날 전자는 후자를 촉진하는 것이 아니라 없애고 있다(132).

동시에, 기계지능은 더 체계적이고 다각적이 되어가면서도 새로운 창의적 기회를 계속 열어줄 것이다. 교육 전략은 이 사실을 마음에 새기면서 창조성을 기술과 명시적으로 짝을 이루어 학생들이 장기간 경제 변화에 적응하는 능력을 확보하도록 할 수 있다. 자유학예교육은 학생의 열정을 건드림으로써 의미 만들기를 촉진하기 때문에 이러한 전이 과정에서 중요하다. 자카리아(2016)가 말했듯, 기술과 연계된 자유교육의 가치는 인간의 의미를 이해하여 이 시스템을 계속 진보시켜나가는 능력이다. 이것이 분산된 학문을 넘어서는 새로운 관점을 형성해준다. 실제로, 이는 (신자유주의적) 능률 기반 기업화 시장efficient corporatized market이 가지는 협량한 초점을 벗어나 디자인과 의미를 지속해서 다시 만드는 요구를 인정하는 창의적 기업정신을 향해 나아가는 것을 의미한다.

이는 교육에 기업 훈련을 단순히 추가하는 것보다 교육의 본질 자체를 변화시켜 학생들이 스스로 학습 실천을 디자인하고 추진하는 힘을 얻게 하는 것이다. 이는 단순히 "스타트업"을 발전시키는 것보다 창의성과 혁신의 자유로운 개념을 촉진하는 교육 프로그램에 기업 정신, 즉 시장이 혼자 제공하는 것보다 더 넓은 가치를 지지하는 문제 해결에 초점을 맞추는 기업 관리 책무stewardship를 의미한다. 아마도 가장 중요한 것으로, 이는 공감, 창의성, 인간적 상호작용을 요구하는 일이 오늘날 사회 경제적성장에서 가장 중요한 것이 되어간다는 것을 의미한다.

지식과 학습에 자유로이 전체적으로 접근한다는 것은 교육을 전달과

거래 과정이라기보다는 부분의 합은 총합보다 더 크다는 것을 인식하는 것이다. 실제로 "자유학예"라는 원래 용어는 "자유롭게 하다*liber*"라는 라틴어 단어, 즉 개인의 마음대로 창의적으로 일한다는 의미다. 예를 들어 윌슨(Wilson, 1998)의 원래 생각을 따르면, 이는 전문화된 분야들을 가로지르는 더 지혜롭고 전체적인 지식의 통합 내에서 과학과 인문학의 합일을 시사한다. 이는 존 헨리 뉴먼이 고전적 저서 『대학의 이념*The Idea of a University*』에서 사용한 바로 그 의미다.

| 결론

비록 기술이 일상의 노동을 자동화하지만, 특히 질과 디자인을 요구하는 일은 경제적 가치사슬에서 계속 올라간다(Howkins, 2001; Florida, 2002). 컴퓨터가 많은 선형적 기능을 능가하지만, 부상하는 혁신을 요구하는 과업에서는 아직 인간 존재만큼 능률적이거나 효율적이지 않다. 우리가 새로운 컴퓨터 시대의 초입에 들어서 있지만, 인간의 재주는 미래의 일과 학습에 가장 중요한 점으로 남는다. 미래사회는 인간의 집단지성을 증강하기 위해 네트워크화한 기술들을 지렛대로 사용할 것이다. 마찬가지로 높은 가치의 일이 디자인, 문제 해결, 참신한 아이디어와 인공물로 옮겨가는 중이다. 이는 인간과 기계를 연결할 수 있는 교육받은 기업가가 21세기의 학습과 혁신 시스템에 가장 필요하다는 것을 의미한다(Leadbeater & Miller, 2004).

진실은 오늘 당신이 알고 있는 것은 알고 있는 것으로 할 수 있는 것에 비해 훨씬 못하다는 것이다(Wolfram, 2010; Araya, 2014; Christensen et al., 2008). 교육을 한 세대에서 다른 세대로 전승되는 고정된 대상으로 보지 말고, 디자인과 의미 만들기에 연결된 지식과 학습의 자유 개념을 지지하는 교육 시스템 디자인을 시작할 필요가 있다. 이는 교훈적 교육과 학습 방법을 근본적으로 단절하고 교육 문화를 "프로그램된 지식"으로 변형할 필요가 있음을 보여준다(Christensen, 1997; Christensen et al., 2008). 디자인과 혁신의 활용에 더욱 밀접하게 초점을 맞춘 사회는 더욱더 자유교육을 이해할 것이다. 이는 또한 혁신과 학문을 가로지르는 디자인과 의미 만들기의 주도적인 시스템에 장기적인 관점을 가지라는 것을 의미한다.

예견해보면, 컴퓨터와 디지털미디어의 사용과 적용은 21세기 지도적인 전문 직종에서 기본이 되는 중이다. 지금 우리가 원하는 것은 사라져가는 포드 시스템 시대의 조립라인을 반영하던 산업 시대 학교를 넘어서서 개념 시대를 위한 문제 해결을 촉진하는 학제적 프로그램이다. 점점 더 복잡해지는 세상에서 사람들을 외적 동기만으로 좁은 전문화에 가두어둔다는 것은 갈수록 타당하지 않다. 사람들에게는 내적 동기가 필요하다. 그들은 열정이 필요하다. 교육에 이 열정을 지렛대로 사용할 필요가 있다는 논의가 점점 많아지는데, 이는 학교 교육과 기업 정신 사이의 짝짓기를 더욱 단단히 하자(Zhao, 2009, 2012)는 논의와 겹친다.

말할 것도 없이 창의성은 오늘날 지식기반 사회의 핵심 추동자다(Christensen, 1997). 그러나 창의성 능력은 기술과 혁신으로 급속히 변화하는 중인 사회와 경제에 뿌리를 두어야 한다. 진실은 "개념적 지식 경제"가 기업가와 혁신가의 자유로운 능력에 입각하는 것이다.

1 인텔사의 공동 창립자인 고든 무어Gordon Moor의 이름을 딴 이 법칙은 대략 2년마다 트랜지스터 수가 2배로 늘어난다는 관찰이다.

참고문헌

Araya, D. (2014). *Rethinking US Education Policy*. New York: Palgrave.

Araya, D. and Peters, M. (2010). *Education in the Creative Economy*. New York: Peter

Autor, D. (2014). Polanyi's paradox and the shape of employment growth. NBER Working Paper No. 20485. Retrieved November 8,2015, from www.nber.org/papers/w20485.

Bekman, E., Bound, J., & Machin, S. (1998). "Implications of skill-biased technological change: International evidence." *Quarterly Journal of Economics*, 113(4): 1245-79.

Blinder, A. S. (2008). Education for the Third Industrial Revolution. Working paper 1047, Center for Economic Policy Studies, Department of Economics, Princeton University. Retrieved November 8, 2015, from www.princeton.edu/ceps/workingpapers/163blinder.pdf.

Brynjolfsson, E. & McAfee, A. (2011). *Race against the Machine: How the Digital Revolution is Accelerating JwwwzZ/ott, Driving Productivity, and Irreversibly Transforming Employment and the Economy*. New York: Digital Frontier Press.

Brynjolfsson, E. & McAfee, A. (2014). *The Second Machines Age: Work, Progress, and Prosperity in a Time of Brilliant Technologies*. New York: WW Norton & Company.

Buchanan, L. (2015)."The U.S. now has 27 million rntrepreneurs." *Inc*., September 2, 2015. Retrieved November 8, 2015, from www.inc.com/leigh-buchanan/us-entrepreneurship-reaches-record-highs.html

Bureau of Labor Statistics (2014). "Labor Force Statistics from the current Population Survey;" June 9. Retrieved November 8, 2015, from http://data.bls.gov/timeseries/LNU01300000.

Chiu, R. (2012). *Entrepreneurship Education in the Nordic Countries: Strategy Implementation and Good Practice*. Oslo, Norway: Nordic Innovation Publication.

Christensen, C. M. (1997). *The Innovators Dilemma: When New Technologies Cause Great Firms to Fail*. Boston, M.A: Harvard Business School Press.

Christensen, C. M., Horn, M. B. & Johnson, C. W. (2008). *Disrupting Class: How Disruptive Innovation will Change the Way the World Learns*. New York: McGraw Hill.

Colvin, G. (2015). *Humans are Underrated: What High Achievers Know that Brilliant Machines Never Will*. New York: Portfolio.

Davidson, C. & Goldberg, D. (2010). *The Future of Thinking: Learning Institutions in a*

Digital Age. Cambridge, MA: MIT Press.

Economist, The (2014). "Coming to an office near you: The effect of today's technology on tomorrow's jobs will be immense – and no country is ready for it." *The Economist*. Retrieved November 8, 2015, from www.economist.com/news/leaders/21594298-effect-todays-technology-tomorrows-jobs-will-be-immenseand-no-country-ready.

Florida, R. (2002). *The Rise of the Creative Class: And How It's Transforming Work, Leisure, Community and Everyday Life*. New York: Basic Books.

Goldin, C., & Katz, L. E. (2008). *The Race between Education and Technology*. Cambridge, MA: Harvard University Press.

Howkins, J. (2001). *The Creative Economy: How People Make Money from Ideas*. London: Allen Lane.

Katz, L. (1999). *Technological Change, Computerization, and the Wage Structure*. Department of Economics, Harvard University. Retrieved from http://scholar.harvard.edu/files/lkatz/files/technological_change_computerization_and_the_wage_structure.pdf.

Kelly, K. (2014). The three breakthroughs that have finally unleashed AI on the world. *Wired*. Retrieved November 8, 2015, from www.wired.eom/2014/10/future-of-artificial-intelligence/.

Kenworthy, L. (2013). *Social Democratic America*. New York: Oxford University Press.

Kurzweil, R. (2006). *The Singularity is Near: When Humans Transcend Biology*. New York: Penguin Books.

Palley T. (2011). The Rise and Fall of Export-Led Growth. Working Paper No. 675. Annandale-on-Hudson, NY: Levy Economics Institute. Retrieved November 8, 2015, from www.levyinstitute.org/pubs/wp_675.pdf.

Piketty, T. (2014). *Capital in the Twenty-First Century*. Cambridge, MA: Harvard University Press.

Pink, D. (2006). *A Whole New Mind: Moving from the Information Age to the Conceptual Age*. New York: Riverhead Books.

Rifkin, J. (2014). *The Zero Marginal Cost Society: The Internet of Things, the Collaborative Commons, and the Eclipse of Capitalism*. New York: Palgrave Macmillan.

Robinson, K. (2001). *Out of Our Minds: Learning to be Creative*. Oxford, UK: Capstone.

Satell, G. (2015). "Why the ability to collaborate is the new competitive advantage?" *Forbes*. Retrieved November 8, 2015, from ww.fdrbes.com/sites/gregsatell/2015/12/04/why-the-ability-to-collaborate-is-the-newcompetitive-advantage/#5819035778b4.

Schumpeter, J. (1976 [1942]). *Capitalism, Socialism and Democracy*. New York: Harper & Row.

Turbot, S. (2015). "Is higher education equipping young people for the jobs market?" *World Economic Forum*. Retrieved November 8, 2015, from www.weforum.org/agenda/2015/06/is-higher-education-equipping-young-people-fbr-the Jobs-market/.

Wagner, T. (2012). *Creating Innovators: The Making of Young People Who Will Change the World*. New York: Scribner.

Wilson, E. O. (1998). *Concilience: The unity of knowledge*. New York: Vintage Books.

Wolfram, C. (2010). "Moving to the computational knowledge economy" River Jolley Technologies, *ZEEBA. TV*. Retrieved November 8, 2015, from http://river-valley.zeeba.tv/moving-to-the-computational-knowledge-economy/.

Zakaria, E. (2016). *In Defense of Liberal Education*. New York: WW Norton & Company.

Zhao, Y. (2009). *Catching Up or Leading the Way: American Education in the Age of Globalization*. Alexandria, VA: ASCD.

______ (2012). *World Class Learners: Educating Creative and Entrepreneurial Students*. Thousand Oaks, CA: Corwin.

Zuboff, S. (1988). *In the Age of the Smart Machine: The Future of Work and Power*. New York: Basic Books.

14
과업, 봉사와 자유학예
교육자원으로서 캠퍼스와 지역사회

스티븐 L. 솔닉

자유학예에 관한 기본 논의는 여기에 참여하는 시민의식을 위한 생산적 학습과 준비의 주춧돌로 비판적 사고의 중요성을 둘러싸고 진행되어왔다. 고등교육에서 자유학예 모델은 — 미국식과 해외로 수출된 변이체 모두에서 — 교육과정의 폭, 자기주도적 탐구, 글쓰기와 토론 의존도에 따라 다양하게 정의되어왔다.

이러한 자유학예 모델의 성격들은 가끔 중첩되어 세밀하게 특정된 학습 계획과 역량 기반 코너스톤이라는 더 "직업적" 접근에 대응한다. 다른 말로 하면, 자유학예는 '생각하는 것'을 배우는 것이며, 직업 혹은 전문교육은 '하는 것'을 배우는 것이다.

이런 식의 단순화는 불길하다. 직업적 · 전문적 성공에서 비판적 사고의 중요성을 낮게 평가하기 때문만은 아니다. 그것은 또한 경험학습 experiential learning이 — 전통적 강연, 세미나 혹은 연구실을 넘어서서 — 지적 경험과 비판적 렌즈를 제고하는 무수히 많은 방법을 간과한 것이다. 이

장은 기관 대부분에서 가능하지만 단지 몇몇 기관에서만 충분히 활용하는 자유학예의 핵심을 제고하는 두 가지 실험적 근거, 즉 공동체 참여와 캠퍼스에서의 작업 프로그램을 탐구한다.

| 봉사와 봉사학습

많은 미국 시스템의 소규모 자유학예대학은 종교 부설 기관의 뿌리에서 자라났다. 초기에는 이들 중 많은 기관이 종교적 봉사service와 목회자의 역할수행에 정규적으로 참여해야 했다. 많은 기관에서 시행한 정규 요건 중에는 어떤 형식으로든 공동체 봉사가 — 도덕적 의무와 인성 함양 cultivation 연습으로서 — 있었다.

공동체 참여는 듀이(Dewey, 1916, 1938)의 진보적 교육 패러다임, 그리고 다른 곳에서도 핵심 요소로 나타났다. 진보적 렌즈를 통해 공동체 봉사는 경험학습에 — 전통적 암기학습 모델을 끌어올린 중요한 모델 — 이르는 대로를 제공해주었다. 동시에 공동체 참여에서 얻은 사회적 이슈들에 관여하면서 "사회적 의식"이 추동되어 사회 개혁으로 나아간다. 이러한 정서에서 공동체 봉사는 종교적 책무 영역에서부터 교육의 영역으로 나아가기 시작했다.

이러한 이전은 1960년대 미국 전역에서 벌어진 사회적 격변이 캠퍼스를 강타하면서 가속화되었다. 봉사학습service-leaning이라는 교육 개혁 역할이 대학과 대학교에서 증가하던 학생(그리고 교수)의 운동에 끼어들었다(Stanton, Giles & Cruz, 1999). 많은 캠퍼스가 "경험" 교육의 명시적 구성성분으로 봉사학습을 설계했으며, 일부는 심지어 명예 프로그램 수준에서 지정된 봉사를 전제조건이나 필수 요건으로 지정하기도 했다(많은 캠퍼스에서 '총장 대사Presidential Ambassador'* 같은 그룹은 더 깊은 공동체 경험을 가지기를 요구할 수 있으며, 현재 심지어 중등교육에서도 '국립명예협회National Honor Society'** 같은 조직은 공동체 봉사를 요건으로 한다).

대학과 대학교에서 공식적으로 공동체 봉사 프로그램이 확장되면서 실천가들은 그러한 경험의 교육적 혜택이 실증적으로 입증되는지를 조사했다(Giles & Eyler, 1999). 1985년 몇몇 대학교 총장들이 캠퍼스에서 공동체 참여 프로그램을 지원하는 국가 조직으로 '캠퍼스 컴팩트Campus Compact'를 만들었다. 2016년에 이르러 이 네트워크는 1,100개 공 · 사립 대학과 대학교, 180만 학생들을 포함하게 되었다. 그 조직은 '국가 봉사의 해national service year'를 제도화하는 캠페인을 통해 '국가 및 지역사회봉사단Americorps' 같은 모델로 극적으로 확장되었다.

많은 공동체 참여 모델들의 중심에 있는 봉사학습 모델이 점차 가치를 더하고 기록되면서 캠퍼스 대부분에서 동일한 경험 프로그램이 되어 자유학예를 증강할 수 있는 핵심 교과들(예를 들어 국제 연구, 인턴십, 협동 프로그램 등) 사이에 남았다. 몇몇 캠퍼스는 예술, 인문학, 사회과학, 자연과학 학부가 주도하여 교육과정의 중심에 봉사학습을 넣어 자유학예 경험을 심화하는 기회로 만들었다.

---

* 교내외 행사에서 총장을 대신하는 역할을 하는 학생 단체, 혹은 그 성원

** 미국의 전국적 고등학생 조직

| 캠퍼스 일자리와 과업학습

오늘날 봉사학습이 교육혁신으로 널리 수용되면서 몇몇 캠퍼스는 캠퍼스의 다른 일자리(물론 연구나 실험실 지원 등과 같은 명시적인 학술의 추구를 넘어서서)를 통한 과업학습work-learning에 체계적으로 교육적 가치를 부여한다. 이것들은 근본적으로 경제적 거래로 — 재정지원이라는 맥락에서 — 간주되어 대학의 학습 모델에는 거의 통합되지 않았다.

"과업 대학work college"이라는 7개 학교의 그룹이 캠퍼스 과업을 모든 정주 학생들에게 의무화하고 이를 과업 봉사학습 모델로 만들면서 다른 관점을 발전시켰다(이 독특한 학교들의 세부 내용은 www.workcolleges.org에서 볼 수 있다). 몇몇 대학은 과업 의무를 무료 학비에 대한 보상으로 보고(예: 켄터키주의 베레아Berea 대학) 다른 대학들은 동료 자유학예대학과 경쟁할 만한 수업료를 징수하고 노동에 종사하는 학생들에게 시급을 준다(예: 노스캐롤라이나주의 워렌 윌슨Waren Wilson 대학). 이 뒤의 그룹은 과업 프로그램을 저소득 학생들에게 접근하는 전략이 아니라 교육 모델의 핵심 부분으로 삼는다. 캠퍼스 과업 할당은 학습 기회를 — 봉사학습과 유사한 — 제공하기 때문이다.

예를 들어 워렌 윌슨 대학에서는 학부생들이 대부분의 행정 직원과 조경, 청소, 자원 재생, 목공, 도색, 자판기 관리와 그 외 다른 많은 역할을 맡아 캠퍼스를 관리한다. 이들은 또한 약 200마리의 소, 양, 돼지, 닭 등의 가축을 키우거나, 식당이나 주별 농장 매장에 채소를 공급하는 농장을 관리하거나, 600에이커의 학교 숲을 관리한다. 이 모델은 버몬트주의 퍼트니 스쿨Putney School과 — 농장을 경영하며 과업 프로그램을 진보적 교육 모델에 통합하는 독립 기숙학교 — 공통되는 점이 많다.

초기(대공황 시대)의 작은 대학에서 보편적 모델은 졸업생들에게 일종의 직업 안전망을 제공했다. 졸업 후 즉각 취업 가능성을 높이는 자유학예에서의 강력한 학문 기초, 몇몇 직업 영역 훈련이 그것이다. 이 대학 동문들은 대학에서 함양한 노동 윤리를 갖추었으며 이는 미래의 경력으로 이전되었다.

그러나 오늘날 커뮤니티 칼리지가 목수나 공기정화 기술자를 훈련하고, 큰 포부를 가진 농부에게 국가 농업 프로그램을 제공하면서 대학교 캠퍼스가 취업 전 프로그램이라는 인식은 한계에 이르렀다. 그 대신, 최근 들어(즉, 1990년대 이후) 동문들은 문제 해결, 팀워크, 시간 경영, 의사소통, 리더십을 취업 프로그램을 통해 배운 "소프트 스킬"이라 특정한다. 이런 수준의 준비는 직업 대학work college이 유사한 규모와 자원을 가진 동료 자유학예대학 졸업생보다 더 크게 졸업 후 일자리 성공과 만족으로 이어져야 할 것이다. 그러나 직업 대학 컨소시엄Work College Consortium이 수행한 예비조사는 그러한 주장에 대해 제한적인 지지를 보인다("The Work College Consortium" 사이트 참조, n.d.).

그런데 졸업 후 취업 성공을 넘어서서 공동체 참여가 봉사학습을 교수법의 질을 향상하는 전략으로 만드는 것과 같은 방식으로 캠퍼스에서의 과업이 자유학예교육의 질을 높인다는 더 깊은 차원의 논의가 있다. "과업학습"의 실증적 증거는 제한적이지만 — 효과를 측정하는 것이 어려우며, 현재 캠퍼스 과업 프로그램을 교육과정에 통합하는 학교가 거의 없으므로 — 이러한 접근의 잠재력은 아마도 특정 사례들에서 가장 잘 포착될 것이다.

| 과업학습과 봉사학습: 사례

캠퍼스에서의 과업과 캠퍼스 밖 공동체 참여 경험은 비판적 탐구, 자기주도적 학습과 간부분성intersectionality이라는 자유학예의 가치를 높인다. 아래의 사례들에서 과업과 봉사는 더 전통적인 교육과정 요소들과의 명시적 조화를 통해 그러한 독립과 연합을 성취한다. 이 사례 중 일부는 현재 워렌 윌슨 대학에서 진행되는 것들이며, 나머지는 가설 혹은 계획 중인 프로그램이다.

교도소와 파트너십을 통한 봉사학습. 캠퍼스는 교정 시설과 매우 닮았으므로 봉사학습 파트너십이 매우 신속하게 발생할 수 있다. 가장 간단한 버전은 "관찰적"이다. 유폐 문학literature of incarceration 수업은 문학에 비친 경험의 진위 연부를 수감자들과 함께 의문시하는 기회를 꾀할 수 있다. 학급을 만나고 수감자 그룹을 인터뷰하기 위해 교도소를 방문하는 것이 이러한 목표를 달성할 수 있을 터이나, 이는 수감자들을 객관화하거나 — 최악의 경우 — "힘든 관광" 수준을 벗어나지 못할 위험성이 있다. 실제로, 많은 대학이나 대학교에서 학생들이 다른 사회경제적 범주나 배경의 사람들을 1차적으로 만나면서 발생하는 봉사학습 프로그램의 위험은 그것이 타깃 집단과 "함께"가 아니라 "위하여" 개발된다는 것이다. 이런 식의 프로그래밍은 "봉사"에서 공동체가 필요로 하는 모종의 도덕적 · 윤리적 요구는 충족할 수 있겠지만 다른 공동체에 진정으로 참여하는 데는 미치지 못한다. '캠퍼스 컴팩트'에 소속된 많은 대학과 대학교들은 의식적으로 봉사 프로그램을 "공동체 참여" 프로그래밍으로 타이틀을 바꾼다.

교도소 사례로 돌아가면, 학생들이 수감자들과 함께하는 공동 활동이나 프로젝트를 통해 조금이나마 심도 있는 성취를 거둘 수 있을 것이다. 여기에는 식사 준비, 벽 도색 작업, 공동체 정원 가꾸기 등이 포함된다. 이러한 공동 활동은 "주체-인터뷰 진행자" 도식을 넘어서서 학생들과 수감자들 사이의 상호작용을 심화하고 수감자 집단의 사기를 올려주거나 개인적 발전을 성취하려는 임무감을 가지도록 해준다.

더 나아간 단계는 대학이 혼합 집단을 대상으로 진행하는 대학 수준의 수업을 학생들과 수감자들이 수강함으로써 이 두 그룹의 경계를 흐리는 것이다. 그런 대학의 학생들은 사전 준비를 통해 미래의 동료들과 공감할 수 있게 할 필요가 있을 것이고, 참여 수감자들 역시 그들의 학력 수준이 약할 수 있으므로 스스로 이러한 노력에서 온전한 파트너가 될 수 있도록 준비해야 할 것이다. 보안 프로토콜 준수를 위해서는 교도소 당국과 조심스러운 협조는 필수적일 것이다. 그럼에도 이러한 "뒤집기Inside Out" 프로그램이 많으며, 그것들은 학생들에게 훨씬 더 넓은 학문 영역을 열어준다("The Inside Out Center," n.d.).*

교도소 집단의 하위 부분을 공동체 봉사의 대상이나 타깃이 아니라 학문 탐구의 파트너로 봄으로써 학생들은 극단적으로 이질적인 그룹 가운데 어떻게 의미 있고 지속적인 대화를 지속할 것인가하는 문제나, 다른 사회경제적 배경이나 삶의 경험이 어떻게 문학이나 사회과학에 대한 반응을 만드느냐는 심오한 교육적 문제에 봉착할 수 있다. 심지어 과학에서도 이러한 혼합 클래스, 예를 들어 지속적인 농업이나 약학 수업 방향에 영향을 주어 학생들과 교사들 모두 모든 그룹이 다양한 주제들에 같은 무게를 두지는 않음을 환기할 수 있다.

---

* 훨씬 더 나아가, 아예 수감자를 학생으로 등록하여 공공 재원으로 정규 고등교육 과정을 진행하는 '교도소 분교' 사례도 나타났다. Daniel Karpowitz, D. (2017). *College in Prison: Reading in an Age of Mass Incarceration*, Rutgers University Press 참조.

공동체 파생 연구. 많은 봉사학습 프로그램들은 공동체 파트너 네트워크와 깊은 관계를 맺고 법률 구조, 노숙자 지원, 음식 안전, 동물 복지, 공동체 정원 가꾸기와 그 외 다양한 분야의 이슈들에 참여한다. 이 조직의 하나하나는 그 결과의 잠재적 적용을 이해한다면 캡스톤이나 심지어 기말 연구에서 가외의 동기화를 찾는 학생들에게는 잠재적 금광이다.

공동체 참여 프로그램을 통해 노숙자를 이해하게 된 생물 전공 학생은 파트너 공동체와 함께 이 집단에 영양 보급을 최대화하는 연구 주제를 발전시키나, 졸업 캡스톤 프로젝트 일부로 특정 연구를 진행하고 이를 기관에 제출하여 그 결과가 실행되는지를 볼 수 있다. 평균적 학생들로서는 순수하게 학술적 자료에서 도출한 연구를 진행하는 것보다 훨씬 접근할 만하며, 그 결과가 가시적인 사회 변화를 가져온다면 훨씬 성취감을 느낄 것이다. 마찬가지로, 환경연구 전공 학생들은 공동체 공원이나 비영리단체의 에너지 재활을 둘러싼 캡스톤 프로젝트를 완수 — 학업의 부합성을 즉각 증명함으로써 잠재적 경력 방향을 타진하면서 — 할 수 있을 것이다.

이러한 공동체 참여의 교차와 연구는 전적으로 학생들의 주도에 맡길 필요도 없다. 공동체 참여 프로그램 사무실은 대학 부서와 협업하여 공동체에 필요한 데이터베이스를 구축할 수 있을 것이다. 이러한 시도가 더욱 큰 운동으로 발전하면 학문적 연구를 비영리 기관의 일을 뒷받침하는 변화 이론을 조사하여 그 영향을 증명하는 데 이를 수 있을 것이다(학문 연구와 프로그램 평가의 교차에 관해서는 예를 들어 Banegee and Duflo, 2011 참조). 이러한 협업은 학생들에게 학문 연구의 실천적 차원을 보여주고, 비영리 기관과 지원 조직에는 다른 방법론의 검증을 제공하는 등의 여러 혜택을 줄 수 있을 것이다.

실험실로서의 캠퍼스. 캠퍼스 자체를 학습 도구로 놀이에 참여하는 것은 캠퍼스*를 실천학습을 위해 넓게 확장하는 것이다. 한 가지 예를 보면 — 2014~2015년 워렌 윌슨 대학의 실제 공동 작업 — 보존생물학 프로그램은 캠퍼스 조경직 직원과 함께 캠퍼스에 인공 습지를 만들어 습지생물학을 공부하는 학생들이 여러 기수 동안 계속 사용할 수 있었다. 워렌 윌슨 대학은 연방정부 인증 직업학교이므로 전체 학생들이 캠퍼스 내 일자리를 가지는데, 조경직 대부분이 학생들이다(대략 45명의 학생이 주당 10~12시간 일하는데 감독 직원은 단 2명이다).

이러한 이례적인 직원 구성의 결과 보존생물학과 조경관리 분야의 협업은 교수진과 정규 직원들 사이의 대화에서가 아니라 학생들 차원에서 일어난다. 한 교과목은 습지 가공으로 설계되어 1명의 교수가 감독한다. 조경관리 학생들은(그중 많은 학생이 사회과학이나 인문학을 전공하는데) 전문 조경가의 감독 아래 그것을 실현하는 데 필요한 실천적 단계를 공부한다. 이 프로젝트는 두 팀의 협업으로 진행되는데, 학생들 사이에서 확장된 동료학습으로 마무리된다. 결과는 캠퍼스를 지속해서 변형하여 이를 따라 할 미래의 동문에게 유산으로 남긴다.

캠퍼스 관리, 혹은 변형에서 학생들의 문제 해결 기반 참여는 비판적 사고와 자아 지향 탐구라는 자유학예의 강조점을 보완하는 "소프트 스킬" 영역에 속한다. 전문적 목적과 함께 교육적 목적을 가진 감독이 대기하는 구조화된 환경에서 같이 일함으로써 학생들은 완전히 다른 전공이나 배경을 가진 성원들과 팀을 이루어 일하는 것을 배운다. 이러한 협업이 팀워크, 리더십, 문제 해결, 시간 관리와 의사소통을 — 이 모두가 자유학예대학 졸업생들에게 고용주가 기대하는 구체적 자질인데 — 가르친다(Friedman,

---

* 원서(198)에는 canvas라 적혔으나 campus의 오기라 보고 번역에 반영한다.

2014).

협동조합Coop*으로서의 캠퍼스. 리더십이나 팀워크 같은 전이될 수 있는 소프트 스킬 외에도 구조화된 캠퍼스 과업 기회는 학교의 전공학과들을 직접적으로 도와 능률을 높여줌으로써 인턴십처럼 기능한다.

이 유형의 한 사례가 현재 워렌 윌슨 대학에서 진행 중인 경영학 트랙이다. 많은 자유학예대학들과 마찬가지로 워렌 윌슨 대학교 역시 학생들을 경제, 수학 혹은 심리학 등의 강력한 자유학예 학문으로 이끌기 때문에 경영학과가 없다. 그러나 캠퍼스 과업 기회는 어떤 학문 분야와도 겹칠 수 있는 "응용학습 경영 트랙"을 만드는 틀을 제공한다. 대학 농장에서 일하기로 배당된 학생은 농장경영 사무실에서 근무하며 육류 공급과 판매를 관리한다. 대학 삼림에서 근무하는 학생은 버섯이나 꿀 등 비목재 삼림 산물을 생산하고 거래하는 더 기업적인 성원들과 어울릴 수 있다. 어떤 학생들은 대학의 "캠퍼스 식품 책임계약Real Foods Campus Commitment"**을 지원하는 지역 농장을 점검하고 주문함으로써 대학의 식당을 도울 수 있다("Real Foods Campus Commitment, n.d.). 다른 학생들은 대학의 구매부서나 회계 사무실에서 공급업자 담당이나 지급 담당으로 할당될 수 있다.

이 업무는 모두 경영과 관련된 소중한 경험을 제공하며, 학생들은 캠퍼스의 다양한 일자리에서 매주 모여 그룹별로 회계나 마케팅 같은 기본적 기능을 훈련한다. 강력한 자유학예 전공과 신중하게 선택한 인턴십 기회들이 짝을 이루어 이 학생들은 대규모 대학교의 전체주의적 정주 대학에서

* co-op, 즉 co-operation의 약자에서 나온 신조어로 보인다. 번역에서는 이를 '협동조합'이라 표기한다.

** 캠퍼스 식당에 지역의 유기농 식품을 할인 가격으로 조달하는 생산자와 학교 사이의 계약 혹은 이 사업을 주관하는 단체

인기 있는 협동조합의 학생들이 얻는 것과 대등한 실천적 기회를 통해 부상한다. 실제로, 공식 협동조합 프로그램이 6~12개월짜리 고용인을 원하는 고용주들을 대상으로 한 설문조사에서 이들은 도시 환경의 더 큰 대학교에서 — 보스턴의 노스이스턴Northeastern이나 필라델피아의 드렉셀Drexel 같은 — 조합 만들기를 선호했다. 캠퍼스 과업을 교육 모델의 일부로 보는 것은 대규모 고용주에게서 떨어진 곳에 있는 더 작은 자유학예대학에서 다양한 협동조합 모델을 적용하는 길을 넓혀줄 것이다.

숨은 집중Hidden Concentration으로서의 과업 기회. 많은 작은 대학들은 수적 규모에 따라 제공하는 전공에 한계가 있다. 캠퍼스 과업은 학교의 학과에서 얻을 수 없는 특정 스킬을 얻는 가치 있는 기회를 제공할 수 있다. IT 지원을 제공하는 학생들은 예를 들어 코딩을 배우고 실천하는 선별 기회를 얻을 수 있다. 마케팅 학과에서 일하는 학생들은 광고 문안 작성이나 그래픽디자인에서 실천적 훈련을 받을 수 있다.

이런 기회들이 공학이나 디자인 학위에 대체되는 것은 아니지만, 그런 학위는 자유학예 프로그램을 수강하는 학생들이 추구하는 것도 아니다. 그 대신, 이런 일자리들은 — 단순한 캠퍼스 노동력이 아니라 교육 모델의 일부로 본다면 — 미래 경력의 유연성을 높이는 특정 스킬을 획득할 기회를 제공한다. 최근 연구에 의하면 고용주들은 이러한 특정 스킬, 특히 자유학예 졸업생들의 폭넓은 준비와 분석적 능력의 조화에 가치를 둔다(Blumenstyk, 2016).

기록을 넘어서는 경험의 포착. 응용학습과 경험적 기회를 포함하는 자유학예 모델을 확장하자는 지속적인 도전은 이러한 차원들을 학생 기록의 일부로 포착한다. 학적부에 반영되지 않는 능력들을 어떻게 자격으로 증명하는가의 문제를 둘러싼 논쟁이 두드러지는 중이다.

어떤 대학이나 대학교들은 특정 능력(예: 코딩)에 자격증이나 배지badge를 부여한다. 비록 대학을 마치지 않았거나 마치지 않을 집단을 대상으로 하는 토론이 시급하지만 말이다. 이 배지나 자격증들은 잠시 학업을 중단하고 이수 과정에서 더 많은 가치를 포착하고자 하는 학생들에게 학위를 향하는 노선에서 중간 기착지를 제공한다. 이들은 많은 대학이 학문적 수월성을 의미하기 위해 사용하는 "명예with honors"의 개념을 확장하면서 4년제 학위에 더 큰 성과물을 제공한다.

배지는 여전히 학교의 기록에 남지만, 대안적 접근은 기록을 완벽하게 넘어선다. 클라우드 컴퓨팅의 대두는 학생들의 전통인 학습 경험과 응용학습 경험 모두를 통합하는 "포트폴리오"를 생성하게 한다. 이 포트폴리오는 학문 연구를 담으며, 또한 그 연구가 어떻게 공동체 파트너에 의해 적용되었는지를 보여주기도 한다. 혹은 캠퍼스에서 프로젝트 기반 학습을 한 이미지나 비디오, 혹은 인턴십이나 국제 연구 경험의 반영물을 담기도 한다. 그것은 미래의 대학원이나 고용주에게 자유학예교육의 틀 가운데 경제학 전공 학생이 실천적 경영 경험을 쌓아온 과정을 입증하게 할 수 있다. 이러한 포트폴리오는 다가오는 미래에 기록이나 이력서를 대체하는 잠재력이 있다. 지난 10년 미만 동안 '링크드인*LinkedIn*'의 확산을 생각해보라. 이러한 도구들이 더 수용되고 확산되면 자유학예 모델이 위에서 본 것 같은 다양한 응용 모델의 확산을 포함하는 것을 정당화할 것이다.

| 응용학습: 자유학예의 새로운 경계?

경험학습은 자유학예 모델에서 새로운 것은 아니다. 경험학습의 영역을 혁신적 강의실 수업과 봉사학습뿐 아니라 캠퍼스 과업까지로 넓히고 이들을 강의실 수업과의 중첩이 아니라 학습 모델의 기본 구성성분으로 간주한다면, "응용학습"은 자유학예를 새로이 확장하는 흥미로운 것이 될 것이다.

많은 교육자가 공동체 참여와 캠퍼스 과업을 학습 방법으로 보면서, 고등교육 기관들은 학사 기록이나 학생 지도 같은 영역에서 그들의 렌즈를 넓힘으로써 여기에 부응할 필요가 있을 것이다. 필자가 위에서 말했듯, 학사 기록은 현재 학생들이 고도의 경험 프로그램에서 얻은 학습 경험의 완전한 차원을 반영하기 위해 투쟁하는 중이다. 앞을 내다보면, 대학들이 핵심 역량을 제공하기 위해 이러한 프로그램들에 더 많이 의존하여 현재의 학과 중심 모델을 넘어서는 지도 시스템을 발전시켜야 한다. 학생들은 무슨 교과목을 이수할 것인지는 물론, 어떤 인턴십을 할 것인지, 어떤 캠퍼스 과업이 알맞은지, 어떤 공동체 참여가 다른 학습 계획을 보강하는지에 관한 지도를 원하기 때문이다.

마지막으로, 우리의 진단평가 모델 역시 진화할 필요가 있다. 현재의 평가 루브릭은 과거 인증 모델에서 만들어진 것이어서 학생 학습의 전체주의적 관점을 포착하기에는 부실하다. 대학은 학생들이 배우는 방법을 인식하고 대학이 가르치는 방법의 도구상자를 확장하면서, 이 영역에서 혁신과 창조성을 고무하기 위해 교수와 학습을 평가하는 새로운 방법을 찾을 필요가 있을 것이다.

참고문헌

Banerjee, A. & Duflo, E. (2011). *Poor Economics*. New York: Public Affairs.

Blumenstyk, G. (2016, June 9). "Liberal-arts majors have plenty of job prospects, if they have some specific skills, too." *Chronicle of Higher Education*.

Dewey, J. (1916). *Democracy and Education*. New York: Macmillan.

______ (1938). *Experience and Education*. New York: Touchstone.

Friedman, T. (2014, February 23). "How to Get a Job at Google." *New York Times* p. SR11.

Giles, D. & Eyler, J. (1999). *Where's the Learning in Service Learning?* San Francisco, CA: Jossey-Bass.

Real Food Challenge (n.d.). "The real food campus commitment." Retrieved from www.realfbodchallenge.org/commitment (accessed June 15, 2016).

Stanton, T., Giles, D. & Cruz, N. (1999). *Service-Learning: A Movement Pioneers Reflect on Its Origins, Practice, and the Future*. San Francisco, CA: Jossey-Bass.

The Inside-Out Center (n.d.). "International headquarters of the inside-out prison exchange Program." Retrieved from www.ins?utcenter.org/index.html (accessed June 15, 2016).

Work Colleges Consortium (n.d.). "Understanding and Measuring Success of Work College Graduates", Retrieved from http://workcolleges.org/sites/default/files/attachments/WCC%202012%20Brochure.pdf (accessed June 15, 2016).

15
글로벌 시대 자유교육의 약속

크리스토퍼 B. 넬슨

오늘날 글로벌 시대에 발생한 자유학예교육의 발전과 혁명 가운데 한 사건이 특히 역설적으로 돌출된다. 미국은 자국 특유의 고등교육에서 자유학예 학습 전통을 깎아내리는 듯한데, 동시에 다른 세상에서는 이를 평가하기 시작한다.

지난 몇십 년 동안 미국식 학위 프로그램 같은 것을 제공하는 유럽 기관들이 꾸준히 증가하여 오늘날 그러한 프로그램을 촉진하는 기관도 — '유럽 자유학예과학대학협회European Colleges of Liberal Arts and Sciences, ECOLAS' — 있다. 미국 모델은 아시아에서도 지지자를 모으고 있다. 『중등 이후 교육과 장애 저널*Journal of Postsecondary Education and Disability*』의 편집이사인 체스터 고드Chester Goad는 작년* 포브스Forbes와의 인터뷰에서 "미국이 전통적 자유학예 프로그램에서 벗어나 전공 온라인 프로그램으로 돌아서는 동안

* 여기에서 말하는 '작년'은 2015년이다.

아시아는 자유학예교육에서 나오는 창조성과 전인격적 관점이라는 혜택을 발견하는 중이다. 아시아 국가들은 자신들의 전통적으로 균질적이며 엄격하게 전문화된 교육 시스템과 결별하면서 최근 우리의 시스템에서 영감을 발견한다"고 말했다(Klebnikov, 2015).

고드가 말하듯, 이러한 새로운 평가는 자유교육과 전공교육의 갈등에서 나온다. 확립된 제도권 모델에서 "떨어져 나오려는" 욕구는 현대 고등교육이 과전문화hyper-specialized되었으며, 전문가들을 구분하는 것이 우리의 사고방식에 통합되어왔다는 인식이 증가했음을 보여준다. 이제 사고의 발전은 전문화된 연구의 앞마구리에서 만들어진다는 것이 당연시되었다. 이에 따라 학습 기관은 점점 더 협량한 연구 분야에 초점을 맞추어 이를 강화하고 촉진하고 보상을 주는 구조로 형성되어왔다.

이에 발맞추어 이러한 마음 자세는 일반교육을 기초적이고, 복잡하지 않으며, 심지어 단순한 것으로 본다. 그것은 일반교육을 문법학교에서의 교육, 즉 기초적 사실과 초보적 스킬 훈련에 필요한 종류 정도로 격하한다.

필자는 이러한 관점을 전적으로 기각하지는 않는다. 그것은 바보짓이다. 지속해서 증가하는 전공 분야에 의해 만들어진 진보 자체가 이를 부정하는 자명한 증거다. 필자의 의도는 최첨단의 발견물을 만드는 데 대한 수그러들지 않는 강조가 고등교육의 다른 관점, 즉 전문화의 가치를 인정하지만 동시에 교육에 전문화보다 더 중요한 무엇이 있다고 믿는 관점을 가려왔음을 보이고자 한다. 그 관점은 우리가 자유*liberal*교육이라 부르는 것 — 생각하기와 삶에서 개인의 자유를 촉진하는 — 이다.

전공교육과 자유교육의 구별은 새로운 것은 아니다. 아리스토텔레스는 『동물의 신체 부위*On the Parts of Animals*』의 서문에서 그 본질을 포착했다(Peck, 1937: 639a2-8).

높은 수준이든 낮은 수준이든 연구와 탐구의 모든 대상을 보면 문제를 포괄하는 두 가지 방법이 있는 것으로 보인다. 하나는 적절히 말하자면 대상의 "상세한 지식*detailed knowledge*"이고, 다른 하나는 일종의 "길러진 이해*cultivated understanding*"다. 교육받은 사람은 말하는 사람이 어떤 사안을 잘 표현하거나 그렇지 않음을 제대로 판단해야 한다. 실제로 우리는 이런 종류의 사람이 일반교육을 통해 길러졌으며, 이러한 길러짐은 방금 말한 내용을 실천할 수 있는 능력을 갖춘다고 생각한다.

아리스토텔레스는 여기에서 한편으로는 전문 지식을, 다른 한편으로는 '건전한 추론sound reasoning'이라 불리던 논리, 해석, 논증 등을 교육받은 사람들이라면 그 누구든 — 특정 주제에서 전문가라도 — 설득력 있게 논증하는가를 판단할 수 있도록 하는 훈련에 연결하자는 생각을 기술한 것이다. 바로 이것이 필자처럼 과학에 문외한인 사람들도 아인슈타인, 포돌스키Podolsky와 로젠Rosen의 양자물리학 관련 유명 논문을 공부하고 그들의 추론이 순환논리에 빠진 것은 아닌지, 온갖 종류의 형이상학적 가설들로 가득 찬 점이 그들의 결론을 수상하게 만들지 않았는지 의심해볼 가능성을 제공한다.

건전한 추론은 전문화된 학문을 가로지르거나 위로 끌어올리는 지적 능력이다. 이런 것을 범학제적*transdisciplinary*이라 부르기로 하자. 뒤에서 오늘날의 시대에 건전한 추론만큼이나 중요한 — 혹은 더 중요한 — 다른 범학제적 능력을 논의할 것이다. 그러나 이 자리에서는 건전한 추론을 전공교육에 대립하는 자유교육 내용의 한 사례로 — 2,500년 전부터 인정된 — 들겠다.

전공교육과 자유교육의 '구별'이 고대의 것이라면, 오늘날의 그것은 '갈등'이다. 소크라테스는 무엇을 전공했다고 주장하는 사람들이 실은 그 주제에 무지하다는 사실을 그 주제에 문외한이면서도 증명하다가 그 사람들에 의해 죽임을 당했다. 우리가 이러한 갈등의 한가운데 살고 있다는 것은 새로운 일도 아니다. 그런데 이 세상의 고등교육 글로벌 공동체가 과전문화에서 기인하는 과도함에 우려를 표명한 것은 상대적으로 최근의 일이다.

미국 특유의 고등교육이 가진 자유학습 전통은 현대 세계의 그 어느 때보다 강한 전문화의 요구에도 살아남았지만, 이는 19세기 중반 이후 전문화의 힘에서 행사되던 끊임없는 공격을 받으면서 살아남은 것이다. 20세기 초에 이미 반자율성을 가진 학과와 분야들을 갖춘 현대적인 전공 중심의 대학교가 미국에서 형성되었으며, 자유학습 담당 교수자들은 파도에 맞서 방파제를 쌓는 시도를 계속하고 있었다. 이것이 바로 세인트존스 대학의 공동 창립자인 스콧 뷰캐넌Scott Buchanan과 스트링펠로 바르Stringfellow Barr가 1937년 오늘날의 교육과정이 만들어지기 80년 전부터 노력한 일이다. 그들의 해법은 당시 미국의 고등교육 맥락에서는 다소 극단적이었지만, 자신들의 교육기관이 자유학습으로 운영되는 것을 지켜보는 사람들에게는 여전히 시사적이다.

세인트존스는 자주 최초의 '위대한 책Great Book' 대학으로 불린다. 그 명칭은 뷰캐넌과 바르가 자유학예를 배양하기 위해 채택한 전략으로 인해 붙었다. 그들의 아이디어는 학생들이 4년의 재학 기간 동안 서구 전통의 기본적인 사상가와 예술가들의 저서들을 읽고 토론하도록 하자는 것이었다. 읽을거리는 날로 진화하지만 80년 동안 세인트존스의 기본 방법은 그리 변하지 않았다. 우리는 여전히 "프로그램The Porgram"이라는 이름을 가진 단 한 가지 교육과정만을 학생들에게 제공한다. 우리는 교수진의 판단으로,

이론적으로나 실천적으로나 살만한 가치가 있는 삶을 영위하기 위한 최선의 준비로 이 교육과정을 제공한다. 우리는 이 교육과정이 평균 18세의 학생들에게는 그 어떤 좋은 것보다 더 좋은 것임을 알기 때문에 제공한다. 우리는 경험이 없는 학생들이 그들의 교육을 위해 무엇이 최선인지 안다고 아첨하기를 거부하기 때문에 이 교육과정을 제공한다. 그리고 우리는 교수진의 판단에 따라 배우려고 찾아온 젊은 남녀에게 가장 적용이 가능한 과정을 설계하는 것이 모든 대학 교수진의 책무라는 것을 믿기 때문에 이 교육과정을 제공한다.

세인트존스에서는 모든 학생이 4년 동안 그리스어, 현대 프랑스어, 영어와 미국 시를 대상으로 하는 개별 언어학습에 참여한다. 이들은 또한 4년 동안 수학 개별지도를 받으면서 최초로 평면기하학을 체계화한 유클리드Euclid 명제와 최초의 반유클리드 기하학 텍스트를 쓴 로바쳅스키Lobachevski의 명제를 통해 아리스토텔레스의 시간과 장소 개념, 전적으로 새로운 아인슈타인의 시간과 공간을 주제로 토론한다. 학생들은 프톨레마이오스에서 코페르니쿠스, 뉴턴을 넘어서서 천체의 움직임을 공부한다. 그들은 3년 동안 실험실에서 과학을 공부하는데, 여기에서 그들은 먼저 세상을 보고 다음으로 보이는 것에 의문을 제기한다. 그들은 화학과 생물을 공부하면서 물질과 생명을 구성하는 원칙에 대해 질문한다. 그들은 물리학을 공부하면서 뉴턴의 고전물리학과 하이젠베르크Heisenberg 양자역학의 낯선 기초를 배운다. 그들은 다윈과 멘델을 거쳐 왓슨과 크릭에 이르는 생물학을 배우면서 유전자 결합 실험을 한다. 게다가 그들은 음악의 구성요소를 부르고 배우면서 바흐의 「마태 수난곡St. Matthew Passion」, 모차르트의 「돈 조반니Don Giovanni」, 바그너의 「트리스탄과 이졸데Tristan and Isolde」를 지적으로 듣고 텍스트로는 불가능한 소통의 힘을 감상한다.

이 모든 수업 활동은 4년 동안 진행되는 연속 세미나를 둘러싸고 진행되는데, 여기에서 학생들은 가장 잘 알려진 읽을거리, 즉 호메로스Homer에서 베르길리우스Virgil을 거쳐 초서Chaucer와 셰익스피어까지, 세르반테스와 밀턴에서 오스틴과 엘리엇까지, 톨스토이와 도스토옙스키에서 울프Wolf와 콘래드Conrad까지, 플라톤과 아리스토텔레스에서 데카르트와 칸트까지, 성경과 아우구스티누스Augustine에서 아퀴나스Aquinas와 스피노자Spinoza까지, 헤로도투스Herodotus와 투키티데스Thucydides에서 기본Gibbon과 헤겔Hegel까지, 홉스Hobbs와 루소Rousseau에서 링컨Lincon과 더글러스Duglas까지 대략 연대순으로 공부한다.

이런 교육과정은 매우 가성비가 높을 것으로 보일 수 있다. 무엇보다 무한정으로 돈이 드는 기술 장비들을 업데이트할 일이 없고, 높은 수준의 목표를 가지고 꾸준히 성장하며 유지비가 많이 드는 전공 학부, 대학원 학위 프로그램도 없으며, 복잡한 기관 업무를 관리하는 광범위하면서 까다로운 학사 구조도 없기 때문이다. 이런 프로그램이 요구하는 것이라고는 교사들의 노고 다독이기, 책, 강의실, 그리고 과학 실험을 하기 위한 최소한의 장비 정도다. 이러한 교육과정은 특히 무엇보다 학습에 한정된 재원을 투입하는 작은 공동체에 잘 부합된다.

그러나 이것은 여전히 비싼 교육이다. 돈이 어떻게 배정되는가는 학습 경험에 우선순위를 두면서도 다양한 선택에 달려 있기 때문이다. 우리는 학습이란 관리할 만한 규모 — 개별학습의 경우 교사 한 사람당 학생 15~16명, 세미나의 경우 18~19명 — 의 토론 그룹에서 가장 잘 진행된다고 믿는다. 이는 수업 비용이 노동집약적임을 의미한다. 이런 수업에서는 학생들로 강의실을 가득 채우는 식으로는 돈을 아낄 수 없다. 우리는 대부분의 수업 참여자들 사이에 우정이 넘쳐흐르는 작은 공동체에서 학습이 가장 잘 진행된다고 믿는다. 이는 건물이나 운동장이 작은 공동체의 상호작용에 맞게 여러 설비로 가득 차 있으며, 수행과정에서도 적절해야 한다는 것을 의미한다. 그러한 기관은 규모의 효율에 따른 비용 절감을 할 수 없다. 우리는 모든 사람의 일상 활동이 읽기, 생각하기, 토론하기를 둘러싸고 진행될 때 학습의 뿌리가 가장 깊게 내린다고 믿는다. 이는 이러한 활동들이 공동체 성원들의 모든 만남이 — 심지어 우연한 것이라도 — 강의실뿐만 아니라 학습을 촉진하는 실제의 물리적 장소에서 일어나야 한다는 의미다. 그런 기관은 수업을 인터넷에서 스트리밍하는 것으로 수입 흐름을 넓힐 수 없다.

이 모든 고려는 미국이 함양해온 소규모 정주 대학residential college에서 최고도로 충족된다. 이 세상에서 새로운 자유학습 대학을 만들려고 생각 중인 그 어느 곳의 그 누구에게도 필자는 이 모델을 추천한다. 그것의 외형이 그것의 존재 본질과 완벽하게 부합되기 때문이다. 물론 전문화된 대학교에서 자유학습의 고립된 영지를 만드는 것도 가능하다. 미국에서 이런 것들은 "명예 대학honor college" 혹은 "핵심 프로그램core program"이라 불리는 형태를 취한다. 물론 이러한 노선을 따르는 다른 구조들도 가능하다. 그러나 이러한 프로그램들은 지속해서 영토 침탈을 경계해야 한다. 그것들의 존재 본질이 그것들을 수용한 대학교의 전문화 성격과 늘 갈등을 빚기 때문이다. 그러나 제대로 된 조건에서는 살아남을 수 있으며 심지어 주도할 수도 있다. 왜냐하면, 말할 것도 없이 배우고자 하는 깊은 욕구를 가진 두세 명의 학생들이 있는 곳이라면 — 비록 조건이 최상은 아니어도 — 읽고, 공부하고, 토론할 가치가 있는 것들을 읽고, 공부하고, 토론하는 것이 가능하기 때문이다.

이제 무엇이 읽고 공부하고 토론할 가치가 있느냐는 질문이 나온다.

세인트존스의 교육과정은 전적으로 원자료로 만들어졌다. 2차 자료는 가치가 없다고 생각하는가? 물론 아니다. 실제로 우리의 "프로그램"에 있는 몇몇 작품은 원작을 확장하거나 비판한 2차 자료다. 그러나 이 경우도 모두 후대의 작품 자체가 너무나도 혁신적이어서 오늘날 "원작"으로 간주되는 것들이다. 우리의 학생과 교수진은 자주 모여서 관심이 가는 모든 종류의 비교과 자료들을 시간이 허락하는 한 읽고 공부하고 토론한다. 자유학습에서 전적으로 원자료에만 국한하는 것이 절대적으로 필요한가? 결코 아니다. 그렇지만 필자는 몇 가지 이유에서 그러기를 추천하고자 한다.

첫 번째로, 원자료는 인간 존재가 창조한 대상으로 이해하기 어렵기 때문이다. 어떤 것은 가장 어렵다. 사람들이 능숙하게 건전한 판단을 하게 되려면 반드시 단단한 물체에 치아를 다치기 마련이다. 두 번째로, 그것들은 거기에서 발원한 긴 강의 존재 자체이며 시작점이라는 의미에서, 그리고 새로운 사고의 시작점을 만들거나 드러낸다는 의미에서 창의적이다. 세 번째로, 그것들은 시대를 거쳐오면서 새로운 발견과 새로운 생각의 배후에 있으면서 항상 정합성을 유지해왔기 때문이다. 그리고 네 번째로, 그것들은 기초 — 단순하다는 의미가 아니라 사고의 블록을 쌓아올리는 데 밀접하다는 의미에서 — 이기 때문이다. 이 모든 것에 더해, 그것들은 가끔 매우 아름답기도 하다.

어떤 사람들은 수천 년 전으로 거슬러 올라가는 저자들의 원 텍스트들을 읽는 것은 바보짓이라 생각한다. 어떤 사람들은 오늘날의 학생들이 그렇게 할 수 없다고 주장할 수도 있다. 반대로, 어떤 사람들은 학생들이 해당 저자들의 언어 전문가, 저자들의 시대적 맥락 전문가, 저자들의 약력 전문가의 — 한마디로, 전문 지식을 가지고 이를 전해주는 — 지도를 받을 필요가 있다고 생각한다.

이것이 대학교에서 가르치는 통상적 방법이다. 전문가는 원작품, 혹은 그 일부를 학생들에게 부가할 수 있다. 매우 자주 읽을거리 할당은 원자료를 설명하거나 비판하거나 맥락화하려고 시도하는 2차 자료에서 선택된다. 그러나 자료를 읽고 나면 학생들은 전문가들이 그 작품을 해석하는 강의에 출석해야 한다. 이렇게 해서 학생들은 도움을 받지 않으면 결코 얻을 수 없는 지식을 얻는다. 그 과정에서 그들의 이해는 원작품을 직접 만나도록 허락받은 학생들이 할 수 있는 자유로움 활용을 불가피하게 제한하는 외부 권위에 의해 중재된다.

이런 종류의 교수법은 '상세한 지식*detailed knowledge*'을 학습의 목표로 삼는 경향이 있다. 학생들이 전문가에게서 얻어들은 사실, 아이디어, 논증은 테스트될 수 있으며, 이를 통해 교사는 학생들이 자신이 가르친 것을 학습했는지 알게 된다.

자유교육은 이런 식으로 가르칠 생각을 하지 않는다. 물론 사실fact은 중요하다. 무엇인가를 아는 것도 중요하다. 그러나 많은 사실, 많은 아이디어, 많은 논증을 학습하고도 그것들의 상대적 중요성과 상호연관성에 훈련을 통한 주의를 기울여 모든 사실, 모든 아이디어, 모든 논증에 접근하는 능력을 얻지 못할 수 있다. 이는 말하자면 학습이 없는 학습이다. 그 결과는 '상세한 지식'이지만 — 심지어 매우 장관을 이루는 세부 지식이겠지만 — 건전한 판단을 가능하게 하는 범학제적 능력 함양은 거의 없거나 전혀 없다. 그것은 고기를 잡는 법을 가르쳐주는 대신 고기를 주는 것과 지적으로 상응하는 것이다. 오늘날, 물론 전공 교과목을 자유롭게 가르치는 것도 가능하고, 많은 교사가 이 일에 최선을 다하고 있다. 그러나 수업계획서를 확장하고 테스트를 넘어서는 진짜 학습에 특권을 주고, 관료적인 강제를 넘어서 진정한 지적 탐구를 선호하는 등의 일은 쉽지 않다.

이는 '자유롭게 가르친다는 것이 어떤 의미인가?'라는 의문을 낳는다. 필자는 이미 자유롭게 가르친다는 것은 학습자들의 연구 대상을 중재하려 들지 않는다는 점에서 전공교육과 다르다는 점을 시사했다. 이 본질적 차이에서 네 가지 구체적 차이가 나온다.

첫 번째, 자유교수liberal teaching*는 학생들의 수준에 맞추거나 교육과정 조건에 가장 부합하는 교과를 선택하려 하지 않는다. 반대로, 자유교수는 교수나 학생들의 수준을 훨씬 넘어서는 것을 교재로 채택하여 모두의 지적 근육을 최대한 키우도록 강제하고, 경험을 가진 학습자들이 — 그들의 교사 — 실제로 학습을 어떻게 해나가는지 학생들이 볼 수 있도록 한다. 자유교수는 일종의 밀접함은 있으나 단기간의 흥분만 불러일으키는 시사성 사안은 피하고, 시간과 환경에서 어느 정도 거리가 있는 주제를 선호한다. 그것이 오랜 시간 공유된 인간적 친밀감을 발견하고, 학생들이 거리를 두고 과거를 되돌아보면서 그들의 세상에서 더 많은 의미를 찾을 수 있도록 도와주기 때문이다.

두 번째, 행동주의는 — 특히 정치적 행동주의 — 자유학습의 직접적 목표가 아니다. 그것은 자유교수에서 직접 함양되는 것이 아니기 때문이다. 이것은 앞의 관점과 연결되는데, 세상을 바꾸는 것보다 더 시사적이거나 밀접하게 흥분시키는 것은 없기 때문이다. 특히 그 변화가 더 좋은 것이라 보일 때는 더욱 그러하다. 그러나 자유교수에 깃들어 있는 것은 느슨하고, 장기적이며, 실천적 일은 나중에 다루는, 깊게 뿌리내린 사고 발전이다.

---

* 교육의 양대 범주를 교수(敎授, "대학에서 학문이나 기예를 가르침")와 학습으로 나눈다. 자유(학예)교육에서 '자유-'라는 접두어를 교수와 학습에 적용하면 원서에서 자주 나오는 liberal teaching, liberal learning이라는 용어의 의미를 이해할 수 있을 것이다. 번역에서는 이를 각각 '자유교수', '자유학습'으로 옮긴다. 특히 전자는 liberal education, 즉 자유교육과 구별이 필요하다.

무엇보다 "학교school"는 그리스어 스콜레scholē, 즉 "여가"에서 나왔다. 그것은 실천적 관심에서 멀어진 시간 설정, 기본을 점검할 수 있는 공간, 경이로움의 찬탄, 열린 관조, 사물을 순수하게 바라보기다. 모든 학생이 젊은 나이에 이런 것에 준비되어있지는 않겠지만, 준비된 학생들에게 학교는 그들과 그들의 사회에 제공된 혜택으로서의 공간이다.*

세 번째, 자유학습은 학습 대상이 어려운 원본 텍스트라는 단일한 방법에서 나왔기 때문에 늘 명시적으로 표출되는 것은 아니지만, 모든 것이 연구할 만한 가치가 있다는 유행에 따를 수 없다. 모든 것이 — 밑바닥의 지저분한 일상에서 가장 높은 천상의 신성까지 — 잘 양성된 마음에는 관심을 끌게 된다는 것이 진실이다. 그러나 시작 단계에서는 젊은이들은 특별히 차별화될 만한 위대함이란 것이 존재하며, 그들의 교사들이 이를 포착한 경험이 있으며, 그들 역시 실습으로 그런 분별력을 갖출 수 있음을 배울 필요가 있다. 그리고 그들은 수월성의 조건과 함께 사는 것을 배울 필요가 있다. 가장 높은 곳에는 종종 쉽게 접근할 수 없으며, 자신을 넘어서는 것을 존중하면서 사는 것이 존엄성의 근원이며, 그들의 위상이나 서열이 어떤 것이든 합법적 위계는 모든 성원을 존중하는 것이며, 가장 위대한 성취는 찬탄의 대상임과 동시에 비판의 대상으로 그들을 일으켜 세운다는 것을 말이다.

그리고 네 번째, 자유학습은 항상 진리를 찾는 것이기 때문에 자유교수도 진리를 활동의 중심에 두어야 한다. 이는 다시 말해, "이 책이 말하는 것이 정말일까?"라는 질문을 회피하는 오늘날 고등교육의 티끌에 맞닥뜨

---

* 오늘날 부정적인 의미를 더 가지기는 하지만, '상아탑'이라는 단어는 원래 이런 맥락에서 나온 가장 적절한 표현일 것이다.

린다. 이 질문에 대면하는 것을 거부한다는 것은 학습 밖에서 게임을 하는 것이며 — 고난도 수준의 게임이지만 그래도 게임이다 — 그 산물은 학생들에게 항구적인 가치를 가지지 않는다. 자유교수에서 학습 대상을 향한 첫 번째 접근은 사실에 기반을 둔다. 저자가 실제로 주장하는 것은 무엇인지? 이 명제가 증명하고자 하는 것이 무엇인지? 이 방정식이 어떻게 현상을 포착하는지? 이 악구樂句는 어떻게 텍스트에 빛을 비추는지? 결국 누군가가 이렇게 물을 것이다. “이걸 믿어, 말아?”, 그리고 “내가 이걸 받아들이거나 기각하는 것은 내가 그러기를 원하기 때문인가, 아니면 내용이 강요하기 때문인가?” 이러한 강제가 진리를 향하는 초기의 경험이며, 자유학습과 자유교수는 심지어 “교재를 소화할 수 있는” 비용만으로라도 이러한 경험의 여지를 만들어야 한다. 자유학습은 항상 지속적인 관심의 뿌리가 자신을 만드는 깊은 경험에 경의를 표하면서 느긋한 속도로 진행되기 때문이다.

자유교수가 이러한 네 가지 특성을 가진다는 것은 “교재를 소화”하는 데 적대감을 가진다는 의미가 아니다. 필자가 말했듯, 자유교육은 사실, 아이디어, 토론에 혐오감을 자지지 않는다. 반대로, 자유교육은 이들을 지적 활동의 구성성분이라 인정한다. 또한 자유교육은 ‘상세한 지식’을 깎아내리지 않는다. 자유교육은 인생에서 가장 위대한 만족 중 하나인 특정 탐구 영역이나 전문 활동을 습득하는 것이다. 자유교육은 어떻게 지식에 일반적으로 접근하는 것을 배울 것인가, 즉 ‘자기주도적 학습’을 가능하게 하는 범학제적 능력을 터득하는가에 강조점을 주는 것을 선호한다.

자유교육은 왜 자기주도적 학습을 강조하는가? 사람들이 자유로워지도록 하는 것이 자유교육의 목표이기 때문이다. 자유교육의 의도는 고도의 기능을 갖춘 전문가를 양성하는 게 아니다. 그것은 자유로이 지식을 찾는 사람, 자신이 알고 싶은 것을 가르쳐주는 사람에게서 독립된 사람, 그리고 궁극적으로는 자신의 필요를 가장 잘 판단하는 사람들을 교육하는 것이다. 세인트존스 대학교 초대 학장 스콧 뷰캐넌은 '위대한 책' 교육과정을 채택하면서 다음과 같이 말했다(Wofiord & Buchanan, 1970).

> 자유교육은 자신의 목표와 자유로운 마음을 가지는데, 자유로운 마음은 자기교사다. 지적 자유는 소크라테스가 말한 것처럼 자신은 아무것도 모르며, 그래서 이렇게 첨가하는 것이다. 나는 내가 모르는 것이 무엇인지 안다. 그렇다면, 나의 질문은 이것이다. 당신은 당신이 모르는 것을, 그러므로 알아야 하는 것이 무엇인지 아는가? 만약 당신의 대답이 긍정적이며 겸손하다면 당신은 자기교사이며, 자신이 할 일을 스스로 만들고 있으며, 자신의 최고 비판자가 될 것이다.

뷰캐넌은 학습을 향한 박차는 자신의 무지를 인정하는 것임을 알고 있었다.

오늘날의 자유교육 비판자들은 그러한 정서를 톤은 높지만 공허한 수사라 매도한다. 낡아빠진 아리스토텔레스식 가부장주의의 잔재라는 것이다. 오늘날의 자본주의 사회에서 그들은 개인이 가장 요구하는 것은 '정확히' 생존의 도구와 맞바꿀 수 있는 어떤 종류의 전문성이라 생각한다. 사회가 가장 강력히 요구하는 것은 '정확히' 경제 엔진이 계속 윙윙 돌아가도록 하는 그런 교수법을 가진 일꾼이다. 그들은 "지적 자유"나 "함양된 이해" 같은 선동적인 개념을 팔고 다니는 것 — 비록 이것들이 단지 구식 허구는 아니더라도 — 이 21세기의 실상을 고려하면 잔인하며, 사기적인 잘못이라고 말한다.

그러나 정반대로, 고등교육에 대한 그 어떤 견해도 이보다 더 무기력하지는 않을 것이다. 사고의 자유와 함양된 이해는 이 시대에 절대적으로 필요하다. 오늘날의 민주적 사회는 개인의 자유에 기초한다. 민주주의의 시민은 자신을 위해 사고하고 일반적으로 건전한 판단을 내려야 한다. 어떻게 배우는가를 배웠다면 더욱 그러하다. 자유로운 민주주의는 자유교육이 없으면 생존할 수 없다.

더 나아가, 자본주의도 자유교육이 없으면 계속 번영할 수 없다. 그 분야 챔피언이 올바르게 이해하듯, 생존하기 위해서는 지속적인 혁신이 필요하다. 원자료에 터를 둔 자유교육은 두 가지 이유에서 혁신의 동력실이다. 먼저, 원자료는 '인간의 역사에서 가장 성공적인 혁신'의 역사적 기록을 담고 있기 때문이다. 그러므로 이들은 새로운 발견을 만든, 그리고 새로운 시작을 창조해온 과정에 대해 우리에게 무엇을 드러내주는지 연구할 모델이다. 두 번째로, 그것들이 인간사에서 '상상'의 결정적인 역할을 보여주기 때문이다.

상상은 필자가 이전에 언급했듯 두 번째 범학제적 능력으로, 이는 심지어 우리 시대에는 건전한 판단보다 더 중요할 수 있다. 자유로운 사고와 혁신은 둘 다 존재의 대안적 방법을 보고, 아직 보지 못한 우리 앞의 세상을, 그리고 무엇이 거기에 있는지 재고하고, 무엇이 그 자리에 있을 수 있는지를 상상하는 능력에 달렸다.

상상력 훈련은 '은유metaphor', 즉 물리적 세상이나 생각의 세상 둘 다에서 다양한 사물의 어떤 종류의 모든 연계를 수단으로 내가 의미하는 것을 통해 달성된다. 은유의 연구는 비록 유사점과 차이점을 찾으려면 어느 정도의 재능이 필요하지만, 두 가지 사물이나 아이디어는 '어떤' 방식으로든 관계를 맺는다는 단순한 이유로 전공들 사이에서 모든 구별들의 최상위에 있다. 반복 실습으로 이 재능을 발전시키면 강력한 상상력, 즉 숨겨진 연관성을 드러내고, 심지어 아직 발견하지 못한 사물을 찾을 수 있는 단지 '가능'한 연관의 실마리를 추적할 수 있는 능력이 결과로 주어진다. 문학과 예술, 수학과 과학, 정치학과 역사, 그 어디에서 일어나든 은유를 조사함으로써 상상의 범학제성을 촉진하는 것은 자유교육이다.

오늘날 대학에서 학문이 발전한다는 것은 의심할 바 없지만, 이것들은 상상력을 제약한다. 각 학문의 특유한 방법론이 자신을 다른 것들과 절연시켜 그 교수법을 단지 이 시점에서 수용된 패러다임의 안전장치에 가두어 버린다. 개별 학문은 고유 대상을 무엇으로 할지, 무엇을 증거로 간주할지, 어떤 형태의 논증이 받아들여질지 등을 결정해야 한다. 상상은 그렇게 속박되지 않는다. 그것은 은유의 연구에서 숙련되어 그 대상을 쉽게 수정하고, 교과목을 바꾸고, 새로운 연관을 찾아 발견의 여정에서 속도를 올릴 수 있다.

물론 전문가들도 놀라울 정도의 발견 여행을 할 수 있다. 그러나 그들이 그렇게 한다면 그것은 새로운 연관성을 인지하면서 상상력이 불꽃을 튀었기 때문이다. 다윈이 자연은 가축 사육자식으로 특성을 선택한다고 발표했을 때, 그는 새로운 사고의 나라로 상상의 바람을 타고 항해한 것이다. 크릭과 왓슨이 화학 물질은 마치 전쟁 중에 개발된 "암호code"의 요소처럼 기능한다고 상상했을 때, 그들은 상상이라는 도구로 살아있는 세포의 수수께끼를 풀었으며 이후의 유전자 과학을 변화시켰다.

상상은 학문의 기원자originator이며 전문성의 혁신자innovator다. 한 학문이 특유의 연관성을 선택하는 것은 모든 연관성의 세계에서 나올 때만 가능하다. 무엇이든 특별한 학문은 연관성의 우주를 둘러보고 각각의 전문성에 적용되는 특정 연관성을 선택함으로써 구축된다는 의미다.

상상은 건전한 판단과 마찬가지로 모든 전문성을 초월한다. 그것은 자본주의에 필요한 혁신을 포함하는 모든 혁신의 발전기다. 그리고 그것은 자유교육 특유의 관심사다. 전문화된 지식이 혁신을 만든다는 근거로 자유교육을 거부하는 사람들은 남을 해치려다가 자기도 함께 당하게 된다. 진정한 혁신의 근원은 자유학예에서 발전한 범학문적 능력이며, 전 세계에서 새로운 자유학습 기관들이 나타난다는 것은 대두되는 글로벌 사회가 이러한 능력들을 습득하는 차세대를 양성할 필요를 느낀다는 것이다.

필자는 이러한 성찰이 새로운 대학을 기획하는 사람들에게 자유학습 공동체의 이유와 방법을 생각하는 데 도움을 주기를 바란다. 글로벌 공동체에서 자유교육의 르네상스는 좋은 징조다. 그것은 과전문화의 불이익이 이익과 균형을 맞추기 시작했다는 기호다. 그것은 세상이 고등교육을 갱신하여 세상에 대한 폭넓은 참여, 건전한 판단과 살아있는 상상을 촉진하는 교수학습 방법으로 향한다는 기호다. 그것은 인간 종족이 경제적이며 정치적인 도전에 맞서는 새로운 노선에 들어섰음을 보여주는 기호다.

이러한 재탄생을 희망하고, 산파 노릇을 하기 위해 우리의 힘을 다 쏟아부어보자. 그 지분은 이보다 더 클 수 없을 것이다.

참고문헌

Klebnikov, S. (2015). "The rise of liberal arts colleges in Asia." *Forbes*. Retrieved June 3, 2015, from www.forbes.com/sites/sergeiklebnikov/2015/06/03/the-rise-of-liberal-arts-colleges-in-asia/#c0d8cedc5338

Peck, A. L. (1937). *Aristotle Parts of Animals*. Boston: Harvard University Press.

Wofford, H., & Buchanan, S. M. (1970). *Embers of the World: Conversations with Scott Buchanan*. Santa Barbara, CA: The Center for the Study of Democratic Institutions.

16
글로벌 연결 시대의 시민교육[1]

마사 누스바움

기원전 424년 위대한 그리스 희곡작가 아리스토파네스Aristophanes는 희곡 『구름』에서 소크라테스와 "새로운 교육"의 위험을 언급한다. 새로운 학습을 열망하는 한 젊은이가 집에서 가까운, 악명높은 괴상한 인물 소크라테스가 경영하는 "사고 아카데미Think-Academy"에 갔다. 그를 위한 토론이 시작되었고, 전통적 교육의 장점이 소크라테스의 새로운 교육의 장점과 비교되었다. 오랜 교육의 대변자는 거칠고 늙은 군인이었다. 그는 고도로 규율이 잡힌 애국적 연대를 풍부한 기억과 의문의 여지가 없는 논조로 지지했다. 그는 아마도 한 번도 존재하지 않았을 시절 — 젊은이들이 부모들에게 복종하고 국가를 위해 죽는 것 외에 바라는 것이 없고, 교사들은 그 장중한 노래 "아테네, 영광스러운 도시들의 약탈자"를 부르곤 하던 시절을 — 즐겨 회상하는데, 이 노래는 오늘날 그리 새로운 것도 아니다. 그는 "나하고 같이 공부하자. 그러면 너는 정말 남자답게 — 넓은 가슴, 작은 혀, 탄탄한 엉덩이, 작은 성기(당시에는 절제를 상징하는 플러스 요인이었던)를 가진 — 보일 것"

이라고 굵은 목소리로 말한다.

그의 적수는 논쟁자, 매력적인 언어를 구사하는 사나이 — 아리스토파네스의 굴절된 보수적인 렌즈로 본 소크라테스 — 였다. 그는 젊은이가 외견상으로 시간의 제한이 없는 도적 규범의 사회적 기원, 협약과 본성에 대해 비판적으로 생각하는 방법을 배울 것이라 약속한다. 젊은이는 권위에 구애받지 않고 자신만의 논증 세우기를 배울 것이다. 젊은이는 많은 행진을 하지는 않을 것이다. 소크라테스는 결론을 내린다. "나와 공부하면 지적으로 보일 것이다. 큰 혀, 푹 꺼져내린 좁은 가슴, 물렁물렁한 엉덩이, 큰 성기(당시에는 절제하지 못함을 상징하는 마이너스 요인이었던)를 가질 것이다." 물론 소크라테스의 자기광고는 보수적인 반대자에 의해 능청스레 기록되었다. 그 메시지는? 새로운 교육은 남성다움을 전복하고 젊은이를 섹스에 탐닉하는 반역자로 바꾸고 주로 도시를 파괴할 것이다. 젊은이는 곧 집으로 돌아가 아버지를 두들겨 패야겠다는 결론의 상대주의적 논증을 만들어낸다. 마찬가지로 화가 난 아버지는 횃불을 들고 가 사고 아카데미를 불태운다. (아들이 거기에 머물고 있는지는 확실하지 않다.) 25년 후, 소크라테스는 젊은이를 타락시킨 죄로 재판받으면서 아리스토파네스의 연극을 자신에게 맞서는 편견의 주된 요인으로 인용한다.

자유학예는 자신의 문화에서 시간적 명예의 축적물이 되어야 하는가? 혹은 "검증된 삶"이 시민정신을 준비하는 최상의 것이라 주장하는 소크라테스를 따라야 하는가? 거의 500년이 지난 기원후 1세기 완전히 다른 로마제국의 문화에서 스토아 철학자 세네카Seneca는 같은 문제를 다시 끌어내어 그 과정에서 오늘날의 자유학예 개념을 창조했다.

세네카는 교육의 전통적 양식을 기술하는 편지에서 그것은 자유인*liberale*, 즉 "자유로운 신분으로 태어난free-born", 제대로 자라난well-brought-up

젊은 신사들을 위한 교육이라 이해되기 때문에 "자유"(*liberalis*, "자유에 연관된")라 불린다고 편지를 시작한다. 그 자신은 "자유로운"이라는 용어를 완전히 다른 방법으로 쓰고자 한다고 선언했다. 그의 관점으로는 교육은 그것이 학생들의 마음을 "자유롭게" 하고, 그(그녀)를 자신의 사고에 책임을 지고, 소크라테스가 이끈 삶을 영위하며, 전통적 실천을 성찰적으로 비판할 때만 진정으로 "자유로운" 것이다. (필자는 "그, 그녀"라 말하는데 이것은 오늘날의 정치적 고려뿐만은 아니다. 기원후 1세기 스토아 철학은 여성을 위한 동등한 교육에 대해 길게 썼으며, 남성뿐 아니라 여성도 검증된 삶을 영위해야 한다는 견해를 옹호했다.) 세네카는 나아가 이런 종류의 교육만이 온전한 인간, 즉 스스로 자각하고 자아를 통제하고, 어디에서 태어났든 어떤 사회적 계층에 속하든, 어떤 성별이나 인종적 기원을 가지든, 모든 동료 인간 존재를 인정하고 존중하는 인간이 되기 위한 개개인의 능력을 개발할 수 있다고 주장했다. "곧 우리는 마지막 숨을 쉴 것이다." 그는 관련 논문 "분노에 관해On Anger"에서 결론을 내렸다. "우리가 살아 있는 동안, 우리는 인간 존재들 사이에 있다. 같이 우리의 인성을 가꾸자."

아테네와 로마에서와 마찬가지로 현대 미국과 유럽에서 고등교육은 변화하고 있다. 새로운 토픽들이 대학과 대학교 교육과정에 들어오고 있다. 비서구 사람들의 역사와 문화, 미국 내부의 소수민족, 인종적 단체, 여성의 경험과 성취, 레즈비언과 게이 남성들의 역사와 관심 등이 그것이다. 이러한 변화들은 자주 대중 저널리즘에서 학문적 수월성의 전통적 기준과 시민정신의 전통적 규범 모두에 위협적인 것으로 표현된다. 독자들은 인간의 삶에 관한 "정치적으로 올바른" 관점을 강요하는 고도로 정치화된 단일대오 엘리트들의 사진을 보는데, 이는 전통적 가치를 전복하고 학생들에게 아버지를 두들겨 패기를 지지하라는 주장을 가르친다. 교육과정을 둘러싼 우리의 논쟁도 더 복종적이고 더 엄격하던 시절, 아리스토파네스의 명석한 고대 교육의 초상과 세네카 시대의 고대 양식의 자유학에 표현에서 보이는 새롭고 독립적인 사고가 급속한 사회적 변화의 시대에 의심받았던 것과 같은 현상을 드러낸다.

그러나 우리는 전통적 자유교육 모델에서 있었던 많은 변화를 소크라테스와 세네카에 대한 응답으로 변호할 수 있으며, 필자는 오늘날의 자유교육 개혁에서 무엇이 잘되었고 무엇이 잘못되었는지를 생각하면서 이를 패러다임으로 삼아야 한다고 주장한다. 사실, 우리가 목격하는 변화들은 대부분 우리의 인성을 함양하라는 세네카의 충고에 따른다. 함양된 인성과 세계시민 정신에 관한 세네카의 아이디어는 스토아 아이디어에 천착한 토머스 페인Thomas Paine과 그 외 다른 저자들을 통해 현대 민주주의 사고에 광범위한 영향을 주었다. 우리가 단순한 전공 예비교육이 아니라 합리적이며 신중한 민주주의 시민정신을 함양하는 일반적 강화로서의 고등교육을 만들고자 할 때, 그 아이디어들은 많은 영감을 준다.

오늘날의 대학교들은 미래의 시민을 문화적 다양성과 증가하는 국제화의 시대에 맞추어 키우는 중이다. 현대의 모든 민주주의 제도들이 복수複數의 것이 되는 것은 피할 수 없다. 각국에 속하는 시민으로서의 우리는 자주 그 국가의 인종적 · 민족적 · 종교적 그룹과 여성이나 성소수자들의 상황을 이해할 필요가 있다는 결정을 내리라고 촉구해왔다. 시민으로서 우리는 또한 농업, 인권, 환경, 심지어 사업과 산업 같은 이슈들이 어떻게 많은 다른 국가들에서 사람들을 모으는 토론을 일으키는지 이해해야 한다고 점점 더 촉구해왔다. 이런 일은 인간 문제를 압박하는 효과적 해법을 발견하도록 더욱더 자주 일어나야 한다. 그러나 오늘날 이러한 연계는 매우 희박하다. 글로벌 시장이 인간의 생명을 이익 창출의 수단으로 삼기 때문이다. 우리의 고등교육 기관들이 인간 연계의 더 풍부한 네트워크를 구축하지 않는다면 우리가 서로를 대하는 것은 시장 교환의 결함투성이 규범으로 매개될 것이다. 그러나 풍부한 인간 연계 네트워크는 마술처럼 선의에서 만들어지지는 않는다. 우리의 교육기관들은 이 목표에 어떻게 이바지해야 할지 생각할 필요가 있다.

대학과 대학교의 교육과정에서 새로이 강조되는 "다양성"은 무엇보다 필자가 자주 주장하듯, 글로벌 연계의 시대에 대안적인 시민정신을 붙잡고 해결하는 것이며, 가장 중요한 것으로 특정 지역이나 그룹이 아니라 복잡하게 서로 맞물린 세상의 시민으로서 기능할 수 있는 — 그리고 인간을 깊이 이해하고 경제적 연계만으로는 주어지지 않는 영감을 갖추고 기능하는 — 성인成人을 배출하는 것이다. 이러한 시도에서 인문학은 — 종종 쓸모없는 것이라고, 마찬가지로 마치 멸망의 장면처럼 의심의 눈길로 바라보던 — 중심 임무를 수행한다.

대학교 교육[미국 밖 대부분 국가에서]은 필자의 제안을 이식하는 데 불이익을 가진다. 모든 미국 대학이나 대학교들은 약 2년 동안, 나머지 2년 동안 한 가지 전공 분야에 집중하도록 학생들에게 요구하기 전에 다양한 교과목에서 "자유교육"(가끔 "일반교육"이라 불리기도 하는)을 한다.[2] 그들이 이렇게 하는 이유는 고등교육이 단순히 경력을 준비하는 게 아니라 시민정신과 삶을 풍부하게 만드는 것이라 확신하기 때문이다. 그러므로 모든 학부생은 경영학이나 수학이나 예술사 등 어디에 초점을 맞추는가에 무관하게 대학교의 판단으로도 적절한 요구가 있어 설치한 기초 요구basic required 교과목들을 이수한다. 이것은 물론 대부분 [전 세계에서] 학생들은 그저 한 가지 혹은 아마도 두 가지 주제를 이수하고, 대학에 들어올 때부터 그렇게 하기로 한 것이므로 미국의 상황과는 다르다. 게다가 미국에서도 법학이나 의학 같은 전문 과정은 두 번째 학위로만 제공되는데, 이는 입학 후보자가 역사나 철학이라도 다른 주제의 학사 학위를 취득해야 한다. [대부분의 나라에서] 학생들은 이런 분야에도 직접 입학한다. 그러므로 미국 학생들에게는 대부분 [미국 밖의] 대학교에는 없는 전문교육에서도 인문학적 풍부함의 근원을 가진다.

[단설 학문] 방법으로 구조화된 [고등교육] 시스템에 여성 연구나 인종 연구 같은 새로운 형태의 연구를 통합하는 것은 특히 어렵다. 학생 대부분은 이런 것들을 전공하기를 원하지 않는다. 이들 주제가 많은 취업 기회로 연결되지 않기 때문이다. 대부분 이런 주제들은 기초 요구 과정이나 소위 "선택elective 교과목", 즉 학생들이 전공 교과의 외부를 돌아다니면서 어느 정도의 재량권을 가지는 교과목으로 선택적으로 추구된다. 유럽에서는 그동안 이런 영역들이 만들어지기가 지나칠 정도로 어려웠다. 영국이나 네덜란드에서 여성학 분야 사람들은 대부분 주요 대학교에서 극단적으로 주변적임을 느낀다는 것을 필자는 알고 있다. 학위 프로그램이 이들을 수용하지 않거나, 그렇더라도 이 영역에서 온전한 학위를 얻기 위해 이를 전공으로 선택하는 학생들이 거의 없기 때문이다. 그러나 수가 적으면 적은 대로 학생들은 이 주제를 향해 조금씩 다가서고 있으며, 프로그램은 학생들보다 학제적 연구에 종사하는 교수진에게 전형적으로 도움을 준다.

마지막으로, 필자는 [전 세계의] 대학교들이 "시민정신 일반교육"을 교육과정에 추가하여 여기에서 필자가 개관할 목표를 실현할 필요가 있을 것이라 믿는다. 결론에서 이 주제로 돌아오기로 하고 지금은 아이디어 자체를 진행하겠다.

필자는 『인성 함양Cultivating Humanity』에서* 무엇보다 세 가지 능력이 오

---

* 이 책의 제목 *Cultivating Humanity: A Classical Defense of Reform in Liberal Education*은 국내에서 "인간성 수업: 새로운 전인교육을 위한 고전의 변론"으로 번역되었다. 이를 자유학예교육 이론의 맥락에 맞게 번역하면 "인성 함양: 자유교육의 개혁을 위한 고전적 변호" 정도가 될 것이다.

늘날의 맞물린 세계에서 인성 함양에 필수임을 주장했다. 첫 번째는 자신과 자신의 전통을 — 소크라테스를 따라서 "검증된 인생"을 살고 있는지 — 비판적으로 점검하는 능력이다. 이는 단순히 그것이 전통에 의해 전승되어 왔거나 습관에 따라 친숙해졌다는 이유만으로는 권위적이라 믿지 않는 삶, 모든 믿음에 의문을 품고 일관성과 타당성을 가진 것들만 받아들이는 삶을 의미한다. 이러한 능력을 훈련하는 것은 논리적으로 추론하고, 읽거나 말하는 것을 대상으로 추론의 일관성, 사실의 올바름과 판단의 정확성을 테스트하기를 요구한다.

소크라테스가 "젊은이들을 타락시킨" 혐의에 맞서 자신을 변호했을 때 그가 잘 알고 있었듯, 이러한 테스트는 자주 전통에 도전하게 된다. 그러나 그는, 민주주의는 단순히 권위에 복종하는 것이 아니라 스스로 생각할 수 있으며, 그저 주장하고 반론을 주고받는 것보다 그들의 선택을 같이 추론할 줄 아는 시민을 필요로 한다는 근거에서 그의 행위를 변호한 것이다. 소크라테스는 고결하지만 느릿느릿한 말 등에 앉은 파리처럼 민주주의를 깨워 그것이 더 성찰적이며 합리적인 방법으로 일을 수행할 수 있도록 한 것이라 말한다.

이처럼 숙고에서 만들어진 민주주의의 규범은 오늘날 우리의 민주주의에서도 고대 아테네에서보다 충분히 실현되지 않았다. 필자가 이 글을 쓰는 순간에도 미국 선거를 둘러싼 논쟁이 진행 중인데, 여기에서도 단순한 수사와 여론을 몰아가는 시도가 명확하게 잘 추론하려는 모든 시도를 압도한다는 것을 볼 수 있다. 좋은 추론은 양측 모두에서, 다양한 수준에

무릇, 자유교육 관련 문헌은 현재의 학문 영역으로는 이른바 '교양교육' 전문가가 적극적으로 번역에 참여할 일이다.

서 볼 수도 있다. 그러나 너무나도 자주 양측의 언론인과 정치가들의 관심사는 아이디어와 논증의 질이 아니라 어떻게 하면 사물을 "가지고 놀아서" "흔들어놓을까"라는 것이다.

몇몇 철학자, 특히 알래스데어 매킨타이어Alasdair MacIntyre는 우리의 상황에서 현대성 자체의 결함을 보고, 고대 그리스 모든 시민에게 부여된 권위로 인간 존재를 위한 확고한 목표가 있었던 그 시절이 훨씬 나았다는 견해를 가진다. 필자는 매킨타이어가 꽤나 틀렸다고 생각한다. 그리스인이나 우리 모두에 대해서 말이다. 그리스 민주주의는 바로 우리가 가진 것과 같은 문제를 가지고 있었다. 그것이 소크라테스의 임무가 필요한 이유였다. 이 문제에 대한 해결은 계몽주의의 자아비판적 추론에 대한 헌신을 버리자는 것도, 오늘날의 우리 삶의 방식 한가운데 있는 다원성과 관용에 대한 헌신도 아니다. 정치적 숙고는 다원 사회에서 잘 진행될 수 있다. 만약 시민이 그들 자신의 추론을 충분히 존중하고 아이디어의 내용과 논증 구조에 정말로 관심을 가진다면 말이다. 이러한 가치들을 스며들게 하는 것이 우리 시대 고등교육 기관의 책무다.

이런 이유에서 필자는 철학교육이 고등교육에서 필요불가결한 부분이라 믿는다. 물론 그것은 어떤 유형의 철학 교과목이라도 된다는 뜻은 아니다. 넓은 강의실은 별로 쓸모가 없을 것이다. 주목적이 학생들에게 소크라테스식 논증을 분석하고 세우는 연습을 제공하는 것이기 때문이다. 중요한 것은 학생들과 교수 사이의 많은 상호작용 기회와 조심스럽게 평가되고 충분한 코멘트가 달린 글쓰기 숙제다. 필자의 관점에서 다소 쓸모없는 강의는 강사가 많은 학생을 상대로 강연해서 학생들이 토론하거나 글을 쓸 기회가 없고 평가는 복수의 시험을 기반으로 하는 것이다. 이것은 소크라테스 철학 하기가 아니며 도움이 되지 않는 역류다.

많은 미국 대학교와 대학들은 모든 학생이 하나 혹은 2개의 철학 교과목을 이수하도록 하는 교육과정을 만들 수 있다. (이것은 가끔 재능 있는 철학 박사과정 학생들을 고용할 좋은 기회가 된다. 이들은 그런 교과목에서 강의 조교가 되거나 어떤 경우 그 교과목의 일부를 자신들이 가르칠 수도 있다.) 이런 필수 교과목에서 얻은 결과의 하나로 매사추세츠주 월섬Waltham의 벤틀리Bentley 경영대학의 빌리 터커Billy Tucker라는 학생의 사례를 보자. 터커는 마케팅을 전공하기 위해 벤틀리를 다녔으며, 더 일반적 학문 교육을 원하지 않았다.

터커는 인도 출신의 크리슈나 말릭Krishna Mallick이라는 매우 재능 있는 교수를 만났다. 말릭은 소크라테스의 재판과 죽음부터 시작했다. (필자는 터커를 그가 일하는 헬스클럽에서 처음 만났는데, 그는 근무 도중 틈틈이 데스크 뒤에서 플라톤의 『변호*Apology*』와 『크리톤*Criton*』을 읽고 있었다.) 말릭은 소크라테스 영화도 보여주었는데, 이러한 조합은 지적이지만 자신의 지성을 확신하지 못했던 이 젊은이의 상상력을 고무해주었다. 그는 소크라테스가 기회가 있었음에도 탈옥하지 않고 논쟁 활동 때문에 죽임을 당한 것이 이상하다고 생각했다. 이런 사례는 그의 상상력을 자극했고, 그는 점점 더 이 교과목, 즉 형식논리학의 기초를 지속해서 다루었다. 학생들은 신문 사설이나 정치 연설에서 타당하거나 그렇지 않은 논증 사례를 찾아내는 수업에 빠져들었다. 그는 이 일을 꽤 잘해나갔으며 실은 그 자신이 훌륭한 마음을 가지고 있음을, 즉 자신이 생각했던 부류의 사람이 아니라는 것을 발견하고 놀라워했다. 마지막으로, 이 교과목은 전체 학급 앞에서 그 당시 이슈를 대상으로 역할을 맡아 토론하는 것을 과제로 제시했다. 터커는 실제로는 사형제도를 지지하지만, 토론에서는 반대편 역할을 하면서 혼란에 빠졌다.

터커는 필자에게 이러한 경험은 정치 논쟁을 대하는 완전히 새로운 자세를 가져다주었다고 했다. 그는 자신이 지지하지 않는 견해를 대신하여 논증할 수 있음을 이전에는 결코 이해하지 못했다. 이제 그는 정치 연설이란 자신의 위상을 만들고 자랑하는 것이 아니라 좋은 대답을 찾는 과정이라는 것으로 보게 되었다. 이제 그는 그것이 어디에서부터 거짓임을, 각 주장의 구조가 어떻게 되었는지를 알게 되면서 양측의 전제에 문제를 제기할 수 있게 되었다. 짐작하듯, 필자의 생각으로 이러한 결과는 바로 소크라테스의 뒤를 따르는 것으로, 대부분 사람이 전화 토론 프로그램 수사에서 정치적 수사 규범을 배우는 민주주의에서도 매우 중요한 결론이다. 필자는 이러한 능력이 많은 다양한 교과에서도 길러질 수 있지만, 철학이 — 만약 학생들의 시작점을 충분히 주목하고 상상력과 창조성을 자극하면서 가르치면 — 이런 방법으로 마음을 교육하는 최선의 것이라 믿는다. 중요한 것은 학생들이 적극적으로 활동해야 하며, 학생들의 마음을 진정으로 존중하는 수단 있는 창의적 교수활동 없이는 필자가 제안하는 강조점은 쓸모없는 것이 된다는 사실이다.

이제 두 번째 제안으로 가자. 인성을 함양하려는 시민은 더 나아가 자신을 단순한 특정 지역의 시민이 아니라 무엇보다 인정과 배려의 연대에 의해 다른 인간 존재를 향하는 인간 존재임을 알 필요가 있다. 필자가 이미 말했듯, 우리 주변의 세상은 필연적으로 국제적이다. 사업에서 농업까지, 인권에서 기근 구호까지 많은 이슈들은 좁은 그룹에 대한 충성을 넘어서서 멀리 떨어진 삶의 실체를 고려하는 상상력을 요구한다. 세네카와 고대 스토아 학자들이 알고 있었듯, 우리는 쉽게 자신을 그룹 용어로 생각하려 한다. 예를 들어 미국인은 항상 최고이며, 다른 인간 존재는 다음이거나, 심지어 더 좁게는 이탈리아계 미국인, 이성애자, 아프리카계 미국인이 먼저고 미국 원주민들이 다음, 그다음이 다른 인간 존재들 등으로 말이다. 우리는 멀리 떨어져 살거나 우리와 달리 보이는 동료 시민과 자신을 연결하는 능력이 필요함을 무시한다. 이는 우리가 공동체의 많은 관점과 거기에서 나오는 동료 정신, 그들에게 우리가 가질 수 있는 책임들을 모르고 있다는 것을 의미한다. 또한 우리는 가끔 멀리 떨어진 곳의 삶도 우리의 것과 같아야 한다고 간주하고 그들이 실제로 어떻게 사는지에 대한 호기심도 없이 차이를 무시하는 오류를 저지른다. 복잡하게 엮인 세상에서 인성 함양이란 다른 환경에서는 공통의 요구와 목표가 다르게 실현됨을 이해하는 것을 포함한다. 이는 앞 세대 미국 대학교 학생들이 거의 갖추지 못했던 많은 양의 지식, 즉 비非서구문화, 자신들 내부의 소수, 성과 성적 취향의 차이에 대한 지식을 요구한다.

필자가 말했듯, 이 영역에서 미국인은 특별히 위험에 처해있다. 한편으로 우리는 오랫동안 국제적 소수자를 생각해왔으며, 다양한 그룹들 모두 차이점에 이바지하여 어느 정도 우리 고국이 복수문화의 사회라 이해하는 데 성공을 거두었다. 이 점은 뒤에서 재론하겠다. 그러나 다른 점에서 미국인은 스웨덴 시민과 달리 이 세상의 다른 나라들에 대해 끔찍하게 모른다. 그들은 사실에 대한 지식도 호기심도 거의 없다. 고등교육 기관들은 이러한 문화적 악덕에 대항하는 중요한 임무를 가진다. 필자는 이 부분을 기술하면서, 나중에 내부의 소수 그룹에 대한 학습으로 되돌아오겠지만, 비서구권 문화를 포함하는 교육에 초점 맞추기를 제안한다.

세계시민 교육은 두 가지 차원을 가진다. 모든 학생이 이수해야 하는(미국 대학교 교육에서 "자유학예" 혹은 "일반교육"의 일부로) 기초 교과를 만드는 것, 그리고 다양한 학문 분야의 심화 교과목에 세계시민의 관점을 투입하는 것이다. 필자는 독자들이 실제 강의실 경험을 알 수 있도록 충분히 구체적인 기술을 통해 각 경우의 사례를 들겠다.

캘리포니아주 포모나Pomona의 스크립스Scripps 대학은 온화한 날씨, 무성한 초목들로 덮여 가끔은 공부하기 힘들게 한다. 시카고에서 온 방문자인 필자는 최대한 빨리 여기를 벗어나고 싶었다. 그럼에도 250명의 여학생으로 구성된 신입생 강의실은 군중의 열기와 기대로 가득 차 있었다. 그들의 신입생 핵심 교과목은 잘못된 서구식 보편주의로서 국제적 인권에 대한 여성주의적 비평, 서구화와 식민지에 대항하여 인권운동을 방어하는 여성주의자들을 만나고 토론하는 것으로 구성되어 있다. (이것이 필자가 거기에 있었던 이유다.) 이 교과목은 낡아버리고 널리 퍼진 서구 문명 관련 교과목을 대체하여 "문화, 가치, 그리고 재현"이라는 제목을 가지고 모든 신입생을 대상으로 진행되었다. 그 교과목은 정치사상, 역사, 철학, 문학과 종교에 들어있는 유럽의 계몽이라는 사상을 다루었다. (강사진은 많은 다양한 학과에서 차출되어 순번제로 강의했으며, 각자는 한 부분을 지도했다.) 그다음으로 계몽주의를 공부하고 이에 결부되는 이전 식민지 사람들, 비서구 철학과 종교, 여성주의를 포함하는 서구의 포스트모던 사고로 본 비판적 질의응답이 따른다. 이 교과목은 이러한 비판에서 만들어지는 응답으로 돌아간다.

이 교과목은 단 하나의 비서구 문화도 체계적으로 조사하지 않지만, 탐구와 질문의 장을 만들어준다. 사실들을 끌어모으기보다는 문화를 가로질러 토론과 추론에 분명한 초점을 두고 강조하며, 다양한 이슈를 하나의 세트로 만들어 구조화된 초점을 통해 비서구 재료들을 도입하는 것 모두 이러한 이슈들을 더 탐구할 수 있는 가치 있는 도입단계가 된다. 무엇보다 이 교과목은 학생들이 오늘날의 세계시민으로서 제기해야 할 가장 시급한 질문, 즉 권리라는 단어가 가진 보편적 타당성 혹은 타당성의 결여, 억압받는 사람들의 합법적 요구에 적절히 대응하는 방법 등에 학생들을 바로 빠뜨리는 장점이 있다. 필자는 이 교과목을 너무 좋아하여 곧 진행할 콜로라도의 아스펜 연구소Aspen Institute의 경영 지도자들을 위한 세미나를 이 모델을 모방하여 준비하는 중이다.

교수법 차원에서 이 교과목은 교육적 질을 떨어뜨리지 않고 어떻게 대단위 수업을 진행할 것인가에 대한 좋은 사례이기도 하다. 물론, 연극적이며 문제 해결 기반의 강의 스타일은 학생들을 충분히 참여하게 하고 수동적 분위기를 예방할 수 있지만, 강사 자신들은 학생-교수 상호작용에 그리 참여하지 않는다. 그러나 이 수업에는 교수진이 진행하는 매주 한 번씩의 토론 섹션이 있으며, 각 섹션에는 15명 정도의 학생들이 있다. 게다가 정규적인 글쓰기가 있다. 그러므로 학생들은 이 교과목에서 얻은 아이디어에서 나온 학업에 적극적으로 참여하게 되고, 공개를 목표로 하는 비판과 응답 구조는 이들에게 이 문제들은 몇몇 지성인이 해답을 찾아내는 것이 아니라 자신들이 최대한 할 수 있는 데까지 접근하여 해결해야 할 인간의 삶에서 지속되는 것임을 시사해준다. 질문을 던지는 마음은 캠퍼스의 비공식적 생활에서까지 연장된다. 모든 학생이 이 교과목을 이수하기 때문에 이 문제를 두고 토론하는 장면이 식당이나 홀을 채운다.

이 교과목의 성공에서 언급할 만한 또 다른 주요 양상은 학제적 성격이다. 다양한 학과 출신의 교수들이 모여 여름학기 동안 재정지원을 받으면서 의견을 나누고, 다른 학문 분야에서의 관점을 공유하면서 교과목을 만든다. 신중한 학제 간 틀 안에서 새로운 아이디어를 발전시켜나간다면 재정지원은 교과목을 이처럼 풍부하게 만들기 위해 매우 중요하다.

이제 개별 학문의 심화 교과목에 영향을 주는 프로그램사례를 들어보자.

뉴욕주 북쪽에 있는 소규모 자유학예대학인 세인트로렌스St. Lawrence 대학교에는 1월 초에 벌써 눈이 2피트나 쌓여있다. 자동차들은 하얀 길 표면을 거의 소음도 없이 천천히 굴러다닌다. 그러나 캠퍼스는 심지어 크리스마스에도 잘 돌아간다. 밝게 불이 켜진 한 세미나실에 젊은 교수들 한 그룹이 방학인데도 모여서 한 달 동안 케냐Kenya를 방문하여 아프리카 촌락을 연구했던 일을 두고 열정적으로 이야기를 나누고 있다. 그들은 보통 남성, 여성들과 똑같이 일상생활을 하면서 영양, 일부다처제, 에이즈, 그 외 많은 것에 대한 지역의 논쟁에 참여했는데 이제 그 경험을 미술사, 철학, 종교, 여성학 등의 교과목에 통합하는 중이다. 다음해 여름에 계획한 인도여행을 열심히 준비하면서 그들은 이미 매주 한 번씩 저녁에 인도의 문화와 역사 세미나를 해왔다. 리더인 철학과 그랜트 콘웰Grant Cornwell과 영문과 이브 스토다드Eve Stoddard는 쉽지만 궁극적으로는 일관성이 없는, 즉 관용은 다른 사람이 살아가는 방법을 비판하지 말기를 요구한다는 아이디어를 비판한 소크라테스의 철학 질문 전통을 조심스럽게 사용하여 어떻게 학생들에게 문화적 상대성에 관해 비판적으로 생각할 수 있도록 할지 이야기한다. 학생들은 아프리카 여성의 실태에 근거하여 찬성 혹은 반대 논증을 분석하는 상세한 추론을 보고서로 제출한다.

다시 한번, 이 프로그램의 성공은 학제적 토론과 재정지원을 요구한다는 점에 주목하자. 특유의 여행 부분은 이들 교수진에게 매우 중요했지만 아마도 절대적으로 필요불가결하지는 않을 것이다. 정말 중요한 것은 시간을 내어 둘러앉아 같이 읽고 일하면서 한 지역의 문제가 역사적 · 경제적 · 종교적 관점에서는 어떻게 보이는가를 배우는 일이다. 각 회원은 결국 자신의 영역에서 제공하는 표준 교수계획서에 이 지식을 통합하게 될 것이다. 예를 들어 경제학은 이제 "아프리카 경제"를, 미술사는 아프리카 예술에 나타난 여성 신체의 재현에 초점을 둔 교과목을, 철학은 문화적 상대주의와 상대주의 비판 교과목을, 생물학은 에이즈와 아프리카의 경험을 다루는 교과목을 개설한다. 이 교과목들은 각 학과가 제공하는 표준 교과목을 풍요롭게 한다.

소수민족과 이전에 자기네 나라였던 곳에서 쫓겨난 그룹에 대해 학생들이 무엇을 배워야 할지 생각해보면 이와 같은 두 가지 수준을 고려할 필요가 있다. 다시 한번, 모든 학생이 이수하는 기초 교과목은 나라 안 사람들이 다양하다는 점을 새로이 강조해야 한다.

그래서 오늘날 많은 미국 대학교에서는 미국 역사와 건국의 전통을 토론할 때 그렇지 않았더라면 모르는 채로 있었을 인종, 여성의 변화, 이민자의 역할과 민족정치학에 초점을 둔다. 동시에 각 학문 영역의 교과목들도 이러한 관점들을 더 포함해야 한다. 문학 교과목은 점차 추방된 소수자들의 경험을 표현하는 여성 작품에 초점을 맞춘다. 경제, 역사, 생물학, 종교연구는 학생들이 다중 민속, 다중문화의 실체를 직면하도록 한다. 오늘날 우리는 심지어 전통적인 그리스와 로마 고전 같은 분야에서도 고대 시대 여성들의 삶과 고대 경제에서 노예들의 역할을 연구하여 이 부분의 더 풍부한 이해를 촉진함으로써 오늘날의 문제를 더 신중히 숙고하는 데 활용한다.

앞에서 언급한 것처럼, 대학교 교육과정이 견고한 학문적 초점을 가지는 나라들에서도 필자가 제안한 한 부분인 “일반교육”을 통합하는 것이 쉽지는 않을 것이다. 이런 일은 늘 생길 수 있지만 각각의 개별 학문 가운데 학생들이 다국가, 상호의존적 세계에서 복합문화와 다양한 사회의 시민임을 자각하도록 하는 방법을 지금 당장 생각해보아야 한다.

여기에서 필자의 세 번째 제안이 나온다. 시민은 사실에 기반을 둔 지식기반만으로는 제대로 생각하지 못한다. 앞의 두 가지와 긴밀하게 연결된 세 번째 시민 능력을 ‘서사적 상상’이라 부를 수 있다. 이는 무엇이 서로 다른 사람들을 성가시게 하는지, 그 사람의 이야기를 지적으로 읽는다는 것이 무엇인지, 누군가가 가진 감정과 소망, 욕구는 어떻게 이해하는지를 생각할 수 있는 능력이다. 서사적 상상은 무비판적이 아니다. 우리는 항상 우리의 사진과 판단을 다른 사람들과의 만남에 가져다놓고, 소설의 등장인물이나 멀리 떨어진 사람의 인생을 상상할 때 단순히 그들을 확인할 뿐 아니라 필연적으로 우리 자신의 목적과 영감의 관점에서 그 이야기를 판단한다. 다른 사람들의 시선으로 세상을 이해하는 첫 단계는 그 어떤 판단 행위에서도 필수다. 왜냐하면 다른 사람이 의도를 가지고 행동하는 의미, 즉 그 사람의 역사적 · 사회적 세계의 맥락에서 무엇인가 중요한 말을 할 때, 그 의미를 알기 전에는 우리가 내린 판단도 알 수 없기 때문이다. 우리 학생들이 갖추어야 할 세 번째 능력은 상상을 통해 그런 의미를 포착해내는 능력이다.

이러한 능력은 무엇보다 문학과 예술에서 길러진다. 시민이 서로를 이해하도록 준비시키는 것은 물론 대학 교육과정의 기능 중 하나일 뿐 아니라 매우 주요한 기능이며, 이러한 교과목들이 시민의 요구에 초점을 맞추는 방법 역시 많다.

문학과 예술 분야의 많은 교과목이 이러한 종류의 상상을 배양하며, 그렇게 해서 많은 표준, 친숙한 학업들이 학생들에게 다른 사람들의 상황을 이해하도록 한다. 그러나 학생들이 그들의 사회에 있는 소수자들과 멀리 떨어진 나라의 사람들의 생생한 경험을 만나도록 하는 데 초점을 두어야 할 이유 또한 많다. 도덕적 상상은 종종 게을러질 수 있다. 가까이 있고 친숙한 사람들과는 공감하지만, 외모가 다른 사람들에게는 이를 거부하는 것이다. 멀리 떨어진 삶과의 공감을 영입하는 것이 훈련의 한 방법, 말하자면 상상의 근육을 키우는 것이다.

이러한 점은 미국의 위대한 소설가 중 하나인 랠프 엘리슨Ralph Ellison의 『보이지 않는 사람*Invisible Man*』에서 생생하게 나온다. 1981년 이 소설의 재발행 서문에서 엘리슨은 소설가의 재능을 미국 민주주의와 명시적으로 결부한다. 그가 말하기를, 소설은 가시성과 그것의 회피 둘 다, 평등함과 그것의 거부 둘 다를 보여주면서 "우리의 국가가 민주주의의 이상에 다가가거나 멀어지면서 휘청대는 과정을 보여주는 뒤죽박죽의 소용돌이와 협상하며 우리를 그나마 망하지는 않도록 해주는 희망의 뗏목, 지각과 즐거움으로 형상화"될 수 있다. 계속해서 그는, 이것이 허구의 유일한 목적이 아니라 단 하나의 적절하고 긴급한 목적이라고 말한다. 민주주의는 기간과 과정뿐 아니라 "나의 등장인물과 그의 경험을 읽을 수도 있을 사람들이 공유하는 공통적 인간성을 거부하는 이 국가적 경향을 물리치기 위해"(xxvi) 특정 자질을 갖춘 비전을 요구한다.

엘리슨의 소설이 어떻게 이런 일을 하는지 도입부 단락을 인용하면서 조금 보기로 하자. 땅속의 큰 구멍에서 목소리가 우리에게 말한다. 우리는 이 구멍이 어디 있는지 모르지만 아마 뉴욕의 어디일 듯하다. 구멍은 따뜻하고, 빛으로 가득 차 있다. 사실 그 구멍의 빛은 엠파이어 스테이트 빌딩 Empire State Building이나 브로드웨이Broadway 꼭대기의 빛보다 더 밝다. 목소리는 자신이 빛을 사랑하는데, 구멍 밖에서는 보기 어렵다고 말한다. 빛은 그의 실재를 보증한다. 빛이 없으면, 즉 잠재적으로 말해 위의 세상에서는 "그는 보이지도 않고, 형태도 없어 활발한 생명감을 박탈"당했다.

> 나는 보이지 않는 사람이다. 나는 에드거 앨런 포Edgar Allan Poe에서 출몰하는 유령도, 당신들의 할리우드 영화에 나오는 외형질 존재도 아니다. 나는 살과 뼈, 섬유질과 액체를 가진 존재다. 그리고 나는 마음을 가진 존재라 말해지기도 한다. 사람들이 나를 보는 것을 거부하기 때문에 내가 보이지 않는 것이다. 이해하겠는가. 가끔 서커스에

서 보는 몸통 없는 머리처럼, 나는 마치 딱딱하고 왜곡된 거울에 둘러 싸여 있는 것처럼 보인다. 사람들이 내게 다가오면 그들은 나의 주변, 혹은 그들의 상상력의 조각들만 본다. 그것들은 이 세상의 모든 것이지만, 나를 제외한 것이다.

내가 보이지 않는다는 것은 내 피부에 생화학적 사고가 벌어졌기 때문도 아니다. 나에게 일어난 이 비가시성은 내가 접촉하고자 하는 사람들의 눈이 가진 특유한 기질 때문이다. 눈의 내부 구성에 문제가 있는데도 그들은 이 눈을 통해 세상을 본다.

엘리슨의 소설은 인식의 거부, 지워진 인간성의 이야기다. 그러나 이 작품은 처음부터 이 인식의 거부를 도덕적 능력의 거부에 빗대면서 깨뜨리려 한다. 보이지 않는 사람을 보는 것을 거부하는 것은 도덕적 · 사회적 결함일 뿐 아니라 더 깊게는 상상의 결함, 물리적 눈을 통해 세상을 바라보는 바로 그 눈 내부의 결함이다. 보이지 않는 사람 주위의 사람들은 그들 자신의 내부 세계의 다양한 환상의 투사를 볼 뿐이며 결코 인간적 실재를 그의 인생 가운데서 보려 하지 않는다. 『보이지 않는 사람』은 보기를 거부하는 것을 탐구하여 이를 몹시 사납게 벗겨내면서, 동시에 독자들을 보이지 않는 등장인물보다 더 잘 알고 보도록 초대한다. "보이지도 않고 실체도 없으니 몸에서 벗어난 목소리 외에 내가 할 수 있는 것이 달리 있는가? 당신의 눈이 꿰뚫어볼 때 실제로는 어떤 일이 생기는지 말할 방법이 달리 무엇이 있는가?" 이런 식으로, 그 목소리는 상호적 가시성이란 한 번의 진심 어린 형제애의 도약으로 성취될 수 있다는 쉬운 생각을 거부한 것을 책망하는 대신 독자들의 도덕적 실패에서 나온 눈 내부의 문제를 책망한다.

이 소설이 신랄한 풍자의 스테레오타입을 지킨 점, 환상적인 이미지와 상징(예를 들어 흰 페인트 공장 장면에서 나오는 일련의 꿈 같은 기이한 것들)을 동원한 점, 희망이 실망으로 바뀌는 가슴 아픈 순간 등 모든 것은 엘리슨의 민주주의적 목표 달성에 이바지하며, 이 소설을 읽는 즐거움의 근원을 통찰로 연결한다.

이 놀라운 작품을 두고 더 멀리 나갈 수 있다. 그러나 필자의 요점은 가장 익숙한 장소에 있는 복잡한 인간성 보기를 거부하는 학생들을 대상으로 이를 볼 수 있는 능력을 배양하기 위해 그들의 눈을 교육할 필요가 있다는 것이다. 이러한 시선의 거부를 타도한다는 것은 일반 문학 교육뿐 아니라 우리 시민이 특정 눈병을 앓고 있다는 것을 강조하는 데 있다.

문학적 성분을 법학에서 철학까지 많은 다양한 학문에 투입할 수 있음은 자명하지만, 필자는 여기에서 미국 시스템의 "자유교육" 부분이 학생들에게 조심스럽게 선택된 작품들과의 만남을 통해 공통적 상상력을 일깨우는 데 특별한 강점이 있다고 생각한다. 예를 들어 경영이나 산업 분야에서 경력을 만들려는 학생들이 그 학문 분야에서만 그러한 훈련을 받는 것을 보기는 매우 어렵다. 우리의 캠퍼스는 우리의 시민을 가르친다. 이는 많은 사실을 배우고, 많은 추론 기술을 가르쳐야 한다는 의미다. 그것은 더 큰 것을 의미한다. 사랑하고 상상할 수 있는 인간 존재가 되는 법을 배운다는 것이다.

우리는 자신들과 다른 사람들을 이해하는 데 어려움을 느끼며, 상상력이 그들의 국지적 무대를 벗어나지 못하는 도량이 좁은 시민을 계속 양성할 수 있다. 도덕적 상상력도 이런 식으로 도량이 좁아지는 것은 쉬운 일이다. 『크리스마스 캐럴*A Christmas Carol*』에 나타난 찰스 디킨스Charles Dickens의 못된 시민 묘사를 생각해보라. 제이콥 말리Jacob Marley의 혼이 스크루지Scrooge를 찾아가 무뎌진 상상력의 위험을 경고하던 그 장면에서 말이다. 말리의 혼은 영원히 현금 상자들로 만들어진 체인을 질질 끌고 다닌다. 살아있을 동안 그의 상상은 성공한 사업의 벽을 넘어서서 주변의 남녀, 다른 사회적 계층과 배경을 가진 사람들에게 미치지 못했기 때문이다. 스크루지는 그의 오랜 친구가 이런 어마어마한 사슬을 감고 있는 것을 보고 놀란다. "나는 살아있을 때 만들어둔 사슬을 감고 있네." 그는 스크루지에게 말한다. "나는 한 고리 한 고리, 한 야드 한 야드를 만들었지. 나는 나의 자유의지로 이걸 만들고 자유의지로 이걸 걸치고 있다네." 스크루지는 자신이 들은 말을 부정하면서 공포에 질려 내뱉는다. "자네는 늘 좋은 사업가였잖나, 제이콥." "사업이라고?" 혼이 애절하게 억양을 높인다. "사람들이 내 사업이었네. 자선, 자비, 선행이 내 사업의 모두였지." (여기에서 디킨스는 자신의 기독교적 방법을 세네카의 양성된 인간성과 자선, 선행에 관련된 생각에 직접적으로 빗대어 말한다.) 혼이 스크루지를 향해 몸을 돌려 말한다. "자네는 자네가 덮어쓴 사슬의 무게가 느껴지지 않나?" "내 사슬이라고!" 스크루지가 비명을 지른다. "아니야, 아니야." 그러더니 더 작은 목소리로 말한다. "나는 무섭네."

스크루지는 주변의 세상이 무엇을 담고 있는지 배울 다른 기회를 얻었다. 그 운명의 밤에 그는 부자와 가난한 자들의 집, 바다의 등대, 한 마일 떨어진 북부 런던의 캠던Camden 마을에 있는 그의 가난한 서기네 집, 즉 1마일에 지나지 않지만 매우 먼 거리, 부자와 가난한 자를 분리하는 1마일을 돌아다니면서 뒤늦은 자유교육이라 부를 만할 것을 얻었다. 우리는 아직 젊었을 때, 그들의 상상이 일상의 의무와 제 나름의 흥미만을 위한 기획이 주는 무게로 족쇄에 갇히기 전에 이러한 교육을 받은 시민을 양성할 필요가 있다. 우리는 모두 현금 상자를 질질 끌고 다니고 상상은 결코 회계사무소를 벗어나지 못하는 시민을 너무 많이 양성한다. 그러나 우리는 더 잘할 수 있는 기회, 즉 스스로에 대해 생각할 수 있으며, 자신의 것과 다른 삶의 조건에 공감하며 이해할 수 있는 소크라테스적인 시민을 양성할 기회를 얻는다. 이제 우리는 그 기회를 막 붙잡으려 한다. 그것은 "정치적 올바름"이 아니라 인성 함양이다.

1 이 글은 원래 『인성 함양』에 기반을 둔 강연이었으며, 국제 학술지 『철학과 교육 연구 *Studies in Philosophy and Education*』에 실린 것이다.

2 엄밀하게 말해 학습 과정이 이렇게 선형적인 경우는 거의 없다. 통상 학생들은 1학년에서, 혹은 2학년에서는 분명히 전공 주제 학습을 먼저 시작하고 3학년과 4학년에서는 단 하나만 학습하는 것이 아니라 계속하여 몇몇 필수 기초 교과목과 그 외 전공 외부의 "일반선택" 교과목을 이수한다.

참고문헌

Dickens, C. (1843). *A Christmas Carol*.

Ellison, R. (1995). *Invisible Man*. 1947. New York: Vintage.

찾아보기

ㅈ

편집자 및 기고자 소개

| 편집자

대니얼 아라야 Daniel Araya는 기술혁신, 공공 정책과 교육에 전문적 관심을 가진 연구자이며 정부의 고문이다. 샌프란시스코의 '헐트 파괴적 혁신센터Hult Center for Disruptive Innovation'의 헐트-애쉬리지Hult-Ashridge 연구원이며, '도시 공유Sharing Cities'의 정책 연구원이다. 「퓨처리즘Futurism」, 「브루킹스 연구소The Brookings Institution」, 「미디엄Medium」 등 다양한 미디어의 정규 기고자이기도 하다. 또한 영화 제작자, 작가이며, 일리노이 대학교 어바나-샴페인University of Illinois at Urbana-Champaign에서 박사학위를 받았다. 최근 저서로는 『증강 지성*Augmented Intelligence*』(2017)과 『민주주의 생태로서 스마트 도시*Smart Cities as Democratic Ecologies*』(2015)가 있다.

캐시 N. 데이비슨 Cathy N. Davidson은 듀크Duke 대학교에서 20년 이상 가르친 후 현재 뉴욕 시립대학교 대학원 센터의 '미래 이니셔티브Futures Initiative' 소장으로 재직 중인 석학교수Distinguished Professor다. 1998년부터 2006년까지 듀크 대학교(그리고 국가)의 학제적 연구 수석 부처장을 지냈다. 『이제 한번 보라, 집중의 뇌과학이 어떻게 삶, 노동, 학습 방법을 바꿀지*Now You. See It: How the Brain Science of Attention Will Transform the Way We Live, Work, and Learn*』(2011)를 비롯해 20권이 넘는 저서를 출판했다. 대학교, 기업, 비영리단체, 그 외 다른 조직에서 기관의 변화를 주제로 자주 강연하는 그녀는 「하버드 비즈니스 리뷰Harvard Business Review」, 「월스트리트 저널Wall Street Journal」, 「패스트 컴퍼니Fast Company」, 「고등교육 크로니클Chronicle of Higher Education」, 「워싱턴 포스트Washington Post」, 「타임스 고등교육Times Higher Ed.」 등의 매체에 기고한다. 2011년 오바마 대통령은 그녀를 국가 인문학 자문National Council on the Humanities으로 임명했다. 데이비슨 박사는 빙엄턴Binghamton 뉴욕주립대학교에서 영어학 석사 · 박사학위를 받았으며, 시카고 대학교에서 언어학과 문학이론 박사 후 연구를 수행했다.

피터 마버 Peter Marber는 유명 작가이면서 국제화, 인간 자본, 신흥 시장을 전공하는 교사다. 현재 하버드 대학교에서 가르치면서 케임브리지 대학교 교육학부에서 연구를 수행 중이다. 하버드 이전에는 컬럼비아 대학교의 국제 문제 대학원과 컬럼비아 경영대학원에서 20년 이상 가르쳤다. 글로벌 주제에 관한 100건 이상의 기사와 칼럼의 저자이며, 5권의 책을 저술하거나 편집했다. 최근 저서는 『글로벌 시대의 고등교육*Higher Education in the Global Age*』(대니얼 아라야와 공저, 2013), 『용감한 새 수학: 21세기 정보, 국제화와 새로운 경제적 사고*Brave New Math: Information, Globalization and New Economic Thinking in the 21st Century*』(2015)가 있다. 그는 「월스트리트 저널」, 「파이낸셜 타임스Financial Times」, 「바론즈Barrons」 외 다양한 매체에서 글로벌 사안에 대해 언급한다. 컬럼비아 대학교, 뉴아메리카New America, 세계 정책 연구소World Policy Institute, 신흥시장거래협회Emerging Markets Trade Association 등에서 이사로 봉사한다. 마버 박사는 존스홉킨스Johns Hopkins, 컬럼비아와 케임브리지에서 학위를 받았다.

기고자

마크 아치볼드 Mark Archibald는 아이오와Iowa 대학교 헨리 티피Henry B. Tippie 경영대학의 부소장이다.

카라 A. 고드윈 Kara A. Godwin은 국제 고문이며 보스턴 대학 국제고등교육센터의 연구원이다. 자유교육과 혁신적 교육에 특별한 관심을 가진 그녀의 연구는 대학교 학습, 교육과 교육과정, 국제 개발, 공공 정책, 국제화에 초점을 맞춘다. 근간 『조류를 바꾸다: 자유교육의 국제적 부흥(과 미국의 쇠퇴) *Changing Tides: The Global Rise (and US Decline) of Liberal Education*』은 자유학예교육의 국제적 확장을 분석한다. 고드윈 박사는 노스웨스턴 대학교Northwestern University, 노르웨이 개발협조처Norwegian Agency for Development Cooperation, 올린Olin 공과대학, 「이코노미스트The Economist」, 로드아일랜드Rhode Island 주지사실, 암스테르담 학부대학Amsterdam University College에서 일했다. 보스턴 대학에서 박사학위를, 노스웨스턴 대학교에서 석사학위를, 아우구스타나 Augustana 대학에서 학사 학위를 취득했다.

신디 A. 킬고 Cindy A. Kilgo는 앨러배마Alabama 대학교의 고등교육 조교수다.

브루스 A. 킴볼 Bruce A. Kimball은 오하이오Ohio 주립대학교 교육 정책과 리더십 대학원 교수다. 킴볼 박사는 2012년 구겐하임Guggenheim 연구원으로 미국 고등교육의 "공짜돈" 이데올로기 대두, 모금 활동과 기부에 관한 연구를 진행했다. 킴볼은 『웅변가와 철학가: 자유교육 아이디어의 역사

Orators and Philosophers: A History of the Idea of Liberal Education』(1986), 『미국에서 '진정한 전문적 이상': 역사*The 'True Professional Ideal' in America: A History*』(1992), 로버트 오릴Robert Orrill과의 공저로 『미국 자유교육의 상황: 실용주의와 변화하는 전통*The Condition of American Liberal Education: Pragmatism and a Changing Tradition*』(1995), 『현대 전문교육의 시초: C. C. 랑델 1826-1906*The Inception of Modern Professional Education: C. C. Langdell 1826-1906*』(2009)과 『자유학예 전통의 목소리: 자료 역사*Voices from the Liberal Arts Tradition: A Documentary History*』(2010)의 저자다. 다트머스 대학Dartmouth College에서 학사학위를, 하버드 대학교에서 박사학위를 받았다.

그레이 코차르-린드그렌 Gray Kochhar-Lindgren은 현재 워싱턴 대학교를 떠나 홍콩 대학교의 자문으로 일한다. 그는 간학제cross-disciplinary, 간장르cross-genre 연결을 통해 철학, 도시, 스펙트럼, 비현대 네트워크, 문학, 국제적 암흑과 21세기 대학교의 문제에 초점을 맞춘다. 코차르-린드그렌 박사는 풀브라이트 학자로서 다양한 기사와 『홍콩의 칸트: 걷기, 생각하기, 도시*Kant in Hong Kong: Walking, Thinking, and the City*』(2014), 『자크 데리다의 철학, 예술, 유령*Philosophy, Art, and the Specters of Jacques Derrida*』(2011), 『밤의 카페: 바리스타의 연애편지*Night Cafe: The Amorous Notes of a Barista*』(2010), 『기술논리학: 애니메이션의 유령, 계산 불가성과 유예*TechnoLogics: Ghosts, the Incalculable, and the Suspension of Animation*』(2005), 『시작 시간: 창조, 섹스, 죽음과 골프의 기원에 관한 진정한 이야기*Starting Time:A True Account of the Origins of Creation, Sex, Death, and Golf*』(1995)와 『변형된 나르시수스: 정신분석학과 문학의 텍스트 주제*Narcissus Transformed:The Textual Subject in Psychoanalysis and Literature*』(1993) 등의 저자다.

그랜트 리퍼드 Grant Liford는 조지아주 마운트 버논Mount Vernon 브루턴-파크 대학Brewton-Parker College의 영어 교수이며, 기독교 연구 인문학부의 석좌교수다. 리퍼드 박사는 몇 편의 학술 논문의 저자로, 서인도-세인트 오거스틴 대학교University of the West Indies-St. Augustine, 줄룰랜드 대학교University of Zululand, 보츠와나 대학교University of Botswana, 우간다 기독대학교Uganda Christian University와 노스캐롤라이나 주립대학교North Carolina State University에서 가르쳤다. 바사르 대학Vassar College에서 아프리카 연구와 영문학 학사학위를 받았고, 서섹스 대학교Sussex University에서 석사학위를, 케이프타운 대학교University of Cape Town에서 박사학위를 받았다.

제시 H. 라이틀 Jesse H. Lytle은 해버포드Haverford 대학의 수석 직원이며, 광범위한 업무와 기관의 이슈에서 총장과 대학을 대표한다. 2012년 해버포드에 오기 전, 애머스트Amherst 대학, 펜실베이니아 대학교, 마운트 홀리요크Mount Holyoke 대학에서 관리자, 조사역, 교수 역할을 수행했다.

그래함 N. S. 밀러 Graham N. S. Miller는 아이오와 대학교의 고등교육과 학생 업무 전공의 박사과정 학생이다.

피터 N. 밀러 Peter N. Miller는 2011년 이후 가르쳐온 뉴욕의 바드 대학원 센터Bard Graduate Center 학장이다. 이전에 시카고 대학교와 메릴랜드Maryland 대학교에서 가르쳤다. 밀러 박사는 여러 건의 펠로우십을 받았으며, 『공동선의 정의: 18세기 영국에서의 제국, 종교와 철학*Defining the Common Good: Empire, Religion and Philosophy in Eighteenth-Century Britain*』(2004), 『첨탑의 유럽: 17세기 학습과 덕*Peiresc's Europe: Learning and Virtue in the Seventeenth Century*』(2000)

등 여러 권의 책을 쓰거나 편집했다. 하버드 대학교와 케임브리지 대학교에서 학위를 취득했다.

크리스토퍼 B. 넬슨 Christopher B. Nelson은 1991년 이후 메릴랜드주 아나폴리스Annapolis의 세인트존스 대학 총장이다. 세인트존스 동문(1970년 학사)이며 유타Utah 대학교 법학대학 졸업생(1973년 법학 박사)으로, 그 대학교 학생들을 위한 법률 서비스 프로그램을 창립하고 이끌었다. 다수의 논문과 칼럼의 저자인 넬슨은 자유학예의 대변자로 미국 고등교육의 대화에 적극적으로 참여한다.

니마 누리 Neema Noori는 2008년 이후 웨스트조지아West Georgia 대학교 사회학 · 범죄학과의 조교수다. 2006년 컬럼비아 대학교에서 사회학 박사학위를 받았다. 누리 박사는 박사학위논문을 완성한 후 아랍에미리트의 샤르자Sharjah 미국대학교 국제학과에서 3년 동안 가르쳤다.

마사 누스바움 Martha Nussbaum은 미국 철학자로 현재 시카고 대학교의 철학과와 법과 대학원을 포함하는 석좌인 '언스트 프룬드 법과 윤리 저명 서비스 교수Ernst Freund Distinguished Service Professor'다. 누스바움은 미국의 지도적 사회학자 중의 하나이며, 『선의의 약점*The Fragility of Goodness*』(1986), 『성과 사회적 정의*Sex and Social Justice*』(1998), 『이성의 잠*The Sleep of Reason*』(2002), 『인간성에서 숨다: 불쾌함, 부끄러움과 법*Hiding From Humanity: Disgust, Shame, and the Law*』(2004), 『정의의 경계: 무능력, 국가성, 종족 멤버십*Frontiers of Justice: Disability, Nationality, Species Membership*』(2006)을 포함하는 여러 편의 주요 저서의 저자다.

어네스트 T. 파스카렐라 Ernest T. Pascarella는 아이오와 대학교의 고등교육 메리 루이즈 피터슨Mary Louise Petersen 석좌교수다. 파스카렐라 박사는 고등교육에서 지도적 국제 학술지에서 가장 많이 인용되는 학자 중 하나다.

스티븐 L. 솔닉 Steven L. Solnick은 워렌 윌슨Warren Wilson 대학의 7대 총장이다. 2002년부터 2012년까지 모스크바와 뉴델리의 포드재단Ford Foundation 대표였다. 포드재단에 오기 전 컬럼비아 대학교 정치학 부교수였으며, 해리먼 연구소Harriman Institute의 러시아 연구 코디네이터를 겸직했다. 이전에 하버드의 러시아연구센터와 국제연구센터의 연구원이었다. 솔닉은 매사추세츠 공과대학교Massachusetts Institute of Technology에서 물리학사 학위를 받았으며, 하버드 대학교에서 정치학 박사학위를 받았다. 또한 마셜Marshall 장학생으로 옥스퍼드 대학교의 정치 · 경제 학사 학위(제1기)를 받았다. 2017년 솔닉은 뉴욕시의 칼훈 학교Calhoun School 교장이 되었다.

샬렌 탄 Charlene Tan은 난양기술대학교Nanyang Technological University 국립교육연구소의 정치와 리더십 연구 그룹 조교수다. 이전에는 역사 학교 교사이며 연수를 통한 철학자로, 중국과 싱가포르의 교육에 초점을 맞추어 교육철학, 비교 교육, 비판적 사고 등 넓은 영역에서 출판을 해왔다. 옥스퍼드 대학교, 케임브리지 대학교, 베이징 사범대학교에서 방문 교수를 역임했으며 싱가포르 국립대학교에서 박사학위를 취득했다. 근간 저서로 『중국에서 교육 임대: 서쪽을 볼 것인가 동쪽을 볼 것인가*Educational Borrowing in China: Looking West or Looking East*』(Routledge)가 있다.

마리크 반데르 벤데 Marijk van der Wende는 암스테르담 학부대학의 창립 학장(2007~2015)이었으며 암스테르담 자유대학교(2006~2015)와 트벤테Twente 대학교(CHEPS) 교수직(2006~2015)을 역임했다. 캘리포니아 대학교 버클리, 하버드 대학교, 보스턴 대학교, 상하이 교통대학교Jiao Tong University 등에서 방문학자를 역임했다. 암스테르담 대학교에서 교수와 교수법 학사를, 위트레흐트Utrecht 대학교에서 교육학 석사와 박사학위를 받았다.

대니얼 H. 웨이스 Daniel H. Weiss는 메트로폴리탄 미술관Metropolitan Museum of Art 관장이며 하버드 대학교의 14대 총장이었다. 웨이스 박사는 정주 자유학예대학의 지도적 옹호자로서 2005년부터 2013년까지 라파이예트Lafayette 대학의 총장으로 봉직했는데, 그곳에서 임기 동안 정년 교수의 규모를 늘리고 공통 교과목을 개혁하고 교육과정을 가로지르는 새로운 학제적 프로그램을 개발하는 등의 전략적 계획으로 주목받았다. 그전에는 존스홉킨스 대학교의 미술사 교수로 잔빌 크리거 예술 · 과학학교Zanvyl Krieger School of Arts and Sciences의 학장으로 봉사했다. 존스홉킨스 대학교에서 미술사 석사와 박사학위를 받았으며 예일 대학교 경영대학원에서 MBA를 받았다. 『대학 다시 만들기: 혁신과 자유 학예*Remaking College: Innovation and the Liberal Arts*』(2013)의 공저자다.